物流管理专业精品系列教材

现代供应链规划与设计

XIANDAI GONGYINGLIAN GUIHUA YU SHEJI

谢京辞　编著

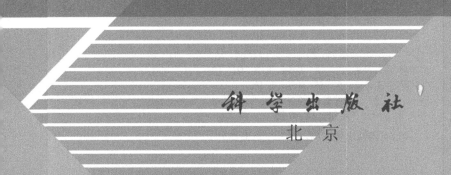

科学出版社
北　京

内 容 简 介

供应链思维贯穿本书核心思想，理论联系实际，从战略管理层面落脚到供应链运营策略层面。内容涵盖供应链规划与设计概论、供应链战略规划与设计、供应链网络规划与设施选址、供应链生产系统规划、供应链运输与配送系统的规划设计、供应链库存规划策略、供应链设施规划与设计、供应链信息系统规划与设计、供应链金融规划与设计、供应链系统需求预测与评价、供应链系统仿真等，最后以供应链协同关系设计整合本书。本书内容突出供应链涵盖的物流、信息流与资金流"三流"协同特点。

本书可供物流管理与工程类、管理科学与工程类、工业工程类、工商管理类等专业的本科或研究生作为教材使用，也可作为相关企事业单位从事物流与供应链管理人员的参考用书。

图书在版编目（CIP）数据

现代供应链规划与设计 / 谢京辞编著. —— 北京：科学出版社，2025. 2.
（物流管理专业精品系列教材）. —— ISBN 978-7-03-080128-9

Ⅰ. F252.1

中国国家版本馆 CIP 数据核字第 2024EE5581 号

责任编辑：方小丽 / 责任校对：王晓茜
责任印制：张 伟 / 封面设计：楠竹文化

科学出版社出版
北京东黄城根北街 16 号
邮政编码：100717
http://www.sciencep.com

天津市新科印刷有限公司印刷
科学出版社发行　各地新华书店经销
*

2025 年 2 月第 一 版　开本：787×1092　1/16
2025 年 2 月第一次印刷　印张：20 1/4
字数：480 000
定价：58.00 元
（如有印装质量问题，我社负责调换）

前　言

党的二十大报告指出："我们要坚持教育优先发展、科技自立自强、人才引领驱动，加快建设教育强国、科技强国、人才强国，坚持为党育人、为国育才，全面提高人才自主培养质量，着力造就拔尖创新人才，聚天下英才而用之。"[①]教材是教学内容的主要载体，是教学的重要依据、培养人才的重要保障。在优秀教材的编写道路上，我们一直在努力。

供应链是以客户需求为导向，以提高质量和效率为目标，以整合资源为手段，实现产品设计、采购、生产、销售、服务等全过程高效协同的组织形态。2022年12月，国务院办公厅印发《"十四五"现代物流发展规划》，特别强调"做好供应链战略设计""提升现代供应链运行效率""强化现代供应链安全韧性"等内容。在国家相关政策的支持下，供应链的重要性逐步提高，关注度逐年提升。

为了培养国家急需的相关人才，国内高校相继开设了物流管理、物流工程、采购管理、供应链管理等本科专业。山东大学管理学院于2004年开设物流管理本科专业，2020年初获教育部批准设立供应链管理新兴本科专业，硕博士研究生培养设在管理科学与工程一级学科学位点。为了提高学生培养的质量，适应供应链管理专业的发展编写了本书。

随着全球化与数智时代的到来，企业的竞争演化为供应链与供应链的竞争。供应链规划与设计作为一种先进的组织供需资源的理念和管理技术，在促进企业降本增效、供需匹配和产业升级中作用明显。本书主要面向物流管理与工程类、管理科学与工程类、工业工程类和工商管理类等专业的本科生与研究生开设的"供应链规划与设计"等相关课程。本书从系统的观点出发，将规划与设计理念贯穿供应链系统分析全过程，理论联系实际，注重学科知识点的有机结合和融会贯通。

本书内容涵盖供应链规划与设计概论、供应链战略规划与设计、供应链网络规划与设施选址、供应链生产系统规划、供应链运输与配送系统的规划设计、供应链库存规划策略、供应链设施规划与设计、供应链信息系统规划与设计、供应链金融规划与设计、供应链系统需求预测与评价、供应链系统仿真，最后以供应链协同关系设计整合本书。全书共12章，内容较为丰富。本书涉及的相关基础知识，可登录智慧树网观看山东大

---

① 《习近平：高举中国特色社会主义伟大旗帜 为全面建设社会主义现代化国家而团结奋斗——在中国共产党第二十次全国代表大会上的报告》，https://www.gov.cn/xinwen/2022-10/25/content_5721685.htm，2022年10月25日。

学"供应链系统规划与设计"慕课，以此方便教师教学和学生自学。

　　本书由谢京辞负责全书策划编写、大纲制定及统稿工作。本书编写的具体分工如下：第 1 章由孟涵与谢京辞负责编写，第 2 章由侯雪与谢京辞负责编写，第 3 章由石昌沅与谢京辞负责编写，第 4 章和第 7 章由宋骁与谢京辞负责编写，第 5 章由杨光正与谢京辞负责编写，第 6 章和第 12 章由王艺栅与谢京辞负责编写，第 8 章由贾晓雨、谢京辞与仇洁负责编写，第 9 章和第 10 章由张怡楠与谢京辞负责编写，第 11 章由苏杏绮与谢京辞负责编写。书稿完成之际，山东农业工程学院常佩佩老师对本书第 4 章、第 6 章、第 10 章进行了补充修订，研究生苏杏绮、仇洁和王梦娱对全书的格式、标点等进行逐一核对，在此一并表示感谢。同时，还要感谢科学出版社副总编辑马跃在本书立项、编辑、出版过程中的辛勤付出！

　　在编写本书的过程中，参考了大量国内外参考书和文献资料，主要参考资料已在参考文献中列出，有的可能有遗漏，在此对国内外有关作者和出版机构表示衷心的感谢。由于本书涉及内容较广，知识更新速度较快，加上时间仓促，编者水平有限，书中难免会有一些不足，恳请读者批评指正。

谢京辞

2024 年 12 月

目　录

第1章　供应链规划与设计概论

学习目标

1. 了解供应链的基本定义、构成要素和流程。
2. 了解供应链系统的基本构成和设计原则。
3. 掌握供应链的基本分类，以及各环节之间的关系。
4. 掌握供应链系统的设计过程。
5. 掌握如何优化供应链系统，提高效率、降低成本。

引导案例

华为供应链的六大转变

华为作为全球知名的通信设备制造商之一，其供应链管理也是值得借鉴的。华为的供应链发展经历了多个阶段。

在1999年至2003年期间，华为为提高供应链的效率和响应速度，重点进行了供应链建设。2005年至2007年，华为开展全球供应链建设，旨在支持海外发展。到2008年，华为打通了整个供应链和交付体系，并建立了海外多功能中心。2011年，华为对供应链和采购流程以及信息技术系统进行了升级，促进多行业发展。到2015年，华为启动了供应链数字化转型的 ISC+[①]变革，将提升客户体验和创造价值作为变革重心。这个变革的目标是打造数字化主动型供应链，实现六大转变。

（1）将流水线式传递信息的工作方式转变为信息共享的协同并行作业方式。供应链中的所有成员必须协同工作，并行处理信息，以便更快地响应客户需求。

（2）将大量人工工作内容转变为系统自动化处理。使用自动化系统来处理大部分烦琐的任务，从而减少错误并提高效率。

（3）将依赖个人主观判断的工作方式转变为依靠数据驱动的决策方式。这意味着必须收集和分析大量数据来支持决策制定，以便更好地了解客户需求和市场趋势。

（4）将当前以线下为主的业务模式转变为线下、线上并重。

（5）将面向库存的供应转变为面向订单的供应。这意味着必须根据客户需求来供应产品，而不是根据库存来供应产品。即预测驱动的"拉"式资源分配模式逐步替换"推"式计划分配模式。

（6）将原来的集中管理方式转变为一线自主决策，总部机关提供能力支撑和监管的管理模式。

---

① ISC 即 integrated supply chain，集成供应链。

华为希望通过这六大转变打造一个更加高效、灵活和可靠的供应链，以支持公司的快速发展和国际化战略。

资料来源：熊乐宁. 华为供应链数字化转型实践[J]. 供应链管理，2022，3（6）：54-60.（有删改）

1.1 物 流 概 述

1.1.1 物流的概念及分类

1. 物流的概念

物流是一个涉及多个环节和领域的综合过程，其目标是优化货物和服务的流动，以实现高效、经济的运营。由于各组织的社会环境、物流发展水平等各方面存在差异，人们对物流的认识也不尽相同。

美国物流管理协会 2002 年对物流的定义为：物流是供应链运作的一部分，是以满足客户要求为目的，对货物、服务和相关信息在产出地和消费地之间实现高效且经济的正向和反向的流动与储存所进行的计划、执行及控制的过程。这个定义强调了物流是供应链的一部分，是计划、执行和控制活动本身，并要求企业从更广泛的范围来考虑自身的物流运作，即不仅要致力于降低某项具体物流作业的成本，还要考虑使供应链运作的总成本最低。

世界贸易组织（World Trade Organization，WTO）从物流的组成角度对物流进行定义，认为物流是商品和劳务从生产者向消费者转移时所经历的整个路线，以及取得这种商品或劳务的所有权的企业或个人的总和。

在我国 2021 年的《物流术语》国家标准中，根据物流的功能将物流定义为根据实际需要，将运输、储存、装卸、搬运、包装、流通加工、配送、信息处理等基本功能实施有机结合，使物品从供应地向接收地进行实体流动的过程[1]。

2. 物流的分类

物流是一个复杂而重要的领域，可以将其按照物流服务领域、物流运作范围、物流服务性质和物流服务水平四个方面进行分类[2]。

物流根据服务领域的不同可以分为贸易物流、生产物流、消费地物流；根据运作范围的不同可分为国际物流、区域物流、门到门物流；根据服务性质的不同可分为增值物流、绿色物流、应急物流；根据服务水平的不同可分为一级物流、二级物流、三级物流。

不同类型的物流适用于不同的场景和需求。通过对物流进行分类，可以更好地理解物流的多样性以及不同类型物流的特点和重点。未来的发展趋势和应用前景将更加注重绿色、智能和个性化的物流服务，以满足日益增长的需求并提高企业竞争力。

1.1.2 物流系统

1. 系统的基本概念[3]

系统是由两个或两个以上相互区别并相互联系的要素，为了达到一定的目的，以一定的方式结合起来而形成的整体。

系统具有适应性、复杂性、相关性、目的性、整体性的特性。适应性是指系统在运行过程中需要和系统所在环境相辅相成，适应环境的变化。复杂性是指系统的变化不是线性的，是受多重因素影响的，一个系统所构成的模型是复杂的。相关性是指系统的各个要素之间是相互区别并相互联系且相互作用的。目的性是指一个系统由各要素组成是为了达成某个目的，系统要达成的目的决定了系统的各组成要素。整体性是指系统是一个由各要素组成的整体，通过要素之间的组合形成"1+1＞2"的效果，即整体大于分散。

系统是一个整体，具有明确的目的，由两个或两个以上相互关联的要素组成，但由杂乱无章、互不相关的事物所构成的集合不是系统。系统要素的微观联系将构成系统的宏观功能，封闭系统必将走向灭亡，系统一定在动态中发展。

2. 物流系统的概念

随着经济的全球化和信息技术的快速发展，物流系统在企业和社会的运营中扮演着越来越重要的角色。物流系统是指在一定空间和时间里，由物流各个环节、各种物流设备、人员和信息系统等相互制约的动态要素构成的有特定功能的有机整体[4]。物流系统旨在实现物流过程的协调与优化，提高物流效率和降低物流成本。物流系统主要包括运输系统、仓储系统、配送系统和信息管理系统等。

3. 物流系统的功能结构

物流系统的功能要素一般认为有运输、仓储、包装、装卸搬运、流通加工、配送、物流信息处理等七大功能[5]。

运输功能要素主要实现物的空间位置的转移，具有创造物流的空间价值或场所价值的功能。通过使产品快速流动，运输还能创造产品的时间价值。仓储功能要素指在一定场所对物品进行储存并对其数量、质量进行管理控制的活动。仓储环节具有创造物流时间价值的功能。包装功能要素是物流过程的起点，具有保护商品、方便物流操作的功能。装卸搬运功能要素实现运输、仓储、包装、流通加工、配送等物流活动的衔接。在所有物流活动中，装卸搬运活动发生得最频繁，是消耗人力、占用设备但却不产生价值增值的物流环节。流通加工功能要素是流通过程的辅助加工活动，为了弥补生产过程中加工程度的不足，更有效地满足用户或本企业的需求，更好地衔接产需，往往需要进行这种加工活动。配送功能要素直接面向最终用户提供物流服务功能，是综合了前几项功能要素的较小规模的物流系统。物流信息处理功能要素包括进行与上述各项活动有关的计划、预测、动态信息，以及费用、市场等信息的收集与处理的活动。

4. 物流系统的特点[6]

物流系统具有五个主要特点。

1）复杂性

物流系统具有复杂性，它包含多个环节，包括采购、运输、储存、流通加工、装卸、搬运、包装、销售等，而每个环节都有其自身的特点和要求。在物流系统中，这些环节相互关联、相互影响，形成了复杂的物流网络。

2）目标多样性

物流系统的目标具有多样性。不同的物流系统有不同的目标，例如，有的物流系统的目标是降低运输成本，提高运输效率；有的物流系统的目标是提高客户服务水平，满足客户需求；有的物流系统的目标是提高库存周转率，减少库存成本等。

3）高度动态性

物流系统是一个动态的系统，其运作过程中会遇到各种不确定因素，如天气变化、交通状况、市场波动等。因此，物流系统需要具备高度动态性的特点，能够灵活应对各种变化，保证物流服务的稳定性和可靠性。

4）信息依赖性

现代物流系统高度依赖信息技术。物流系统的各个环节都需要进行信息的收集、处理和传递，如订单处理、库存管理、运输跟踪等。因此，物流系统需要具备良好的信息处理能力和通信能力，以便准确、及时地进行信息交换和共享。

5）高度灵活性

灵活性是物流系统的重要特点之一。在面对多变的市场需求和不确定的供应链环境时，物流系统需要具备高度的灵活性，能够快速调整和适应变化。例如，物流系统可以根据市场需求快速调整运输路径和配送策略，或根据客户需求提供定制化的物流服务。这种灵活性不仅可以提高客户的满意度，还可以降低物流成本并提高整体效率。

这些特点共同决定了物流系统的运作模式和性能，对于构建高效、稳定、可持续发展的物流系统至关重要。

1.1.3　物流分析

1. 概念

物流系统是供应链的物流通道，是供应链管理的重要内容。设计一个结构合理的物流通道对于降低库存、减少成本、缩短提前期、实施 JIT（just in time，准时化）生产与供销、提高供应链的整体运作效率都是很重要的[7]。

物流分析在优先系统目标、确定系统准则的基础上,根据物流的目标要求,分析构成系统各级子系统的功能和相互关系,以及系统与环境的相互影响,寻求实现系统目标的最佳途径。物流分析可以将从原材料开始直到最终产品到达用户手中的过程简易化,是辅助系统设计的一种工具,使复杂的系统过程便于理解,有助于进行在供应链节点以及整个链条布局的模式和供应链运行方面的规划与设计工作,使供应链系统达到效益最优的状态。

物流分析的目的是使物品的运输路线最短、运输效率最高、成本最低,从而使整个物流系统能够获得最优的经济效益。

2. 物流量分析

物流量分析是通过对物流数据进行收集、整理和分析,以优化物流运作和提高企业效益的过程。物流量是物流学科中的一个重要概念,但目前为止,对物流量的定义和计算方法都还没有明确的界定标准。物流量包括运输量、库存量、配送作业量、装卸搬运量等,但并不是这些量的简单叠加,因为这些工作过程的界限并不能完全分割开来,而且这些量的单位无法统一。一些研究学者认为,物流量的定义是在一定时间内通过某城市、地域或枢纽间的物料数量[8]。

以下将简述物流量分析的基本过程。

1)原始数据的收集

物流量分析的数据收集主要包括货物数据、运输数据、库存数据、订单数据、成本数据、客户数据、交通数据、气象数据等。弄清物料的种类后,根据物流分析的目的,进而确定物料的包装、装卸搬运和运输方式。

2)物流连线图的构建[9]

物流连线图是一种使用图形符号或简洁的图形元素(如圆、方框、箭头等)来描述和表示物流活动中涉及的各个工作单位(如供应商、生产商、物流中心等)之间的物流流动与关联关系的方法。根据收集到的物流量等数据,构建物流连线图,可以更直观地理解和管理物流活动,优化物流流程,提高运营效率,并更好地协调各工作单位之间的合作关系。

图 1-1 展示了一个简略的物流连线图。图中的圆圈代表生产单位,箭头代表物流的流向和路径,有向边上的数值代表制造零件种数,圆圈内的三角形中的数字代表加工后该生产单位中的制造零件种数。

3. 物流关系分析[9]

物流量分析可以确定物流部门内部的规模布置,而物流关系分析是根据物流活动之间的密切关系程度对物流相关部门的布置制订最佳方案的过程。其最常用的方法是作业相关图法。

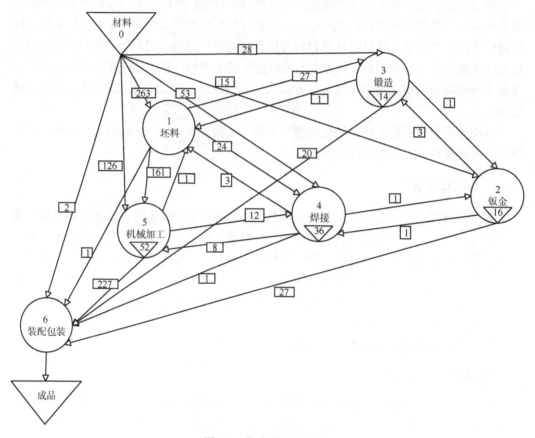

图 1-1　物流连线图示例

作业相关图法是由穆德提出的，它根据企业各部门之间的活动关系密切程度布置其相互位置。根据活动密切评定表中的不同原因，将关系密切程度划分为 A、E、I、O、U、X 六个等级。根据相互关系的重要程度，得出关系密切程度分布图，按重要等级高的部门相邻布置的原则，安排出最合理的布置方案，活动密切评定表如表 1-1 所示，分布如表 1-2 所示。

表 1-1　活动密切评定表

代号	关系密切的原因	代号	关系密切的原因
1	使用共同的原始记录	6	工作流程连续
2	共用人员	7	做类似的工作
3	共用场地	8	共用设备
4	人员接触频繁	9	其他
5	文件交换频繁		

表 1-2　关系密切程度分布

代号	密切程度	评定分值	代号	密切程度	评定分值
A	绝对重要	6	O	一般	3
E	特别重要	5	U	不重要	2
I	重要	4	X	不予考虑	1

　　根据评定的关系密切程度，可以画出作业相关活动的具体物流关系图。图 1-2 即作业相关物流关系图，物流活动所对应的三角边即为和其他活动的物流关系程度。在图中，生产车间和成品车间的密切程度为 A，即绝对重要。企业可以根据物流关系图确定最合理的设施布置方案，最终达到提高生产效率、降低成本、优化资源配置的目标。

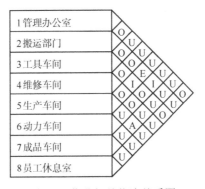

图 1-2　作业相关物流关系图

1.2　供应链概述

1.2.1　供应链与供应链系统

　　全球经济和智能数字化的发展，使世界逐渐成为一个联系紧密的整体，企业间的竞争越来越激烈。面对新时代技术的迅猛发展，企业不光需要对新产品、新技术、新服务做出调整，还需要关注消费者日趋个性化的产品或服务需求。企业面对的竞争环境不仅是产品的更新换代频率变快、产品工艺复杂化，还有消费者对订单的响应时间要求日益提高，单靠企业内部资源的整合是很难追上全球经济变化的脚步的，由此供应链的概念开始出现[10]。

1. 供应链的概念

　　供应链是指围绕核心企业，从零部件开始，形成半成品及产成品，最终将产品或服务送到消费者手中，将供应商、制造商、零售商、用户连成网状的一个功能性链条[11]。若将供应链描绘成一棵枝叶茂盛的大树，生产企业构成树根，独家代理商则是主干，分销商是树枝和树梢，满树的绿叶红花是最终用户。在根与主干、枝与干的一个个节点，蕴藏着一次次的流通，遍体相通的脉络便是信息管理系统。

2. 供应链的分类

供应链按照不同的标准有不同的分类组合。按照运作方式可分为动态供应链和稳定供应链；按照运作的综合能力可分为平衡供应链和倾斜供应链；按照功能模式可分为有效型供应链和反应型供应链，如图 1-3 所示。

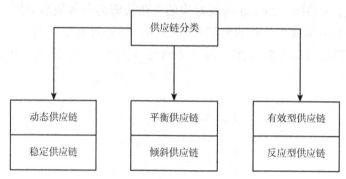

图 1-3　供应链的分类

1）动态供应链和稳定供应链[12]

动态供应链和稳定供应链的划分主要是以供应链在市场环境下的运作方式为依据的。动态供应链指的是变化频繁、不稳定、需求复杂的供应链结构，在实际的管理过程中要时刻关注需求的变化，对供应链结构进行调整。相对地，稳定供应链是供应链上的各节点企业关系稳定、需求单一的供应链结构，在相对稳定的市场环境中存在。

2）平衡供应链和倾斜供应链[12]

平衡供应链和倾斜供应链（也可称作失衡供应链）的划分是以供应链运作的综合能力为依据的。如果供应链在市场需求发生变动时，仍然可以满足顾客的产品和服务需求，保持相对稳定的管理水平和生产服务能力，那么该供应链是平衡的，在平衡供应链中，绩效水平可以达到一个较理想的水平。若市场发生变化时，供应链的成本、库存增加，职能水平下降，企业无法保持在一个最优的状态下运作，那么此时的供应链就是倾斜的（失衡的）。

3）有效型供应链和反应型供应链[12]

根据供应链的功能模式将其分为有效型供应链和反应型供应链。有效型供应链重点突出供应链的物流功能，即将原材料等转化为半成品、产成品等运输到市场售卖，适用于需求稳定或易于预测需求的产品。反应型供应链是通过对市场未知需求快速反应实现价值转换，适用于市场需求波动大的产品。

3. 供应链系统

1）定义

随着企业之间的竞争逐渐变为供应链之间的竞争，且信息技术的便捷使各方获取的需求信息不再具有垄断性，企业开始意识到和供应链上下游企业相互合作的重要性，逐渐形成战略联盟的形态，从而实现风险共担、利益共享[13]。产品生命周期的缩短和消费者主导的生产带来了企业商业模式的变化，出现 JIT 生产、精益制造等概念。由此一来，企业对供应链的依赖性也在逐步加强，企业商业模式的变化和战略联盟的出现都要求供应链上各节点企业像一个整体一样进行生产经营活动。供应链系统是指为终端客户提供产品、服务或信息，从最初的原材料一直到最终用户的整条链上的企业的关键业务流程和关系的一种集成[14]。

供应链系统一般是由供应商、制造商、分销商、零售商和物流企业构成的。供应商是指提供原材料或者零部件的企业；制造商是指将原材料或者零部件进行加工产成产品的企业；分销商是指将制造商生产的产品运输至各零售场所的企业；零售商是指直接将产品或服务提供给消费者的企业；物流企业是贯穿整个供应过程的企业[15]。

2）组成要素

供应链系统的基本组成要素有商流、物流、信息流、资金流。商流是指根据供应链系统中的各节点企业之间需求与供应的关系，形成买卖关系，完成由货币到商品、商品到货币的转换的过程。物流是将商品从供给地到需求地转移的过程，主要活动包括运输、仓储、加工、包装、装卸、配送和信息处理等[3]。信息流是在商品流通中信息的流动过程，是一种虚拟形态，伴随着物流活动的运作不断产生。资金流是指在供应链系统中各个节点之间以及节点内部资金的流动过程。

1.2.2　供应链的驱动因素

驱动因素对供应链运作及供应链设计都有重要的作用，这些驱动因素主要包括库存、运输、设施和信息。

1. 库存

1）定义

库存是为了及时响应不可预知的需要而暂时闲置的资源，多指处于储存状态的货物，广义的库存还包括处于制造加工状态或流通状态的物品[16]。

保有库存可以提高企业应对紧急需求的能力，可以快速满足消费者的需求，以及发挥规模经济效益[17]。在实际生产运作中，企业不能盲目地为了追求库存保有的优点、贪图供给的快速响应而大量囤积库存。在大多数企业中，库存是主要成本来源之一[18]。库存不仅会带来购买产品的成本，还会带来储存设施的建造成本以及管理成本和存储成本。

2）分类

库存根据不同的划分原则可以分为不同的库存形式。

（1）库存按照产品形态可以分为原材料库存、在制品库存和产成品库存。原材料库存是指还未进入到生产过程的物品库存；在制品库存是指已经进入生产过程但还未完成生产的物品库存；产成品库存是指完成生产过程的物品库存。

（2）库存按照储存空间可以分为在库库存和在途库存。在库库存是未接收到订单需求，存储在仓库的物品库存；在途库存是在运输状态的物品库存，一般是根据订单需求被转移到需求地。

（3）库存按照其具体用途可以分为安全库存、周转库存（cycle inventory）、促销库存、投机性库存和季节性库存。安全库存是指为了防止因为不确定性产生的需求波动而持有的库存；周转库存是指在生产经营的过程中，为了满足两次补货间隙的市场平均需求而持有的库存；促销库存是指企业为了应对促销所带来的大量需求而持有的库存；投机性库存是指为了从商品涨价中获得利润而持有的库存，具有投机性质[19]；季节性库存是因为产品季节性而持有的库存。

3）库存管理

库存管理是指管理订购、存储、使用、运输和销售公司库存的过程的策略、工具和技术。通过库存管理可以帮助企业拥有适量的库存，改进对库存移动的跟踪，管理从原材料、在制品和组件到成品的生产库存，并改善客户体验。因此，对库存进行有效的管理对企业的盈利和长远发展有重大的意义。库存管理对企业的作用主要有两个方面。

（1）降低成本。通过对库存进行分析管理，可以使库存的数量形成动态平衡，避免企业大量囤积库存消耗流动资金。

（2）提高企业对供应链的敏感度。对库存进行有效的管理可以培养企业的供应链意识，因为企业在动态管理库存的过程中需要在响应时间和库存持有量上进行分析权衡，只追求快速响应和多库存量的企业很难在供应链上长久立足。

2. 运输

1）定义及功能

物流运输指采用特定设备将物品从一个地点向另一个地点运送[20]。在全球化背景下，运输可以保证产品空间价值的实现，同时全球原材料的采购进一步促进了全球化的趋势。

运输主要承载了两项重要的功能：物品转移和物品储存。运输对物品进行转移的方式主要包括两种：一是生产线，原材料从供应方向生产方转移；二是销售线，产品从销售方向购买方转移。在这种空间转移的条件下，产品可以由资源盛产方流向资源匮乏方，南水北调、西气东输、热带水果运到北方进行售卖等都是具体例子。在水果的空间移动过程中，不仅增加了销售者的销售收入（物以稀为贵，果农可以在北方市场以更高的价格卖给消费者），还提高了消费者的效用水平（消费者不需要前往热带水果的种植地就可以购买到心仪的商品），所以说运输创造了产品的空间价值。

2）运输方式的选择

运输实现产品空间位置的转移有多种选择方式，需要根据运输路径地理形态及路程长度、产品状态及规格等合理选择运输方式。运输方式的比较可以参照表1-3。

表 1-3　运输方式的比较

项目	公路运输	铁路运输	水路运输	航空运输	管道运输
优点	应用广、灵活性高，可以实现"门对门"运输，周转速度快	运量大、运费较低、受自然因素影响较小、连续性好	运量大、投资少、成本低	速度快、效率高	气体不挥发、液体不外流、损耗小、连续性强、安全性能高、运量大
缺点	运量小、耗能多、成本高、运费较贵	修筑铁路造价高、占地面积大、短途运输成本高	速度慢、受天气影响大、灵活性和连续性差	运量小、能耗高、设备投资大、运费贵	铺设专门管道、设备投资大、灵活性差
适合运输的货物	短途、量小的货物	长途、大量、笨重的货物	大量、远程、时间要求不高的货物	贵重、时效性强、数量不大的货物	原油、成品油、天然气等液体状货物

企业在选择运输方式的时候需要综合考虑运输成本和运输时间，权衡好反应能力和盈利能力的天平，选择最优的运输策略。芯片类的电子产品需要选择航空运输的方式，因为其更新迭代的速度很快，对市场的反应能力要求高，就不能因为过于考虑运输成本而选择铁路运输；对于小批量运输的货物，虽然每次运输的间隔短，有较好的反应能力，但是运输的次数多，成本高，适合生产多样化和定制化的产品；对于大批量运输的货物，虽然运输的次数少，可以形成规模效益，但是运输间隔大，也就是反应时间相对来说比较长，适合需求稳定的产品。

3. 设施

1）定义

设施是产品在供应链网络流动的过程中进行制造、装配、存放的地方。

根据设施在供应链节点的具体功能用途可以将设施分为生产设施、仓储设施，以及综合设施。生产设施的功能是根据市场需求将原材料、半成品、成品等进行包装加工；仓储设施的功能是对原材料、半成品、成品进行储存；综合设施的功能是对生产设施功能和仓储设施功能的综合化，在综合设施中可以进行完整的物流活动，包括对产品进行运输、储存、流通加工等。

2）设施决策

在供应链网络设计中，最重要的一个模块就是供应链设施决策[21]。设施决策主要是对设施的规划，包括设施的选址、内部布局、能力的配置、生产方式和仓储方式的选择。

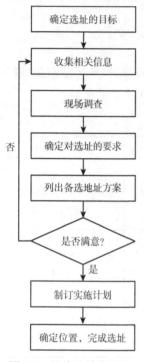

图 1-4　设施选址的具体
步骤

供应链企业进行设施选址，主要有两个层面的任务，一是选择在什么地理位置设置设施，二是选择单一设施还是复合设施。以上两个层面都需要在充分考虑经济、社会和环境的多方面协调发展的前提下，遵循设施选址的原则，对设施的选址做出战略决策，需考虑是否接近供需市场、运输是否便利、劳动力资源是否丰富、基础设施的供应条件如何、当地的政策如何等因素，设施选址的原则有适应性原则、费用原则、战略原则、接近需求方原则、集聚人才原则、动态性原则、简化作业流程原则[22]。在考察上述多方面因素后，对设施选址进行谨慎敲定。设施选址的具体步骤如图 1-4 所示。

（1）确定选址的目标。首先需要明确选址的目标，是为了扩大业务范围、提高生产效率，还是降低成本、改善服务质量等。选址目标的确定有助于指引后续选址工作的方向和重点。

（2）收集相关信息。在确定选址的目标后，需要通过各种途径收集相关信息，包括国家政策、法律法规、地域特点、市场情况、竞争对手、产业链上下游等。这些信息有助于对选址进行全面的了解和分析。

（3）现场调查。在收集到一定的信息后，需要进行现场调查，深入了解候选地址的实际情况，包括地理位置、地形地貌、气候条件、交通状况、基础设施、市场竞争情况等。现场调查的结果直接影响选址决策的准确性。

（4）确定对选址的要求。在确定选址方案时，需要全面考虑运营成本，包括建设成本、人力成本、物料成本、运营维护成本等。选址不仅要考虑企业自身的运营成本，还需要考虑如何更好服务顾客。在选址过程中，需要关注地理位置是否有利于提高顾客满意度和服务质量，如是否方便顾客前来消费或使用、是否有利于提高企业的品牌形象等。

（5）列出备选地址方案。在充分了解候选地址的信息和考虑运营成本、顾客服务等因素后，需要根据企业实际情况制订选址方案，包括选址的具体位置、建设规模、投资预算等。选址方案需要充分权衡各种因素，以便实现最优的经济效益和社会效益。

（6）制订实施计划。当选址方案确定后，需要制订具体的实施计划，包括建设进度、投资计划、人员招聘与培训计划、营销策略等。实施计划需要根据实际情况进行调整和完善，以确保选址工作的顺利进行。

在进行设施选址时，需要充分考虑实际情况和目标需求，进行全面的调查和分析，以确保选址决策的科学性和准确性。

对不同功能的设施，根据设施承载的功能对其制定不同的能力衡量标准，如对生产设施，会根据上下游的供需水平确定其生产能力的要求，保证能满足设施责任范围内的需求；仓储设施不仅要能够存储足够的货品，还要能根据商品的储存要求进行保鲜。企业通过收集上下游需求供给等数据精准进行需求供给分析，确定设施的能力配置和方式，一般确定好设施的能力后，企业不会轻易进行更改。

对设施进行决策管理,可以使供应链企业更好地平衡盈利水平、设施投资成本以及管理成本和市场响应时间。一方面,企业要权衡设施选址与市场响应时间,若设施都聚集在同一片地区,企业对设施的投资会相对减少,但是对市场的响应时间会增加,相反,对市场的响应时间缩短了,对设施的投资就会增加。另一方面,企业要权衡盈利水平和管理成本,共用设施虽然管理成本相对较小,但是其盈利水平不如单独管理的设备的水平高。

4. 信息

1)定义

信息是供应链链条上驱动供应链各企业稳定运行的重要因素。信息流在商流、物流、资金流中同时存在,随着供应链的流动而流动。

2)技术方法

企业通过信息管理软件及信息系统在了解、把握和改善自身运作的过程中获取信息、传递信息、存储信息、处理信息、控制信息。

(1)ERP(enterprise resource planning,企业资源计划)系统[23]。该系统包括供应链中的一系列企业活动,财务管理、生产计划、人力资源、销售等都涵括其中,为企业的计划和运营提供决策依据,提高了企业处理供应链业务的效率和能力。

(2)供应链管理软件。主生产计划(master production schedule)、物料需求计划(material requirements planning)、销售运营计划(sales and operation planning)等都属于供应链管理软件,这些软件具体地对应相应的业务活动,通过信息共享和综合分析,帮助企业管理层进行生产活动的决策,促进供应链企业内部及外部的交互。

3)信息传递与共享

信息贯穿整个供应链链条,衔接上下游节点。供应链上游的供应商通过传递自身的信息,使生产商的生产计划与其相连;零售商通过订单信息与供应商和消费者相连。及时传递供求关系可以有效地安排人员、资金和设备,为企业的选购、生产、存储、销售等环节的决策提供依据。信息对供应链中各企业的决策都具有重要意义,生产计划的制订需要根据产品的供需信息来确定;运输方式的选择需要根据产品特性及消费者的需求信息来确定;设施的选择要根据设施决策的多重信息来确定;供求信息共享可以削弱牛鞭效应(bullwhip effect),使需求的不确定性下降。

信息共享是供应链发展的大趋势,是供应链高效运营的关键。供应链中的各企业实际上是在信息的指导下进行各项决策的。通过信息共享,各节点企业可以相互沟通、相互协调,及时知晓消费者的需求信息,获得其生产经营中所需的必要信息,在信息的指导下制订供应链计划,使供求可以实现有效衔接,进而降低生产经营的库存成本、管理成本、试错成本等,根据信息及时查漏补缺,避免生产经营活动因为材料短缺出现停工停运现象或者因为生产过剩出现成本浪费现象等。信息共享可以提高企业的反应能力和盈利水平,突破信息壁垒,增强供应链企业合作者之间的信任,加强企业之间的合作,降低信息不对称带来的牛鞭效应,实现供应链系统的最优。

1.2.3　供应链管理

供应链管理的思想是横向发展战略的体现，即企业充分利用外部的资源外包业务，和其他企业形成横向关系，与纵向关系的区别在于供应链上的企业没有纵向一体化的权力关系。因此，整个供应链要获得整体绩效最大化，就需要对各节点企业进行有效的管理协调。

1. 供应链管理的概念

供应链管理是将供应商、制造商、仓库和零售商这些节点企业有效集成，使加工出来的产品都能在合适的时间，把合适的数量送到合适的地点，在满足服务水平的条件下实现供应链成本最小化的方法[19]。供应链管理包括多方面的内容，如图1-5所示。

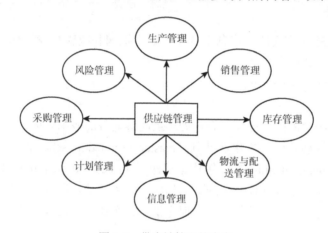

图 1-5　供应链管理的内容

生产管理包括生产计划、生产组织以及生产控制。通过合理组织生产过程，有效利用生产资源，经济合理地进行生产活动，以达到预期的生产目标。

销售管理涵盖了从市场研究、产品定位、促销策略制定到销售渠道管理和售后服务等各个方面，能帮助企业实现销售目标，提高市场份额，满足客户需求，同时保持良好的客户关系。

库存管理涉及预测物资需求、安全库存设定、库存补充、库存移动和库存盘点等。有效的库存管理可以避免库存积压和缺货现象，同时降低运营成本。

物流与配送管理是指将产品从生产地运送到消费地的过程。它包括运输、仓储、包装配送和逆向物流等活动，目标是确保产品按时、按质、按量送达客户手中。

信息管理涉及了解并管理供应商中的所有信息，这包括从供应商到最终客户之间的所有信息流，如订单库存水平、运输状态等。

计划管理是指制订、实施和监控企业战略计划的过程。计划管理旨在确保企业的各项活动协调一致，以实现企业的长期和短期目标。它涉及资源配置、人力资源规划、预算制定和风险管理等多个方面。

采购管理是指从供应商处购买企业所需物资的过程。它包括确定采购需求、寻找合适的供应商、进行谈判、签订合同、下订单、验收入库等。

风险管理是指识别和降低供应链中潜在风险的过程。这些风险可能来自供应商破产、自然灾害、贸易限制、运输延误等各种原因。

2. 供应链管理的目标和难点

供应链管理的目标是整个供应链的效益，因此不能重点着眼于局部利益，如把目标定为单一地降低库存或增加产品衍生意义等，而应该在供应链管理的过程中运用系统的方法优化整体，由于其复杂性和不确定性，这也是供应链管理的重难点之一。

全局优化难以实现的原因有三点。

（1）供应链的各个节点的目标往往是不在一个维度且相互冲突的。从成本分析模块可以得知不同成本之间存在着相互对立的关系，追求整体成本的最小化要制定评定目标和原则。很简单的一个例子就是库存成本和交付响应时间的冲突，企业需根据产品和服务的特点与消费者的需求程度进行取舍。

（2）供应链系统具有很大的不确定性和复杂性。对供应链系统的分析不可避免地需要考虑顾客的需求和供应商供应能力，而这些数据是不确定的且通常是不稳定的。不仅如此，市场的变化带来消费者个性化消费的转型，供应链关系也将随着时间而产生变化。

（3）供应链各节点企业大多数情况下是无法统一分布在同一个地区的，如果对系统追求最优化，就必定要考虑各个企业的发展状况，地理范围上的分散导致系统的管理难以细致高效地实施。

1.3　供应链规划与设计的内涵

1.3.1　供应链规划与设计的定义

供应链规划与设计是指以用户需求为中心，运用新的观念、新的思维、新的手段，从企业整体角度去勾画企业蓝图和服务体系，供应链规划与设计通过降低库存、减少成本、缩短提前期、实施 JIT 生产与供销、提高供应链的整体运作效率使企业的组织模式和管理模式发生重大变化，最终实现提高用户服务水平、促进成本和服务之间的有效平衡、提高企业竞争力的目的[24]。

1.3.2　供应链规划与设计的基本内容

供应链规划与设计既包括物流系统，还包括信息和组织，以及相应的服务设施体系建设。在供应链规划与设计的过程中需要建立具有创新性的管理思维和观念，把供应链的整体思维观融入供应链的构思和建设。战略层面的供应链设计的主要内容包括供应链成员及合作伙伴选择、网络结构设计以及供应链运行基本规则[25]。

1. 供应链成员及合作伙伴选择

一个供应链是由多个供应链成员组成的。供应链成员包括从供应链上游到供应链下游为满足客户需求而提供服务的供应商、制造商、零售商、最终客户等直接或间接的相互作用的所有公司和组织。

2. 网络结构设计

供应链网络结构主要由供应链成员、网络结构变量和供应链间工序连接方式三个方面组成。为了使非常复杂的网络更易于设计和合理分配资源，有必要从整体出发进行网络结构的设计。

3. 供应链运行基本规则

供应链上节点企业之间的合作是以信任为基础的。信任关系的建立和维系除了各个节点企业的真诚之外，必须有一个共同平台，即供应链运行的基本规则，其主要内容包括协调机制、信息开放与交互方式、生产物流的计划与控制体系、库存的总体布局、资金结算方式、争议解决机制等。

从企业的角度出发，供应链的设计问题本质上是对企业的改造。每个企业都不同程度地涉及供应链的运作，因此，供应链的设计不是要全面颠覆现有的企业模式，而是要从管理理念的革新出发，用创新理念武装企业。例如，采用动态联盟、虚拟企业、精细生产等方式。这种基于系统进化思想的再造企业观念是符合人类进化的思维逻辑的。不存在没有原因或根基的企业再造，因此，在实施供应链设计和重建时，不能完全摒弃现有的企业模式，而需要引入新的观念、思维方式和新手段进行改造[26]。

供应链规划与设计既是运用新的管理思维来改造企业，也是先进制造模式的必然要求和推动力量。如果没有全球制造等先进的制造模式出现，集成化供应链的管理思想是很难得以实现的。正是先进制造模式的资源配置，沿着劳动密集、设备密集、信息密集、知识密集的方向发展，才促使企业的组织模式和管理模式发生相应的变化，从制造技术的技术集成演变为组织和信息等相关资源的集成。因此，在供应链的设计中，应当把握这种内在的联系，使供应链管理成为适应先进制造模式发展的先进管理思想。

1.3.3　供应链规划与设计的目标

供应链规划与设计的目标在于提高供应链的整体效率和性能，以满足市场需求，同时优化资源配置，降低成本，提高企业竞争力。具体来说，供应链规划与设计的主要目标包括六个方面。

1. 提升效率

供应链规划与设计的首要目标是提升效率，即通过优化供应链流程、减少浪费、加快信息流动等方式，降低整体运营成本，提高企业生产、运营和销售的效率。例如，通过应用先进的物流技术和信息管理系统，可实现供应链各环节的实时监控和优化，从而提高整体响应速度和准确性。

2. 降低成本

供应链规划与设计的第二个目标是降低成本。这包括通过优化采购、生产和物流等环节，降低原材料成本、制造成本和物流费用。例如，通过与供应商建立长期合作关系，可实现原材料的批量采购和定期配送，降低采购成本和库存成本。此外，通过优化生产计划和生产排程，可降低生产成本和减少浪费。

3. 改善服务

供应链规划与设计的第三个目标是改善服务。这包括提高客户满意度、响应速度和质量，以满足客户需求。例如，通过建立快速响应机制，提高客户服务水平，同时加强与供应商和销售渠道的合作，实现产品定制和多样化，满足客户的个性化需求。

4. 增加灵活性

供应链规划与设计的第四个目标是增加灵活性。这包括应对市场变化、突发事件和不可预测的需求。例如，通过建立灵活的采购和生产机制，可快速调整生产和供应策略，应对市场波动和客户需求变化。此外，通过多元化的供应和物流渠道，可降低对单一供应商或物流渠道的依赖，提高抗风险能力。

5. 提高风险管理

供应链规划与设计的第五个目标是提高风险管理。这包括识别和评估潜在的供应链风险，如供应商破产、价格波动、贸易限制等，并制定相应的应对策略。例如，通过建立风险评估和预警机制，实时监测供应商、市场需求和竞争态势等关键信息，以便及时调整供应链策略，降低潜在风险。此外，还可以制定应急预案以应对突发事件，确保供应链的稳定运行。

6. 优化资源利用

供应链规划与设计的第六个目标是优化资源利用。这包括合理配置和管理各类资源，如人力、物料、设备、时间和空间等，以提高资源利用效率和降低成本。例如，通过优化仓库布局和库存结构，提高库存周转率和空间利用率；通过合理的生产计划和排程，降低设备闲置和减少浪费。此外，考虑采用循环经济模式，推动废旧物品的回收和再利用，降低资源消耗和环境污染。

在实际操作中，企业应根据自身情况和市场需求，综合运用各种手段和方法，实现供应链整体性能的提升和成本的优化。随着全球经济一体化和市场竞争的加剧，供应链规划与设计已成为企业取得竞争优势的关键所在。

1.4　供应链规划与设计的原理

供应链规划与设计是企业管理中的重要环节，它涉及企业运营的各个方面，其基本原理有供应链系统分析原理、物流供需平衡原理、供应链一体化原理、物流成本效益分析原理[23]。运用这些原理可以帮助企业实现供应链的高效运作和管理水平的提升，同时帮助企业在市场竞争中获得更大的优势并实现可持续发展。

1.4.1　供应链系统分析原理

系统分析是为了寻求系统运行的最佳方案，运用合理的方式方法和逻辑思维对系统的各个元素、目标、效益、成本等进行分析研究、建立模型，再通过比较各方案的效益，最终为企业管理者进行最优决策提供依据的一种决策工具。系统分析需要遵循一定的原则，具体有整体效益原则、总成本观原则、避免次优化原则、短期利益与长期效益相结合原则、内部与外部因素相结合原则。

供应链系统分析是将供应链看作一个大的系统，把供应链中的企业和活动看作一个整体，即供应链系统化。从系统的角度出发，遵循系统分析的原则对供应链系统及其子系统进行分析研究，梳理其中的相互关系和所承担的功能角色，从而实现供应链系统效益最大化、成本最小化的目标。供应链系统是一个由多个组成部分相互关联、互动和支持的复杂网络，它包括供应商、生产商、分销商、物流服务商和最终消费者等多个主体。

在供应链系统中，各个组成部分不仅关注自身的利益和目标，而且需要协调和整合各个方面的资源及流程，以提高整个供应链网络的效率和竞争力。供应链系统分析需首先确定系统目标和系统结构，其次分析系统形成背景和应用环境，根据以上背景和环境构建系统模型，计算费用和效益，并制定系统的评价基准，据此开展分析评价。若评价结果可行则实施该方案，不可行则制订替代方案，进一步优化系统，实施新的方案。具体步骤如图 1-6 所示。

1.4.2　物流供需平衡原理

物流供应是社会各生产活动正常运营的保障，包括路径、产品、设施等供应。物流需求是在社会活动中衍生的次生需求，包括产品的空间转移和相关信息的需求。在物流领域，供需平衡原理是指在一定时间内，物流供给与需求达到相对平衡的状态[27]。这种平衡状态可以使物流运作更加高效、流畅，降低成本，提高客户满意度。物流供需平衡原理的具体内容如图 1-7 所示。

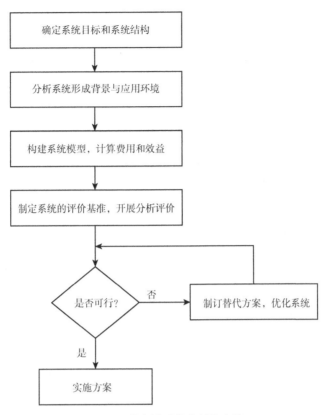

图 1-6 供应链系统分析的步骤

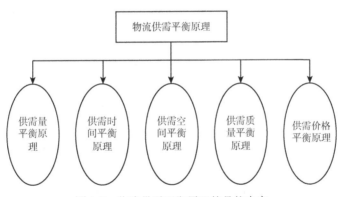

图 1-7 物流供需平衡原理的具体内容

1. 供需量平衡原理

供需量平衡原理是指在一定时间内，物流供给数量与需求数量达到相对平衡的状态。如果供过于求，会导致物流服务过剩、资源浪费和成本增加等问题；如果供不应求，会导致物流服务不足、客户需求无法得到满足等问题。因此，供需量平衡原理是物流供需平衡原理的重要组成部分。

2. 供需时间平衡原理

供需时间平衡原理是指在一定时间内，物流供给时间与需求时间达到相对平衡的状态。如果供求时间不匹配，会导致物流服务不及时、客户满意度下降等问题。因此，供需时间平衡原理对物流供需平衡原理至关重要。

3. 供需空间平衡原理

供需空间平衡原理是指在一定空间范围内，物流供给地点与需求地点达到相对平衡的状态。如果供求空间不匹配，会导致物流服务不便捷、成本增加等问题。因此，供需空间平衡原理对物流供需平衡原理至关重要。

4. 供需质量平衡原理

供需质量平衡原理是指在一定质量水平下，物流供给质量与需求质量达到相对平衡的状态。如果供求质量不匹配，会导致客户满意度下降、企业信誉受损等问题。因此，供需质量平衡原理对物流供需平衡原理至关重要。

5. 供需价格平衡原理

供需价格平衡原理是指在一定价格水平下，物流供给价格与需求价格达到相对平衡的状态。如果供求价格不匹配，会导致资源浪费或成本过高的问题。因此，供需价格平衡原理对物流供需平衡原理具有一定的影响。

物流供需平衡原理是实现高效、流畅、低成本和高质量的物流服务的关键。在供应链规划与设计的过程中同样要秉持供需平衡的指导思想对供应链系统进行规划与设计，应综合考虑供需量平衡原理、供需时间平衡原理、供需空间平衡原理、供需质量平衡原理和供需价格平衡原理，制定适合企业实际情况的物流管理策略，以实现物流服务的最佳效果。

1.4.3　供应链一体化原理

供应链一体化是在规划和设计供应链的运营决策上围绕供应链中的关键要素展开，实现功能一体化、空间一体化和层级一体化，即供应链功能一体化，分散的供应商、设施和市场之间的空间一体化，战略层、战术层和运作层的层级一体化，供应链的关键要素分别是核心企业、供应商伙伴关系、顾客关系[21]。供应链一体化的思想注重企业之间的联系，加强供应链的网状结构的黏性，使供应链上下游企业形成一个信息共享的整体。供应链一体化主要体现在下列几点。

1. 供应链战略合作

供应链战略合作是指在供应链中，各个企业之间建立长期、稳定的合作关系，以实现共同的目标和利益。随着市场竞争愈发激烈，企业更注重自身的关键业务，即核心竞争力，倾向于把非关键性业务承包给其他企业来完成，即建立战略合作关系。这种合作方式可以降低供应链风险、提高运作效率、优化资源配置，同时提高企业的竞争力和市场占有率。

2. 资源整合

供应链一体化强调资源整合，即将供应链上的各种资源进行优化和配置。这包括人力资源、物料资源、设备资源、信息资源等。通过资源整合，可以降低成本、提高效率、优化库存管理，同时提高企业的整体效益。

3. 风险管理

供应链一体化强调风险管理，即对供应链中可能出现的各种风险进行预测、评估和管理。这包括供应商风险、库存风险、运输风险等。通过建立完善的风险管理体系，可以降低供应链风险，提高供应链的稳定性和可靠性。

4. 信息共享

供应链一体化强调信息共享。通过建立信息共享平台和机制，企业可以实现对供应链信息的实时掌握，及时调整和优化供应链运作。同时，信息共享还可以加强企业与供应商、客户等合作伙伴之间的沟通和协作，提高供应链的透明度和协同性。

5. 价值共创

供应链一体化强调价值共创，即企业与合作伙伴共同创造价值。通过建立稳定的合作关系，企业可以与供应商、物流服务商等合作伙伴共同应对市场变化和挑战，实现互利共赢。这种价值共创的模式可以提高整个供应链的竞争力和效率。

6. 敏捷反应

供应链一体化强调敏捷反应，即对市场变化和客户需求进行快速、灵活的响应。通过建立敏捷反应的供应链，企业可以更好地满足客户需求，提高客户满意度，同时实现销售和市场份额的增长。

7. 持续改进

供应链一体化强调持续改进。通过对供应链运作进行持续的监测、评估和改进，可以不断提高供应链的绩效和效率，实现持续改进和创新发展。同时，还可以积极引入新技术、新模式和新思维，推动供应链的创新和升级。

8. 社会责任

供应链一体化还强调社会责任，即在供应链运作中注重环境保护、资源节约和社会公益等方面的责任。通过建立社会责任的供应链，可以提高企业的社会形象和声誉，同时促进可持续发展和社会的和谐发展。

1.4.4　物流成本效益分析原理

物流成本效益分析原理是通过比较成本和效益来评估价值的一种衡量方式，即对系统中的成本和效益进行研究，因为实现投入产出比的降低必定和成本与效益相关联。

1. 成本分析

物流是企业第三利润的来源，同时也是"黑暗大陆"。在物流系统中，经常会出现一种活动成本的降低带来另一种活动成本的增加，因为各个活动的联系密切，多种费用成本挂钩，所以要考虑整体成本的最优化。

影响物流成本的因素主要有四种[28]。其一，物流效率。提升物流效率可以提高物流周转率，减少库存费用和资金占用，从而降低成本。企业可以通过对作业流程和资源进行不断改造优化，并运用大数据技术提升物流效率，使物流成本最小化。其二，物流质量。现阶段的竞争已经从数量竞争转为质量竞争，加强物流的质量管理可以加强与消费者之间的信任，培养客户忠诚度，增加盈利，并且可以避免很多由质量问题导致的费用支出和物流过程的损耗，从而有效地降低成本。其三，物流合理化。物流合理化即在物流活动中获得更高的服务效益，其包含的内容很多，不仅是指包装、运输、装卸、仓储等功能要素的合理化，而且是将物流系统作为一个整体分析其中的功能要素作用的合理化。物流合理化的实现需要切合实际，通过设计、规划整体的流程实现成本的减少，不可因小失大，即因追求某一环节的成本减少而没有顾全大局。其四，人力成本。每个行业都需要不断创新来维持在市场上的竞争力，重视人才的引进是保持物流行业活力的重要因素。高精尖的物流人才可以为企业创造更高的效益，其工作方式和效率间接地降低了企业的物流成本，所以重视人才的培养和培训是好的物流企业必须做的功课。

考虑到成本的不确定性，降低成本的方法是随机应变的。结合上述影响因素，主要有四种途径。其一，减少物流周转。物流周转环节的减少可以省去很多流通环节中不必要的物流费用，缩短消费者收到商品的等待时间，提高物流效率，达到降低成本的目的。其二，改善物流管理。在企业内部实行岗位责任制的方法，通过管理物流各执行部门，对物流的质量进行严格把控和流程的优化改进，分解各阶段的成本支出，可以有效地监控、管理成本。其三，引进先进的技术。对物流活动进行大数据分析。通过大数据技术对物流的设施、人员等进行合理配置，不仅可以提高物流效率，还可以降低物流损耗。其四，健全人才管理体系。完善人才招聘政策，广纳人才，为企业注入更多新鲜的血液。

2. 效益分析

效益是评价方案结果最直观的方式，用以检验是否达到预期的水平以及付出的代价，对效益进行分析是对方案未执行时的指导和执行后的效果的评价和回顾。效益分析分为两大部分，一是经济效益分析，二是社会效益分析。

经济效益是企业在经济活动中所取得的成果，如产品工艺的改进、资源的利用率、资金的运作、利润的走向和成本的管控等，即以尽量少的劳动投入获取更多的回报成果。

社会效益是在经济效益范畴外，对社会生活创造的有利的效果，如碳排放的减少、促进社会就业和改善人们的生活水平等，即用有效的资源最大程度地满足人类的物质文化等方面的需求。

对效益进行分析可以对单个业务进行分析，也可对物流整体进行分析。对单个业务开展的分析可以以时间、成本、资源消耗等要素为指标；对物流整体的分析可以以顾客的反馈，以及和同类竞争产品的比较为衡量指标。效益分析的目的是监督、控制物流作业过程，进而对设备、人员、资金等要素进行合理规划和配置，保证产品和服务的质量与送达时效，最终达到让消费者满意的水平。

1.5　供应链规划与设计的实施

1.5.1　供应链规划与设计的原则

系统规划与设计应遵循一定的原则，以确保系统的成功实施和稳定运行。供应链规划与设计的原则主要有四点。

1. 简洁性

供应链规划与设计的简洁性体现在精简供应商、优化生产流程、整合供应链上。精简供应商指选择少而精的供应商，并建立战略合作伙伴关系。这有助于减少采购成本，提高供应质量和速度，同时降低风险。优化生产流程是采用精益思想指导生产系统的设计，从精益的制造模式到精益的供应链，努力追求业务流程的快速组合和高效运作。整合供应链是指通过横向整合，将供应链上的各个环节进行优化和整合，减少冗余和浪费，提高整体效率。

2. 创新性

供应链系统本身是一个创新性的系统。通过引入新的理念、技术和方法，对传统供应链进行优化和改进，提高供应链的竞争力和适应性。具有创新性的供应链规划与设计有助于企业适应市场变化，提高运营效率，降低成本，并获得持续竞争优势。

3. 协同性

供应链协同性是供应链各成员企业之间通过共享信息、协调配合、整合资源，共同参与供应链优化和改进的过程。由于各节点的重点不同、目标不同，需要进行协同，共同为供应链系统的整体目标做出调整。各节点之间合作的协同、和谐程度，是实现供应链最佳绩效的决定性因素，如战略协同、风险协同、信息协同等。

4. 活跃性

活跃性原则是指供应链规划与设计的过程中，需要充分考虑各种不确定因素和需求变化，并采取相应的措施来应对和适应这些变化，如需求的变化、供需平衡的不稳定性、运输策略的调整、信息的传递滞后性以及风险的不可预估性。在实际设计过程中，要充分考虑这些不确定性的因素，应对供应链的活跃性，提前做好预备方案。

1.5.2 供应链规划与设计的步骤

供应链在设计和实际实施的整个过程中，并不一定都能按照设想达到预期要求，因为在实际操作的过程中会不可避免地受到环境因素的影响。因此，供应链规划与设计的过程中，不光要考虑理论层面的影响因素，还要多方面的考虑环境因素。比如，供应链的运行环境（地区、政治、文化、经济等因素），以及未来的环境变化对供应链实施带来的影响。

供应链规划与设计的流程符合系统设计的原则，具体步骤如图1-8所示[24]。

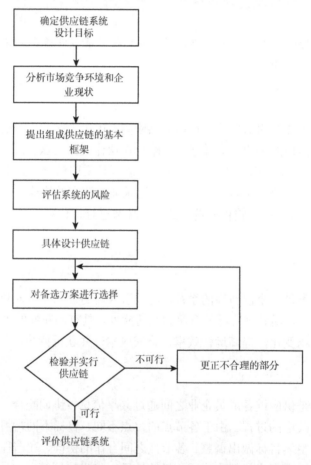

图1-8 供应链规划与设计的具体步骤

1. 确定供应链系统设计目标

在系统的规划设计之前，需要明确该系统的目的，才能具体地进行分析和决定其中涉及的元素。由于供应链系统是个复杂而且庞大的系统，其子系统之间存在互相影响和互相限制的关系，所以在供应链设计初期，确定目标可以明确制约关系及各种约束，避免在系统设计的过程中无法运作。

2. 分析市场竞争环境和企业现状

对市场竞争环境和企业现状进行分析，充分考虑外部状况和自身发展，可以为企业的竞争策略提供依据，为后续供应链系统所采用的方法作支撑。分析市场的竞争环境具体是指了解各种类产品在市场中的需求情况和生产方式，现有的同类竞争产品及互补产品在市场中的需求现状和政府政策对企业发展的指导；企业现状是指对企业现在的合作伙伴、竞争对手、发展策略和产品管理进行归纳总结。

3. 提出组成供应链的基本框架

对外部环境和自身状况有了清晰的认知后，确定企业着力于什么品类的产品和服务，并根据市场的需求预测确定提供的产品或服务的数量，进而确定供应链系统中制造商、供应商、分销商、零售商等节点的数量和运作方式。

4. 评估系统的风险

评估系统的风险是指在完成供应链系统的节点定位后，企业根据市场可能会出现的变化所做出的预测，如政府政策方针的改变、产品过时、竞争对手获得产品领先技术、经济大环境萧条等。在评估系统风险后，企业可以制定一系列方案政策，避免或减少风险来临时无法第一时间应对所产生的大量损失。

5. 具体设计供应链

在确定上述因素后，企业就要参考供应链的结构对供应链系统进行初步设计。具体内容包括供应链各节点企业的选址及功能、容量的确定、产品的价格定位、生产计划的制订、运输路线的规划、库存管理、分销网络的设计、客户反馈的途径、大数据信息系统的应用、整个供应链系统运作的规则等。

6. 对备选方案进行选择

设计好的供应链系统并不能完全符合运营标准或满足实际需求。需要对备选方案进行评估、选择的目的是对备选方案的各个层面指标进行比对，选出最优的方案。评估后淘汰的方案就不需要进行仿真模拟检验。

7. 检验并实行供应链

在具体设计供应链系统后，需要利用一些建模仿真软件对设计好的系统进行检验。如果检验的结果发现供应链系统运行可以实现最初制定的系统目标，那么就可以投入使用；相反，如果检验结果不理想，则需要找出系统不合理的地方，重新设计供应链系统，重复上述步骤。当然，系统在运营过程中所适用的方针和战略一定不会是一成不变的，在方案正式投入运营后，也要时刻关注市场环境的变化，敏锐、及时地对战略方针做出调整。

8. 评价供应链系统

评价供应链系统是在真实的方案运营后做出的总结和反思，对目标的实现程度进行打分，和备选方案评估步骤不同的是，在此步骤的评价是通过实际运营结果和预想的运营结果的比较来打分的，而备选方案评估一般是由专家根据自身的经验进行的。对实践后的方案进行评价可以为今后的供应链系统设计提供更多的参考标准，并完善系统设计的思路。

1.5.3　供应链规划与设计的改进

供应链规划与设计是一个持续改进的过程，该过程旨在评估规划设计的供应链的性能和提高供应链的效率，使供应链系统处于最优状态。在改进的过程中要以供应链规划与设计的目标为基准，明确制约关系和各种约束，时刻遵循简洁性、创新性、协同性和活跃性的原则。企业可以根据以下九个方面进行供应链规划与设计的改进。

1. 可靠性

可靠性是指供应链在确保产品质量和准时交付方面的可靠性。它是衡量供应链整体稳定性和可靠性的关键指标。为了提高供应链的可靠性，需要评估并改进供应商的可靠性、运输可靠性及整体库存控制策略。

2. 效率

效率是指供应链在资源利用、运营成本和生产率等方面的表现。提高供应链的效率可以帮助企业降低成本并提高竞争力。为了提高供应链的效率，需要优化物流运作、降低库存持有成本、降低运输成本并提高生产率。

3. 成本

成本是改进供应链规划与设计的重要方面之一。它包括采购成本、运输成本、库存持有成本以及与供应商、分销商和内部运营相关的其他成本。通过降低成本，企业可以增加利润并提高竞争力。为了降低成本，需要优化供应商选择、实施价格谈判、降低库存持有成本并提高物流效率。

4. 柔性

柔性是指供应链在应对市场需求变化和不确定性时的适应能力和响应速度。随着市场的不断变化，企业需要灵活调整供应链策略以满足市场需求。为了提高供应链的柔性，需要建立紧密的供应商合作关系、实现信息共享以及采用先进的物流技术。

5. 可持续性

可持续性是指供应链在环境保护、社会责任和财务方面的综合表现。企业需要评估供应链对环境的影响，同时确保遵守社会责任和道德准则。为了提高供应链的可持续性，需要选择环保和社会责任强的供应商，采用绿色物流技术和实施循环经济策略。

6. 交货期

交货期是指从订单下达到产品交付给最终客户所需的时间。交货期对客户满意度和企业业务运营具有重要影响。为了提高供应链的交货期性能，需要建立可靠的运输网络、优化库存管理和提高生产效率。

7. 库存水平

库存水平是指供应链中存储的原材料、在制品和成品的数量。适当的库存水平对于满足客户需求和降低成本至关重要。为了优化库存水平，需要实施合理的库存控制策略，提高预测准确性并建立有效的库存管理系统。

8. 供应链协同

供应链协同是指供应链中各节点企业之间的合作与协调。通过建立紧密的合作关系，企业可以更好地利用资源、降低成本并提高整体绩效。为了提高供应链协同，需要建立共同的目标和战略、促进信息共享，以及加强沟通和信任。

9. 信息传递

信息传递是指供应链中各节点企业之间信息的交换和处理。信息传递的速度和质量对于整个供应链的绩效至关重要。为了提高信息传递的效率，需要采用先进的信息技术，如物联网（internet of things，IoT）、云计算和大数据等，同时建立稳定的信息共享平台和合作关系。

在改进供应链规划与设计时，企业应综合考虑上述九个方面，并针对不同的业务需求和目标进行优化。通过不断提高供应链的性能和效率，企业可以更好地满足客户需求，提高市场竞争力并实现可持续发展。

本 章 小 结

本章对物流、供应链、供应链系统及供应链规划与设计的相关内容等进行介绍，主要包括物流和供应链的分类、物流系统、供应链的驱动因素、供应链管理的内容、供应链规划与设计的内涵、原理和实施过程等多个方面。强调了供应链在当今企业中的重要性以及供应链规划与设计是对整个供应链流程进行全面规划的过程。

？ 复习与思考题 »

1. 供应链的定义是什么？其主要作用是什么？
2. 供应链的类型有哪些？不同类型供应链的特点是什么？
3. 供应链规划与设计的主要内容是什么？
4. 在当今竞争激烈的市场环境中，企业为什么必须重视供应链规划与设计？
5. 请举例说明供应链规划与设计在企业管理中的实际应用。
6. 如何进一步提高供应链的效率和竞争力？

参 考 文 献

[1] GB/T 18354—2021. 物流术语[S]. 北京：中国标准出版社，2021.
[2] 齐二石，霍艳芳，刘亮. 物流工程与管理概论[M]. 北京：清华大学出版社，2009.
[3] 魏波，陈进军. 物流系统规划与设计[M]. 西安：西安交通大学出版社，2018.
[4] 赵林度. 物流系统分析[M]. 北京：科学出版社，2012.
[5] 郑少峰，张春英. 现代物流信息管理与技术[M]. 2版. 北京：机械工业出版社，2022.
[6] 张钦，石琳，朱伟俊. 物流与供应链管理[M]. 北京：科学出版社，2019.
[7] 王永富，李二敏. 物流管理概论[M]. 北京：对外经济贸易大学出版社，2006.
[8] 董艳，叶怀珍. 物流量概念界定及其内涵分析[J]. 交通运输工程与信息学报，2006，4（3）：100-105.
[9] 戢守峰. 现代设施规划与物流分析[M]. 2版. 北京：机械工业出版社，2019.
[10] 范碧霞，魏秀丽. 物流与供应链管理[M]. 2版. 上海：上海财经大学出版社，2020.
[11] 沈厚才，陶青，陈煜波. 供应链管理理论与方法[J]. 中国管理科学，2000，8（1）：1-9.
[12] 黄尧笛. 供应链物流规划与设计：方法、工具和应用[M]. 北京：电子工业出版社，2016.
[13] 施先亮. 智慧物流与现代供应链[M]. 北京：机械工业出版社，2020.
[14] 高举红，王术峰. 物流系统规划与设计[M]. 2版. 北京：清华大学出版社，北京交通大学出版社，2015.
[15] 李金波. 供应链管理：未来赢在供应链[M]. 北京：中国纺织出版社有限公司，2021.
[16] 宾厚，王欢芳，邹筱. 现代物流管理[M]. 北京：北京理工大学出版社，2019.
[17] 张桂兰，赖爱英，李传民. 供应链管理[M]. 成都：电子科技大学出版社，2020.
[18] 辛奇-利维 D，卡明斯基 P，辛奇-利维 E. 供应链设计与管理：概念、战略与案例研究[M]. 3版. 季建华，邵晓峰，译. 北京：中国人民大学出版社，2010.
[19] 张立群. 供应链管理基础与实务[M]. 长春：吉林人民出版社，2021.
[20] 汪传雷. 物流运输与包装[M]. 2版. 合肥：合肥工业大学出版社，2021.
[21] 陈功玉. 供应链管理[M]. 武汉：武汉大学出版社，2011.
[22] 姚冠新. 物流系统规划与设计[M]. 镇江：江苏大学出版社，2016.
[23] 沃尔曼 T E，贝里 W L，怀巴克 D C，等. 制造计划与控制：基于供应链环境[M]. 5版. 韩玉启，陈杰，袁小华，等译. 北京：中国人民大学出版社，2008.
[24] 刘建香. 供应链规划与设计[M]. 北京：科学出版社，2022.
[25] 王桂朵. 供应链管理[M]. 北京：中国财富出版社，2016.
[26] 商金红. 供应链管理总监[M]. 北京：中国物资出版社，2011.
[27] 张锦. 物流规划原理与方法[M]. 成都：西南交通大学出版社，2009.
[28] 邵瑞庆. 关于物流企业物流成本核算方法的探讨[J]. 交通财会，2006，（6）：4-17.

第2章　供应链战略规划与设计

学习目标

1. 理解供应链战略内涵。
2. 理解供应链产品标准化设计策略的选择。
3. 掌握供应链战略匹配的步骤及影响因素。
4. 掌握供应链战略规划与设计的方法。

引导案例

格兰仕公司的供应链战略匹配问题

作为一家世界级家电制造企业，格兰仕公司的核心业务是微波炉生产。通过集中战略和总成本领先战略，格兰仕迅速取得了市场竞争优势。然而，随着市场需求的变化和竞争环境的加剧，格兰仕公司的供应链战略匹配出现了一些问题。

一方面，随着家电智能化趋势的加剧，消费者对微波炉的需求从简单功能向中高端功能转变。格兰仕在这方面的把握不够准确，产品和功能缺乏创新，导致在同行竞争中处于劣势。此外，为应对市场需求波动，提供多样化、创新型的产品，满足高服务水平要求，供应链的运营成本将会增加，这与格兰仕目前的效率型供应链产生矛盾。

面对客户需求和供应链不确定性的问题，格兰仕公司采取差异化竞争战略，增强供应链的响应能力，提供创新型产品，提高竞争优势。同时，需要在供应链的反应能力与盈利水平之间进行权衡，确保在满足客户需求的同时，保持供应链的效率性。

另一方面，格兰仕在产品投入期成功实施低成本战略，利用规模优势迅速赢得市场占有率。然而，公司在不同发展阶段应根据实际情况采取不同的战略，总成本领先战略在公司发展过程中逐渐显现弊端。该战略带来的最明显的问题是格兰仕忽略了供应链的整体利益，导致供应链关系紧张，同时格兰仕过度依赖外部分销网络和营销终端，对市场情况把控不足，不利于建立品牌形象和长期发展企业。

为此，格兰仕及时调整供应链以适应产品生命周期不同阶段的需求特点。在创业初期和成熟期，采取不同的竞争战略，如将原本的集中竞争战略转变为差异化竞争战略，以持续扩大市场占有率。同时，对于处于产品导入期的小家电市场依然采取总成本领先战略，其致力于实现的低成本目标与有效性供应链战略目标相辅相成，相互匹配。

格兰仕公司针对供应链战略匹配存在的问题进行调整和优化，通过正确理解客户需求和供应链不确定性，适时调整供应链战略以及根据产品生命周期不同阶段采取相应措施，格兰仕公司可以进一步提升供应链效率和市场竞争力，实现可持续发展。

资料来源：李佛赏. 格兰仕公司的供应链战略匹配问题研究[J]. 经贸实践，2015，（8）：258-259.（有删改）

2.1　供应链战略

2.1.1　供应链战略的概念和内涵

1. 供应链战略的概念

在现代企业运营中，供应链战略扮演着越来越重要的角色。"战略"一词最初起源于战争领域，用于描述在战争整体布局中的策略与计划。后来，"战略"逐渐被延伸应用于组织领域，用于设定组织的愿景、使命等长期目标，并确定实现这些目标的方法。实现战略目标通常需要较长时间，并且核心问题在于明确方向与选择适当的实现方式。H.伊戈尔·安索夫（H. Igor Ansoff）是企业战略管理领域的先驱，他在 1965 年首次提出了企业战略的理论。他认为，战略管理是高层管理者基于对企业内外部环境与条件的深入分析，为确保企业持续生存和发展，所进行的根本性、长远性的规划与指导。企业战略涵盖多个子战略，如竞争、营销、发展、品牌、融资、技术开发、人才和资源开发等。企业战略设定了企业的远景目标，并为实现这些目标制订了总体性、指导性的路径规划。企业战略属于宏观管理范畴，其特征体现在指导性、全局性、长远性、竞争性、系统性和风险性六大方面。

供应链战略是企业战略的一部分，它是对供应链的全局性、长期性的规划和决策。供应链战略涉及如何构建供应链、配置供应链资源以及制定供应链流程等一系列决策，以确保供应链的有效运作和与企业的整体战略相协调[1]。随着全球化的步伐的加快和技术的快速发展，供应链战略也在持续演进并走向现代化。传统的供应链战略主要关注物流、采购等单一职能，而现代供应链战略更加注重全局性、协同性和创新性。它要求企业在更广泛的范围内考虑供应链的优化和整合，以应对复杂多变的市场环境和日益激烈的市场竞争。

2. 供应链战略的内涵

1）供应链战略是支持企业竞争战略的职能战略[2]

供应链战略并不直接关注产品或服务本身所产生的竞争优势，而是将重点放在产品或服务在供应链中的运动过程所形成的价值链为企业带来的竞争优势上。价值链自新产品开发开始，通过市场营销宣传，经过产品开发、生产、分销以及服务等基本活动形成一个完整的链条。供应链战略需与新产品开发战略和市场营销战略相互配合，以支持企业竞争战略。作为一种职能战略，供应链战略强调供应链中各职能的联系，是实现企业竞争战略的必要条件。

2）供应链战略是实现顾客价值链的整体战略

供应链战略全局性地规划企业的供应链特性、结构、组织和运作，确定原材料的获取和运输、产品的制造或服务的提供，以及产品配送和售后服务的方式与特点。在供应链环境下，供应链战略的核心在于将供应链看作一个整体，选择合适的供应链集成模式，以实现顾客价值链的无缝衔接[3]。

3）供应链战略是一种互补性企业之间的联盟战略[4]

供应链战略也可被视为一种互补性企业之间的联盟战略。互补性企业联盟由存在一定互补关系的企业紧密合作组成。通过加强企业之间的沟通与合作，提升产品质量，满足客户需求，强化产品效益，并围绕核心产品、核心资产或核心企业构建包括供应商、批发商和生产商等在内的企业联盟[5]。互补性企业联盟的目标是通过建立战略合作伙伴关系，确保不同企业间业务活动的协同和业务过程的有效衔接，从而为顾客创造更多价值。

4）供应链战略管理可以增强企业的核心能力

企业的核心能力是保障企业生存与发展的关键因素。当企业自身能力和资源无法实现发展目标或应对市场竞争时，供应链战略管理成为必要手段。通过业务外包或寻找优秀供应商，企业可以在供应链中改进技术、提升质量、提高效率、降低成本，从而强化企业的核心能力，并弥补自身不足。优秀企业之间的合作能最大限度地避免风险，推动企业朝着更好的方向发展，并帮助企业创造更多的经济效益与社会效益[2]。

2.1.2　供应链战略的基本类型[6]

供应链战略按照产品的需求模式可以划分为有效性供应链战略和反应性供应链战略两类。

1. 有效性供应链战略

有效性供应链战略注重以最低成本进行产品创新与设计，并将原材料高效转化为成品，确保按需准时生产并追求完美目标。这种战略蕴含了精益战略思想，其核心原则包括增加客户产品的价值、优化供应链流程、消除浪费、控制物料流动以及持续改进。有效性供应链战略旨在为客户提供有价值的产品，并精确满足需求，同时不断寻求自身的改进和优化。

2. 反应性供应链战略

反应性供应链战略强调快速响应需求变化。反应性供应链战略要求企业能够以最快的需求反应速度迅速进行产品创新与设计，并将原材料转化为成品快速分销给客户并提供服务。反应性供应链战略蕴含了敏捷思想，即企业需具备快速反应和适应变化的能力。它注重根据客户需求进行个性化定制，并强调客户满意度，与企业的竞争战略要求相一致。反应性供应链战略的核心在于迅速且灵活地对需求变化做出反应，并确保在快速变化的市场环境中保持竞争力。

3. 有效性供应链战略和反应性供应链战略的区别

有效性供应链战略注重低成本、高效率地满足客户需求，追求精益和持续改进；而反应性供应链战略则强调快速响应和灵活适应市场变化，追求敏捷和客户满意度。按照主要目标、产品设计战略、采购战略、制造战略、库存战略、配送战略、供应商战略、提前期战略，有效性供应链战略和反应性供应链战略的区别如表 2-1 所示[1]。

表 2-1　有效性供应链战略与反应性供应链战略的主要区别

项目	有效性供应链战略	反应性供应链战略
主要目标	以最低成本满足需求	以最低成本满足需求
产品设计战略	按最低成本原则	按模块化原则
采购战略	单源准时采购	多源组合采购
制造战略	用专业化生产设备	用柔性化生产设备
库存战略	最小化库存	维持足够的库存
配送战略	采用低成本配送模式	采用快速配送模式
供应商战略	按成本和质量选择	按交货期、柔性、可靠性和质量选择
提前期战略	缩短，但不以增加成本为代价	大幅缩短，即使是以付出较大成本为代价

2.1.3　供应链战略设计

1. 供应链战略设计目标

供应链战略的核心目标是最大化整体供应链价值，即以最低的成本满足客户需求，从而获得竞争优势，以支持企业的战略目标。为了实现这一目标，企业在选择和设计供应链战略时必须考虑多个设计目标，包括产品质量、运营成本、交付时间和顾客服务。这些目标都需要优化，以实现供应链价值的最大化。

供应链业务流程涉及物流、信息流和资金流，并且由原材料的采购与运输、产品加工与装配，以及产品配送与服务的方式和特点所确定。新产品开发或进入新市场都涉及整个供应链的调整。这时，企业需要进行供应链战略选择并进行相应的结构设计。除此之外，其他涉及供应链结构调整和资源配置的情况，如提升售后服务水平、提高用户满意度、降低运营成本和提高运营效率等，也需要进行供应链战略的选择和设计。在供应链战略选择与结构设计阶段，为了使供应链更有效地为顾客提供产品和服务，并获得竞争优势，供应链战略的选择必须使供应链结构与顾客需求特性更好地进行匹配。供应链结构设计的目标是实现运营成本最小化、顾客服务最优化、反应时间最短化和产品质量最佳化。

供应链战略选择与结构设计的目标递阶层次结构模型如图 2-1 所示[2]。位于模型最上层的是支持企业竞争战略的供应链战略目标；位于模型第二层的是供应链结构设计目标，是对供应链战略目标的细化与具体化；位于模型第三层的是供应链上的各节点企业；位于模型第四层的是各节点企业应如何精干主业、提高效率、降低库存并与其他企业协同运作，以支持供应链结构设计的实现。通过这样的结构，企业能够有条理、有逻辑地进行供应链战略选择与结构设计，以实现整体的战略目标。

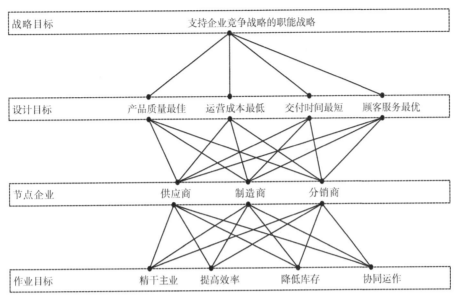

图 2-1　供应链战略选择与结构设计的目标递阶层次结构模型

需要注意的是，供应链战略的设计目标之间可能存在矛盾，无法同时达到最优。因此，企业必须以其供应链战略目标为准则，即最大化整体供应链价值，并在这些设计目标之间进行权衡和取舍。企业在进行供应链战略选择与结构设计时，应综合考虑多个因素和设计目标，明确优先级，并进行权衡决策，以实现供应链价值的最大化，从而支持企业的战略目标。

2. 供应链战略设计原则[7]

供应链战略设计时应遵循以下六个原则。

1）全局性原则

企业应从整体的角度来思考和规划供应链，确保供应链的各个环节紧密衔接，共同围绕企业战略目标进行高效运转。这需要跨越部门和企业的界限，从更宏观的角度来审视和优化供应链设计。

2）创新性原则

通过创新性的供应链设计和活动，提升产品的附加值和竞争力，不断挑战现状，寻求改进和突破，推动供应链向更高水平发展。

3）系统性原则

供应链设计涉及众多方面，包括合作伙伴、链上成员等。为了实现整体效益最大化，需要从系统的角度出发，全面考虑各种因素和变量。综合考虑市场竞争、企业现状等因素，确保供应链设计与企业整体战略相匹配。

4）协调互补原则

强调供应链内外部的协调和互补，促进各环节之间的衔接与配合。通过优化资源配置，发挥各成员的独特优势和创造力，形成协同效应，提升整体的供应链效能。

5）发展性原则

供应链设计是一个持续优化的过程。随着市场环境和企业需求的变化，供应链应具备自我调整和适应的能力。不断关注供应链运转情况，及时发现问题并改进，推动供应链持续发展和完善。

6）客户导向原则

要始终将客户需求置于供应链设计的核心位置。通过深入了解客户需求，构建灵活响应、高效运作的供应链体系。持续改进产品和服务质量，提升客户满意度，从而赢得市场竞争优势。

3. 供应链战略规划与设计内容

供应链战略规划与设计是一个系统性、综合性的过程，要求企业从初步匹配到产品策略选择，再到供应链战略模式的规划与选择，都需要有前瞻性和全局性的视野，确保各个环节紧密相连，共同为整体供应链价值的最大化做出贡献。供应链战略规划与设计的内容如图 2-2 所示。

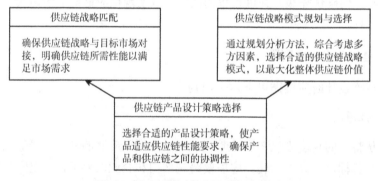

图 2-2　供应链战略规划与设计的内容

1）供应链战略匹配

供应链战略匹配的目的是确保供应链战略与企业目标市场的无缝对接。企业需明确为了与目标市场有效匹配，其供应链应具备怎样的性能的问题。

2）供应链产品设计策略选择

在明确了供应链的性能要求后，企业需要选择合适的产品设计策略，使产品能够适应相应性能的供应链。产品标准化设计的选择有助于确保产品和供应链之间的协调性。

3）供应链战略模式规划与选择

在确定产品设计策略契合供应链性能后，企业需要通过全面分析，选定合适的供应链战略模式，使供应链的整体价值达到最大。

2.2　供应链战略匹配

2.2.1　竞争战略与供应链战略

供应链战略作为一种互补性企业之间的联盟战略，是支持企业竞争战略的一项职能战略，是实现顾客价值链的整体战略，供应链战略管理可以增强企业的核心能力。在当今的市场环境中，企业面对的竞争对手不再单一，而是由多个节点企业组成的整个供应链。因此，供应链战略与竞争战略必须紧密匹配，确保两者的目标一致，从而取得市场上的成功。

1. 竞争战略[8]

竞争战略指导企业在特定行业或市场中进行竞争，三种基本的竞争战略分别为总成本领先战略、差异化战略和集中战略。三种基本的竞争战略如图 2-3 所示。

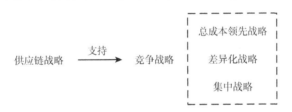

图 2-3　三种基本的竞争战略

1）总成本领先战略

总成本领先战略通常是指企业通过有效途径，实现整体成本低于竞争对手的战略。企业追求规模经济、专利技术、原材料优惠等，以低成本为竞争优势，经常利用价格战来巩固或扩大市场份额。总成本领先战略在市场竞争中最为常见。

2）差异化战略

差异化战略旨在提供与众不同的产品或服务，使企业在全行业中独树一帜。差异化可以体现在品牌形象、技术特点等多个方面。但需要注意的是，差异化并不意味着忽略成本，只是此时企业的首要战略目标不是成本。

3）集中战略

集中战略也称为聚焦战略，核心是在特定的目标市场、地区或购买者群体中提供专门的产品或服务，从而建立独特的竞争优势。集中战略要求企业资源集中使用，快速增加特定产品的销售额和市场占有率，并为特定的细分市场提供更高效的服务。

三种基本竞争战略各有其独特的优势和适用范围，但无论如何选择，都需要确保供应链战略与竞争战略相互匹配，共同为企业创造最大的价值。

2. 竞争战略与供应链战略的关系

要深入理解竞争战略与供应链战略之间的关系，首先必须了解典型组织的价值链构造。企业价值链如图 2-4 所示，描述了从原材料选择到最终产品送达消费者手中的一系列价值创造活动[9]。

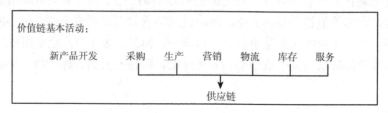

图 2-4　企业价值链

从新产品开发开始，价值链便启动。企业的产品开发、采购、生产、营销、物流、财务等活动共同构成了企业的价值链。在这个链条中，新产品开发、采购、生产、营销、物流、库存、服务等属于基本活动，供应链涵盖了采购、生产、库存、物流以及服务等核心环节。供应链战略注重原材料的获取、物料运输、产品生产或服务的提供、产品分销以及后续服务。这些流程是由企业自行处理还是外包，都是供应链战略关注的焦点。供应链战略强调企业内部各职能间的紧密合作。要想获得竞争优势，所有职能战略必须相互支持，并共同支撑竞争战略[1]。

供应链战略是支持竞争战略的职能战略。两者都需要在企业整体框架下协同工作，确保各个环节紧密衔接，最大化整体效益，从而为企业创造持久的竞争优势。

2.2.2　供应链战略与竞争战略匹配的步骤[10]

要实现供应链战略与竞争战略的有效匹配，关键在于确保供应链战略能够支持竞争战略的实施，并与之拥有共同的目标，即竞争战略所追求的满足顾客需求的目标与供应链战略所追求的构建供应链能力目标相一致，两者共同实现供应链整体价值的最大化，以最低的成本满足客户的需求。为了达到这一目的，企业需要保证其供应链能力能够支持其满足目标顾客群的需求。供应链战略与竞争战略匹配主要包括明确顾客需求、评估供应链的能力以及调整供应链战略以匹配竞争战略三个基本步骤，供应链战略与竞争战略匹配的步骤如图 2-5 所示。

1. 明确顾客需求

深入理解目标顾客的需求是实现供应链战略与竞争战略匹配的关键一步。要准确理解顾客需求，企业需要对市场进行细致的分析，综合考虑市场需求不确定性与隐含需求不确定性。

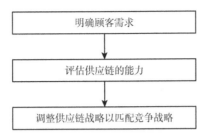

图 2-5 供应链战略与竞争战略匹配的步骤

1）市场需求不确定性

顾客群的需求特征受到多种因素的影响，如顾客单次购买的产品数量、顾客可以忍受的响应时间、顾客需要的产品品种、顾客所需的服务水平、顾客对产品价格的敏感度以及顾客对产品预期的更新速度等。对于不同类型的订单，如紧急订单和非紧急订单，顾客的需求特征也存在明显的差异。

企业可以根据不同的需求特征将顾客划分为不同的群体，不同群体的需求直接影响需求不确定性，而需求不确定性又反映了顾客对某种产品的需求的不稳定性。例如，产品需求变化导致的不同顾客需求数量差异越大，市场需求不确定性就越高。类似地，产品种类数量和获得渠道的增多也会导致市场需求不确定性增加。相反，如果这些因素减少或者下降，如需求数量波动范围减小、订单交付时间延长、需求产品种类减少、产品获得渠道减少等，那么市场需求不确定性就会相应降低。顾客需求特征与市场需求不确定性的关系如表 2-2 所示。

表 2-2 顾客需求特征与市场需求不确定性的关系

顾客需求特征		市场需求不确定性的变化
需求数量波动范围	增大	增大
	减小	减小
订单交付时间	缩短	增大
	延长	减小
需求产品种类	增加	增大
	减少	减小
产品获得渠道	增多	增大
	减少	减小
需求服务水平	提高	增大
	下降	减小

企业需要全面并深入地理解其目标顾客的需求特征，以降低市场需求的不确定性，并实现供应链战略与竞争战略的有效匹配。通过这种方式，企业可以更好地满足市场需求，提升顾客满意度，并保持竞争优势。

2）隐含需求不确定性

不同于一般的需求不确定性，隐含需求不确定性源自供应链无法满足所服务顾客群的完整期望，其根源在于供应链的不确定性。这种不确定性是顾客的需求特点和供应链的特点之间的差异造成的。隐含需求不确定性的主要影响因素如图 2-6 所示。

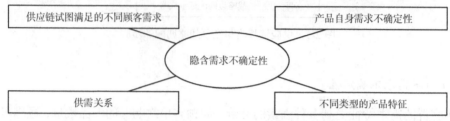

图 2-6　隐含需求不确定性的主要影响因素

隐含需求不确定性除受产品自身需求不确定性的影响外，也受到供应链试图满足的不同顾客需求的影响。如表 2-3 所示，各种不同的顾客需求，如需求量增长、提前期缩短、需求的产品种类增加等，都会对隐含需求不确定性产生影响。

表 2-3　顾客需求对隐含需求不确定性的影响

顾客需求	隐含需求不确定性的变化	原因
需求量增长	增大	要求的数量大幅度增加意味着需求变动增大
提前期缩短	增大	对订单反应的时间少了
需求的产品种类增加	增大	对每种产品的需求更加分散
获得产品的渠道增多	增大	顾客总需求分散给更多的供货渠道
要求创新速度加快	增大	新产品的需求会有更大的不确定性
需求的服务水平提高	增大	不得不应付偶然出现的需求高峰

每种产品的隐含需求不确定性都与产品边际收益、平均预测误差、供求平衡难度等因素有一定的相关性。例如，隐含需求不确定性越高，产品边际收益往往也会越高，这可能是因为具有不确定需求的产品通常市场竞争较少。隐含需求不确定性与产品特性的相关性关系如表 2-4 所示。

表 2-4　隐含需求不确定性与产品特性的相关性关系

产品特性	低隐含需求不确定性	高隐含需求不确定性
产品边际收益	低	高
平均预测误差	低（10%）	高（40%～100%）
平均产品脱销率	低（1%～2%）	高（10%～40%）
平均被迫销毁率	低	高（10%～25%）

不同类型的产品特征也会影响隐含需求不确定性。例如，功能型产品由于市场需求量大，需求波动幅度较小，其隐含需求不确定性相对较低；而创新型产品和工程型产品

的隐含需求不确定性则较高。不同类型的产品特征及其隐含需求不确定性如表 2-5 所示。

表 2-5　不同类型的产品特征及其隐含需求不确定性

项目	功能型产品	创新型产品	工程型产品
产品利润率	低	较高	高
平均预测误差	低	高	非常高
产品改型幅度	低	高	非常高
订单交付时间	短	较长	长
隐含需求不确定性	低	较高	高

　　供需关系也会对目标市场的隐含需求不确定性产生影响。如果企业的供应能力有限且不灵活，如频繁停产、产品质量合格率较低等，都将最终影响到目标市场的隐含需求不确定性。

　　综上所述，企业在努力实现供应链战略与竞争战略匹配的过程中，要深入理解顾客的需求，充分考虑到市场需求不确定性和隐含需求不确定性的影响，以及其与各种因素的相关关系，更好地应对市场挑战，实现企业的长远发展。

2. 评估供应链的能力

　　对供应链能力的评估是实现供应链战略与竞争战略匹配的重要一步。

　　物流管理和市场中介功能是供应链的两个主要功能。前者关注的是如何以最低的成本将原材料转化为产品，并在供应链的不同节点间进行高效运输；后者则着眼于如何快速响应市场需求，确保在正确的时间、正确的地点提供适合的产品。需要注意的是，供应链的这两个功能往往存在一种矛盾关系，难以同时达到最优。评估供应链的能力，很大程度上就是为了找到在反应速度和盈利水平之间的最佳平衡点。

　　供应链的响应性和效率性是衡量其反应速度和盈利水平的关键指标。一般来说，构成响应性的要素越多，供应链的响应性就越强。而效率性则强调通过消除不必要的响应性来降低成本，从而提高盈利能力，主要依赖于销售收入和运营成本的平衡。在市场需求稳定时，竞争主要集中在产品质量和价格上，此时供应链需要通过提高生产效率和降低成本来优化盈利能力，效率性成为主要衡量标准；而在市场需求波动较大时，产品性能和多样性成为竞争重点，供应链需要通过提高响应性来扩大销售收入，此时响应性便成为关键指标。

　　效率性和响应性之间往往存在一种此消彼长的关系。成本-响应性效率边界曲线如图 2-7 所示，描绘了在给定响应性水平下可实现的最低成本。这个边界代表的是最理想的供应链成本-响应性关系，但并非所有企业都能在这个边界上

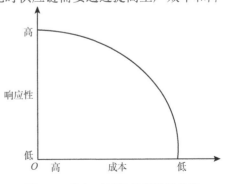

图 2-7　成本-响应性效率边界曲线

运营。不在边界上的企业可以通过改进向这个边界靠近，提高响应性并降低成本。然而，已经在边界上的企业如果要提高响应性，则可能需要增加成本或降低效率。企业必须在效率和响应性之间做出权衡，也可以通过改进工艺和技术来移动自己的效率边界。

供应链的效率和响应性图谱如图 2-8 所示，为不同类型的供应链提供了清晰的定位。从库存型供应链、大规模定制供应链到订单型供应链，再到服务集成型供应链，各种类型在效率和响应性上都有其独特的位置和优势。对于企业来说，理解自己在图谱中的位置以及想要达到的位置，是制定有效供应链战略的关键。

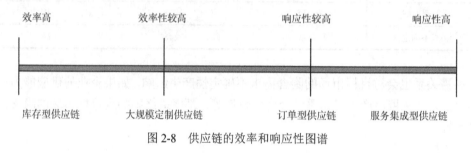

图 2-8　供应链的效率和响应性图谱

3. 调整供应链战略以匹配竞争战略

实现供应链战略与竞争战略匹配的最后一步在于调整供应链的响应性以匹配由供给和需求带来的隐含需求不确定性。具体而言，对于隐含需求不确定性高的供应链，应设定高响应性；而对于隐含需求不确定性低的供应链，则应设定高效率。

以高性能计算机和低价计算机市场为例，前者市场规模小，需求不确定性大，因此，制造商应选择构建具有高响应性的供应链，利用柔性生产、延迟组装和快速配送等策略满足这一特定市场需求。而后者市场规模大，需求稳定，制造商则应选择构建高效率的供应链，通过大规模生产和低成本配送来满足市场需求。

随着供应链响应性的提升，顾客和供应商的隐含需求不确定性也会随之增加，供应链结构性能匹配区域如图 2-9 所示。企业应根据匹配区域调整其竞争战略和供应链战略，以增强隐含需求不确定性和响应性，从而达到更好的业务绩效。

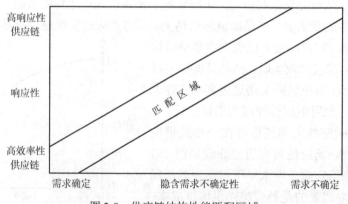

图 2-9　供应链结构性能匹配区域

　　确定了供应链的效率性或响应性之后，下一步是为供应链的各个环节分配不同的角色，以确保适当的效率或响应性水平。通过调整供应链各环节的效用，可以实现整体的响应性目标。提高某一环节的响应性可以使其他环节更加高效。各环节的效率和灵活性共同决定了整体的最佳效用组合。

　　在给定的供应链响应性水平下隐含需求不确定性的不同作用和分配如图 2-10 所示。图中展示了两条面临相同隐含需求不确定性的供应链，但由于不确定性和响应性在各环节中的分配方式不同，因此获得的期望响应性也不同。在供应链 I 中，零售商的响应性很高，吸收了大部分隐含需求不确定性，使得制造商和供应商能够维持高效率；而在供应链 II 中，制造商的响应性很高，吸收了大部分隐含需求不确定性，使其他环节能够更专注于提高效率。

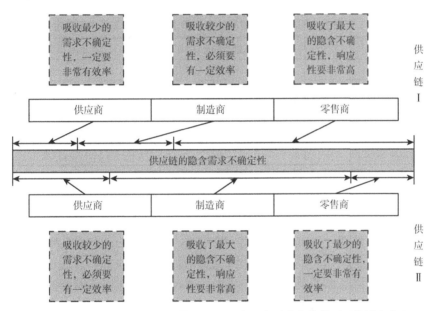

图 2-10　在给定的供应链响应性水平下隐含需求不确定性的不同作用和分配

　　为了实现战略匹配，并为供应链的各环节匹配不同的响应性水平，企业需要确保所有职能部门在战略决策上的一致性，以支持竞争战略的实施。所有的职能战略都应该与竞争战略保持一致，而供应链内的下一级战略，如制造、库存和采购，也需要与供应链的总体响应性水平保持一致。这将有助于确保企业在不同的市场环境中能够快速、灵活地调整其供应链战略，以满足不同产品的需求并抓住市场机遇。

2.2.3　供应链战略匹配障碍[11]

1. 产品与顾客的多样性

　　当企业面对众多的产品种类和顾客群体时，如何确保供应链在效率和响应性之间达到平衡成为一个挑战。为每种产品或顾客群单独设计供应链不具经济性，在供应链设计中，一个有效的策略是根据企业已有的产品组合、顾客群体组合及供货来源组合，设计一个能够适应多种产品和顾客需求的供应链，使不同环节在效率和响应性之间达到平衡，从而实现规模经济。

2. 产品生命周期的变化

产品在其生命周期的不同阶段会有不同的市场需求和供应特征。例如，新产品上市时，需求不确定性高，而对时间的要求也很紧；但随着产品进入成熟期，需求变得更加稳定，竞争也更为激烈。产品生命周期中不同阶段的市场需求特征与市场需求不确定性如表 2-6 所示。为了确保供应链始终与产品的生命周期阶段相匹配，企业需要在产品生命周期的不同阶段调整其供应链策略。

表 2-6　产品生命周期中不同阶段的市场需求特征与市场需求不确定性

项目	产品投入与成长初期	产品成长后期与成熟期
需求数量	非常不确定	稳定
产品供应	不可预测	可以预测
边际收益	较高	较低
赢得顾客的焦点	产品可获得性	产品价格
市场需求不确定性	高	低

供应链在面对不稳定的市场需求时，必须具备迅速反应的能力，企业在新产品开发、营销战略、生产和物流战略的设计上，都需要以提高反应速度为核心目标。在产品的成长后期和成熟期，当市场需求趋于稳定时，供应链的高效率性则成为企业的关键需求，企业可以采取 JIT 采购策略来降低整个供应链的成本，并通过提高设备利用率和规模化生产来降低单件产品的生产成本，通过持续改进来不断降低库存水平，进一步削减成本。同时，利用先进的物流技术和服务，如第三方物流，降低供应链的成本，为顾客创造更大的价值。产品生命周期与供应链效率性、响应性之间的关系如图 2-11 所示。

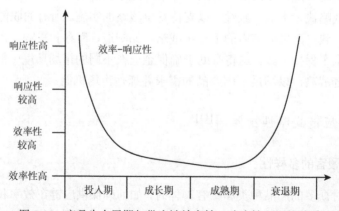

图 2-11　产品生命周期与供应链效率性、响应性之间的关系

3. 供应链所有权分割

当供应链的各个环节由不同的实体控制时，可能会导致局部优化与整体优化的冲突。例如，制造商和零售商可能都有自己的物流体系和优化目标，这可能导致整个供应链的次优决策。为了克服这种障碍，需要加强制造商和零售商之间的合作与协同，确保整个供应链的优化。

供应链各方通过信息共享、目标协调和决策协同，能够降低制造商和零售商的冲突，共同提升供应链的运作效率和业绩。通过明确划分责任和权益，可以确保双方各自的权益，加强他们在供应链中的合作关系。

4. 全球化运营的复杂性

随着供应链的全球化，企业需要在全球范围内配置资源、销售产品并参与竞争。这增加了供应链战略匹配的复杂性，因为企业需要考虑更多的市场、更多的供应来源和更为复杂的物流网络。为了应对这一挑战，企业需要加强全球市场分析、优化全球供应链网络并引入先进的信息技术来支持全球化的供应链管理。

为了使供应链战略与竞争战略相匹配，企业需要克服上述障碍，确保供应链能够高效、响应迅速地满足市场需求。这需要企业在供应链管理、合作与协同、信息技术应用等方面进行持续创新和投入。

2.3　供应链产品设计策略选择

2.3.1　产品标准化设计策略

1. 新产品开发[12]

新产品通常指的是在某个目标市场上首次出现的或者是企业首次向市场提供的能满足某种消费需求的产品。只要产品的整体概念中有任何创新、变革和改动，都可以被视作新产品。新产品可以分为全新产品、换代产品、改进产品和仿制产品四种。新产品开发必须遵循科学的管理程序，包括创意产生、创意筛选、产品概念的发展与测试、确定营销战略、商业分析、新产品研制、市场试销和商业化等步骤。在每个步骤中，都需要相应的决策和行动，以确保新产品的成功开发并推向市场。

新产品开发是企业发展的生命线，是保持竞争优势和提升经济效益的重要途径。任何产品都有其生命周期，随着科技的进步和消费者需求的变化，产品的生命周期会越来越短。因此，新产品开发是企业持续高效发展的必要手段，而且开发速度越快越好。

2. 产品设计标准化策略

产品设计标准化策略是一种旨在提高生产效率和降低成本的策略，将产品开发与工艺流程相分离，使工艺流程标准化和通用化，而产品开发则基于产品结构模块化和零部件通用化实现产品系列化和平台化。根据产品是否由模块化部件组装以及工艺流程是否由离散化操作组成，产品设计标准化策略可以划分为部件标准化、流程标准化、产品标准化和生产标准化四种。这种分类方式有助于我们系统地理解和应用标准化策略。产品设计标准化策略如图 2-12 所示[2]。

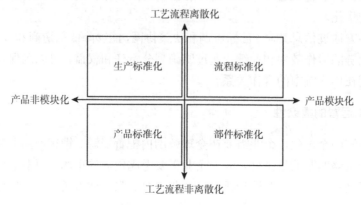

图 2-12　产品设计标准化策略

　　部件标准化是指在系列化产品中尽可能使用标准化的通用部件，以减少部件种类、增加部件生产规模、降低部件库存量和成本，并提高产品需求预测的准确性。然而，过度采用标准化部件可能会降低产品差异化和竞争优势，甚至导致设计难以修改。

　　流程标准化是在系列化产品中尽可能使用标准化的工艺流程，通过改变生产流程顺序来延迟产品差异化流程，以应对市场需求的波动。例如，在羊毛衫的生产过程中，将印染工艺推迟到订单和预测信息明确之后，可以提高生产过程的灵活性，更好地应对市场需求的变化。

　　当产品是非模块化的、工艺流程是非离散化的时，可以采用产品标准化策略。这种策略包括产品性能指标标准化和产品外形尺寸标准化，有利于提高产品的替代性和降低物流成本。同时，考虑产品外形尺寸与集装箱、运输车辆和物料器具的尺寸相匹配，可以进一步提高物流效率。

　　当产品是非模块化的、工艺流程是离散化的时，可以采用生产标准化策略。这种策略主要适用于生产设备相当昂贵的情形，对生产设备和工艺流程进行标准化管理，以降低设备损耗和成本。同时，将顺序执行的工艺流程修改为并行和平行工艺流程，可以充分利用现有设备、缩短产品生产周期、减少安全库存量和降低库存成本。

　　通过采用适当的产品设计标准化策略，企业可以提高生产效率、降低成本、增加产品差异化和竞争优势，以更好地满足市场需求和顾客需求。

2.3.2　面向成本的产品标准化设计

　　产品系列化以及零部件的标准化和通用化是国家所倡导的关键技术经济政策，在减轻设计负担、加速设计进程以及提升使用和维修的便利性方面，都起到至关重要的作用[13]。其在产品生命周期的各个阶段对成本产生重要影响,从产品开发、制造、分销到使用阶段都不可忽视。

1. 产品开发阶段

在产品开发阶段,通过采用标准化和通用化的零部件,可以大幅度减少设计工作量,从而缩短设计周期。尽管通用零部件的开发成本可能会略高于任何一个被替代的零部件,但低于所有被替代零部件的开发成本总和。此外,通用零部件的使用还能促进产品快速升级,降低升级过程中的开发成本。

2. 产品制造阶段

进入产品制造阶段,采用通用零部件的策略可以显著降低成本。具体来说,这样做可以减少原材料采购品种,增加采购批量,从而享受数量折扣,降低采购成本;提高原材料的加工利用率,缩短工艺设备的调整准备时间,从而降低生产成本;零部件的种类和数量的减少,也使得周转库存和安全库存减少,降低了运输和物料管理以及相关的设备成本。

3. 产品分销阶段

在产品分销阶段,通用零部件的使用也有其优势。模块化的产品可以在接到订单后进行差异化制作和交付,大大降低产品库存成本;通过转变产品运输为零部件运输,可以降低运输成本;标准化的零部件具有良好的互换性,在运输过程中损坏的零部件可以快速、简便地被替换,从而降低损坏成本。

4. 产品使用阶段

到了产品使用阶段,通用零部件主要影响的是维持成本、备件成本和故障成本。采用通用零部件可以缩短产品维修时间,提高维修效率,降低维修工具成本,从而降低维持成本;由于减少了零部件的差异化,备件成本也随之降低;故障成本主要取决于备件的可获得性,当产品由多个通用零部件组成时,其备件的可获得性会大大提高,从而降低了相关的故障成本。

基于成本的产品标准化设计是一种非常有效的成本控制策略,它在产品生命周期的各个阶段都能产生显著的成本节约效果。

2.3.3　供应商参与新产品开发策略

供应商参与新产品开发策略是提高新产品市场竞争力的有效手段之一。通过让供应商参与新产品的零部件设计和开发,制造商可以将更多的精力集中在核心业务上,并利用供应商的专业设计能力,降低新产品开发成本,缩短研发周期,实现设计质量和设计成本之间的平衡。供应商早期参与对产品设计更改所产生的成本影响如图 2-13 所示[2]。

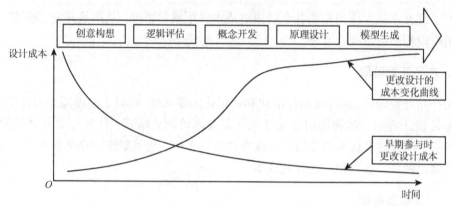

图 2-13　新产品开发不同阶段更改设计的成本变化曲线

在新产品开发的不同阶段，更改设计的成本是不同的。在早期，更改设计相对容易，成本也较低；而在后期，尤其是在产品原型开发完成之后，更改设计就会变得更加困难和昂贵。因此，供应商的早期参与可以充分利用其专业知识和能力，减少更改设计的机会，从而降低相关的成本。

供应商参与新产品开发的形式有多种，具体取决于新产品开发中某个零部件的设计是否可以与其他阶段分离，以及制造商是否有能力开发这种零部件。在选择供应商参与形式时，制造商需要根据实际情况进行评估和决策。供应商参与新产品开发策略如图 2-14 所示。

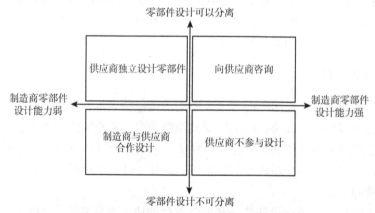

图 2-14　供应商参与新产品开发策略

若新产品开发中某个零部件的设计和开发可以与其他阶段分开，并且制造商具备开发能力，那么制造商可在开发时向供应商咨询，并不需要建立正式合作关系。如果制造商不具备开发这个零部件的能力，那么制造商就应该向供应商明确提出该零部件的设计要求，并由供应商独立完成设计和开发。然而，如果这个零部件的开发与其他阶段紧密相连，而制造商具备开发能力，那么供应商将不参与设计和开发过程，而是按照制造商的具体要求来生产和配送这个零部件。若制造商不具备开发这个零部件的能力，那么制造商和供应商可以共同组建研发团队，携手完成该零部件的设计和开发工作。

为了让供应商参与新产品开发并利用其设计能力优势，制造商需要密切关注新技术的发展，并与拥有这些新技术和技能的供应商保持联系。通过与供应商的合作，制造商可以快速引入新技术，提高新产品的技术水平。同时，供应商也可以通过与制造商的合作获得新技术的使用经验，降低独立使用新技术所带来的风险。

供应商参与新产品开发策略可以帮助制造商提高新产品的市场竞争力，降低开发成本和风险，并加速新技术的引入和应用。因此，在产品开发过程中，制造商应该积极考虑和利用供应商的专业能力和优势，共同推动新产品的开发和推广。

2.4　供应链战略模式规划与选择

2.4.1　供应链环境分析

供应链战略规划在供应链战略管理中占据核心地位，缺乏明确的供应链战略将阻碍有效的供应链战略管理的实施。供应链战略规划最终会形成供应链战略，为供应链战略实施提供指导。其重要性在于，在相当长的时间内，供应链战略将与特定的供应链资源相结合，指引对公司长期发展具有重大影响的供应链活动，从而决定企业能否构建长期的供应链竞争优势，并为企业目标和战略的实现提供支持。在进行供应链战略规划时，企业明确其战略目标后，应深入分析企业的内部环境和外部环境。

环境分析是供应链战略管理的起点和基础。在制定和控制供应链战略时，企业必须全面考虑其内部环境和外部环境因素。外部环境包括影响企业供应链活动的宏观因素，如政治法律环境、经济环境、社会文化环境等。内部环境则包括与企业供应链活动密切相关的微观因素，如组织架构、发展战略、人力资源、社会责任、企业文化等。供应链战略环境如图 2-15 所示[14]。企业的供应链内部环境和外部环境是紧密相连的，外部环境会对企业内部条件产生制约作用，而改善企业内部环境则有助于增强企业实力，并对外部环境产生积极影响。因此，全面而深入地分析和理解企业的内外部环境是制订供应链战略规划并确保其有效实施的关键前提。

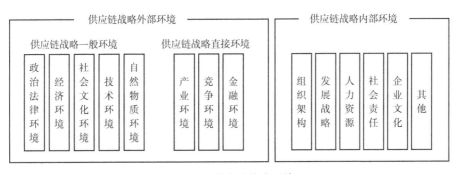

图 2-15　供应链战略环境

环境分析还需要考虑供应链的特殊性。供应链战略具有相对稳定性，因此在制定供应链战略时，环境分析应面向未来，并尽可能延伸到较远的未来；供应链战略需要在相对稳定的环境中实施，为应对环境的多变性，企业需要动态地调整供应链战略。

2.4.2　供应链战略规划方法

在战略理论和实践中，研究者已经开发了大量的工具和方法来辅助战略分析和选择，如 SWOT 矩阵分析、波特五力模型、BCG[①]矩阵、GE[②]矩阵（又名麦肯锡矩阵）和战略地图等。

1. SWOT 矩阵分析

SWOT 矩阵分析是一种常用的战略制定方法，SWOT 是 strengths（优势）、weaknesses（劣势）、opportunities（机会）、threats（威胁）的缩写。结合企业这四个方面的特点进行分析，可以形成 SO（成长型）战略、WO（巩固型）战略、ST（多元化）战略、WT（收缩型）战略四种战略。SO 战略强调利用企业内部的优势抓住外部的机会；WO 战略侧重于利用外部的机会来改进企业；ST 战略是指企业利用其内部的优势来应对或减轻外部的威胁；WT 战略旨在直接应对企业的内部劣势和外部威胁，以减轻其对企业运营的影响。SWOT 矩阵分析法通过评估企业的内部优势与劣势，以及外部的机会与威胁，为企业选择最适合的战略提供依据。

从制定战略的角度看，企业所拥有的资源优势具有关键作用，这些资源往往为企业构建竞争策略和优势提供了坚实的基础。确保所选战略与企业的资源和能力相匹配，并综合考虑企业的优势和劣势是制定战略的原则。管理者在构建企业战略时，应重点考虑如何最大限度地挖掘和利用企业的核心能力和最有价值的资源。

企业在全面评估了自身的内部优势与弱点，以及外部环境中的机会与威胁后，需要结合其长短期的业务目标来确定在供应链中的战略重点。基于企业当前的状况、所拥有的资源和能力，可以参考巩固型、成长型、收缩型和多元化这四种战略的特点，选择最适合战略组合。SWOT 分析战略选择框架如图 2-16 所示[15]。

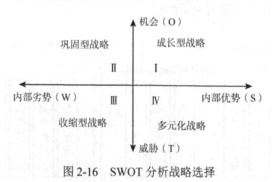

图 2-16　SWOT 分析战略选择

企业内部存在弱点但市场有机会时，企业可选择巩固型战略，发挥优势、改进问题

并强化竞争力；企业具备内部优势且市场有利时，宜选择成长型战略，进一步发展核心业务，扩大市场份额并拓展新客户；面临内部弱点和外部威胁时，企业可选择收缩型战略，缩小运营规模、降低成本并调整业务结构以应对不利因素；在多样化的内外部环境下，多元化战略是最佳选择，企业可以通过增加供应链多样性和提供相关产品或服务，降低运营风险，拓展新市场并降低对单一业务领域的依赖。

需要注意的是，由于每个企业的具体情况和需求都是独特的，因此在选择战略时并没有一个固定的公式可以遵循，也需要根据自己的实际情况来进行深入的分析和判断，确保所选的战略能够最大限度地发挥其资源和能力的优势。

2. 波特五力模型

波特五力模型将不同因素整合在一起，以简化复杂的市场环境，并确定企业在行业中的竞争地位。五种竞争力量包括产业内的现有竞争者、潜在竞争者、替代者、供应商以及顾客。这些力量相互作用，共同塑造行业的竞争格局和盈利能力。波特五力模型如图 2-17 所示[16]。

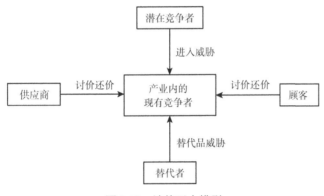

图 2-17　波特五力模型

通过对五种力量的深入剖析，企业可以更好地了解自身所面临的竞争挑战，洞察市场结构的变化，并发现潜在的增长机会。同时，这种分析也能够帮助企业及时识别潜在风险，并制定相应的战略来保护和提升自身的竞争优势。在制定战略时，通过对波特五力模型的分析，企业能够评估不同竞争力量对企业产生的压力大小。借助该模型，企业可以发掘行业中潜在的利润来源，并识别可能对利润构成威胁的因素，采取有效的措施以抵御这些不利因素，从而保护并巩固自身的竞争优势。波特五力模型为企业提供了一个实用的战略框架，有助于企业在制定战略时更加全面地考虑和应对各种竞争力量，确保企业在市场中维持一个稳固的地位。

3. BCG 矩阵

BCG 矩阵可以揭示供应链各环节的竞争态势，明确各环节的任务，有针对性地配置资源，并将复杂的供应链业务整合到一个简明的框架中。在供应链战略规划中，BCG矩阵是一种重要的分析工具。横轴代表企业在供应链中的相对地位，可以用企业关键原材料供应上的相对市场份额来进行衡量;纵轴则代表供应链业务的增长率,通常用企业所在供应链业务在前后两年的销售增长率来衡量。BCG 矩阵能够帮助企业全面评估不同供应链业务在市场中的竞争地位和增长潜力。

BCG 矩阵通过评估供应链业务在市场份额和增长率方面的表现,将业务划分为不同类型,如问题业务、明星业务、现金牛业务和瘦狗业务。BCG 矩阵如图 2-18 所示。

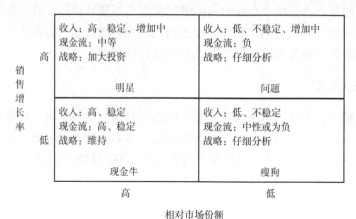

图 2-18　BCG 矩阵

针对不同类型的业务,企业可以采取发展、维持、收获或放弃等战略。

发展策略着重于加大投资,以扩大供应链业务的市场份额并提升其竞争力和效率,适用于具有发展潜力的问题业务和明星业务;维持策略旨在保持现有的投资水平,以维持供应链业务在市场中的地位并确保其稳定运行,适用于稳定且高效的供应链现金牛业务;收获策略主张减少投资,以在短期内获取最大的现金流入,适用于那些已经成熟但增长缓慢的问题业务和瘦狗业务;放弃策略建议企业减少或停止投资,退出那些无利可图的供应链业务,并将资源转移到更有盈利前景的领域,主要适用于那些低效且不具备竞争优势的瘦狗业务。

通过对业务在矩阵中的位置进行分析,企业可以制定相应的战略来优化供应链,提升竞争力,并确保稳定的供应链运行。同时 BCG 矩阵在供应链战略中的应用也存在一定的局限性。例如,确定的供应链业务的增长率和相对市场份额可能与实际情况存在一定的偏差。

4. GE 矩阵

GE 矩阵是一种重要的投资组合分析法,不仅可以用于企业整体战略规划,也能在供应链战略制定中发挥关键作用。在 GE 矩阵中,横轴代表经营业务的竞争地位,这主要取决于企业内部的可控因素;纵轴则代表行业的吸引力,主要由外部环境因素决定。相对于 BCG 矩阵,GE 矩阵在两个坐标轴上增设了中间等级,增加了战略变量的多样性。其实质是将外部环境因素和企业内部实力综合纳入一个矩阵中进行考量。影响行业吸引力、竞争地位的常见因素如表 2-7 所示。

表 2-7　影响行业吸引力、竞争地位的常见因素

变量	常见因素
行业吸引力	市场规模、市场增长率、利润率、市场竞争强度、规模经济、政治环境、经济环境、技术环境、社会环境等
竞争地位	市场占有率、产品线宽度、制造及营销能力、研发能力、产品质量、管理能力、价格竞争力、市场定位、品牌优势、学习能力、地理位置的优势等

　　企业可以根据各自业务单位的影响因素进行等级评分，并据此确定它们在矩阵中的具体位置。GE 矩阵如图 2-19 所示。

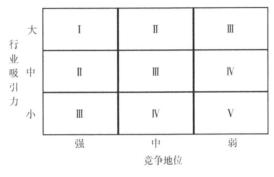

图 2-19　GE 矩阵

　　基于 GE 矩阵的分析结果，企业可以更有针对性地制定供应链战略。从 GE 矩阵的九个象限视角来看，处于左上方三个象限的供应链环节具有较高竞争地位和行业吸引力，企业可以考虑增加投资、拓展合作伙伴关系等战略，并确保这些业务得到优先的资源分配；处于右下方三个象限的供应链业务竞争地位和行业吸引力较低，企业应考虑停止、转移或撤退等策略，进行供应商结构调整、物流管理优化或寻找替代方案等；处于对角线三个象限内的供应链业务具有某些竞争优势和市场吸引力，但同时也面临一些挑战或不确定性，企业宜采取维持策略或是有选择性的发展战略，旨在保持其规模并调整其发展方向[17]。

　　GE 矩阵的应用也有一定的局限性。例如，其只能反映某一时点的竞争状况，无法全面捕捉供应链的动态变化复杂性[18]。

5. 战略地图

　　战略地图是一个强大的可视化工具，能够协助企业在制定供应链战略时确立长期目标，并明确实现这些目标的战略路径。通过战略地图，企业可以更深入地理解供应链的现状，发掘潜在的改进契机，并据此制定相应的供应链战略。战略地图理论以价值链思想为依据，将供应链战略执行和内部流程运行以满足客户价值需求视为企业价值创造的活动，并将学习和成长层面的无形资产运营视为供应链价值创造的基本活动，从而形成了供应链战略地图的核心内容：企业通过运用优秀的管理方法、高效的运营流程等无形资产，构建供应链战略优势，进而在市场中提供特定价值，优化整个供应链的效能，实

现企业价值。

　　建立供应链战略地图的主要流程包括：第一，根据供应链的预期绩效与实际绩效的差距，确定供应链在财务层面应实现的价值目标及衡量指标；第二，根据供应链的财务目标，调整和优化客户价值主张，提供价值提升方案和全面解决方案；第三，明确供应链关键流程的目标及衡量指标；第四，提高组织和人员在供应链管理方面的学习和成长准确度，明确相应的战略准确度目标及衡量指标；第五，设计系统的行动方案，确保供应链战略的有效实施。

　　供应链战略地图作为一种供应链战略绩效管理工具，为描述、衡量、保持关键流程与无形资产的协调一致提供了坚实的理论基础，并优化了供应链的价值主张。不仅能直观地展示供应链战略，将战略转化为供应链的运营管理导向，还能将战略分解为与各个供应链部门相关的活动主题[19]。

　　选择供应链战略规划方法时，企业应明确其目标和约束条件，对现有的供应链进行深入分析，从而确定供应链战略规划的重点和方向。根据企业的目标和约束条件，对各种供应链战略规划方法进行评估，确定最适合企业的方法。供应链战略规划是一个持续的过程，而不是一次性的项目。企业应定期回顾和更新供应链战略规划，以确保其始终与企业的目标和市场环境保持同步。

本 章 小 结

　　本章围绕供应链战略规划与设计，介绍了供应链战略的相关基础知识，讨论了供应链战略与竞争战略的关系、战略匹配的步骤以及影响战略匹配的因素，探讨了供应链产品标准化设计策略、面向成本的产品标准化设计以及供应商参与新产品开发策略，并为读者提供了供应链的环境分析以及战略规划的五种方法。

❓ 复习与思考题 》》》

1. 什么是供应链战略？供应链战略设计的目标和原则是什么？
2. 供应链战略的类型有哪些？不同类型供应链的特点是什么？
3. 供应链战略与竞争战略有什么关系？如何进行供应链战略匹配？
4. 零部件的通用化在产品生命周期的各个阶段如何对成本产生影响？
5. 供应链战略规划的工具和方法有哪些？它们有什么特点？

参 考 文 献

[1] 施先亮. 供应链管理[M]. 北京：高等教育出版社，2018.
[2] 张相斌，林萍，张冲. 供应链管理：设计、运作与改进[M]. 2 版. 北京：人民邮电出版社，2021.
[3] 乔普拉 S，迈因德尔 P. 供应链管理[M]. 6 版. 陈荣秋，等译. 北京：中国人民大学出版社，2017.
[4] 王泽民，等. 煤炭精益供应链实践探索[M]. 徐州：中国矿业大学出版社，2015.
[5] 邹勇彬. 基于供应链的企业管理战略研究[J]. 商展经济，2021，（16）：106-108.

[6]　王常华. 供应链管理[M]. 北京：中国传媒大学出版社，2017.

[7]　廖利军. 中国式供应链管理：大国博弈时代的供应链战略与运营[M]. 北京：电子工业出版社，2022.

[8]　郑俊生. 企业战略管理[M]. 2 版. 北京：北京理工大学出版社，2020.

[9]　陈明蔚. 供应链管理[M]. 2 版. 北京：北京理工大学出版社，2018.

[10]　毛敏，王坤. 供应链管理理论与案例解析[M]. 成都：西南交通大学出版社，2017.

[11]　谢家平，梁玲，宋明珍. 供应链管理[M]. 4 版. 上海：上海财经大学出版社，2021.

[12]　吴明琴，李然，陈思. 市场营销学与物流经济[M]. 长春：吉林人民出版社，2020.

[13]　张才明. 运营管理[M]. 北京：企业管理出版社，2018.

[14]　张先治，等. 高级财务管理[M]. 5 版. 大连：东北财经大学出版社，2021.

[15]　吴志华. 现代供应链管理：战略、策略与实施[M]. 北京：企业管理出版社，2022.

[16]　罗芳，龙春彦. 企业管理指导手册：技巧+风险+福利+范例[M]. 北京：中国铁道出版社，2020.

[17]　曾国华，吴雯雯. 战略管理：理论、方法与应用[M]. 北京：冶金工业出版社，2019.

[18]　张媛媛. SWOT 量化模型在钢结构企业战略规划中的应用[D]. 合肥：合肥工业大学，2006.

[19]　林书家. Z 企业战略实施优化研究[D]. 广州：广州大学，2023.

第3章 供应链网络规划与设施选址

学习目标

1. 理解供应链网络的内涵。
2. 理解物流网络与供应链网络的区别与联系。
3. 理解影响供应链网络规划的诸多因素。
4. 掌握供应链网络规划方法的具体步骤。
5. 掌握设施选址的定性和定量方法。

引导案例

京东全球织网计划

京东在 2022 年取得了令人瞩目的海外扩展成果，标志着其在全球电商和物流领域的地位进一步巩固。2022 年 6 月 6 日，京东美国首个自动化仓"洛杉矶 2 号"正式启用，展示了其在技术创新和物流效率方面的卓越实力。

"洛杉矶 2 号"自动化仓的启用，是京东加速海外新基建布局的重要一环。京东相继在美国、德国、荷兰、法国、英国等多个国家和地区落地自营海外仓，通过打通海外干线布局和末端配送，国际供应链网络触达近 230 个国家和地区，仓储面积实现同比增长 100%。这些海外仓的建立，不仅为京东的全球化战略提供了有力支撑，也为全球消费者带来了更加便捷、高效的购物体验。

在"洛杉矶 2 号"自动化仓的建设中，京东采用了先进的机器人技术和仓储管理系统，实现了对仓库空间的充分利用和运营效率的显著提升。通过采用"飞狼"料箱机器人，仓内小件型商品存储位大幅增加，大大提升了货品存储密度。同时，该套系统还具备智能拣选、自动避障、自主充电等功能，解决了耗时和繁重的人工存取和搬运流程的问题，出库时间大大缩短，整体运营效率得到了三倍以上的提升。

截至 2022 年 6 月，京东已在全球布局约 80 个海外仓和保税仓，覆盖北美、欧洲、东南亚、中东和大洋洲等多个地区。通过与国际和当地伙伴合作，京东的国际供应链服务已触及近 230 个国家和地区，形成了覆盖全球的端到端织网布局。京东将继续加大在海外市场的投入和布局，搭建更加高效协同的国际供应链网络，助力国货出海步伐的加速和中国品牌的全球化发展，以数智化的解决方案为全球客户提供优质、高效、全面的一体化供应链服务。

资料来源：冉晓宁. 京东 618 公布全球织网计划成果 自营海外仓面积实现同比增长 100%[EB/OL]. http://www.xinhuanet.com/enterprise/20220608/a434a5d1e8e546dba25ac0f5148eda4c/c.html[2022-06-08].（有删改）

3.1　供应链网络规划问题概述

3.1.1　供应链网络的概念

供应链网络是围绕核心企业，通过对信息流、物流、资金流的控制，从采购原材料开始，制成中间产品以及最终产品，最后由销售网络把产品送到消费者手中的将供应商、制造商、分销商、零售商直到最终用户连成一个整体的供应链网络结构。它不仅是一条连接供应商到用户的物流链，还是一条信息链、资金链，物料在供应链上因加工、包装、运输等过程而增加价值，从而给相关企业带来收益。图 3-1 为供应链网络结构示意图。

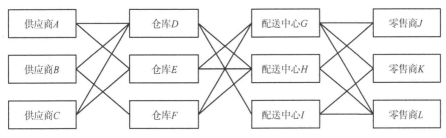

图 3-1　供应链网络结构示意图

在研究供应链网络时，需要着重考虑系统中的物流活动，因为供应链网络结构图就是把供应链系统中的物流结构进行抽象化处理所形成的一张由多个节点（nodes）和链（links）形成的网状配置系统。其中节点代表着物流过程中进行临时存储或其他操作的空间位置点（包括供应商、仓库、工厂、分销商、零售商等），链条代表节点与节点之间的运输路线，而一对节点之间可以形成一条或多条链条，代表实际物流过程中的不同运输方式和运输线路。图 3-2 为节点-链示意图。

图 3-2　节点-链示意图

实际上，链的主要功能体现为货物运输，包括集货运输、干线运输和配送运输。而除物流功能之外的绝大部分功能都是在节点位置实现的，如货品的包装、存储、分销、加工等。

同时，信息的流通也贯穿整个物流过程。物流信息在节点与节点之间进行传递，信息的采集和处理也主要发生在节点位置，其信息内容包括订单数量、库存水平、生产状况、运输时间等。对物流信息的有效利用，有助于提升供应链系统绩效水平，因此，信息网络也是现代供应链网络的重要组成部分。

资金链是客户把得到的产品或服务，以货币的形式通过供应链网络反馈给链上每一级的制造商和服务商，因此供应链上资金的流动是与实物流方向相反的。供应链最主要的一个目标就是加快资金流动的速度，让库存快速地转化为资金，进入下一个"购买原料—生产加工—销售变现"的循环中。每完成一次循环，供应链企业就能获得一笔利润，在一年中完成的循环次数越多，赚取的总利润也就越多。

1. 供应链中的网络结构

1）网络的定义

在经济社会中，广义上的网络表示社会空间联系的通道。这种通道在空间上表现为交织成网络的交通和通信的基础设施，即铁路网和公路网等组成的网状物质结构。各种流则组成网络的非物质结构。流的起点与终点、聚焦点与扩散点，以及流向、流径、流量等组合在一起，就形成了物流网络。在经济社会活动中，沟通节点与域面、节点与节点之间的经济联系，必须依托于物流基础设施网络和物流信息网络。现代供应链网络既是经济社会活动中不可缺少的必要条件，又是经济社会结构发展的内在动力因素。由于社会分工的加强和经济社会活动的高度结合，一体化物流网络系统的合理构建对于保证商品流通和信息交换、加强经济联系、优化经济结构等都发挥着非常重要的作用[1]。

在供应链中，狭义的网络表示联结供应商、制造商、分销商、零售商和消费市场等众多参与者的网状结构。同一个参与者可能同属于若干条供应链，因此，呈现出一种具有层次结构的复杂网络。

2）网络的模型化表达

对于供应链系统来说，供应链网络的结构反映了众多节点之间的联系，是多组链状结构交织而成的复杂网状结构。在现实中，产品的供应关系是复杂的，一个供应商可以与多个厂家进行联系。

厂商 $C_1 \sim C_k$ 的供应商可以是 $B_1, B_2, \cdots, B_n$，其一级分销商也可以是 $D_1, D_2, \cdots, D_m$。考虑到供应链的分级，厂商 $C_1 \sim C_k$ 的二级供应商是供应商 $B_1, B_2, \cdots, B_n$ 的一级供应商 $A_1, A_2, \cdots, A_p$，厂商 $C_1 \sim C_k$ 的二级分销商是分销商 $D_1, D_2, \cdots, D_m$ 的一级分销商 $E_1, E_2, \cdots, E_q$。从各级厂商进行向前或者向后延伸，便形成了一个网络结构。网状模型图如图3-3所示。

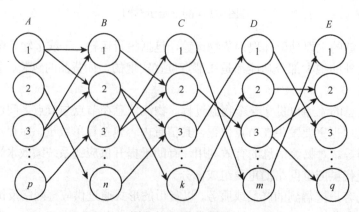

图3-3　网状模型图

2. 供应链中的节点

由于供应链理论的发展，供应链网络中的节点从基本的物流职能，开始体现出指挥调度、信息处理的神经中枢职能，这些节点是现代供应链系统的大脑，在整个系统中有着举足轻重的地位。

1）节点的类型

在供应链网络中，节点对于企业来说十分重要，物流中心和配送中心这两类节点可以说是必不可少的。一般来说，物流中心是企业内部用于商品集散流通的物流设施，包括港湾、货栈、仓库等。配送中心可汇集连锁门店的订货需求进行采货，接收来自供应商的各种商品并进行贮存、保管、分拣、配货、信息处理等活动，准确、准时、低成本地按需求将商品送至对应的门店进行销售。根据节点的空间位置、系统目标及功能结构的不同，一般可以分为转运型节点、储备型节点、流通型节点、综合型节点[2]。

（1）转运型节点。转运型节点的主要职能是进行不同运输线路或运输方式的转换。由于此类节点位于运输线上，所以在此类节点上对货物的中转速度有较高的要求，不可以进行长时间的停滞。常见的转运型节点包括公路货运站、铁路货运站、公铁联运站、海陆联运站、空运转运站等。

（2）储备型节点。储备型节点的主要职能为存储货物。相较于其他类型的节点，储备型节点的存储成本相对低廉，大宗货物可以在此类节点上进行较长时间的存放。由于供应链理论的发展，部分企业对于仓库的认知发生了巨大的变化，开始向着"零库存"的目标进行优化，但是仍需要维持一定量的库存以应对不可预测事件的发生，维持企业的正常运转和商品的市场流通。常见的储备型节点包括储备仓库、营业仓库、中转仓库、货栈等。

（3）流通型节点。流通型节点的主要职能是组织物资在系统中的流动，在社会系统中则承担起组织物资流通的作用。常见的流通型节点包括配送中心、流通仓库、集货中心、分货中心等。

（4）综合型节点。综合型节点一般具有两种以上的主要职能，是一种可以有效衔接和协调作业的集约型节点。这种节点以更低的资源投入实现多种职能，更加简洁高效，符合现代供应链系统的设计要求，是未来的主流发展方向之一。常见的综合型节点包括大型物流园区、物流中心等。

2）节点的功能

节点在供应链网络中发挥的作用如下[3]。

（1）衔接功能。节点可以使采用不同运输方式和路线的物流路线联结成一个系统，使得货物在该系统内的流通更为顺畅高效，这便是物流节点的衔接作用。例如，可以通过转换运输方式实现不同运输手段的衔接，通过分拣处理实现干线与支线的衔接，通过存储实现不同时间的供应与需求之间的衔接。

（2）信息功能。节点是供应链网络中进行信息采集、处理、发送、传递和接收的主要场所。节点的信息功能使复杂的供应链网络能够形成一个有机的整体，供应链系统的信息中心可以对各个节点的海量信息进行分析处理，从而完成对整个供应链网络的实时指挥、有效管理和高效调度。

（3）管理功能。供应链系统的管理指挥机构通常集中在节点位置上。每个节点除了承担其主要职能外，通常也拥有一定的管理、指挥和调度的权限。整个供应链系统的有序运行依赖于每个节点实现自身管理职能的情况。

（4）物流处理功能。节点是供应链网络中提供物流服务、完成物流功能的空间场所，是实现仓储、集散、包装、配送、加工等活动的重要场地。

3.1.2　供应链网络的构成要素

供应链网络的构成要素是指从原材料到消费者的整个流通过程中由所有相互联系的设施和组织所构成的有序集合，一般包括厂商、客户、物流节点、物流路线、信息系统、物流网络组织等。

1. 厂商

供应商是供应链网络结构的起始位置。供应链网络的本质是实现货物从供应商到消费者手中的空间转移，所以供应商的空间位置对整个供应链系统的运转效率有着较大的影响，例如，集中布局的供应商与分散布局的供应商就需要采取不同的网络布局策略和不同的运输方式。

2. 客户

客户是供应链网络的终止位置。供应链网络通过中间节点设施的布局，可以有效地将货物从供应商传递到客户手中。同时，客户的空间分布与供应商的空间分布类似，其离散程度同样会极大影响供应链网络的运行效率。与供应商不同的是，客户是供应链网络的服务对象，供应链网络为用户提供服务的质量是评价供应链网络的重要指标之一。

3. 物流节点

物流节点在供应链网络中可以根据功能及规模划分成多类节点。在现代供应链系统中，节点多为具备多种功能的综合型物流中心。物流中心作为货物在供应链网络流通过程中最为关键的一环，能够承担起多种职能，除了一般的物流职能，现在越来越多地执行指挥调度、信息处理的神经中枢职能，是整个供应链网络的灵魂所在，能够直接影响到客户的服务体验。

4. 物流路线

供应链网络是以供应商、客户和节点为主体框架，靠物流路线有效地连接起一个个实体节点，使得节点与节点之间畅通无阻，从而有效地传递货物和交换信息。广义上讲，只要涉及货物的空间转移，就必须通过物流路线进行流通。物流路线包括陆运、空运和水运线路。

5. 信息系统

在供应链网络当中，不仅存在实体货物的流动，还存在着大量的流通信息，这使得货物的物流信息能够实现在节点之间的传递。在现代供应链体系中，信息的提取、传递和处理能够极大地影响到供应链系统的管理状况，因此，信息网络体系的建设和信息管理系统的有效运行是现代供应链系统的基石。

6. 物流网络组织

供应链系统的运行需要一定的人力资源，在进行供应链网络配置时，不仅需要进行节点配置，还需要投入一定量的人力资源，进行相应的组织结构配置。在建立好一套行之有效的运行机制后，供应链系统才能够被真正激活并高效运行。

3.1.3 供应链网络的组织模式

由于经济社会的发展和企业对货物流通速率要求的不断提高，人们逐渐认识到供应链系统的重要性，并将供应链这一概念视为物流的延伸。因为，供应链涵盖了从原材料采购到最终产品送达消费者的全过程。

在实践和发展的过程中，物流网络逐渐成为供应链网络的重要一环，发挥着关键作用。供应链网络不仅关注物品的运输和储存，而且将整个供应链过程视为一个整体，通过协调和管理各环节的信息流、物流和资金流，以实现整个体系的高效运作。由于供应链管理理念和技术的发展，各环节的企业开始以更紧密的方式进行合作。这不仅促进了供应链的横向扩展，形成了更加复杂的网络化的结构，也使得供应链中的各个环节能够更加协调和高效地运作，最终形成了今天我们所见的供应链网络。

1. 早期物流网络的基本结构

早期的物流网络主要采用两种将货物从供应商运送到客户手中的运输模式，一种是较为简单的直送模式，另一种是经由节点设施的转运模式。节点在网络上的配置情况决定着物流系统运行的效率，而根据网络上节点的类型、数量、位置，可以将物流网络分成单核心节点结构、双核心节点单向结构、双核心节点交互式结构、多核心节点结构。

1）单核心节点结构

单核心节点结构是指围绕一个中心节点所建立起的物流网络，该中心节点一般为能够实现大部分职能的综合型物流中心。所有的货物从起点出发后都需要汇集于此然后流通至终点，同时获取的各种物流信息也需要在中心节点处进行处理和分析。可以说，单核心节点结构的中心节点既是物流枢纽，也是信息中心。

在单核心节点结构网络的运行过程当中，所有的货物和信息都经由中心节点处理，导致该处的物流活动强度过大，因而使这样较为简单的组织结构模式越来越不适应现代供应链企业的业务需要。单核心节点结构的模式大致为：供应商→物流中心→客户。图 3-4 为单核心节点物流网络示意图。

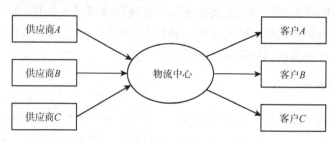

图 3-4　单核心节点物流网络

2）双核心节点单向结构

双核心节点单向结构是指围绕着两个中心节点所建立起的物流网络，这两个中心节点一般为物流中心和配送中心，二者具有明确的分工，物流中心常处于物流网络的上游位置，其目标是为供应商提供服务，配送中心往往在区位上更加接近客户群体，侧重于为客户提供高质量的物流服务。同时，物流中心和配送中心也需要各自承担一部分的信息职能，需要对物流相关信息进行有效的传递和处理。

在双核心节点单向结构的运行过程当中，物流活动主要经由两个节点实现，中心节点的物流活动强度相较于单核心节点较小一些。这种物流网络组织模式广泛应用于一些经济发展较好的区域，已被不少大型企业所采纳。双核心节点单向结构的模式大致为：供应商→物流中心→配送中心→客户。图 3-5 为双核心节点单向结构物流网络示意图。

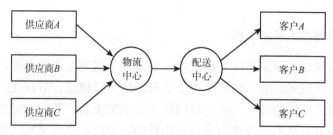

图 3-5　双核心节点单向结构物流网络

3）双核心节点交互式结构

双核心节点交互式结构与双核心节点单向结构较为类似，也是围绕着两个物流节点建立起的物流网络，但是二者存在着明显的区别，在交互式结构中物流和信息的传递是双向的。这种双向传递的属性，也意味着在特定环境下，物流系统的流通方向可以发生改变，两个不同节点的功能也可以相互转变，物流中心变成配送中心，配送中心变成物流中心，这也代表着两个中心节点都是具有双重功能的综合型节点。

随着经济社会对货物流通的要求不断提高，早期简单的物流网络结构不足以满足现代企业对货物流通的要求。加之商业全球化进程的推进，企业为了扩大生产和经营规模，不断跨越地域限制，形成了以供应链为核心的全球物流网络。在这个过程中，供应商、生产商、物流企业和消费者由于以下要素被更紧密地联系在一起，形成了一个更加复杂的网络组织模式。

（1）技术进步。信息技术、物联网、人工智能等技术的发展，为供应链管理和物流运作提供了强大的支持。通过这些技术，企业可以实时监控和调整物流活动，以更精细和更高效的方式满足客户需求。

（2）需求多样化。由于消费者需求的不断变化和升级，企业需要构建更加灵活、敏捷和高效的供应链来应对，这促使供应链网络变得更加复杂，包括更多的节点和环节，以便更好地满足个性化的消费需求。

（3）降低成本。为了提高竞争力并降低成本，企业需要优化整个供应链的运作，包括原材料采购、生产、库存管理和物流等环节。这使供应链网络变得更加复杂，以便更好地协调和管理这些环节。

（4）可持续发展。社会对环境保护和可持续发展的日益关注使企业需要构建更加绿色、可持续的供应链。这要求供应链网络更加复杂，包括更多的节点和环节，以便更好地管理和优化资源利用。

在上述因素的影响下，逐渐形成了现代供应链网络的基本组织模式，并且将变得更加复杂和动态。

4）多核心节点结构

在供应链网络中，多核心节点结构是指拥有三个或更多核心节点的结构，这种结构与单核心和双核心节点结构在核心节点数量、功能以及信息流通等方面存在本质区别。其最突出的特性在于显著增强了供应链网络的韧性，即便在部分节点遭遇运营中断等突发事件时，整个网络依然能够保持基本的运转能力。

2. 现代供应链网络的基本结构

在现代供应链理论当中，供应链网络的组织模式形成了以下几种基本范式。其一是直送网络结构模式，即一个或多个供应地直送到一个或多个接收地。其二是经过物流枢纽节点中转的网络结构模式，即从一个供应地提取货物，连续运输并供应多个需求地，或是连续从多个供应地提取货物，运输至一个需求地。这一类运输路线引申出一种旅行商问题（traveling salesman problem，TSP），也称"循环取货问题"（milk run）网络结构。其三是回路运输网络结构模式，即多个供应地的货物通过物流枢纽进行集散，而后分配到多个需求地。企业的大型复杂供应链网络结构基本可看作以上三种基本结构模式通过叠加、混合、变形而成的[4]。

1）直送网络结构模式

在直送网络结构中，所有的货物运输都是从供应地按照指定路线直接送至货物的需求地，无须经过特定设施进行中转。这种运输模式的优势在于设计简洁，操作易行，环节较少，由于无须设置中转设施，前期的网络布局建设成本相对低廉，并且订单之间不存在干扰，订单的响应和配送效率很高。

当每次订单的需求量与整车最大装载规模相近时，直送网络结构模式具有较高的效率。但是现实情况中，来自需求地的需求并非能够维持在理想状态，存在实际需求过大或者过小的情况，若是无法实现配送车辆的满载运行，那么单位配送费用会大幅度增加，使得这种配送模式并不经济。图 3-6 为直送网络结构示意图。

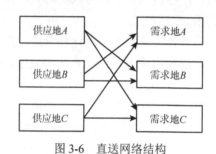

图 3-6　直送网络结构

2）利用"循环取货路线"的直送网络结构模式

这种配送网络结构模式是指通过一次货物运输，从单个供应商运载货物配送至多个接收地，或者从多个供应商处运载货物配送至一个接收地。该配送模式需要规划多条特定的线路，这些线路被称为"循环取货路线"。图 3-7 为"循环取货路线"网络结构示意图。

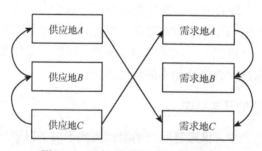

图 3-7　"循环取货路线"网络结构

通过"循环取货路线"进行运输的优势在于，将多个供应商或者需求地的货物用一种运输工具进行联合运输，大大降低了运输成本，使得每次配送实现满载运输成为可能。因此，这样的利用"循环取货路线"的直送网络结构特别适用于多批次、高频率、小批量的订单要求。当多个供应商和多个需求地在空间上的距离不远时，应用该模式也能大幅度降低运输成本。图 3-8 为利用"循环取货路线"的直送网络结构模式。

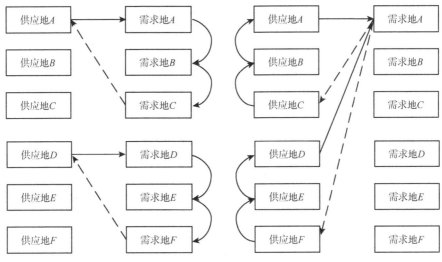

图 3-8　利用"循环取货路线"的直送网络结构模式

3）通过配送中心进行中转的网络结构模式

在配送中心中转的物流网络结构模式中，供应地的货物并不直接送到需求地，而是先送至配送中心而后转运至需求地。由于在这种模式里，供应链网络以收集（collection）、交换（exchange）、发送（delivery）三种活动为核心，被称作 CED 模式。其中配送中心是此种物流网络结构模式的核心，承担着货物存储与分拣、运输方式转换的职能。

当供应商是大批量进货，使得载具得以低成本地进行满载运输，但需要满足的客户的需求是小批量多批次的订单时，使用通过配送中心进行中转的运输模式便十分合适。配送中心把大宗进货分拣成小份额，实现与不同供应地和需求地的对接，这种方式被称为越库配送（cross-docking）。在这种模式中，进货卡车从一个供应地所接收到的货物可以配送到多个需求地，送货卡车送至一个需求地的货物也可以来自多个供应地。如此一来，在途库存量大幅度下降，并且加快了供应链网络中的货物流通速度。在使用配送中心的网络结构模式时，当每个需求地的需求规模都较小，配送中心需要考虑采用"循环取货路线"进行优化。图 3-9 为通过配送中心进行中转的网络结构模式示意图。

4）多枢纽节点的 LD-CED 网络结构模式

多枢纽节点的 LD-CED 网络结构模式是从配送中心网络结构模式演化而来的，采用的"物流园区+物流中心+配送中心"模式，简称 LD 模式。LD 指的是"物流中心（logistics center）+配送中心（distribution-center）"的集成模式，通过物流中心实现货物的集中存储、分拣和转运，再由配送中心将货物快速、准确地送达最终客户，确保整个物流过程的高效运作和优质服务。物流园区和物流中心更靠近上游供应商，提供货物中转服务，而配送中心更靠近下游客户，提供拣货和配送服务。通过这样的多级枢纽节点进行物流运输，可以对货物进行规模化处理，降低物流成本。部分处于较大范围经济区域内的大型企业的销售网络一般会采用此种供应链网络布局方式。

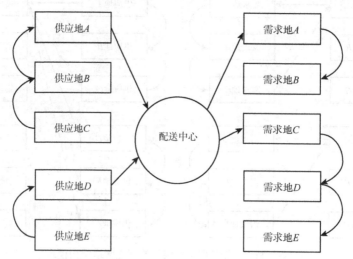

图 3-9　通过配送中心进行中转的网络结构模式

5) 轴辐式网络结构模式

以上四种网络结构模式都是货物的单向运输，需要空载返回。为了降低物流成本，提高物流效率，可以采用双向运输的轴辐式网络结构模式。这种网络组织模式是由多个节点构成，且每对节点之间都可以实现双向运输，并且在两个方向上都有货运需求，形成两条从起点到终点的 OD（origin-destination）流。OD 流指的是起讫点间的交通出行量，即起点（origin）到终点（destination）的交通量。

单一枢纽的轴辐式网络结构模式是最典型的轴辐式网络结构模式。它是由若干个站点和一个枢纽节点组成，站点覆盖了小部分区域内的相关供货点和接收点，这些站点又与枢纽相连，货物运输需要经过站点发出运送至转运中心再送到站点。

轴辐式网络结构模式的组织方式如下。

第一步，站点首先需要搜集其覆盖范围内供应方的货物，并集中于站点内。

第二步，站点需要将目的地不是本站点管辖范围内的货物集中送至转运中心。

第三步，将来自不同站点的货物进行分拣处理，将一段时间范围内所接收到的接收地在同一站点服务区域内的货物集中送至相应站点。

第四步，站点把货物递送到客户手中。

通过单一枢纽的轴辐式网络结构可以看出，整个网络如同车轮的轮辐，因而得名轴辐式。

在实际操作过程中，集货与递送工作往往是同时进行的。货物的流通过程分为两部分，一是干线运输，二是本地运输。干线运输是站点与中心枢纽之间的物流活动，由于路线一般较远，运输量一般较大，常常使用荷载较多的大型载具进行运输。本地运输是站点与其服务区域覆盖范围内的供货商或客户之间的物流活动，可以选用更加便捷的小型载具进行短途运输。图 3-10 为轴辐式网络结构示意图。

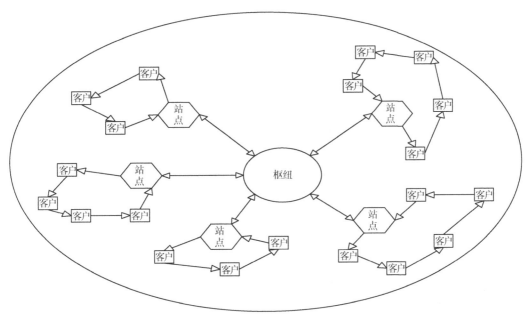

图 3-10 轴辐式网络结构

6）虚拟网络结构模式

为了应对消费需求的变化，部分企业以大数据分析为手段，采取更加灵活的组织结构，整合企业内外部资源以满足快速变化的消费需求，由此催生了一大批以大数据分析为基础的线上经营企业，这部分企业具有新的组织形态，即通过虚拟网络整合资源实现供应链网络的构建，也即供应链的虚拟网络结构。

虚拟网络结构是一种新兴的供应链网络组织模式，也是供应链网络发展的主要趋势之一。它是一种基于数字化技术和信息融合技术相结合的管理模式，具有虚拟化、实时化和智能化等特点。在虚拟网络中，企业可以利用数字化技术和信息融合技术来构建一个虚拟化的供应链网络结构，实现信息的实时传递和共享。

虚拟网络结构没有固定的实体组织结构，它是由两个或两个以上相互独立、拥有核心资源或能力的企业，依托信息网络技术平台，利用信息流支配物质流而迅速结成的动态联盟。其实质是借助网络技术，跨越地理界线，利用彼此的核心能力而组成的虚拟联盟。虚拟网络组织兼具实体网络组织和虚拟组织的特点，是在传统网络组织的基础上，利用互联网信息技术和大数据分析技术，搜索并整合设计、供应、生产、营销、物流等内外部资源，借助网络、计算机和移动设备快速、流畅地交换数据和信息。现代虚拟网络组织形态正在逐步代替传统的实体网络组织形态，图 3-11 为虚拟网络结构图。

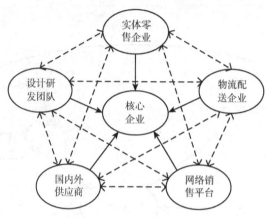

图 3-11　虚拟网络结构图

　　这种虚拟的供应链网络组织模式的优点在于通过整合各种资源，提高供应链的效率、灵活性、竞争力和稳定性，以适应不断变化的市场需求。但同时也存在生态系统构建难度大、管理复杂、技术门槛较高、信息泄露等问题。

　　例如，网易严选作为新零售背景下的精选电商平台，它通过虚拟网络组织来构建动态能力，从而实现整个供应链系统的共享共赢。以网易严选为核心的虚拟网络组织，是在共同目标和品牌理念的指引下，将平台企业的数据优势与制造商的制造能力相结合而形成的一个虚拟网络组织，该组织聚焦于同一个品牌，以统一的高标准覆盖所有商品，满足消费者个性化、品质化以及高性价比的需求。

　　网易严选以 ODM（original design manufacturer，原始设计制造商）的代工模式寻找特定制造商作为合作伙伴。此模式是指公司根据客户的需求和要求进行产品设计和制造，通过与国内外制造商深度合作形成战略伙伴关系，从研发设计、供应到销售整个过程形成闭环。在产品研发设计环节，采取内外部设计师相结合的方式，成立自己的设计中心，并将部分设计外包给第三方企业；在产品供应环节，制造商对商品拥有一定的知识产权，网易严选在其中担任采购员与品控员的双重角色；在销售配送环节，网易严选以线上自营店、线下严选，以"自营+联营"的方式实现消费场景的多元化，并与顺丰物流、京东物流合作，利用第三方物流体系提高商品配送效率。网易严选则介入到设计、原材料、生产、销售、物流、售后等各个环节，对每一个环节进行精细化管理，严格控制商品成本，并实行低加价率，为消费者提供高质低价的商品[5]。

3.2　供应链网络规划的决策

3.2.1　影响供应链网络规划的因素

　　供应链网络的规划工作对于供应链系统能否在长期运行中完成预设的任务目标起着决定性的作用。可以说，供应链网络设计对于任何企业而言都是一项长期战略决策，需要结合企业内外部环境、可用资源状况和各种限制条件进行综合分析，这些因素包括战略因素、竞争因素、政治因素、人力资源因素、市场因素和宏观经济因素等。因此，在进行网络规划之前需要统筹考虑以上多种因素，厘清各个因素间的制约关系。

1. 战略因素

在很大程度上，企业的竞争战略会影响供应链网络的规划决策工作。例如，关注成本战略的企业更容易选择在基础设施建设成本较低的地区进行网络布局，但也会产生远离市场这一负面影响。关注客户响应时间的企业更容易选择靠近市场的区位，虽然建设成本相对高昂，但可以对不断变化的市场形势进行快速的反应，提升客户服务质量。

例如，某服装企业在亚洲和欧洲市场都有自己的供应链节点设施分布，但是选择了不同的市场战略。在亚洲市场，更注重产品的标准化，追求大规模和低成本，因此，将生产设施布局在拥有巨大人口红利且劳动力成本低廉的发展中国家。在欧洲市场，更注重客户响应时间，其生产的产品往往紧跟潮流风尚、销售周期较短且价格高昂，因此，生产设施的建设较少考虑建设成本和地价的问题。

根据外部环境和目标的不同，全球供应链网络可以选择在不同的地区或国家采取不同的布局策略，来支持总体效益最大化的战略要求。例如，微软在美洲、非洲、亚洲都设有专门的研究中心，用以研究不同区域市场用户的需求特点和偏好差异，从而对产品进行深度定制化生产。

2. 竞争因素

企业在进行供应链网络设计的过程中需要将竞争对手的策略、规模和位置纳入考虑范畴。一些相互竞争的企业在相同区位内进行临近选址，却最终均能受益的情况被称为正外部性。例如，零售商店往往都会聚集于一处形成商圈，因为这样可以吸引更多的客户，客户只需要前往一个购物中心便能够满足自己对多种不同商品的购物需求，如此一来提高了总体需求量，对于相互竞争的零售商来说都获得了更高的收益。另一个例子是，相互竞争的制造企业将生产设施布局于同一个区位，可以形成产业集群效应，会极大地促进当地的基础设施建设和相关行业的配套设施布局，能够极大地降低生产成本，集聚在一起的企业都能获得更高的收益。

3. 政治因素

各类政策能够较大地影响到供应链系统的运作。一般来说，物流企业能够得到的政府政策支持，例如，在土地和税务上的企业优惠、在土地开发城市规划中为大型物流中心预留的土地以及地区产业政策等，都有助于企业进行供应链网络布局工作，大大降低前期投入和整体运营成本。同时，对于全球供应链网络来说，对未开发市场的占领固然重要，但是也需要考虑国家政治的稳定程度。在政治相对稳定的国家，商业活动的规则保障较为可靠，否则企业经营会面临较高的不确定性风险。

4. 人力资源因素

供应链系统的物流过程需要大量劳动力，所以人力资源情况也是供应链网络进行规划和设计时所需要考虑的因素之一。由于物流装备水平的进步和现代供应链运作模式的发展，呈现出对人力资源依赖程度降低的倾向。但是企业也需要吸纳一定的高素质人才，技术因素也会影响到企业的供应链网络的规划工作。例如，就目前发展迅速的半导体芯片产业而言，技术成熟的厂家生产芯片的边际成本极低，对于没有芯片生产能力的厂家，采购费用相当高昂，若能够组建高素质的研发团队，一旦突破技术壁垒，必能获得大额的市场利益。

5. 市场因素

供应链网络实质上是以客户为导向建立而成的货物流通系统，因此，在设计供应链网络时，必须考虑整个系统服务对象的具体分布情况，从而对供应链系统进行合理的结构设计、规模规划和区位布局。举例来说，假如分布在人口密集区域的大型零售店是供应链系统的主要服务对象，那么供应链网络中的设施可以选择建设在用地成本较高但接近零售商的区位，这能极大地提高服务水准和降低配送成本，同时由于缩短了需求响应时间，也可以适当减少安全库存的储备，一定程度上提高经济效益。

6. 宏观经济因素

从根本上讲，对供应链系统所提供的服务的需求量的上限是由区域经济发展水平、居民消费水平、产业结构等一系列宏观经济因素所决定的。根据行业现状，大部分的物流节点设置都选在城市工业区中，也有小部分经销商会选在相对靠近市场的商业区和住宅区，但是此类性质土地的用地成本相对较高。因此，供应链系统的规划需要着重考虑经济效益和综合成本问题。表 3-1 列举了多项供应链网络的影响因素[6]。

表 3-1　成本因素和非成本因素表

成本因素	非成本因素
原材料供应及成本	地方政府政策
动力能源成本	政治环境
水资源成本	环境保护要求
人工成本	气候和地理环境
产品配送成本	文化习俗
原材料配送成本	城市规划和社区情况
基础设施建设成本	市场和发展机会
税率利率和保险	同一地区的竞争对手
流动资金保障	地方教育服务
服务和维修费用	供应商、合作伙伴

3.2.2　供应链网络决策框架

在进行供应链网络设计工作时，想要建立一个行之有效的庞大系统，不仅需要考虑上文提及的众多因素，还需要按照一定的步骤程序进行规划设计。其决策步骤是根据对供应链运行机制的理解及一系列管理实践的原则而设计的。

规划程序一般分为以下四个阶段：第一阶段，明确供应链战略；第二阶段，进行区域设施配置；第三阶段，选择一组地点；第四阶段，进行设施选址。该框架旨在逐步引导企业通过分阶段的决策进行供应链网络规划，从而更加系统和全面地考虑供应链网络的各个方面，制定出更加合理和有效的决策[7]。图 3-12 为供应链网络规划程序。

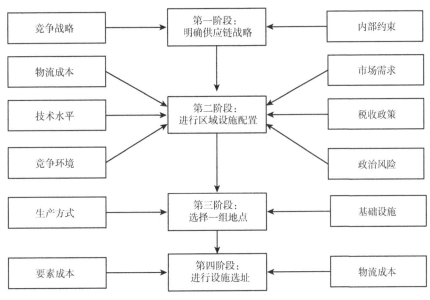

图 3-12　供应链网络规划程序

1. 第一阶段：明确供应链战略

网络规划的第一阶段就是需要明确企业的供应链的宏观战略。不同行业对于供应链系统的需求存在差异，所以第一步就是明确设施选址工作的目标要求，特别是明确公司的竞争战略所需满足的客户需求组合、供应链网络需要具备哪些能力等问题。例如，由于行业性质的差异，制造业和服务业企业在目标上存在较大的区别，制造业更看重降本增效，服务业更看重客户体验，因此，二者在选址上应采用不同的策略。制造业企业的选址应更靠近供应商，着重考虑原材料的成本和持续供应保障。服务业企业应更靠近市场，尽量接近顾客以提升响应时间。

其次，需要分析限制条件。通过对供应链网络进行现状分析可以得到现有网络系统的约束条件，包括可用资源、自身最大运输能力、自身最大仓储限制以及可用物流设备等。同时，还需要考虑到全球化竞争的演变可能，以及是否需要和其他企业建立新的合作伙伴关系等条件。

在整个供应链网络的设计过程中，确定系统目标是最重要的一环，因为对于大多数不完善的供应链网络系统而言，都存在一定程度的系统内部子系统的目标不一致的问题。由于供应链系统的庞大规模和繁杂的结构，子系统之间存在制约和限制的情况相当常见。一般来说，内部目标不一致体现在以下方面：供应链系统结构、各子系统的相对重要程度、系统整合程度等。因此，在进行供应链网络规划时，常用的解决办法是用系统思维分步考虑问题，独立设计各个子系统部分，而后整合成相互关联的大系统。

2. 第二阶段：进行区域设施配置

网络规划的第二阶段就是需要确定网络中的设施应当处于哪片区域。对于全球供应链网络的布局来说，就是需要按照洲际或国家进行需求预测。首先，管理者需要了解该地区的需求是同质的还是异质的。如果在大片区域内都是同质化的需求，那么就可以建设大型设施节点，用规模化作业提升经济效益。如果同一区域内的国家存在着诸多不同的需求，更适合建设小型设施节点用以匹配当地的市场环境。其次，管理者需要确定在现有的生产技术条件下，通过数量和范围的规模经济能否显著地提高经济效益。再次，管理者需要对该区域进行数据收集工作，识别每一个市场的地方关税、税收减免政策、进出口规定和市场限制，通过数据直观地了解当地的需求风险、汇率风险和政治风险。最后，管理者需要准确地识别每一个区域存在着的竞争对手，并决定是否要靠近或者远离竞争者。

对于国内供应链系统而言，需要考虑的主要问题是城市、城郊和农村的选择。城市中的基础设施建设最为发达，物资流通便利，人力资源丰富，但是用地成本、人力成本、环境成本高昂，因此，城市地区相对适合所需建设工厂的占用空间不多、可以使用多层建筑作为厂房、总体规模不大但需要大量高水平高素质员工的设施进行布局。同时，服务业企业也适合在人口众多、人才密集、交通便利的城市进行规划布局，因为能够更近、更快、更方便地接近顾客；农村地区更适合需要占用大片土地的大规模厂房的规划建设，因为用地成本低廉。生产活动对环境造成较大污染的企业出于对环保成本的考虑，也会将设施选在农村地区。由于社会的发展，城郊地区越来越受到企业的关注，因为其兼具城市与农村的优点，并且交通网络也趋于完善。

3. 第三阶段：选择一组地点

网络规划的第三阶段就是在目标区域内选择一组潜在的选址地点。对于地点的选择需要考虑各种条件的限制，考虑因素包括地区政策、市场情况、附近的资源条件、周边的运输条件、基础设施情况、行业竞争、产业集聚、配套设施、社区环境、人力市场等，而后在该地区找出多个可供选择的地址作为潜在的选址地点。

在这一步骤中需要的资料数据种类繁多，因此需要进行大量的基础数据调查、收集和处理工作，从而作为潜在地点选址的参考依据。对基础设施的调查工作是最为重要的环节，基础设施包括硬件设施和软件设施，其中硬件设施包括供应商、运输服务、通信、公共设施和存储设施，软件设施包括劳动力情况、高素质人才情况、工商业的社会接受度等。基于这些信息，设计者可以初步预测供应链网络的设施配置情况、网络中的设施数量、规模大小等。调查方法主要有企业访谈调查、问卷调查、相关资料统计、现场调查、计算机检索等。在完成数据收集后，进行异常数据的剔除工作，确定样本容量大小，而后对数据进行归纳分类，结合之前系统设计活动中的经验技术，整理成结构化信息以待使用。

4. 第四阶段：进行设施选址

网络规划的第四阶段就是为每一个设施选择准确的位置并分配产能。在这一阶段需要基于第三阶段所找到的多个潜在地点，采用科学的方法选取合适的位置从而进行设施建设，以期实现供应链网络总体效益的最大化。

在这一步骤当中需要解决的问题除了选址，还有为服务设施分配容量。选址可以采用的方法有程序评估法、因素评估法和目标设计法。而对于容量的设定，需要从供应链成本最小化和尽量提高对顾客需求的反应能力两个角度进行权衡。建立更多的服务设施会提高顾客响应速度，但也会增加建设成本和库存成本。然后，通过德尔菲法、层次分析法（analytical hierarchy process，AHP）等定性方法以及节点选址模型、线路规划模型等定量方法，对选定的供应链网络规划方案进行定性与定量相结合的分析、修正和完善，最终确定方案及其实施路径。同时，还需要考虑服务设施的柔性，要求规划方案具有在设施节点建设完成并运行一定时间之后，市场需求、价格、汇率等外部条件发生较大变化时，供应链系统有能力及时地进行调整的适应能力。

3.3　设　施　选　址

设施的选址问题就是确定供应链网络中的服务设施在何处建立。设施的地理位置的选择，不仅关乎前期的建设投入，还会影响到后期供应链系统的整体运行情况。设施选址是否得当决定着能否实现供应链网络规划设计时期所预设的目标。

3.3.1　设施选址问题概述

供应链的设计者在进行设施选址时，需要着重考虑选位和定址。选位是指宏观地选择供应链网络的服务设施应当位于哪一区域，是选择南方还是北方、东部还是西部、沿海还是内陆、海外还是国内。定址是指在已选定的地区范围内，进一步选择某一片特定的土地作为供应链系统中服务设施的具体位置。

1. 设施的概念

供应链网络中的设施是指货物的流通过程所必须经过的实体场所，并且在其中发生一系列的生产活动，这些设施一般包括工厂、车间、仓库等。它们是构成供应链网络的重要组成部分，也是各种职能活动的主要承担者，是供应链系统能够顺畅运行的关键。

2. 设施选址的意义

好的设施选址能提高商品流通的全过程所产生的总体经济效益，如缩短物流运输距离、减少运输成本、仓储和中转靠近市场或零售商、缩短顾客响应时间、降低安全库存等。选址不当的设施，将使得供应链系统的日常运作成本较高，若要更换选址，厂房和大型机械设备的存在，使得搬迁成本相对高昂，而且对于网络节点的调整又势必会影响到供应链的正常运作，甚至付出高昂的代价。对于供应链来说，供应链上的成员企业若要调整服务设施，势必会影响到供应链上其他企业的选址决策，产生牵一发而动全身的效果。例如，戴尔在厦门地区建立了新的生产基地，那么其所在的供应链上众多成员企业包括供应商和物流服务商都需要调整企业自身的战略规划，在尽量靠近戴尔工厂的地方建设服务设施，以满足 JIT 生产的要求。

决策供应链上的设施数量也是设施规划需要解决的问题之一。在一个网络系统中，更多的设施数量的确会带来一定程度的便利性，缩短市场响应时间，但这也会增加库存量从而增加库存成本，不利于总体效益的提高。一般来说，扩大单个设施节点的规模并进行集约化设计，是有效降低节点数量的重要举措，同时，大规模配送也可以降低物流成本。在实际运作过程中，物流节点的数量和规模是相互制约的，过少的节点会导致配送距离的增加，大幅提高物流成本。因此，在规划的过程中，需要平衡好单个设施节点的规模和设施节点数量之间的关系，实现整体效益的最大化。

3. 设施选址的目标

设施选址问题一般可以从以下三个方面设定目标：成本最小化、物流量最大化和服务最优化。

1）成本最小化

设施建设成本和物流成本是设施选址问题所需要考虑的两项主要成本，二者构成的综合成本的最小化是设施选址决策时的主要目标。运输成本一般受到运输数量、运输距离、运输单价的影响。从运输数量方面来说，如果单批次运量较小，无法形成规模效应，就会增加总体运输成本；从运输距离方面来说，合适数量的节点和合理的设施位置可以减少货物从供应商到物流终点的运输距离，总体运输距离也会显著减少，从而降低物流成本；从运输单价方面来说，运输方式和运输批量决定运输的单价。而设施成本由固定成本、存储成本和搬运成本组成。固定成本一般是指建造成本、设备购置费用、租金税金及设备折旧等一系列不随经营活动的水平变化而变化的成本；存储成本一般包括仓储损耗费用、公共事业支出费用、货品的保险费用等一系列由于库存货物数量变化而变化的成本；搬运成本一般指的是仓储存取货物的人工成本、公共事业支出成本以及可变的设备搬运成本等。

2）物流量最大化

物流量一般是由吞吐量和周转量两个指标构成，通过对某一设施的物流量的计算，可以比较直观地反映设施的作业能力。设施的物流能力越大，即设施的利用率越高，平均物流成本越小，那么总体效益越大。因此，在供应链系统的经营过程中，管理者一般会不断提高设备的利用率，尽可能提高物流量。但这样的优化方向越来越难以适应现代供应链小批量、多品种、高频率的要求，因此，在进行供应链网络设施选址时，应尽量遵循"在成本最小化的前提下实现物流量的最大化"这一设计原则。

3）服务最优化

在设施选址问题中，由于整个供应链系统是以客户为导向的，因此顾客满意度也是进行规划决策的重要指标。与客户直接相关的服务内容包括送货时间、配送距离、响应速度、准时率等都需要纳入考虑范畴，尽可能最大程度地提升服务质量和顾客满意度。一般来说，如果物流设施距离顾客较近，那么送货时间和准时率都会有较大幅度的改进，但是也会带来设施数量的提高，增加运输成本。因此，需要平衡好成本和服务之间的关系，找到总体效益最大化的解决方案。

3.3.2　设施选址的方法

1. 定性方法

1）优缺点比较法

优缺点比较法（the advantages and disadvantages of comparative law）是指直接把各个方案的优点和缺点列在一张表上，对各方案的优缺点进行分析和比较，从而得到最后方案。优缺点比较法的核心是罗列出各个备选方案的优缺点而后进行分析比较，一般可分成五个等级：最优（5 分），较优（4 分），一般（3 分），较差（2 分），最差（1分）。通过对各方案的各个方面进行等级评定，根据权重对每一种方案的得分进行加权求和，得分最高者便是最优方案[8]。

假设供应链公司 A 需要在城市中选择一个地点建设新的设施节点。经过研究，公司选定了三个潜在的选址——甲地、乙地、丙地。表 3-2 中是三个选址方案的优缺点比较情况。

表 3-2　优缺点比较表

序号	因素	甲方案	乙方案	丙方案
1	区位条件	最优	一般	一般
2	地形	较优	最优	最差
3	气候	一般	一般	最优
4	交通	最优	较优	较优
5	市场距离	最优	较差	较差

序号	因素	甲方案	乙方案	丙方案
6	水电配套	较差	最差	最优
7	供水	一般	最优	较差
8	排水	一般	最优	一般
9	建设成本	最优	较差	较优
10	环保费用	最差	较优	最优

经计算，甲、乙、丙方案分别得分 36 分、34 分、34 分，由此可以判断，甲方案是最优方案。

2）德尔菲法

德尔菲法也称专家调查法，1946 年由美国兰德公司创始实行，其本质上是一种反馈匿名函询法，其大致流程是在对所要预测的问题征得专家的意见之后，进行整理、归纳、统计，再匿名反馈给各专家，再次征求意见，再集中，再反馈，直至得到一致的意见。

德尔菲法一般适用于具有多个设施和目标的设施选址问题，由于此类问题的决策目标相对难以评估，且常常带有决策者主观性色彩。德尔菲法的实施涉及三个小组，即协调小组、预测小组和战略小组，通过三个小组的不同职能分工，在决策的过程中统筹考虑各种影响因素，从而得出最优的设施选址决策方案。

其具体操作程序如下。

（1）成立三个小组。首先需要从企业内外部寻找相关人员或专家组成此次德尔菲法工作的顾问团。其中一部分人要组成协调小组，协调小组的主要职能是统筹德尔菲法工作的展开并负责调查问卷的设计工作。一部分人要组成预测小组，预测小组的职能是预测社会的发展趋势和识别影响组织的诸多外部环境因素。一部分人要组成战略小组，组内成员的主要任务是确定组织的战略目标和各目标之间的优先级。

（2）找出机遇和挑战。经过三个小组的多次商讨和问卷调查之后预测小组需要完成对社会发展趋势的预测工作，特别是需要结合行业和自身状况，得出企业在变动的市场中将会遇到的机遇与挑战。

（3）确定战略目标。在预测小组完成工作之后，需要协调小组整理预测小组所得出的预测结果并整理成预测报告交付战略小组使用，战略小组利用这些信息来确定组织的战略目标，并且为目标划定优先级。

（4）提出多个备选方案。在战略小组完成战略规划工作之后，三个小组的主要工作任务是尽可能多地提出具有可行性的方案，不仅可以是对现有设施的微小改动，也可以是对整体或全局的大幅度变革。此步骤需要专家咨询团畅所欲言，提出方案以供商讨。

（5）评价备选方案并找到最优方案。将上一步提出的多个方案交给战略小组的相关成员，由他们进行主观评价，从中挑出综合评价最优的方案作为最优解。

3）因素评分法

因素评分法是一种对具有多个目标的决策问题进行综合评判的方法，具有定性与定量相结合的特点，通过数学方法将多目标化为单一目标，由此进行最优方案的选择[7]。

因素评分法的一般步骤如下。

（1）选定一组设施选址问题的决策变量。并根据专家意见为每一个变量赋予权重。

（2）对所有决策变量的评分进行处理，使其具有相同的取值范围，便于综合评估。

（3）对每一个备选方案进行评分。首先是对每一项备选方案的每一决策变量进行评分，而后进行加权汇总得到每一备选方案的最终得分。

（4）选取得分最高者作为最佳方案。

（5）设有 n 个方案 x^i（$i=1,2,3,\cdots,n$），其中每个方案都有 k 个决策变量，每个决策变量的评分为 a_j（$j=1,2,3,\cdots,k$），其中每个决策变量根据其重要程度的不同，可以得到权重分别为 w_j（$j=1,2,3,\cdots,k$）。

（6）可有 $a(x^i)=\sum_{j=1}^{k}w_j a_j^i$（$i=1,2,3,\cdots,n$）。

用这个线性公式作为方案加权评价的标准，能够使 $a(x^i)$ 的值最大的方案就是设施选址问题的最优解。

一般来说，此类问题中为各个决策变量赋予权重的工作需要由专家顾问来进行。如果有 y 个专家对 w_j 发表意见，其中第 l 个专家对 w_j 的评估值为 w_{jl}（$l=1,2,3,\cdots,y$），可有 $w_j=\dfrac{1}{y}\sum_{l=1}^{y}w_{jl}$（$l=1,2,3,\cdots,y$）。

通过此公式将各个专家的意见进行汇总，可以得到较为合理的权重分布。

2. 定量方法

1）设施选址问题基础

在对选址问题进行求解前，首先需要明确选址问题的分类、规划区域的结构和采用何种计算方式进行距离计算。

（1）设施分类。按照设施的空间维度划分，可以将选址问题分为：立体选址问题，设施的高度不能被忽略，如集装箱装箱问题；平面选址问题，设施的长、宽不能被忽略，如货运站的布局问题；线选址问题，设施的宽度不能被忽略，如在仓库两边的传送带布局问题；点选址问题，设施可以被简化为一个点，供应链设施选址一般遇到的就是此类问题。

按照设施的规划数量划分，可以将选址问题分为单物流节点选址问题和多物流节点选址问题。

（2）规划区域。按照规划区域的结构划分，可以将选址问题分为：连续选址问题，设施可以在给定范围的任意位置选址，设施的候选位置为无穷多；离散选址问题，设施的候选位置是有限且较少的，实际中经常符合该类问题；网格选址问题，规划区域被划分为许多的小单元，每个设施占据其中有限个单元。

（3）选址问题中的距离计算。设施选址问题中最基本的参数就是设施节点到需求点的距离。在进行距离计算时，可以选用三种方式进行距离的测定。第一种是欧几里得距离（euclidean metric），也叫直线距离；第二种是城市距离（metropolitan metric），也叫折线距离；第三种叫大圆距离，利用球面三角学（spherical trigonometry）进行计算[9]。图 3-13 为距离计算问题示意图。

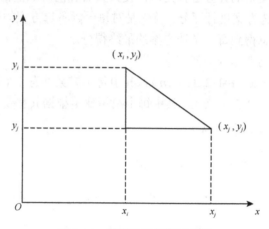

图 3-13　距离计算问题示意图

第一，直线距离。在选址问题中，如果选址区域范围过大，运输距离过远，那么点到点的运输距离可以近似等于两点间的直线距离，或者可以乘以一个适当的系数 w 来更加逼近真实距离，其中 w 是该段物流路线所在区域的迂回系数，在交通网络越发达的地区，道路迂回系数的取值越小，反之迂回系数越大。一般可以考虑利用直线距离进行计算的选址问题主要有城市与城市间的物流活动、大型物流园区之间的物流活动等。

平面内两点 (x_i, y_i) 和 (x_j, y_j) 之间的直线距离 d_{ij} 可以用如下公式进行计算：

$$d_{ij} = w\sqrt{(x_i - x_j)^2 + (y_i - y_j)^2}$$

第二，折线距离。在选址问题中，如果选址区域范围较小且区域内的道路规划较为规则，那么点到点的运输距离可以近似等于折线距离。一般可以考虑采用折线距离进行计算的选址问题主要有城市内的配送问题、具有直线通道的大型设施的内部物流问题等。

平面内两点 (x_i, y_i) 和 (x_j, y_j) 之间的折线距离 d_{ij} 可以用如下公式进行计算：

$$d_{ij} = w\left(\left|x_i - x_j\right| + \left|y_i - y_j\right|\right)$$

第三，大圆距离。由于各种地图的绘制技术都是将球体映射到平面上进行绘制，存在着一定的形变误差。用平面图来计算距离将会产生一定的误差，其误差大小取决于制图方式和设施节点的地理位置。当进行洲际运输等大范围的物流活动规划时，可以考虑采用经纬度坐标和大圆公式进行计算。

大圆距离公式能够考虑到地球弯曲半径的影响因素，很好地避免制图偏差，得到准确的距离参数。其公式如下：

$$d_{AB} = 3959 \times \{arccos[sin(LAT_A)] \times sin(LAT_B)$$
$$+ cos(LAT_A) \times cos(LAT_B) \times cos(|LONG_A - LONG_B|)\}$$

其中，d_{AB} 为 A、B 两点之间的大圆距离（单位：英里）；LAT_A 为点 A 的纬度；$LONG_A$ 为点 A 的经度；LAT_B 为点 B 的纬度；$LONG_B$ 为 B 的经度。

2）单物流节点选址

单物流节点选址问题一般采用重心法进行求解。重心法就是将供应链网络系统中各设施节点的资源需求量和资源供给量看作物体质量，将整个系统的重心作为选定的单物流节点的最优解[10]，图 3-14 为重心法示意图。

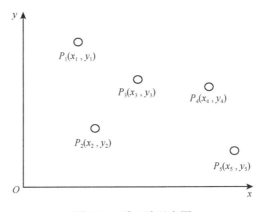

图 3-14　重心法示意图

重心法的使用条件如下。

（1）假设需求集中于某一点上。在实际问题当中，需求量是来自该区域多个不同的点上，而非全部是某一需求量聚集处。按照重心法的要求，需要将各个需求点聚集的区域抽象为某一特定的需求量聚集点，因此，在进行计算求解的过程中会存在一些误差。所以，高水平的需求点的聚类过程能够有效减少理论与实际间的误差。

（2）不同区域的物流费用和建设费用需要相同。在重心法中，并没有设置区分不同地点的费用差别，但是在现实情况下，同一区域的不同地点存在着一定的投资成本、建设成本、经营成本和物流费用的差异。因此，在使用重心法时需要注意，如果按照相同的成本参数进行计算，需要考虑产生的误差是否能够被接受。

（3）运输费用是线性的。一般来说，现实中的物流运输价格是由不受距离影响的固定运费和随距离变化而变化的可变运费两部分组成，并非简单的线性关系。在重心法中，运输费用并不考虑不可变的部分，而是将运价简单地抽象为呈正比例增长的线性关系。

（4）运输路线是直线距离。现实中货品的运输路线是顺着城市交通网络进行流通的，需要考虑到公路交通网络、铁路交通网络和城市道路网络。因此，将从供给点到需求点之间的距离简单地抽象为直线距离进行计算，会影响到方案的可靠性。一般来说，可以通过引入道路迂回系数将直线距离转化为更贴合实际情况的线路里程。

由此可以得到重心法模型。在某一平面区域内，有 n 个资源供给点和资源需求点，其坐标表示为 (x_i, y_i)，其供给量或需求量设为 m_i（$i = 1, 2, 3, \cdots, n$），在该区域内准备规划一个物流节点 $P(x_0, y_0)$，从中心节点到各个资源点的运输费率为 r_i，由此可以得到公式：

$$x_0 = \frac{\sum_{i=1}^{n} r_i m_i x_i}{\sum_{i=1}^{n} r_i m_i}$$

$$y_0 = \frac{\sum_{i=1}^{n} r_i m_i y_i}{\sum_{i=1}^{n} r_i m_i}$$

由此可得 P 点的坐标 (x_0, y_0)，此为所求的单物流节点选址问题的最优解。

3）多物流节点选址

多物流节点选址问题可以选用多重心法、网络覆盖模型和 P-中值模型等方法进行求解。

（1）多重心法。当一个物流设施不能满足供应链网络规划所需的目标服务能力时，则需要考虑规划多个物流设施节点。多重心法是通过分组后再运用重心法来确定多个物流设施节点的位置。其步骤大致如下。

步骤一：初步分组。找到某种特定的分组标准。按照标准将目标区域内的所有需求点分成若干个群组，使群组的数量等于拟建设的物流节点数量。每个需求点群组内设立一个物流节点，即将多物流节点问题转化成多个单物流节点问题进行求解。由此确立初始选址方案。

步骤二：选址计算。根据初步分组情况，在每一个需求点群组里按照单核心节点问题的解决思路，使用重心法找到该部分区域的中心节点位置。

步骤三：调整分组情况。分别计算每个资源需求点到每个规划的设施节点的距离及费用，而后通过比较，将每个资源需求点调整到总运输成本最低的方案所对应的设施节点的群组当中，由此形成新的方案。

步骤四：重复步骤二和步骤三直到群组成员无变化位置，此时所形成的多设施位置和物流运输方案是最优解。

（2）网络覆盖模型。网络覆盖模型是一类离散点选址模型。其实质就是确定一组服务设施来满足一部分需求点。在这个模型中需要首先确定服务设施的最小数量和合适位置。该模型常常应用于商业物流系统、公用事业系统、计算机通信系统的选址问题中[11]。

根据解决问题的方法的不同，网络覆盖模型可分为两类：集合覆盖模型和最大覆盖模型。集合覆盖模型的目标是如何用尽可能少的中心设施节点去覆盖所有的需求点，而最大覆盖模型的目标是如何用给定数量的中心设施节点去覆盖尽可能多的需求点。这两种方法的本质区别在于，集合覆盖模型需要涉及所有的需求点，而最大覆盖模型可以存在无法覆盖的需求点。在解决实际问题的过程中如何在两类模型中进行选择，主要取决于服务设施的资源是否充足。

　　集合覆盖模型的目标是用尽可能少的设施去覆盖所有的需求点。设在区域范围内一共有 N 个需求点，每个需求点的需求量为 d_i；设施节点 j 的容量为 c_j；$A(j)$ 为设施节点 j 所能覆盖的所有需求点的集合；$B(i)$ 为可以覆盖需求点 i 的设施节点的集合；y_{ij} 为节点 i 需求被分配给设施节点 j 服务的部分，且 y_{ij} 小于等于 1；x_j 为节点 j 是否被选中，选中为 1，否则为 0。集合覆盖模型如图 3-15 所示。

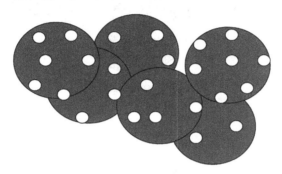

图 3-15　集合覆盖模型

　　其数学模型如下：

$$\min \sum_{j \in N} x_j$$

$$\text{s.t.} \quad \sum_{j \in B(i)} y_{ij} = 1, \quad i \in N$$

$$\sum_{i \in A(j)} d_i y_{ij} \leqslant c_j x_j, \quad j \in N$$

$$y_{ij} \geqslant 0, \quad i, j \in N$$

$$x_j \in \{0,1\}$$

　　目标函数为设施节点数量最小化。约束条件保证各个需求点的目标需求量都能得到满足，并且用设施节点的容量作为限制，允许存在某一需求点的需求靠多个设施节点来供给。x_j 和 y_{ij} 是决策变量，因此，这是一个混合型的 0-1 整数规划问题。

　　一般有两种方法可以求解此类带有约束条件的极值问题。一是用分支定界法，适用于小规模的设施选址问题的求解。二是启发式算法，其结果无法保证是全局最优解，但是可以得到相对满意的局部最优解，因此，在求解大规模的设施选址问题时，启发式算法可以大幅度降低运算量。

　　最大覆盖模型的目标是利用给定数量的中心设施节点去覆盖尽可能多的需求点，但也会因此而存在无法覆盖全部需求点的情况。

　　设在区域范围内一共有 N 个需求点，每个需求点的需求量为 d_i；设施节点 j 的容量为 c_j；P 为预期规划的设施数量；$A(j)$ 为设施节点 j 所能覆盖的所有需求点的集合；$B(i)$ 为可以覆盖需求点 i 的设施节点的集合；y_{ij} 为节点 i 需求被分配给设施节点 j 服务的部分，且 y_{ij} 小于等于 1；x_j 为节点 j 是否被选中，选中为 1，否则为 0。图 3-16 为最大覆盖模型。

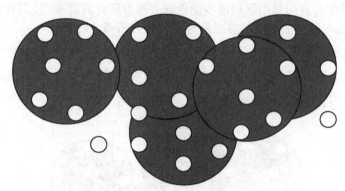

图 3-16　最大覆盖模型

其数学模型如下：

$$\max \sum_{j \in N} \sum_{i \in A(j)} d_i y_{ij}$$

$$\text{s.t.} \sum_{j \in B(i)} y_{ij} \leqslant 1, \ i \in N$$

$$\sum_{i \in A(j)} d_i y_{ij} \leqslant c_j x_j, \ j \in N$$

$$\sum_{j \in N} x_j = P$$

$$y_{ij} \geqslant 0, \ i, j \in N$$

$$x_j \in \{0,1\}$$

目标函数是为尽可能多的需求点服务。约束条件为并非所有需求点的需求都可以得到满足，并且用设施节点的容量和数量作为限制，允许存在某一需求点的需求靠多个设施节点来供给。x_j 和 y_{ij} 是决策变量，因此，这是一个混合型的 0-1 整数规划问题。

最大覆盖模型和集合覆盖模型都可以采用启发式算法进行求解。其中一个比较典型的解决办法是使用贪婪启发式算法。首先求出可以作为设施节点候选位置的集合，并以一个空集作为初始解的集合。对所有候选点进行计算比较，将具有最大解决能力的候选点划入解集合，作为二次解。一直执行该过程，直到设施数目满足要求为止。

（3）P-中值模型。P-中值模型是用于解决在给定设施数量和需求点位置集合的前提下，为 n 个设施找到合适的位置，并将每个需求点分配至一个服务设施，最终使整个系统的运输费用最低的问题。其示意图如图 3-17 所示。

○ 需求点
△ 设施候选位置

图 3-17　P-中值模型

设平面内有 N 个需求点，每个需求点的需求量为 d_i；有 M 个可选的设施节点候选位置；有 P 个服务设施节点（$P<M$）；从设施 j 到需求点 i 的单位运输费用为 C_{ij}；y_{ij} 为节点 i 需求被分配给设施节点 j 服务的部分；x_j 为节点 j 是否被选中，选中为 1，否则为 0。

其数学模型如下：

$$\min \sum_{i \in N} \sum_{j \in M} d_i C_{ij} y_{ij}$$

$$\text{s.t.} \sum_{j \in M} y_{ij} = 1 , \ i \in N$$

$$y_{ij} \leqslant x_j , \ i \in N , \ j \in M$$

$$\sum_{j \in M} x_j = P$$

$$x_j , y_{ij} \in \{0,1\} , \ i \in N , \ j \in M$$

目标函数表示从需求点到设施节点的运输费用最小。约束条件保证每个需求点只有一个服务设施来提供服务，没有选中的候选设施节点不能够为需求点提供服务，并且用设施节点的数量作为限制。x_j 和 y_{ij} 是决策变量，因此，这是一个混合型的 0-1 整数规划问题。

求解 P-中值模型需要解决两方面的问题。其一是选择合适的设施节点候选位置，其二是指派需求点到相应的设施中去。在设施位置确定之后，由于一开始预设的设施服务能力并无限制，接下来的需求点指派规划问题的解决便十分简单。如果设施服务能力存在限制，问题便较为复杂，穷举可得 C_M^P 种方案。

一般来说，求解 P-中值模型可以选用贪婪取走启发式算法（greedy dropping heuristic algorithm），其步骤如下。

第一步，初始化。令循环参数 $k=m$，将所有的 m 个候选位置全部选中，然后将每个客户指派给距离其最近的设施节点位置。

第二步，在满足以下条件的情况下，选择并取走一个位置点：假设将它取走，并将它的客户重新指派后，总费用增加量最小，然后 $k=k-1$。

第三步，重复以上步骤直至 $k=p$。

本 章 小 结

供应链网络是供应链系统中货物流通过程的抽象化表达，其核心是"网络"和"节点"。因此，本章围绕着如何科学地进行供应链网络规划这一核心问题展开，主要对供应链网络规划问题中的相关概念、影响因素和规划步骤等进行阐述，并且为读者提供了多种设施选址的定性方法和定量方法。

复习与思考题 »»

1. 简述供应链网络规划的决策步骤。
2. 简述几个供应链网络规划的影响要素。
3. 简述物流网络和供应链网络的区别。
4. 简述设施节点有哪些类型。
5. 简述设施选址方法有哪些。

参 考 文 献

[1] 戴恩勇，阳晓湖，袁超. 物流系统规划与设计[M]. 北京：清华大学出版社，2019.

[2] 杨扬，郭东军，等. 物流系统规划与设计[M]. 2 版. 北京：电子工业出版社，2020.

[3] 吴群. 物流与供应链管理[M]. 北京：北京大学出版社，2015.

[4] 刘联辉，罗俊. 物流系统规划及其分析设计[M]. 2 版. 北京：中国财富出版社，2017.

[5] 童露，徐秀美，俞锦. 新消费背景下需求识别、虚拟网络组织与企业动态能力：以网易严选和京东京造为例[J]. 产经评论，2020，11（4）：48-62.

[6] 谢京辞，孟庆春，赵培忻. 供应链物流管理[M]. 北京：经济科学出版社，2021.

[7] 乔拉普 S. 供应链管理[M]. 7 版. 杨依依，译. 北京：中国人民大学出版社，2021.

[8] 郑辉. 设施规划理论及应用[M]. 天津：天津大学出版社，2022.

[9] 杨扬. 物流系统规划与设计[M]. 北京：电子工业出版社，2013.

[10] 姚冠新. 物流系统规划与设计[M]. 镇江：江苏大学出版社，2016.

[11] 周跃进，陈国华，等. 物流网络规划[M]. 2 版. 北京：清华大学出版社，2015.

第4章 供应链生产系统规划

学习目标

1. 理解设施布置与设计的研究范围与目标。
2. 掌握各种典型的布置形式。
3. 了解物料搬运的基本原则。
4. 掌握物料搬运系统的分析方法与程序。
5. 熟悉数智化供应链生产方式的内容。

引导案例

华联印刷生产物流管理初探

生产物流管理，作为企业生产加工活动的核心环节，涉及原材料、在制品、半成品以及成品在工厂内部的流转。这一过程贯穿产品生产工艺流程的始终，对生产效率和产品质量具有至关重要的影响。华联印刷在生产物流管理方面，以工程单为核心，针对每一订单的具体需求，对常规流程进行精细化规范，以确保物流的顺畅与高效。以下是华联印刷在生产物流管理上的几个突出做法。

首先，在物流过程中，华联印刷采取了周密的保护措施。无论是上机前的白纸、半成品，还是成品，在工序间的流转过程中，均通过塑料薄膜进行缠绕保护，并对整台产品加设醒目标志。这样的措施不仅为产品在搬运过程中提供了坚固的防护，减少了倒塌的风险，还显著提升了运输效率。同时，由于整台产品码放后立即进行防护，有效杜绝了产品被随意搬移的可能性。一旦发生损坏，也能迅速识别并进行清查。工作人员只需查看产品标志，便能迅速了解产品数量，从而极大提升了产品数量清点的效率与准确性。

其次，华联印刷在台板使用方面实现了统一规范。不同车间根据自身的产品种类和规格，定制了相应规格的可重复使用的塑料卡板，并通过不同颜色进行部门区分。这种做法使得各工序的半成品与台板完美匹配，既美观又整齐。同时，台板的有序使用减少了台板不合适或寻找台板而造成的无效时间，极大地降低了无效工作的发生。

最后，华联印刷在产品包装方面实施了规范化管理。在制造加工过程中，同步完成了与产品规格相匹配的成品包装箱的制作，包装箱上明确标注了产品名称、每箱数量等关键信息。无论是国内运输还是国际发货，包装箱和卡板均严格遵循相应标准制作。这种规范化的包装方式不仅提高了货物查找的便捷性，还使得对成品货物运输体积和重量的估算更为精确，为运输车辆的准备提供了可靠依据。

资料来源：朱耀勤，王斌国，姜文琼. 物流系统规划与设计[M]. 2 版. 北京：北京理工大学出版社，2017.（有删改）

4.1　生产设施布局规划

4.1.1　设施布局规划概述

1. 设施布局规划的含义和内容

设施布局规划是指根据企业经营目标和生产纲领，在已经确认的空间场所内，按照从原材料接收、零件和产品制造、产品包装、发运等全过程，力争将人员、设备和物料所需要的空间做最适当的分配和最有效的组合，以获得最大的经济效益。

设施布局包括工厂总体布局和车间布局。工厂总体布局设计应解决工厂各个组成部分的问题，包括生产车间、辅助生产车间、仓库、动力站、办公室、露天作业场地等各种作业单元的相互位置；协调运输线、管线及美化设施的相互位置；同时，应解决物流的流向和流程、厂内外运输连接及运输方式问题。

车间布局设计应解决生产工段、辅助服务部门、储存设施等作业单元的问题；协调工作地、设备、通道、管线之间的相互位置；同时解决物料搬运流程及运输方式问题[1]。

2. 设施布置与设计的研究范围

从工业工程的角度考察，设施布置由厂（场）址选择与设施设计两部分组成，其中设施设计分为布置设计、物料搬运系统设计、建筑设计、公用工程设计及信息系统设计共五个相互关联的部分，如图 4-1 所示。

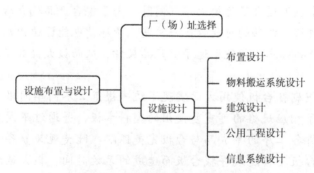

图 4-1　设施布置与设计的组成

（1）厂（场）址选择。厂（场）址选择就是对可供选择的地区和具体位置的有关影响因素进行分析和评价以达到厂（场）址优化配置。外界环境对生产或服务系统输入原材料、劳动力、能源、科技和社会因素；同时，生产或服务系统对外界环境输出其产品、服务、废弃物等。因此，生产或服务系统不断受外界环境影响而改变其活动，生产或服务系统的活动结果又不断改变其周围环境。

（2）布置设计。生产系统由建筑物、机器设备、运输通道等要素组成，各系统内部组成部分的位置关系直接决定了系统的运营效率。对系统的各组成部分进行位置布置是设施布置与设计的中心内容。布置设计就是通过对系统中的物流、人流、信息流进行分析，对建筑物、机器、设备、运输通道和场地进行有机组合与合理配置，从而达到系统内部布置最优化。

（3）物料搬运系统设计。通常，产品制造成本的 20%～50%用于物料搬运，因此，现代管理理论非常注重物料搬运系统。物料搬运系统设计就是对物料搬运路线、运量、搬运方法和设备、储存场地等进行合理安排。

在物料搬运系统设计中，物料搬运系统分析（systematic handling analysis，SHA）是一种重要的设计分析方法，其分析方法、分析程序都与系统布局规划（systematic layout planning，SLP）非常相似。

（4）建筑设计。在设施布置与设计中，设计者应根据建筑物和构筑物的功能与空间的需要，满足安全、经济、适用、美观的要求，进行建筑和结构设计。建筑设计需要土木建筑的各项专业知识。

（5）公用工程设计。生产或服务系统的附属系统包括热力、煤气、电力、照明、给水排水、采暖通风、空调等，通过对该类公用设施进行系统、协调的设计，可为整个系统的高效运营提供可靠的保障。

（6）信息系统设计。对于工矿企业而言，各生产环节生产状况的信息反馈直接影响生产调度和生产管理，反映企业管理的现代化水平。随着计算机技术的应用，信息系统的复杂程度也大幅提高，信息系统设计成为设施设计的一个组成部分。

4.1.2　设施布置与设计的目标及原则

1. 设施布置与设计的目标

一个设施是一个有机的整体，由相互关联的子系统组成。因此，必须以设施系统自身的目标作为整个设施布置与设计活动的中心。设施布置总目标是使人力、财力、物力和人流、物流、信息流得到最合理、最经济、最有效的配置与安排，即确保企业以最小的投入获得最大的产出效益。无论是对新设施的布置还是对旧设施的再布置，设施布置与设计的典型目标是：①简化加工过程；②有效地利用设备、空间、能源和人力资源；③最大限度地减少物料搬运；④缩短生产周期；⑤力求投资最低；⑥为员工提供方便、舒适、安全和卫生的条件。

上述目标相互之间往往存在冲突，必须选用合适的指标对每一个方案进行综合评价，以达到总体目标的最优。

2. 设施布置与设计的原则

在符合当地规划要求和已确定适当的厂址位置的前提下，应遵循以下原则进行工厂布局。

1）符合工艺过程的要求

尽量保证生产对象流动顺畅，避免生产对象在各项工序间往返交错。尽量使设备投资最小，生产周期最短。

2）有效利用空间

使场地利用达到适当的建筑占地系数（建筑物、构筑物占地面积与场地总面积的比率），使建筑物内部的设备占有空间和单位制品的占有空间保持较低水平。

3）物料搬运费用最少

要便于物料的输入，实现产品、废料等物料运输路线短捷，尽量避免运输的往返和运输路线的交叉。

4）保持生产和安排的柔性

使设施布置适应产品需求的变化，工艺和设备的更新以及满足扩大生产能力的需要。

5）适应组织结构的合理化和管理的方便

使存在密切联系或者性质相近的作业单元布局在一个区域并就近布置，甚至合并在同一建筑内。

6）为职工提供方便、安全、舒适的作业环境

使最终布局符合职工生理、心理要求，为提高生产效率和保证职工身心健康创造条件。

3. 设施布局基本流动模式

就生产、储运部门而言，物料一般沿通道流动，设备一般沿通道两侧布局。因此，通道的形式决定了物料、人员在车间内部的流动模式。影响车间内部流动模式的选择的一个重要因素是车间入口和出口的位置。在实际生产活动中，常常因外部运输条件或原有布局的限制，需要按照给定的入口、出口位置规划流动模式。此外，流动模式还受到生产工艺流程、生产线长度、场地、建筑物外形、物料搬运方式与设备、储存要求等方面的影响。五类基本流动模式如图4-2所示。

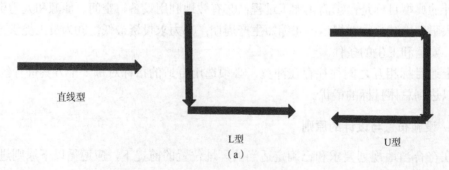

直线型　　　L型　　　U型
（a）

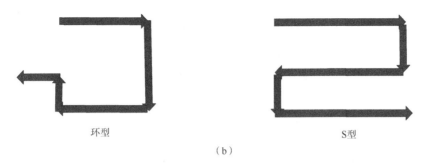

环型　　　　　　　　　　　　　　　　S型

（b）

图 4-2　基本流动模式

1）直线型

直线型是最简单的流动模式，该模式下入口与出口位置相对，建筑只有一跨，外形为长方形，设备沿通道两侧布局。

2）L 型

L 型适用于现有设施或建筑物内部不允许直线流动的情况，L 型与直线型的布局模式相似，入口与出口分别对于建筑物两相邻侧面。

3）U 型

U 型适用于入口与出口在建筑物同一侧面的情况，该布局下的生产线长度基本相当于建筑物长度的两倍，一般建筑物为两跨，建筑物外形形似于正方形。

4）环型

环型适用于要求物料返回到起点的情况。

5）S 型

S 型流动模式可以在固定面积上安排较长的生产线。

4. 工厂总平面布置与设计原则

1）满足生产要求，工艺流程合理

工厂总平面布置应满足生产要求，符合工艺过程，减少物流量，同时重视各部门之间的关系密切程度。具体模式有以下两种。

（1）按功能划分厂区。对各部门按生产性质、卫生、防火与运输要求的相似性划分，将工厂划分为若干功能区段。例如，大中型机械工厂的厂区划分为加工装配区、备料（热加工）区、动力区、仓库设施区及厂前区等。该模式的优点是各区域功能明确，相互干扰少，环境条件好；但是，这种模式难以完全满足工艺流程和物流合理化的要求。

（2）采用系统设计模式。按各部门之间物流与非物流相互关系的密切程度进行系统布置。该模式可以避免物料搬运路线的往返交叉，节省搬运时间与成本，最终达到增加经济效益的目的。

2）适应工厂内外运输要求，路线"短捷顺直"

工厂总平面布置要与工厂的内部运输方式相适应。根据生产产品的产量特点，可以采用铁路运输、公路运输、带式运输、管道运输等，根据选定的运输方式、运输设备及技术要求，合理地确定运输路线以及与其有关部门的位置。

厂内道路承担着物料运输、人流输送、消防通行的任务，还具有划分厂区的功能；道路系统的布置对厂区绿化美化、排水设施布置、工程管线铺设也有重要影响。

工厂内部运输方式、道路布置等应与厂外运输方式相适应，这也是工厂总平面布置中需要重视的问题。

3）合理用地

在确保生产和安全的前提下，工业工厂建设应充分考虑如何合理地节约建设用地。在进行工厂总平面布置时，可以采取以下措施。

（1）根据运输、防火、安全、卫生、绿化等要求，合理确定通道宽度以及各部门建筑物之间的距离，力求总体布局紧凑合理。

（2）在满足生产工艺要求的前提下，将联系密切的生产厂房进行合并，建成联合厂房。此外，还可以采用多层建筑或适宜的建筑物外形。联合厂房是现代制造总装厂的一种重要布置模式，在各领域尤其机械行业应用越来越广泛。

（3）适当预留发展用地。企业的生产规模总是由小到大逐步发展的。远期发展的占地面积应根据远期发展的规模进行计算；近期建设要集中紧凑，并减少初期征地。对于远期发展，不仅要考虑主体车间，同时应考虑辅助车间、仓库、堆场、公用设施、工程管线、交通运输等，以便与主体车间适应，并尽可能做到功能分区与一期工程相协调。

（4）充分注意防火、防爆、防振与防噪声。安全生产是进行工厂总平面布置时首先要考虑的问题，在某些危险部门之间应留出合适的防火、防爆间距。振动会影响精密作业车间的生产，因此，精密车间必须远离振源或采取必要的防振措施，如机械厂的精加工车间及计量部门应远离锻造车间或冲压车间。噪声不仅影响工作，而且会摧残人的身体健康。因此，工厂总平面布置要考虑防噪声问题：①可以采取隔声措施，降低噪声源发出的噪声级；②可以使人员较多的部门远离噪声。

（5）利用气候等自然条件，减少环境污染。工业生产中产生的有害烟雾和粉尘会严重影响作业人员的身体健康，也会造成环境污染。进行工厂总平面布置前，必须了解当地全年各季节风向的分布、变化转换规律，利用风向变化规律避免空气污染。另外，建筑物的朝向也是进行工厂总平面布置时应注意的问题，日照、采光和自然通风要求较高的工业生产活动场所的建筑物，更应注意这个问题。

此外，还应充分利用地形、地貌、地质条件，考虑建筑群体的空间组织和造型，注意美学效果，考虑建筑施工的便利条件。

上述原则的涉及面非常广，往往存在相互矛盾的情况，在实际工厂总平面布置中应该结合具体条件加以考量。

5. 车间布置与设计的原则

1）确定设备布置形式

根据车间的生产纲领，分析产品-产量关系，确定生产类型是大量生产、成批生产还是单件生产，由此决定车间设备布置形式是采用流水线式、成组单元式还是机群式。

2）满足工艺流程要求

车间布置应保证工艺流程顺畅、物料搬运方便，减少或避免往返交叉的物流现象。

3）确保工作环境整洁、安全

进行车间布置时，除对主要生产设备安排适当位置外，还需对其他组成部分，包括在制品暂存地、废品废料存放地、检验试验用地、工人工作地、通道、辅助部门（如办公室生活卫生设施）等安排合理的位置，确保工作环境整洁及生产安全。

4）选择适当的建筑形式

根据工艺流程要求及产品特点，配备适当等级的起重运输设备，进一步确定建筑物的高度、跨度、柱距及外形。

此外，还应注意采光、照明、通风、采暖、防尘、防噪声，保证布置具备适当的柔性，以适应生产的变化。

4.1.3　系统布局规划的基本要素

如图 4-3 所示，为了完成工厂总平面布置和车间布置，需从产品（P）及产量（Q）出发，首先对产品组成进行分析，确定各零部件的生产类型，制定出各个零部件的加工、装配工艺流程，根据工艺流程各阶段的特点，划分出生产车间，并根据生产需要设置必要的职能管理部门及附属的生产与生活服务部门。一个完整的工厂就是由生产车间、职能管理部门、辅助生产部门、生产与生活服务部门和为使生产连续进行而设置的仓储部门这几类作业单位所构成。然后由设施布置与设计人员来完成工厂总平面及车间的布置。

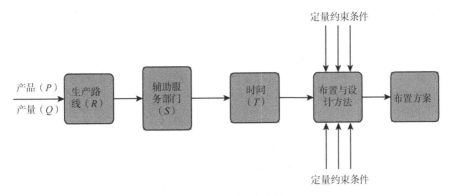

图 4-3　工厂设计过程

在图 4-3 所示的工厂设计过程中，基本给定条件（要素）为产品（P）和产量（Q），涉及除平面布置与设计以外的各类专业技术问题，如制定加工、装配工艺过程等，要求不同的专业技术人员通过配合协作来完成。

为了突出平面布置与设计，把平面布置前各项工作的结果作为给定要素来处理，包括生产路线（R）、辅助服务部门（S）及时间（T），这样就形成了单纯的工厂布置模型如图 4-4 所示。

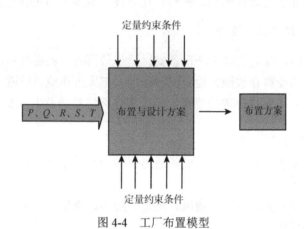

图 4-4　工厂布置模型

在缪瑟提出的系统布局规划中，正是把产品（P）、产量（Q）、生产路线（R）、辅助服务部门（S）及时间（T）作为初始的基本要素（原始资料），也是布置与设计工作的基本出发点。

1. 产品（P）

产品（P）是指待布置工厂中准备生产的产品、原材料或者加工的零件和成品等。这些资料由生产纲领和产品设计方案提供，包括项目、品种类型、材料、产品特征等。产品这一要素影响着生产系统的组成及其各作业单位之间的相互关系、生产设备类型、物料搬运方式等方面。

2. 产量（Q）

产量（Q）是指所生产产品的数量，它也由生产纲领和产品设计方案决定，可以用件数、重量、体积等表示。产量（Q）这一要素影响着生产系统的规模、设备的数量、运输量、建筑物面积等方面。

3. 生产路线（R）

为了完成产品的加工，需要制定加工工艺流程，形成生产路线（R）。可以利用工艺过程表（卡）、工艺流程图、设备表等工具表示。它影响着各作业单位之间的联系、物料搬运路线、仓库及堆放地的位置等方面。

4. 辅助服务部门（S）

在实施系统布置工作前，必须就生产系统的组成情况提出一个总体的规划，大致可分为生产车间、职能管理部门、辅助生产部门、生产与生活服务部门及仓储部门等。可以把除生产车间以外的所有作业单位统称为辅助服务部门（S），包括工具、维修、动力、收货、发运、铁路专用线、办公室、食堂等。这些作业单位构成了生产系统的生产支持系统部分，在某种意义上增强了生产能力。有时辅助服务部门的占地总面积接近甚至大于生产车间的占地面积，因此布置与设计时应给予足够的重视。在系统布局规划中，S 也常用来表示工厂作业单位的部门划分情况。

5. 时间（T）

时间（T）是指在什么时候、用多少时间生产出产品，包括各工序的操作时间以及更换批量的次数。在工艺过程设计中，根据时间因素确定生产所需各类设备的数量、占地面积的大小和操作人员的数量，以平衡各工序的生产时间。

4.1.4　系统布局规划的模式

依照系统布局规划思想，在系统布局规划程序中，一般经过下列步骤。

（1）准备原始资料。系统布置与设计的基础来源于完整、准确的原始资料，其准备过程至关重要。首先，需要明确一些基本要素，包括产品（P）、产量（Q）、生产路线（R）以及辅助服务部门（S）的需求，这些都是影响布局设计的核心因素。尤其是在进行设施规划时，生产路线的分析可以帮助识别关键工序及其相互关系。此外，考虑时间（T），如生产周期和交货时间，有助于制订合理的生产计划。

在这一步骤中，还需对作业单位进行划分，确保所有工序得到合理配置。通过分析整体工作内容并进行分解与合并，可以优化作业单元，使其既能独立运作，又能高效协同，以实现最佳的整体布局方案。

（2）物流分析与作业单位相互关系分析。在布置与设计过程中，物流分析与作业单位相互关系分析是两个关键连接环节。物流分析主要聚焦于物料的流动情况，尤其在物流主导的工厂（如机械制造厂）中，分析物料在生产过程中的移动路径和频率至关重要。这种分析可以帮助识别物流强度和方向，为后续的布局设计提供数据支持。

对于一些辅助服务部门或物流量较小的工厂，非物流关系的重要性则更加突出，因为这些工厂的运行效率往往依赖于部门间有效的协调与沟通。在这种情况下，量化非物流关系成了必须的步骤，通过绘制关系等级表和作业单位相互关系表可以明确各作业单元的协作需求。对于那些既需要考虑物流又需要重视非物流关系的情况，可以利用加权方法将两者整合，形成综合相互关系表，为后续的布局设计提供基础。

（3）相互关系图解-绘制作业单位位置相关图。在完成物流和作业单位相互关系分析后，下一步是根据所得结果绘制作业单位位置相关图。这一阶段的核心在于通过物流相关表和作业单位相互关系表来确定每对作业单位之间的空间关系。通过分析相互关系的强度等级，设计人员可以合理地安排作业单元之间的远近关系，形成拓扑关系图。但此图只关注作业单位之间的相对位置，而不涉及它们的实际占地面积。

（4）面积相关图解-绘制作业单位面积相关图。在明确作业单元相对位置后，需要绘制作业单位的面积相关图。这一过程需要结合作业单元的面积需求，并通过多种面积计算方法（如计算法、转换法、标准面积法和概略布局法）来确定各个作业单元所需的具体空间。在此阶段，设计人员可以根据前期建立的物流和作业单位相关图，结合实际需求，逐步形成每个单元的区块布局图。通过这一步骤，设计团队能够更精细和动态地调整布局，确保每个作业单元在总体设计中得到合理的空间分配。

（5）修正并添加实际限制条件。初步的作业单位面积相关图生成后，需要对其进行全面的修正，以增加设计的可行性和实用性。在修正过程中，设计者应考虑多项因素，包括物料搬运方式、操作流程及储存周期，不同的搬运方式可能要求不同的布局，而各类操作流程也会对空间利用产生影响。

此外，实际限制条件，如项目预算、安全标准、法律法规以及员工的使用偏好等，都是在设计过程中必须认真考虑的因素。最终，在对面积图进行细致的调整后，设计团队将得到数个有价值的可行布置方案，这为客户提供了多样化的选择，并且考虑了多方面的需求，有助于实现布局的最佳化。

（6）方案评价与择优。在修正后，多个布局方案应进行综合评价，以确保最终选择的方案能够满足技术、经济和其他多方面要求。评价过程不仅包括对技术性（如工艺流程的顺畅程度、生产效率和物流的优化水平）的权衡，也涵盖了建设成本、运营成本等相关经济性指标。同时，还要综合考虑安全性、员工满意度及环境影响等其他重要因素。通过对各个方案的详细比较与分析，设计团队可以发现并修正可能存在的问题，最终选定一个最佳的设计方案，形成最终的布置方案图作为设计的输出成果，指引实施阶段的工作。

4.1.5　生产设施的四种典型布置形式

1. 按产品原则布置

按产品原则布置（product principle layout），又称流水线布置或对象原则布置，是一种按照产品的加工工艺过程顺序来配置设备，形成流水线生产的布置方式。例如，鞋、化工设备和汽车的制造等。

按产品原则布置的特点是：产品产出率高，单位生产成本低，加工路程最短，生产管理相对简单，但设备的利用率相对较低，对市场的柔性反应较差，对设备故障的响应较差。

2. 按工艺原则布置

按工艺原则布置（process principle layout）又称车间或功能布置，是一种将功能相同或相似的一组设施排布在一起的布置方式。例如，将所有的加工车床放在一处，将压力机放在另一处，被加工零件根据预先设定好的流程顺序从一个地方转移到另一个地方，每项操作由相应机器来完成。医院是采用工艺原则布置的典型。

按工艺原则布置的特点是：具有较高的柔性，但设备的利用率较低，在制品的数量较多，成本高，生产周期长，物流比较混乱，对工人的技术水平要求高，组织和管理比较困难。

3. 按成组制造单元布置

按成组制造单元布置（layout based on group technology）就是首先根据一定的标准将结构和工艺相似的零件组成一个零件组，确定零件的典型工艺流程，再根据典型工艺流程的加工内容选择设备和工人，由这些设备和工人组成一个生产单元[2]。

按成组制造单元布置的特点是：设备利用率较高，流程通顺，运输距离较短，搬运量大。有利于发挥班组合作精神和拓展工人的作业技能，兼有产品原则布置和工艺原则布置的优点。

4. 固定式布置

固定式布置（fixed-position layout）又称项目布置，是工程项目和大型产品生产所采用的一种布置形式。

固定式布置的特点是：场地空间有限，不同的工作时期对物料和人员的需求不同，生产组织和管理困难较大，物料需求量是动态的。

5. 几种布置形式的比较

按工艺原则布置与按产品原则布置的区别是工作流程的路线不同。按工艺原则布置的物流路线是高度变化的，因为用于既定任务的物流在其生产周期中要多次送往同一加工车间。因此，按工艺原则布置适合处理小批量、定制化程度高的生产与服务；按产品原则布置，设备或车间服务于专门的产品线，采用相同的设备能避免物料迂回，实现物料的直线运动。只有当给定产品或零件的批量远大于所生产产品或零件的种类时，采用产品原则布置才有意义。因此，按产品原则布置适合大批量的、高标准化的产品的生产与服务。

固定式布置适用于加工对象位置、生产工人和设备都随产品所在的某一位置而转移的情形，如飞机和船舶等的制造。不同布置形式的优缺点见表4-1。

表 4-1　四种布置形式的优缺点

布置形式	优点	缺点
按工艺原则布置	设备和人员安排具有灵活性	设备使用的通用性要求劳动力具有较高的熟练程度和创新，在制品较多
按产品原则布置	单位产品的可变成本低，物料处理成本低，存货少，对劳动力标准要求低	投资巨大，不具备产品弹性，一处停产会影响整条生产线

布置形式	优点	缺点
按成组制造单元布置	改善人际关系，增强参与意识；减少在制品和物料搬运及生产过程中的存货；提高机器设备的利用率，减少机器设备的投资，缩短生产准备时间等	要求拥有较高的控制水平以平衡单元之间的生产流程，若流程不平衡，需中间储存，增加物料搬运；班组成员需要掌握所有的作业技能；减少使用专用设备的机会等
固定式布置	机器设备利用率高，设备和人员方面的柔性高，设备投入相对较少，作业多样化	物流量大，生产计划与控制复杂，生产周期长，对员工技能要求高

制造业布置、办公室布置与零售/服务业布置强调的重点不同。制造业布置强调的是物料的流动，而办公室布置强调的是信息的传递，零售/服务业布置则追求单位面积的利润最大。

4.2　物料搬运系统的分析设计

4.2.1　物料搬运概述

1. 物料搬运技术的发展概况

（1）国外物料搬运技术的兴起与发展。1975 年美国用于搬运设备的投资占设备总投资的 7.3%，机械工业中搬运人员占全部辅助工人的 23%，占全部生产工人的 7%，其物料搬运成本占产品总成本的 20%～25%。

上述数据和资料表明，企业为了降低生产成本，提高生产率，仅仅致力于研究先进的加工工艺、技术和装备，如工件的装夹和定位的自动化、采用优化的切削参数来提高切削效率、借助于自动测量装置或自适应控制实现质量控制自动化等，是完全不够的。因此，以物料搬运和存放为研究对象的新技术——物料搬运技术，便应运而生。作为工厂内部的物料搬运设备，也需要适应形势的发展，适应工厂的自动化进程[3]。

近年来，国外不少物料搬运专家，如美国的缪瑟，都致力于物料搬运技术的理论与方法研究。他们研究的共同特点是，将整个工厂的物料搬运作为一个系统来考虑，试图用系统分析的方法确定物料的合理流向和流量，从而经济合理地选择运输设备和存储单元，并建立相应的物料搬运系统，以取得良好的经济效果。上述研究把物料搬运的发展推上了一个新的高度，这些新技术和理论的出现都是围绕着一个共同的目标，即减少物料在搬运储存过程中的费用，降低生产成本。

（2）我国物料搬运技术的发展概况。20 世纪 60 年代以来，我国对工厂物料搬运技术有所重视，不少设计研究单位和工厂对物料搬运普遍存在的问题着手进行调查与改造，并取得了一些可喜的成果。例如，上海纺织机械厂全厂已有一万多个托盘，利用电动托盘搬运车，从下料、机加工直至装箱，实现了托盘式单元运输。从 1979 年下半年开始，制造了 1955 个工位储存器具，使用后，既保证了产品质量，又提高了经济效益。1980 年，第二汽车制造厂开始试行看板管理，实行"六定"，即定时、定量、定点、定路线、定人、定车的 JIT 生产制，使工厂逐步走向均衡生产。此类技术的应用对我国的物料搬运技术发展起到了积极的推动作用。

综上所述，我国的物料搬运技术已开始受到多方重视，在实际应用上也取得了一定成绩。但是，这些成果仅限于某一环节，是局部的，对全厂性的物料搬运系统工作却很少涉及，某些环节出现大量的重复搬运以及落后的搬运设备造成的损失和浪费却不被重视，从而导致企业成本增加[4]。

2. 物料搬运的定义

物料搬运是指在同一场所范围内进行的以改变物料的存放（支撑）状态（即狭义的装卸）和空间位置（即狭义的搬运）为主要目的的活动，即对物料、产品、零部件或其他物品进行搬上、卸下、移动的活动。

在物流的各环节之间和同一环节的不同作业之间，都存在装卸搬运作业。它起着相互转换的桥梁作用，把物的运动的各个阶段连接成为连续的"流"，使"物流"的概念名实相符。

3. 物料搬运的特点

物料搬运具有以下特点。

（1）具有"伴生"（伴随产生）和"起讫"性。物料搬运的目的总是与物流的其他环节密不可分（有时甚至视为其他环节的组成部分），不是为了搬运而搬运。如运输、储存、包装等环节，一般都以装卸搬运为起始点和终结点。因此，与其他环节相比，它具有"伴生"和"起讫"性的特点。

（2）具有"保障"和"服务"性。物料搬运保障了生产中其他环节作业的顺利进行，在搬运过程中不消耗原材料，不排放废弃物，不大量占用流动资金，不产生有形产品，因此具有提供劳务性质的特点。

（3）具有"闸门"和"咽喉"的作用。物料搬运制约着生产领域其他环节的业务活动，如果这个环节处理得不好，整个生产系统都将处于瘫痪状态。

（4）具有作业的均衡性与稳定性。均衡性是生产的基本原则，故物料搬运作业基本是均衡、平稳、连续的，而且作业的对象仅限于企业内部，相对稳定，若有变化也有一定规律。

4.2.2　物料搬运的基本原则

物料搬运合理化原则概括如下。

（1）减少搬运环节，简化流程，实现物流合理化。

（2）实行集中作业，提高作业效率，充分发挥机械设备的利用率。

（3）贯彻系统化、标准化的原则，协调各方面，推行物流标准化。

（4）合理配载，同时注意营运安全。大力推行使用托盘和集装箱，将一定数量的货物汇集起来，成为大件货物利于机械搬运、运输、存储，形成单元货载系统。

（5）提倡文明装卸，轻拿轻放；规范作业程序，减少事故，提高安全性。

（6）利用力。由高处向低处移动，有利于节约能源，减轻劳力，如利用滑槽。当重力成为阻力发生作用时，应把物品装载到滚轮输送机上。

（7）步步活化，省力节能。提高搬运活性，放在仓库里的货物都是待运物品，因此，应使其处在易于移动的状态。

由此，可具体表现为 20 条基本原则。

（1）规划原则。以获得系统整体最大工作效益为目标，规划所有的物料搬运和物料存储工作。

（2）系统化原则。尽可能广泛地把各种搬运活动当作一个整体，使之组成相互协调的搬运系统。其范围包括供货厂商、收货、储存、生产、检验、包装、成品储存、发货、运输和消费用户等。

（3）物流顺畅原则。在确定生产顺序与设备平面布局时，应力求物流系统的最优化。

（4）精简原则。减少、取消或合并不必要的运动与设备，以简化搬运工作。

（5）利用重力原则。在可能的条件下，尽量利用重力搬运物料，但应注意防止磕碰。

（6）充分利用空间原则。最大可能地充分利用建筑物的整个空间。

（7）集装单元化原则。尽可能地采用标准的容器与装载工具来集装物料搬运，以便搬运过程的标准化、集装化。

（8）机械化原则。合理采用搬运机械设备和提高搬运机械化程度。

（9）自动化原则。在生产、搬运和储存过程采用合理的作业自动化。

（10）最少设备原则。考虑被搬运物料的各个方面的特点，包括物料的运动方式和采用的搬运方法，选择最少设备。

（11）标准化原则。使搬运方法、搬运设备搬运器具的类型、尺码标准化。

（12）灵活性原则。在专用设备并非必要的情况下，所采用的搬运方法和搬运设备应能适应各种不同的搬运任务与实际应用的要求。

（13）减轻自重原则。降低移动式设备的自重与载荷的比例。

（14）充分利用原则。力求使人员与搬运设备得到充分利用。

（15）维修保养原则。为全部搬运设备制定预防性保养和计划维修制度。

（16）摒弃落后原则。当出现可提高效率的方法和设备时，合理更新陈旧设备与过时的方法。

（17）控制原则。利用物料搬运工作改进对生产、库存和接订单发货等工作的控制管理。

（18）生产能力原则。利用搬运设备促使系统达到所要求的生产能力。

（19）搬运作业效能原则。以每搬运一件单元货物所耗成本的指标考核搬运作业的效能。

（20）安全原则。为保证搬运的安全，提供合适的方法和设备。

为了提高物流质量和效率，搬运作业需达到几个基本要求。

（1）力求装卸设备、设施、工艺等标准化。

（2）提高成品货物集装化或粒状货物散装化作业水平。

（3）提高搬运的连续性。

（4）做好装卸现场组织工作。

4.2.3 物料搬运系统分析

1. 物料搬运系统分析概念

物料搬运系统分析是缪瑟提出的一种系统分析方法，适用于一切物料搬运项目。物料搬运系统分析方法包括：一种解决问题的方法，一系列依次进行的步骤和一整套关于记录、评定等级与图表化的图例符号，其分析阶段如图 4-5 所示[5]。

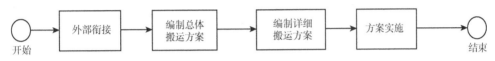

图 4-5 物料搬运系统分析的四个阶段

2. 物料搬运系统分析的四个阶段

第一阶段是外部衔接。该阶段需要明晰整个区域或所分析区域的全部物料的进出搬运活动。在此之前，首先要考虑所分析区域以外的物料搬运活动，就是把区域内具体的物料搬运问题同外界情况或外界条件联系起来考虑。这些外界情况有的是能控制的，有的是不能控制的。例如，对区域的各道路入口、铁路设施进行必要的修改，使其与外部条件协调一致，使工厂或仓库内部的物料搬运同外界的大运输系统结合成为一个整体。

第二阶段是编制总体搬运方案。该阶段需要确定各主要区域之间的物料搬运方法，对物料搬运的基本路线系统、搬运设备大体的类型以及运输单元或容器做出总体决策。

第三阶段是编制详细搬运方案。该阶段要考虑每个主要区域内部各工作地点之间的物料搬运，确定详细的物料搬运方法。例如，各工作地点之间具体采用哪种路线系统、设备和容器。如果第二阶段是分析工厂内部各车间或各厂房之间的物料搬运问题，则第三阶段应分析从一个具体工位到另一个具体工位或者从一台设备到另一台设备的物料搬运问题。

第四阶段是方案实施。任何方案都要在实施之后才算完成。这个阶段要进行必要的准备工作，订购设备，完成人员培训，制订并实现具体搬运设施的安装计划；然后对所规划的运输方法进行调试，验证操作规程，并对安装完毕的设施进行验收，确保它们能正常运转。

上述四个阶段是按时间顺序依次进行的。但是，为取得最好的效果，各阶段在时间上应有所交叉重叠。编制总体搬运方案和编制详细搬运方案是系统规划设计人员的主要任务。

3. 物料搬运系统分析的要素

物料搬运系统分析的要素就是进行物料搬运系统分析时所需输入的主要数据，具体内容如表 4-2 所示。

表 4-2　物料搬运系统分析的要素

分析要素	影响特征
P——产品或物料（部件、零件、物品）	产品或物料的可运性取决于物品的特性和所用容器的特性，而且每个工厂都有其经常搬运的某些物品
Q——数量（销售量或合同订货量）	数量有两种意义：①单位时间的数量（物流量）；②单独一次的数量（最大负荷量）。不管按哪种意义，搬运的数量越大，搬运所需的单位成本就越低
R——生产路线（操作顺序和加工过程）	每次搬运都包括一项固定的终端（即取、放点）成本和一项可变的行程成本。注意路线的具体条件，并注意条件变化（室内或室外搬运）及方向变化所引起的成本变化
S——辅助服务部门（周围环境）	传送过程、维修人员、发货、文书等均属服务性质，搬运系统和搬运设备都依赖于这些服务。工厂布置、建筑物特性以及储存设施都属于周围环境
T——时间（时间要求和操作次数）	一项重要的时间因素（即时间性）是物料搬运必须按其执行的规律，另一项重要因素是时间的持续长度——这项工作需要持续多长时间、紧迫性和步调的一致性，也会影响搬运费用

4.2.4　物料搬运系统分析的程序

物料搬运系统分析的设计过程如下，其分析的程序如图 4-6 所示。

（1）物料的分类。在制订搬运方案的过程中，首要工作是分析物料（产品或零件），也就是进行物料的分类，即按物料的物理性能、数量、时间要求或特殊控制要求进行分类。

（2）布置。在对搬运活动进行分析或图表化之前，先要有一个布置方案，一切搬运方法都是在这个布置方案内进行的。

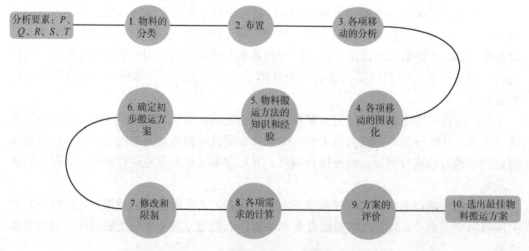

图 4-6　物料搬运系统分析的程序

（3）各项移动的分析。各项移动的分析主要是确定每种物料在每条路线（起点到终点）上的物流量和移动特点。

（4）各项移动的图表化。图表化就是把分析结果转化为直观的图形，通常用物流图或距离与物流量指示图来体现。

（5）物料搬运方法的知识和经验。在找出一个解决办法之前，需要先掌握物料搬运法的知识，并运用有关知识和经验来选择适合的搬运方法。

（6）确定初步搬运方案。在这一过程要提出关于路线系统、设备和运输单元的初步搬运方案，也就是把收集到的全部资料数据进行汇总，从而求得具体的搬运方法。实际上，往往要提出几个合理的、有可能实行的初步方案。

（7）修改和限制。在考虑一切有关的修正因素和限制因素以后，对这些初步方案进一步调整。在这一步要修正和调整每一个方案，把可能性变为现实。

（8）各项需求的计算。对初步方案进行调整或修正是为了消除所有不能实现的设想，但是在选择最佳方案之前，还需要计算出所需设备的台数或运输单元的数量，以及所需成本和操作次数。

（9）方案的评价。对几个比较方案进行评价，目的是从几个方案中选择一个较好的方案。不过在评价过程中，往往会把两个或几个方案结合起来形成一个新的方案。

（10）选出最佳物料搬运方案。经过评价，从中选出一个最佳方案。

4.3　数智化供应链生产

4.3.1　精益生产

1. 基本介绍

精益生产（lean production）方式又称丰田生产方式，它产生于日本丰田汽车公司，后经美国麻省理工学院教授研究和总结，被正式发表于《改变世界的机器》一书中。精益生产方式不仅可以应用于生产系统，也可以应用于物流、销售、行政等系统中。

不断地追求和降低资源的浪费是精益思想理念的核心所在。浪费是指不能增加附加值的工作。在生产活动中，只有产生价值的活动才能被认为是工作[6]。

James Womack（詹姆斯·沃麦克）和 Daniel Jones（丹尼尔·琼斯）通过长期的实践性研究和调研，将由丰田汽车公司开创的精益生产方式总结出五个原则，并在其著作《精益思想》一书中做了详细描述。这五项原则成为所有踏上精益道路的组织和个人不厌其烦地理解和推行精益生产的基本原则[7]。

迈克尔·波特教授认为，企业每项生产经营活动都是为顾客创造价值的经济活动，企业所有的互不相同但又相互关联的价值创造活动叠加在一起，便构成了创造价值的一个动态过程即价值链。而价值链中必然涉及价值增值环节，增加有用的增值环节，淘汰效率低下的不增值过程是必然趋势[8]。

1990 年詹姆斯·沃麦克等在《改变世界的机器》一书中提出了精益概念，并将一系列的生产管理方法和理论总结为精益生产思想。"精"即少而精，"益"即所有业务流程都相应产生效益。其核心理念是通过持续改善系统结构、人员组织、运行方式等生产系统要素，快速适应用户需求，精简生产过程中无用、多余的内容和流程（如生产过多、无用动作、库存、纠正错误、过量加工、搬运、等待等），减少不必要的半成品和在制品的库存，将产品的在制时间（in-process time）降到最低，达到高效生产。精益生产是被公认为最佳且被广泛应用于当前工业界的一种生产组织体系和方式之一[9]。

2. 精益生产与六西格玛管理

六西格玛是在 20 世纪 90 年代中期被美国通用电气公司从全面质量管理方法演变成的一种高效的企业流程设计、改善和优化技术，它提供了一系列同等的适用于设计、生产和服务的新产品开发工具。其核心是追求零缺陷生产，防范产品责任风险，降低成本，提高生产率和市场占有率，提高顾客满意度和忠诚度。随着六西格玛管理在制造业和服务业的广泛应用，它也成为有效的物流管理手段，尤其是在物流质量管理、物流成本管理和物流供应链管理方面。

1）二者比较分析

六西格玛与精益生产思想有很多共同点，二者都以顾客为中心，强调以满足客户的需求和期望来提高客户满意度；二者都强调对流程的优化、减少浪费、降低成本和提高运营效率。但是由于出自不同背景和使用不同的技术和方法，使二者也有很多不同点，如表 4-3 所示。

表 4-3　六西格玛与精益生产思想的区别

因素	六西格玛	精益生产
文化背景	六西格玛源于西方，由摩托罗拉公司的比尔·史密斯提出，其初衷是降低产品及流程的缺陷次数，防止产品变异，提升产品品质	精益生产思想源于日本丰田汽车公司，它提倡消灭故障，消除一切浪费，向零缺陷、零故障进军。它综合了大量生产和单件生产方式的优点，力求在大量生产中实现多品种和高质量产品的低生产成本
运作模式	基于项目进行管理，通过 DMAIC（define，measure，analyze，improve，control，定义，测量，分析，改进，控制）程序的实施，采用自上而下的管理方式，有计划有步骤地完成项目的目标	着眼于系统的优化，基于价值增值流程来考虑整个生产链的管理，立足于整个生产系统的资源的有效配置
改进方式	采用突破式的改进策略，要求每个项目都有突破性的进展，希望通过这种改进能够给组织带来巨大的效益	采用持续地改善策略，沿着既定的技术路径，通过不断地改进，提供更优质的产品和服务
解决问题的方法	采用数据分析的方法，通过量化分析，基于数据进行决策	采用直接解决问题的方法，强调现场管理的作用，一旦发现问题，立即停下来解决
关注对象	关注变异，力求减少和消除被动，希望通过减少变异来减少浪费	关注浪费，希望通过消除浪费来最大化资源的使用效率

从表 4-3 中的比较可以看出，六西格玛具有很多精益生产所没有的优点，而精益生产也能够弥补六西格玛的一些不足。比如，六西格玛关注产品质量，精益生产强调速度，如果将二者融合，则兼顾了质量和速度两个方面；六西格玛倾向于用数据说话，而精益生产偏向于从现场管理中发现问题，用事实说话，如果二者结合，可以使精益生产的持续改进的依据更加客观，而数据的不全面或者不准确都会造成六西格玛判断的失误，用精益生产进行辅助决策能够减少这种失误发生的可能性。所以将精益生产和六西格玛管理进行融合是更胜于二者单独使用的改进方式，其对供应、生产、销售和物流系统的改善有更大的帮助。

精益六西格玛是将精益生产和六西格玛管理有效整合后所形成的一种新的系统改进方法，它通过提高客户满意度、降低系统总成本、提高产品和服务质量、加速流程的改善和优化资本的投入，最终实现系统效益的最大化。精益六西格玛给物流管理带来了新的管理工具和方法，精益六西格玛物流系统就是在精益六西格玛管理思想影响下所产生的新型物流系统。

2）精益六西格玛物流系统

精益六西格玛物流系统是指以追求高速度、高流动、零浪费、零缺陷为目标，实现高的顾客满意度和增值价值的物流系统。精益六西格玛物流系统是更先进的、对目标要求更高的物流系统，它不仅对速度有较高的要求，而且对产品或者服务的质量和成本的要求极高。所以建立精益六西格玛物流系统之前，必须考虑以下几个方面的内容。

（1）高层领导的支持力度。精益六西格玛物流系统是一个近乎完美的体系，实施起来需要耗费大量的人力、物力和财力，高层领导强有力的支持是精益六西格玛物流系统成功实施的关键因素。

（2）员工的整体素质。精益六西格玛物流系统需要所有员工的参与，员工的技术水平和综合能力与精益六西格玛物流系统实施的成效密切相关。所以在实施以前，应对员工进行精益生产和六西格玛相关知识的培训，使其理解精益六西格玛的内涵和本质。

（3）完善的计算机信息网络。精益六西格玛是用事实和数据说话的，所以必须建立健全稳定的数据管理体系，以保证企业运用真实、有效的数据实施变革。

3. 精益物流系统的特征

1）拉动式生产系统

在精益物流系统中，强调以顾客为中心，以杜绝浪费为目标，顾客需求是企业价值流的源头，是驱动企业生产的原动力，而物流系统作为生产系统的服务系统，也必须树立客户第一的思想。拉动式需求是一种逆向的需求模式，即上游根据下游的需求布局生产，制订采购、库存、运输等计划，一旦客户发出需求指令，必须快速及时地提供服务。拉动式物流过程如图 4-7 所示。

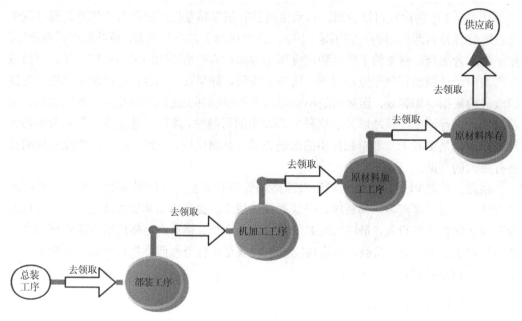

图 4-7 拉动式物流过程

精益物流系统运用看板对物品的移动进行管理，在看板管理下，必须遵从以下各个原则才能符合精益物流系统的要求，保证 JIT 生产顺利进行，它们分别是：①前一道工序不向后一道工序输送次品；②前一道工序只按后一道工序的取货量进行生产；③保证均衡生产，各工序均匀领取零部件；④根据看板进行微小调整的，对成品率低的产品稍微多一些，对成品率高的产品则压到最低限度向前一道工序订货；⑤生产必须尽量减少看板数量。

2）准时且准确

准时是现代物流系统达到内部畅通、节奏适度的关键因素，而准确是保证物流系统实现精益化的必要条件。准时必须保证订购的货物在要求的时间被运送至正确的地点，同时还必须保证货物的安全和质量；准确包含的内容比较广，包括准确的客户、准确的客户需求、准确的运货数量和准确的信息传递等。准时和准确是物流系统从粗放型到集约型运作的必备条件，是精益化的一个显著特点，也是保证物流系统高效运行的前提。

3）高质量与成本兼备

精益物流系统强调以客户为中心，不仅要满足客户的需求，还要以创新的理念和高质量的服务不断提高顾客满意度，这是精益物流系统的主要目标之一，所以，高质量的服务是精益物流系统的必备特征。精益物流系统的另外一个主要特征是杜绝浪费，降低成本，从而提高物流服务的增值效益，在精益物流系统中，企业通过合理配置基本资源进行快速反应和 JIT 生产，大大消除了如设备空耗、人员冗余、操作延迟等资源浪费现象，保证其物流服务的低成本。

4）信息网络化

物流系统是一个涉及内容广、参与主体多的复杂系统，它的运作需要大量的数据、文字信息，并需要供应链上各主体信息的共享，所以必须依赖功能强大的计算机网络，实现信息的网络化。信息网络的实现不仅能保证精益物流系统的精确化，而且能够节约大量的时间、人力和物力资源。所以精益物流系统必须以信息网络为运作平台，以信息化促进精益化的实现。

5）系统集成化

精益物流系统是高度集成化和系统化的系统，它由提供物流服务的硬件资源、软件资源（计算机信息网络和精益化组织结构）和使物流系统实现精益化的决策组成，其中硬件资源是基础，软件资源是手段，决策促使硬件资源和软件资源合理配置，是物流系统精益化的关键。企业利用高度集成的精益化物流系统，可以最大化资源利用率、彻底消除浪费、提供满足客户要求的精益服务质量。

6）持续改善

精益物流系统具有动态性，对物流活动的改进和完善是一个不断循环的过程，它遵循这样的循环过程：发现问题，改进，消除浪费，形成新的价值流，发现新问题，持续改进，消除新的浪费。此过程不是简单的循环过程，而是一个服务质量和资源浪费被持续改善的良性循环过程，它使得浪费不断减少，提前期不断缩短，物流总成本不断降低，保证了物流系统的不断更新，并且面对新环境、新情况和新问题，能够表现出高度的柔性。所以说建立精益化的物流系统是企业应对竞争日益加剧的国际竞争，不断提高企业核心竞争力的战略化决策。

4.3.2　敏捷制造

1. 敏捷制造的定义

敏捷制造（agile manufacturing，AM）是美国为了重振其在制造业中的领导地位而提出的一种面向 21 世纪的新型制造模式。敏捷不只是简单的速度快，关键是对时间窗口内的顾客需求的一种响应能力，核心是对有效顾客需求的快速反应。一般来讲，敏捷由速度、满意度、合作与双赢、供应链一体化的集成、敏捷物流等五个要素决定。敏捷制造是指制造企业采用现代通信手段，通过快速配置各种资源（包括技术、管理和人员），以有效和协调的方式响应用户需求，实现制造的敏捷性[10]。

敏捷制造的基本思想是通过将高素质的员工、动态灵活的虚拟组织机构或动态联盟、先进的柔性生产技术进行全面集成，使企业能对持续变化、不可预测的市场需求做出快速反应，由此获得长期的经济效益。敏捷制造强调人、组织、管理与技术的高度集成，强调企业面向市场的敏捷性。

2. 敏捷制造的基本特征

（1）敏捷制造是自主制造系统。敏捷制造具有自主性，每个工件和加工过程、设备的利用以及人员的投入都由本单元自己掌握和决定，这种系统简单、易行、有效。

（2）敏捷制造是虚拟制造系统。敏捷制造系统是一种以适应不同产品为目标而构造的虚拟制造系统，其特色在于能够随环境的变化迅速地动态重构，对市场的变化做出快速的反应，实现生产的柔性自动化。

（3）敏捷制造是可重构的制造系统。敏捷制造系统在组织构造上具有可重构、可重用和可扩充三方面的能力，它具有预测完成变化活动的能力，通过对制造系统的硬件重构和扩充，适应新的生产过程，要求软件可重构，能对新制造活动进行指挥、调度与控制。

3. 实现敏捷制造的关键技术

实现敏捷制造的关键是对企业进行敏捷化改造和重组，增强企业的敏捷性。企业的敏捷性是指 3R 的特性，即可重构（reconstruct）、可重用（reuse）和可扩充（refresh）的特性。实现敏捷制造的关键技术有以下方面[11]。

1）基础技术——CIM 技术

计算机集成制造（computer integrated manufacturing，CIM）技术为提供敏捷制造的集成环境打下了坚实的基础，是敏捷制造的基础技术。CIM 技术是一种组织、管理和运行企业的技术，它借助计算机软硬件，综合运用现代管理技术、制造技术、信息技术、自动化技术及系统工程技术等，将企业生产全过程中有关人、技术、经营管理三要素及其信息流与物流有机地集成并优化运行，以实现产品高品质、低耗及上市快，从而使企业赢得市场竞争。

2）环境技术——网络技术

实现敏捷制造，企业需要具有通信连通性，因此，网络技术是不可缺少的。企业的敏捷化变革一般按照企业网—全国网—全球网的步骤建立与实施网络技术，利用企业网可以实现企业内部工作小组之间的交流和并行工作，利用全国网与全球网共享资源，可以实现异地设计和异地制造，及时建立最佳动态联盟。

3）统一技术——标准化技术

以集成和网络为基础的敏捷制造离不开信息的交流，交流的前提是有统一的交流规则，这就需要标准化技术。标准化技术主要有电子数据交换（electronic data interchange，EDI）、产品模型数据交互标准（standard for the exchange of product model data，STEP）及标准通用标记语言（standard general markup language，SGML）等。标准化技术是企业进入国际合作大环境，参加跨国动态联盟的前提。

4）虚拟技术——模型和仿真技术

敏捷制造通过动态联盟和虚拟制造来实现，因此对产品经营过程进行建模和仿真，采用基于仿真的产品设计和制造方法是十分必要的。另外，作为敏捷制造在产品设计和制造过程中的主要手段之一的虚拟原型系统，也是以模型和仿真技术为基础的。

5）协同技术——并行工程技术

并行工程技术是对产品及相关过程进行并行、一体化设计的一种系统化技术。该技术要求产品设计人员在设计一开始就考虑到从概念形成到产品报废的产品全生命周期中的质量、成本、速度、进度及用户要求等所有因素。并行工程通过组成多学科的产品开发小组协同工作，利用各种计算机辅助工具等手段，使产品开发的各阶段既有一定的时序又能并行。同时采用由上、下游因素共同决策产品开发各阶段工作的方式，使产品开发的早期就能及时发现产品开发过程中的问题，从而缩短开发周期，降低成本，增强对市场的敏捷度。

6）过程技术——工作流管理技术

动态联盟是面向具体产品而动态创建的虚拟公司，其组织结构的临时性、动态性与产品研制过程的创新性、协同性，在很大程度上决定了动态联盟的管理将采用或者基于项目管理的方式来进行。工作流管理技术能够有效支持企业业务重组、业务过程集成、项目管理和群组协同工作，对于实施动态联盟具有重要的支持作用。另外，工作流管理技术还可以作为企业间信息集成的工具，基于 web 和基于邮件方式的工作流管理技术可以为企业灵活地组建动态联盟和实现信息交换发挥重要作用。

4. 敏捷制造的信息系统

敏捷制造要求企业价格、质量、时间、创新等各个方面均具有竞争优势，而具备这些优势的核心在于充分发挥信息技术的潜力。敏捷制造要求企业信息环境是分布式、网络化的，它强调信息系统必须是人、组织、技术三者的集成，具体要求包括：在多个用户和多个供应商之间实现有效的交互；技术因素和商业因素的紧密联系；完成复杂的处理以满足高效、高速和灵活的需要；易于调整以适应变化的需要；可用的信息交换标准等。

4.3.3　工业 4.0

1. 工业 4.0 的提出

为了在新一轮工业革命中占领先机，在德国国家工程院、弗劳恩霍夫协会、西门子股份公司等德国学术界和产业界的建议与推动下，工业 4.0（industry 4.0）项目在 2013年 4 月的汉诺威工业博览会上被正式推出。这一研究项目是 2010 年 7 月德国政府《高技术战略 2020》确定的十大未来项目之一，其技术基础是网络实体系统及物联网，旨在提升制造业的智能化水平，建立具有适应性、资源效率及人因工程学的智慧工厂，在商业流程及价值流程中整合客户及商业伙伴。

2. 基本内涵

工业 4.0 是基于工业发展的不同阶段做出的划分。按照共识，工业 1.0 是蒸汽机时代，工业 2.0 是电气化时代，工业 3.0 是信息化时代，工业 4.0 则是利用信息技术促进产业变革的时代，也就是智能化时代。

工业 4.0 的概念即是以智能制造为主导的第四次工业革命，或革命性的生产方法，旨在通过充分利用信息通信技术和网络空间虚拟系统——信息物理系统（cyber-physical system，CPS）相结合的手段，将生产中的供应、制造和销售信息数据化、智慧化，最后达到快速、有效、个性化的产品供应。

3. 工业 4.0 的三大项目

1）智能工厂

智能工厂是运用物联网将所有自动化的生产设备互相联结，并整合大数据成单一且可视化的系统，对设备进行实时监控，达成生产材料的控制、生产过程的追踪，以及生产设备的监控等目的。

2）智能制造

智能制造是以智能工厂为基础，通过物联网、大数据、云计算、人工智能等技术，将生产制造的每一个环节都提升至高度智能化与客制化，智能制造的重点在于依据客户的需求快速地生产出定制产品。

3）智慧物流

智慧物流应用信息与通信技术，包括射频识别技术（radio frequency identification，RFID）、感测器、全球卫星定位系统与良好的通信环境，将物流系统的采购、仓储、运输、配送等每一环节串联起来，实现物流系统整体的信息化运作和供应链全流程的信息实时共享。

4. 工业 4.0 未来发展方向

（1）数字化转型：企业将加大数字化转型的力度，通过物联网、大数据分析、人工智能和云计算等技术的应用，实现生产过程的全面数字化，进一步提高生产效率和灵活性。

（2）自动化和智能化：工业 4.0 将推动生产过程的自动化和智能化发展。机器人技术、自动驾驶系统、无人化设备和自动化仓储系统等将得到更广泛的应用，提高生产线的智能程度和生产能力。

（3）物联网的进一步应用：物联网技术的发展将加速，不仅连接设备和系统，还将扩展到更广泛的领域，如智能城市、智能交通、智能家居等。物联网的应用将进一步推动信息的互联互通，实现全方位的智能化。

（4）数据安全和隐私保护：随着工业 4.0 应用范围的扩大，数据安全和隐私保护将成为一个重要的议题。专家预计，在工业 4.0 的发展过程中，将会出现更加完善的数据安全和隐私保护策略，以确保数据的安全和合规性。

（5）人机协作和人才培养：工业 4.0 将进一步推动人机协作的发展，人们将与智能机器和机器人更加紧密地合作。与此同时，人才培养也将成为关键，培养具备工业 4.0 所需的跨学科知识和技能的专业人才，以应对未来的工作需求。

4.3.4　中国制造

1. 制造强国战略

2015 年，我国首次将建设制造强国作为战略目标提出。《中华人民共和国国民经济和社会发展第十四个五年规划和 2035 年远景目标纲要》[12]中强调中国要"深入实施制造强国战略"，"坚持自主可控、安全高效，推进产业基础高级化、产业链现代化，保持制造业比重基本稳定，增强制造业竞争优势，推动制造业高质量发展"。为深入实施制造强国战略，我国将重点在加强产业基础能力建设、提升产业链供应链现代化水平、推动制造业优化升级、实施制造业降本减负行动等方面发力。

在制造业核心竞争力提升方面，我国将重点在高端新材料、重大技术装备、智能制造与机器人技术、航空发动机及燃气轮机、北斗产业化应用、新能源汽车和智能（网联）汽车、高端医疗装备和创新药、农业机械装备等领域提升制造业核心竞争力。

顺应数字时代发展要求，加快推进制造业数字化转型，推进制造业数字变革创新，有利于深入实施制造强国战略。加快推进制造业数字化转型需要做好战略谋划和顶层设计、加快企业改革和制度创新、深化技术应用和业务创新、强化产品供给和服务保障、加强技术保障和安全管控。从供给侧和需求侧联合发力，加快推进制造业数字化转型，打造智能、高端、绿色制造业生产新模式，是深入实施制造强国战略的有力保障。

实施制造强国战略下，各行业要做好供应链战略设计和精准施策，形成具有更强创新力、更高附加值、更安全可靠的产业链和供应链。如在巩固提升高铁、电力装备、新能源、船舶等领域全产业链竞争力方面，应从符合未来产业变革方向的整机产品入手打造战略性全局性产业链。

2.《"十四五"智能制造发展规划》[13]

2021 年 12 月 28 日，工业和信息化部等八部门联合印发了《"十四五"智能制造发展规划》。

1）重点任务

（1）加快系统创新，增强融合发展新动能。一是攻克四类关键核心技术，包括基础技术、先进工艺技术、共性技术以及人工智能等在工业领域的适用性技术。二是构建相关数据字典和信息模型，突破生产过程通用数据集成和跨平台、跨领域业务互联技术，跨企业多源信息交互和全链条协同优化以及智能制造系统规划设计、建模仿真、分析优化等系统集成技术。三是建设创新中心、产业化促进机构、试验验证平台等，形成全面支撑行业、区域、企业智能化发展的新型创新网络。

（2）深化推广应用，开拓转型升级新路径。一是建设智能制造示范工厂，开展场景、车间、工厂、供应链等多层级的应用示范，培育推广智能化设计、网络协同制造、大规模个性化定制、共享制造、智能运维服务等新模式。二是推进中小企业数字化转型，实施中小企业数字化促进工程，加快专精特新"小巨人"企业智能制造发展。三是拓展智能制造行业应用，针对细分行业特点和痛点，制定实施路线图，建设行业转型促进机构，组织开展经验交流和供需对接等活动，引导各行业加快数字化转型、智能化升级。四是促进区域智能制造发展，鼓励探索各具特色的区域智能制造发展路径，加快智能制造进园区，支持建设一批智能制造先行区。

（3）加强自主供给，壮大产业体系新优势。一是大力发展智能制造装备，主要包括四类：基础零部件和装置、通用智能制造装备、专用智能制造装备以及融合了数字孪生、人工智能等新技术的新型智能制造装备。二是聚力研发工业软件产品，引导软件、装备、用户等企业以及研究院所等联合开发研发设计、生产制造、经营管理、控制执行等工业软件。三是着力打造系统解决方案，包括面向典型场景和细分行业的专业化解决方案，以及面向中小微企业的轻量化、易维护、低成本解决方案。

（4）夯实基础支撑，构筑智能制造新保障。一是深入推进标准化工作，持续优化标准顶层设计，加快基础共性和关键技术标准制修订，加快标准贯彻执行，积极参与国际标准化工作。二是完善信息基础设施，主要包括网络、算力、工业互联网平台三类基础设施。三是加强安全保障，推动密码技术应用、网络安全和工业数据分级分类管理，加大网络安全产业供给，培育安全服务机构，引导企业完善技术防护体系和安全管理制度。四是强化人才培养，研究制定智能制造领域职业标准，开展大规模职业培训，建设智能制造现代产业学院，培养高端人才。

2）部署的专项行动

（1）开展智能制造技术攻关行动，重点突破基础技术、先进工艺技术、共性技术以及适用性技术等四类关键核心技术，生产过程数据集成、业务互联、协同优化以及仿真优化等四类系统集成技术。

（2）开展智能制造示范工厂建设行动，面向企业转型升级需要，打造智能场景、智能车间、智能工厂和智慧供应链，形成多场景、全链条、多层次应用示范。

（3）开展行业智能化改造升级行动，针对装备制造、电子信息、原材料、消费品等四个传统产业的特点和痛点，推动工艺革新、装备升级、管理优化和生产过程智能化。

（4）开展智能制造装备创新发展行动，加快研发基础零部件和装置、通用智能制造装备、专用智能制造装备以及新型智能制造装备等四类智能制造装备。

（5）开展工业软件突破提升行动，加快开发应用研发设计软件、生产制造软件、经营管理软件、控制执行软件、行业专用软件及新型软件等六类工业软件。

（6）开展智能制造标准领航行动，从标准体系建设、研制、推广应用和国际合作等四个方面，推动智能制造标准化工作走深走实。

本 章 小 结

本章针对供应链生产系统的规划进行详细描述。在进行设施布置与设计时，应当确保人力、财力和物力的有效利用与安排，遵循各设施内容原则来实现，另外系统地阐述了生产设施的四种典型布置形式，并将不同布置形式进行比较，以便应用于实践中。4.2 节由浅入深，引导实现物料搬运系统分析。最后提出多项数智化供应链生产形式，如精益生产、敏捷制造等，在突破当代供应链生产系统发展的过程当中起到了推动作用。

复习与思考题 »»

1. 请简述设施布置与设计的目标。
2. 请简述系统布局规划步骤。
3. 简述物料搬运的定义。
4. 请简述物料搬运系统分析的四个阶段。
5. 六西格玛与精益生产思想的异同点有哪些？

参 考 文 献

[1] 魏波，陈进军. 物流系统规划与设计[M]. 西安：西安交通大学出版社，2018.
[2] 毛海军. 物流系统规划与设计[M]. 2 版. 南京：东南大学出版社，2017.
[3] 李胜德，常中龙，赵丽媛. 联合储库用自动运行物料搬运系统[J]. 起重运输机械，2021，（7）：65-68.
[4] 乐美龙. 供应链管理[M]. 上海：上海交通大学出版社，2021.
[5] 王鹏. 供应链管理[M]. 北京：北京理工大学出版社，2016.
[6] 杨茂盛，孙泽萍. 精益物流系统的工厂布局优化分析[J]. 商场现代化，2008，（15）：126.
[7] 黄永强. 基于精益生产的 H 公司机加工车间设施布局优化研究[D]. 镇江：江苏科技大学，2019.
[8] 赵天喜，吴建宏. 基于精益物流的国有制造企业物流管理系统优化[J]. 中国管理信息化，2014，17（5）：40-42.
[9] 高尚，刘晋华. 精益生产视角下小城新区控规编制中的城市设计协同优化：以宿松东北新城为例[J]. 建筑与文化，2022，（6）：94-96.
[10] 姚立根，王学文. 工程导论[M]. 北京：电子工业出版社，2012.
[11] 姜金德，卢荣花，朱雪春. 生产与运作管理[M]. 南京：东南大学出版社，2018.
[12] 佚名. 中华人民共和国国民经济和社会发展第十四个五年规划和 2035 年远景目标纲要[EB/OL]. https://www.gov.cn/xinwen/2021-03/13/content_5592681.htm[2021-05-19].
[13] 佚名. "十四五"智能制造发展规划[EB/OL]. https://www.gov.cn/zhengce/zhengceku/2021-12-28/5664996/files/a22270cdb0504e518a7630fa318dbcd8.pdf[2021-12-31].

第 5 章　供应链运输与配送系统的规划设计

学习目标

1. 理解运输与配送的概念和作用。
2. 掌握交通运输系统规划的具体方式与四阶段模型。
3. 了解配送网络的结构体系与规划方法。
4. 掌握各种运输与配送的路线模型。

引导案例

新零售行业标杆——盒马鲜生

盒马鲜生是新型生鲜电商模式中的佼佼者，它采用前置仓模式，将生鲜、餐饮、外卖和超市等多种业务无缝整合，形成了一个全方位的"生鲜食品超市+餐饮+APP 电商+物流"的线上线下一体化运营模式。盒马鲜生依托自身建立的智能物联网系统，利用大数据分析、移动互联网和高智能化的技术和装备，构建了一个完善高效的物流配送网络，实现了"下单 10 分钟内分拣打包，20 分钟实现 3 公里配送"的高效服务体验。现在，盒马鲜生已然成为新零售领域的标杆公司，也是生鲜行业的领头羊。

盒马鲜生以大数据和云计算技术为支柱，构建了全新的供应链系统，实现了各个门店数据的互联互通。它们利用零售终端的数据来逆向推导需求采购计划，准确预测门店的商品需求和消费趋势。这种数字化的按需供货方式不仅实现了订单数据驱动的采购，还通过数字化按需智能供货超越了传统商超的供应模式。截至 2022 年 7 月，盒马鲜生在武汉和成都启用了两个供应链运营中心，与传统物流大仓不同，这些中心不仅负责商品流转，还整合了生鲜加工、中央厨房和商品流转等功能，提高了供应链效率。

盒马鲜生建立了自己的物流系统，带来了许多优势。首先，通过自建供应链运营中心，实现了商品的集约化采购和集中处理，提高效率的同时也降低了成本。在生产环节，签约了 550 多个农业直采基地，其中包括 100 多个盒马村，使供应链中心成为源头产品的集散地和中央工厂，从而实现了集约化处理。在销售环节，盒马鲜生的 300 多家门店覆盖了近 30 个城市。以新建成的武汉、成都供应链中心为例，盒马鲜生以供应链中心为枢纽，覆盖周边近百家门店，大大减少了物品的流通次数，降低了生鲜损耗率，同时提升了加工品质。其次，自建物流给消费者带来了更加新鲜、质量更有保证的产品。通过集中采购和集约化处理，产品成本下降，价格也更加具有竞争优势。

盒马鲜生采用了 B2B2C（business to business to consumer，供应商：企业和消费

者）前置店仓模式，以最大化的规模效应降低了物流成本，并确保了物流配送的时效性和生鲜产品的品质。首先，通过对门店历史订单数据进行分析，盒马鲜生能够预测不同区域和门店的商品需求情况，同时建立了一套完善的智能库存分配系统，大幅提高了门店的库存周转率。其次，顾客在盒马鲜生 APP 上下单后，商品会通过店内的悬挂链自动传送分拣，这节省了大量的人力成本，并提高了门店空间的利用效率。最后，盒马鲜生的智能履约集单系统不断优化订单履约成本，根据线路、时序、客户需求、温层和区块将订单串联起来，形成最佳的配送批次，实现了配送效率的最大化。

资料来源：闫晨晨，张永庆. 盒马鲜生商业模式研究：基于商业画布视角[J]. 经营与管理，2023，（11）：21-27.（有删改）

5.1　运输与配送

5.1.1　运输概述

运输指利用设备和工具将货品从供应链上的一个节点向其另一个节点运送的物流活动。无论企业的商品以什么形式存在，处在什么阶段，运输都是必要的，它的价值主要体现在货品运送的过程中，物流的空间效用和时间效用能够得到实现[1]。

运输的基本功能就是保证货品从生产者移动至消费者过程中的质量和数量；在保证货品价值的前提下，通过使用最短的时间、最低的财务花销和资源成本，实现货品在价值链中的移动。

1. 运输过程的重要元素

运输过程主要涉及发货人、收货人、承运人、政府、公众和互联网等参与者与各项制约因素。

（1）发货人和收货人。发货人和收货人是运输过程的主体，他们的共同目标就是在一定时间内以最低的成本将货品从发货人处配送至收货人处。在这一过程中，运输所提供的服务内容主要包括确定交货时间、预测配送时长、无货品损失或损坏和运费结算等。

（2）承运人。承运人是提供运输服务的商业组织，基本分为：只使用一种高度专业化运输方式的单一方式经营人；提供专门化小批量货品装运服务的专业承运人；利用多种运输方式之间的内在经济性，使用最低成本提供综合性"一站式"服务的联运承运人；利用低于专业承运人的费率为承运人提供中介服务的中间承运人。

（3）政府和公众。政府和公众是运输过程中的主要活动者。政府通过落实经济政策和引导市场、价格等措施对承运人进行各种管理。同时，政府也会使用一些经济方法加速运输业的发展，如支持研究工作和提供公路、机场等交通基础设施。公众可以通过商品采购的方式间接体现对运输的各项需求。同时，运输对环境的影响也会间接地影响公众。

（4）互联网。互联网通过为运输过程提供信息共享服务影响着运输的效率和成本，集中体现为以互联网为媒介，通过交换信息来匹配承运人的运输能力与现有货品的运输需求，这种模式有助于运输效率的提升和运输成本的降低。同时，通过互联网获取运输的实时信息有助于提高送货过程的可视度和追踪水平。

2. 运输服务

运输服务是指把各种运输方式的实际运输能力有机结合以实现特定用户需求的过程。根据运输服务的不同利用方式，可以将其分为零担运输（less than truckload）、包裹运输（package transport）和多式联运（multimodal transport）等形式。

1）零担运输

零担运输指当一批货品的重量或容积不足以装满一辆车（未满足整车运输条件）时，和其他批次的货品共享一辆货车的运输方式。当一个批次托运的货品数量比较少，不足以装满或者占用一辆货车时，采用整车运输的方式并不经济。而运输部门计划将这一批次的货品与另外托运的货品拼装之后进行运输，并按照托运货品的吨公里数和运输费率计费，是更加经济的方式。

为了加快零担货品的配送，合理地利用车辆载具，可根据零担货品的流向、流量、运距长短、集结时间和车站作业能力等因素，将零担货品的运输方式分成整装零担运输和沿途零担运输。

2）包裹运输

包裹运输指使用飞机、卡车或列车等交通载具，将包裹作为服务对象的运输形式。

包裹运输费用昂贵，相较于大规模运输的零担运输，虽然其在价格方面缺乏竞争优势，但它的特点主要表现为交货速度快且可靠性高。因此，发货人会选择包裹承运商来运送小件包裹或是时间敏感度较高的物品。包裹承运商还可以提供其他类型的增值服务。例如，包裹的追踪和产品的加工与组装。因为包裹较小并且需要通过多个中转节点，所以需要通过集并货品来提升设备的利用率并减少运输成本。包裹承运商使用卡车完成本地货品的装载工作，然后将货品送至大型分拣中心，分拣之后再使用整车、铁路或空运运输方式送达距离交货地最近的分拣中心，并在交货地分拣中心使用小型货车以巡回运送的方式交付给用户。

3）多式联运

多式联运指利用两种或两种以上的交通工具相互衔接、相互转运而共同完成运送服务的过程，图 5-1 展示了多式联运中不同交通工具的衔接方式。

在图 5-1 中，背负式运输是让卡车行驶至列车的平板车厢上再进一步运输，把卡车的灵活性和铁路运输低成本的特点相结合；空背式运输是将卡车行驶至飞机的货舱中再进一步运输，把卡车的灵活性和航空运输的高速度特性相结合；船背式运输是将卡车行驶至轮船的甲板上再进一步运输，把卡车的灵活性和水路运输的低成本特点相结合。

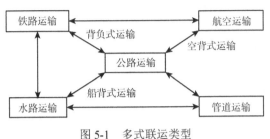

图 5-1　多式联运类型

多式联运服务根据多式联运的合同规定进行操作，在运输的全程中将会使用两种或两种以上不同的运输方式进行连续的运输。多式联运的货品会采用方便两种运输方式衔接的运输模式，并且发货人仅需要制定一份合同，一次性按单一的运输费率付款；购买一次保险，只使用一张单证即可完成全程的运输工作；在多式联运中无论涉及几种运输方式，分成几个运输段落，都要求多式联运经营人对货运的全部程序负责。

5.1.2　配送概述

1. 配送概念

配送指依据顾客的具体需求，通过一系列拣选、配货和运送等过程，最终将物品送达顾客端的物流活动。配送的本质为中转型送货，而不是从供应商到采购商的直达送货模式。

在配送的过程中，配与送有机结合，"配"是通过拣选、配货等环节将"送"的行为提升到一定的规模，从而可以利用规模经济效应的优势来获得较为低廉的送货成本。它的重点在于利用合理的方式将货品送至顾客的手中，同时为了最大化地满足顾客的需求而追求成本、利益和服务水平的合理性，最终实现承运人和顾客的双赢效果[2]。

2. 配送过程

配送全过程如图 5-2 所示。

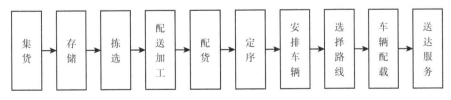

图 5-2　配送过程

（1）集货。集货是为了满足特定顾客的配送要求，从多家供应商中对订购的货品进行集中处理，并将需要的货品分配至指定的容器或场地内，从而可以在一定程度上获取规模效应，将进货的成本降低。集货工作包括筹集货源、订货、进货、验货、交接和结算等活动。

（2）存储。当存储的货品量较大时，其目的是保证配送的稳定性，从而进行周转储备和风险储备。此时存储的方案需要视货源和到货的具体情况而定，有计划地确定周转储备和保险储备的结构与数量；当存储的货品量较小时，其目的是在具体实施配送工作时，按照分拣配货的要求，在货品处置场所要做的少量暂存准备工作。

（3）拣选。拣选是将货品按照品种、出入库的先后顺序而进行分门别类的堆放工作。它也是送货过程中支持性和准备性的工作，是不同配送公司在送货时提升自身经济收益的必经过程。

（4）配送加工。配送加工是按照顾客需求所进行的流通加工工作。通过配送加工，可以很大程度上提升顾客的满意程度。比如，在配送中心将供应商零部件的包装物拆卸并清洗，然后运送给制造商。在实际具体的配送过程中，配送加工一般会发挥重要的作用。

（5）配货。配货是指使用不同的拣选工具和传输装置，将存放的货品按照顾客的需求进行分拣，从而形成货品的不同组合。

（6）定序。按照顾客订单中指定的送货时间根据其时间的先后顺序来规划安排配送作业的流程，最终保证送货时效、提升运作的效率。

（7）安排车辆。安排车辆是指根据顾客订单的要求和所选车辆的容载量来确定车辆的类型与吨位，从而进行送货。当企业的车辆没有办法满足配送要求的时候，可以使用承运人的车辆或是组建一个自营车队。

（8）选择路线。将车辆安排、交通状况、顾客位置、送货时间等约束条件纳入综合考虑范围之内，选择最优的配送路线，从而实现车辆运行效率和效益最大化的目的。

（9）车辆配载。依据不同顾客的需求、各种类货品的特征和车辆承受能力，按照送达的时间、地点、路线，合理配置各类货品的装车方式，如此可以提升车辆的承载效率和运输效率，从而提升送货水平、降低运货成本。

（10）送达服务。为了圆满完成货物的移交，同时方便、有效地对相关手续进行规范处理、完成结算工作，还应该依据顾客的需求考虑卸货地点与卸货的具体方式，并处理相关手续、结算等活动。

3. 配送的作用

1）完善运输系统

现代具备高承载能力的运输工具，如轮船、飞机、火车等，固然可以提升效率、降低运输成本，但基于这些运输工具的特点，它们仅适用于干线运输，因为干线运输是长距离、大批量、高效率、低成本的。而支线运输一般是小批量的运输模式，使用载重量大的运输工具反而是一种浪费。支线小批量运输频次高，要求比干线运输具有更高的灵活度和适应度。配送系统经由其他物流环节的相互配合，形成定制化服务，可以实现小批量、多频次的运输需求。通过配送和运输相结合的方式，把干线运输和支线运输有机整合，可以使运输系统更加完善。

2）消除交叉配送

在没有统一的配送中心的情况下，由工厂直接把货品运送到顾客手中，即采用直接配送，很容易出现交叉配送的现象。交叉配送的现象会导致运输距离变长、规模效益减弱、运输成本显著升高。如果在工厂与顾客之间设置配送中心，则可以消除交叉运输所造成的影响。设置配送中心，将原本直接由工厂送达顾客的零散货品通过配送中心的整合处理之后，配送作业的流程可以得到极大改善，这样既可在一定程度上避免交叉输送的现象，缩短了运送距离，也可在一定程度上降低成本。

3）实现低库存或零库存

配送系统通过集中库存的管理，在同等顾客服务水平的基础上，可以降低企业的总库存水平。如此一来不仅降低了存储成本，也节约了不少运力和其他形式的物流费用。尤其是在当今企业普遍采用 JIT 的配送方式之后，生产企业可以依据配送中心准时进行送货，而不必保持过高的库存水平，或是只需要保持少量保险水平的储备，得以实现生产企业零库存或者低库存的目的，降低资金的占用，对企业的财务状况产生较大改观。

4）简化步骤，方便顾客

配送系统可以提供集货、装卸、保管、分拣、送货等全方位的物流服务，在采取配送方式后，顾客只需要向配送服务商进行一次委托工作，就能够得到全流程、多功能的物流服务，进而可以简化委托手续和工作量，也能够节省一部分开支。

5.2 交通运输系统规划

交通运输系统是由道路系统、流量系统和管理系统共同构成的有机体，这三个子系统存在相互作用关系。如果把道路系统看作供给方，把流量系统视为需求方，那么全面综合地分析供给和需求之间的相互作用、探究其中的平衡点就是十分有价值的。系统分析的原则和方法被广泛地应用在交通运输系统之中，使得交通运输系统规划的效率得到提升。

交通需求预测作为交通规划的核心内容之一，是交通运输系统规划的必要前提，也是确保交通规划符合未来发展的重要条件。长期以来，人们为有效地预测交通需求付出各种努力，并基于多种理论开发出不同的交通需求预测模型。其中，应用最广泛的理论模型是 20 世纪 60 年代提出的交通四阶段法。作为交通需求预测的经典方法，其逻辑关系明确、步骤分明，在实际工程项目中获得了广泛的应用，在世界范围内也被广泛采用。发展到今天，交通四阶段法被更多地应用于实际的交通规划中，基于该方法开发的交通规划软件也被广泛使用，交通四阶段法在实际的交通规划项目中发挥着越来越重要的作用。

四阶段预测实质上是将交通规划中需要完成的交通需求预测任务划分为四个子任务来依次完成，即交通量的生成预测、交通量的分布预测、交通方式的划分预测和交通流的分配预测。交通四阶段法的流程见图 5-3。

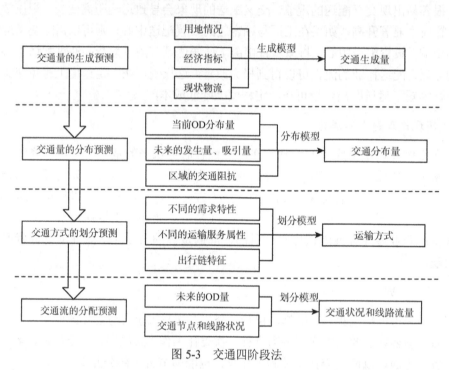

图 5-3　交通四阶段法

5.2.1　交通量的生成预测

交通量的生成预测，可称为交通量的发生吸引预测，指基于交通网络规划区域的社会经济发展预测，是一种预测交通网络中各节点交通发生量和吸引量的理论方法。一个区域的货运发生量与许多因素存在着紧密的因果联系。一般，货运发生模型包含空间单元（土地或区域的利用情况）和流动单元（货物或载具）。

回归模型是一种比较常见的预测交通发生和吸引的方法，它可以较完整地描述某地区的交通产生模式，在交通服务中它比较适合解释复杂的市场。同时，该模型在长期的计划决策中也发挥着重要作用。

1. 出行生成预测概述

通过对资料进行分析确定出行生成预测的主要影响因素之后，就可以针对这些有较大影响的因素与交通生成量的相互关系进一步建立模型。

可采用的方法是生成率法，该方法的基本思想是：根据 OD 调查结果，统计得出对应单位用地面积、单位人口或单位经济指标的交通生成量与吸引量。如果它是稳定的，则根据未来各交通区的用地面积、人口数量或经济指标等数据来进行交通生成量预测。生成率法的特点是简单、方便，但由于此方法只能考虑单因素，当多个因素影响交通生成时，会产生很大误差。因此，生成率法只可用于比较粗略的交通生成量预测。

2. 出行吸引预测方法

影响交通出行吸引的因素包括用地情况、交通区所处区位及建筑情况等。出行吸引预测方法通过使用用地面积代替吸引情况来实现，其步骤如下。

（1）利用出行调查统计得各交通区对各目的地出行的吸引，以及当下各交通区的用地情况，通过逐步回归分析，建立各种出行目的地出行吸引与土地利用的基本关系。

（2）根据各交通区所处区位，可将交通区划分成若干个区域，通过比较不同交通区的实际出行吸引权重，可以得出不同交通区的区位系数。

（3）除考虑用地面积、区位等一般因素对出行吸引的影响之外，还应考虑交通区特性的影响，因此引入反映交通区特性对出行吸引影响的交通区特性系数。

5.2.2　交通量的分布预测

交通量的分布预测是在交通量的生成预测的基础上，确定各交通分区之间的出行量，即获取由交通量的生成预测模型所测得的各区域出行交通量与其他区域交换的数据，如此可以使得交通预测模型进一步细化。

交通网络规划中交通量的分布预测，包括顾客、货物和车辆的出行。这三种形式的出行分布有着各不相同的特征。在一个节点的情况下，顾客和车辆的出行在统计规律上大体与生成和吸引相符，而货物运输的生成和吸引量常常并不是平衡的。比如，当某个节点仅是消费某种货物，而不对这种货物进行生产，则必然会使这种货物的吸引量超过其生成量。同时，从整个网络的全局角度来看，各个节点中所有货物的生成量总和应当等于其吸引量总和。

在交通量的分布预测中，重力模型是传统的交通分布模型，它仿效牛顿的万有引力定律，认为区域间交通量与各自区域的交通生成量和吸引量成正比，同时与各区域间的交通阻抗（距离、时间、费用）成反比。由于重力模型具有较为灵活的特点，在货物运输中它经常被用来预测分配模式。下式为重力模型的基本形式：

$$t_{ij} = \alpha \frac{P_i P_j}{d_{ij}^2}$$

其中，t_{ij} 为 i、j 区域的区域间交通量；P_i、P_j 为 i、j 区域的人口；d_{ij} 为 i、j 区域之间的距离；α 为系数。

上式的约束条件为

$$\sum_j t_{ij} = \frac{\alpha P_i \sum_j P_j}{d_{ij}^2} = O_i$$

$$\sum_i t_{ij} = \frac{\alpha P_j \sum_i P_i}{d_{ij}^2} = D_j$$

其中，O_i 为 i 区域的交通量；D_j 为 j 区域的交通量。同时满足守恒条件的 α 是不存在的，因此将重力模型修改如下：

$$t_{ij} = a_i O_i b_j D_j f(c_{ij})$$

其中，$f(c_{ij})$ 为交通阻抗系数；a_i 为与 O_i 对应的相关系数；b_j 为与 D_j 对应的相关系数。

5.2.3　交通方式的划分预测

出行链是指出行者从出发地出发再返回原地的过程，整个过程中蕴含着大量的时间、空间和活动信息，这些信息之间是相互关联、相互作用的，这个载有信息的过程被称为出行链。对出行者而言，很重要的一项决策就是出行方式的选择。

交通方式的划分模型是在综合交通运输网络规划中，预测客货集散点不同运输方式所分别承担的运量，或是预测不同运输方式的分担率或选择可能性。当运输网络中的任意两节点间存在多种可供选择的交通方式时，交通方式的划分工作是十分有必要的，因为运输者会在多种方式中选择最合适的方式进行运输。

在不同情况下运输货物或出行时，不同的运输方式在运输时间、运输费用、运输服务质量等方面会产生不同的需求特性，而不同运输方式的技术性能、运输条件和服务形式各有差异，也具备不一样的运输服务属性，因此，出行者在选择运输方式时，其需求得到实现的程度并不相同。通过对每种运输方式服务属性的比较判断，出行人最后可以选择出最大化程度满足其需求的运输方式[3]。

交通方式可被划分为以下几种类型。

1）区域模型

区域模型使用相同指标对对象区域进行概括，适用于分析和优化城市规模，其中涵盖城市轨道系统、道路建设投资、确定不同城市的交通投资权重以及进行比较等方面。该模型作为分析系统出行生成的后续环节，有助于研究和优化城市规模。然而，该模型无法处理混合出行的情况。

2）出行终端模型

在出行生成预测之后，对出行方式进行建模可以最大程度地利用个人出行特征进行预测，基于这种方法的交通方式分类模型被称为出行终端模型。该模型中的交通方式划分通常基于交通区域内的收入、居住密度和车辆拥有量等因素进行预测。其优点在于当某些地区内的公共交通服务出现轻微交通拥堵时，它在短期交通方式预测方面具有较高的准确性。

3）出行交换模型

出行交换模型利用从交通分布模型得到的 OD 之间的交通量交换来确定交通方

式。出行交换模型关注的是区域之间的交通量分布,它能够更准确地针对特定区域之间的出行状况进行建模,这使得它能够有效反映区域之间交通系统特性对交通方式划分的影响。

4)径路模型

径路模型是一种在考虑多种交通方式径路的情况下进行交通分配的模型。由于该模型在同一水平上处理处于相互竞争位置的各种交通方式的径路交通量,因此它适用于研究各种交通方式的合理划分交通量,特别是在解决交通量增加带来的交通拥堵与交通方式划分间的平衡问题时,可以通过调整时间、费用和通行能力等因素确定所希望的交通方式划分。

5.2.4 交通流的分配预测

交通流的分配预测是在交通运输网络中各个节点间的总交通流量已知的情况下,确定该网络中具体路段上的交通流量。

1. 交通路线选择的影响因素

在交通网络分配问题中,驾驶人路线的挑选受到载具体积的限制,同时驾驶人的驾驶经验也会影响路径的选择和运输费用的高低。道路状况、车辆,以及驾驶人生理、心理状态都是影响交通路线选择的因素。许多研究表明驾驶人选择路径的过程十分复杂,包含着许多路线选择算法中无法完全囊括的因素。

2. 交通分配的模型类型

货物运输对运输流模式有影响,但同时也可能造成运输堵塞和对区域环境的伤害。几乎所有货物的移动行为都需要借助交通工具才能完成,所以路网的交通状况就会在很大程度上影响货物的运输。在这样的情况下,交通流模型对于交通的模拟工作是十分必要的。对于道路的交通状况和路段流量的准确预测,可以通过使用交通量分配技术来实现。交通量分配问题包括两类模型:交通流模型和路线选择模型。

1)交通流模型

交通流模型揭示了交通需求和运输条件间的关系。交通需求一般通过出行矩阵来表示,交通拥堵一般通过包含速度-流量关系的路段性质进行估计。因为路网交通流具备动态特征与空间特征,这些模型必须能够描述对运输时间的影响。

2)路线选择模型

路线选择模型可以根据路段的物理特征和路线选择的随机因素进行分类,前者与路段的通过能力相关,后者与个体对最佳路线和出行目标的理解有关。为了获知交通初始信息,需要在每天的不同时间掌握道路网的运输相关数据,所以动态实时的交通情况对于评价智能交通系统是很必要的。

5.3 配送网络规划

配送网络是涉及多方面、多层次、多子系统的一个复杂系统。配送网络规划工作不仅包含不同配送中心之间及其通路共同组成的配送网络结构体系设计，而且包含配送中心规划、EIQ 品类分析等方面的内容。

5.3.1 配送网络结构体系

配送中心的内部组织结构和运营系统规划对于提升仓储效率、配送效率及削减成本有着十分重要的作用。虽然从个体的维度上来看，以配送中心为主要组成单元的各种物流网络节点都是独立工作、独立实施配送任务的，但从全社会、从供应链的维度上来看，各种不同类型、不同规模的物流节点并非互相没有关系、完全孤立运行[4]。事实上，经过科学合理的布局，以配送中心为组成单元的各种物流节点均可以构成分工协作关系，构建出具有丰富层次状态的网络体系[5]。

一般来说，从配送中心的组织结构和布局情况的角度来看，其网络体系可以分为以下几种类型。

1. 单层次的配送网络体系

单层次的配送网络体系基本上是由一级配送中心及其末端的用户所组成的（图 5-4）。在资源和用户都比较分散的情况下，经常会组成单层次的配送网络。

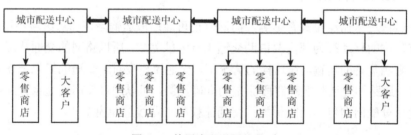

图 5-4　单层次配送网络体系

在单层次的配送网络体系中，配送中心通常只在城市范围内进行近距离的配送服务，在零售商店和大客户之间周转。凭借城市配送中心之间的"共同配送"，这种配送网络体系同样能够超越城市的范围局限向着更远距离的用户来进行货物的配送。

2. 双层次的配送网络体系

两级、双层次的配送网络体系是由两个层面的配送中心（中央物流中心和城市配送中心）和末端用户组成的配送网络体系（图 5-5），这也是现代较为普遍的配送网络。

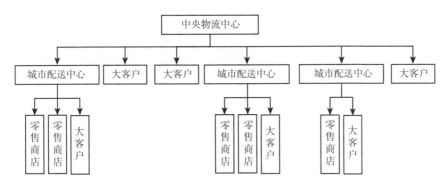

图 5-5　双层次配送网络体系

中央物流中心作为最高级物流中心向城市配送中心和大客户进行资源的调配，城市配送中心又向零售商店和大客户进行配送服务。从布局和结构角度来看，数量众多的城市配送中心是此种网络体系的基本结构。在配送范围比较广、客户比较多且分布十分分散的情况下，很自然能够形成这样的网络体系。

3. 多层次配送网络体系

多层次配送网络体系是由中央物流中心、区域配送中心、基层配送中心、具备配送能力的批发企业、末端的客户和商店组成的，其形态如图 5-6 所示。

中央物流中心，是在行业之中具备很强影响力的大型或超大型物流配送组织。一般来说，这种规模的配送中心都建设在资源较为集中的区域或是交通枢纽型城市。其特征是所配送的商品批量很大，服务的对象主要是大中型工商企业或者区域配送中心；它的辐射能力很强，以联运的方式就可以在全国甚至在国际范围内完成配送。

对于一些需求分散、需求量较小、批次比较密集的批发企业和零售商店来说，由中央物流中心去实现其业务需求是比较困难的，针对此类用户，现实中通常由区域配送中心和下一层级的基层配送中心来实现货物的配送工作。区域配送中心和基层配送中心是相对于配送中心来说经营规模较小的配送组织。通常这种配送中心仅为其覆盖区域之内的客户进行商品的配送服务。其特征是活动范围较小；配送货品基本以小批量为主；配送方式具有较高的灵活性，不仅可以直接向客户配送货品，也能够将货物配送至批发企业和零售商店；另外，数量较多，分布的区域较为广泛[6]。

在多层次配送网络体系中，几种配送中心在实际运作的过程中大部分的业务是独立进行配送的，不过部分的业务还可以采取共同配送的方式，通过增强合作来减少共同承担的运营成本。上述这些不同规模、不同层次的配送中心有时也依据一定的原则自上而下地逐级进行货物配送，从而表现出梯级结构和放射样态。

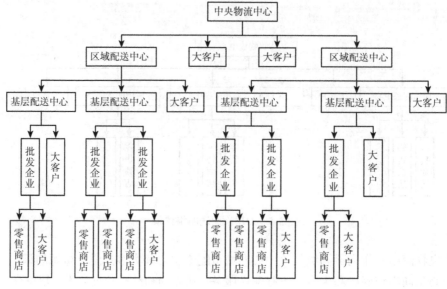

图 5-6　多层次配送网络体系

5.3.2　配送中心规划

配送中心的设计和规划涉及其建设、改建、扩建在空间与时间尺度上的系统规划。建立配送中心代表了一个企业为提升效率所做出的努力，在一定程度上也体现出企业的发展水平。此外，对配送中心的合理规划将对配送中心的设计、施工、运营、作业质量，以及所在区域企业物流流程的合理化产生深远的影响[7]。配送中心的规划工作可分为三个阶段。

1. 规划准备阶段

在规划准备阶段，组建包括投资方、工程设计部门等成员在内的配送中心规划项目组，清晰规划配送中心长期的功能和运营目标，以便进行数据收集和规划需求分析。最后要收集与基础建设相关的发展数据、政策、规范和标准，以及所在地区的自然条件和交通状况，以全面了解现状和市场容量。

基础规划所搜集的资料包括物流网络基本信息（服务据点、服务水准）、配送工具种类、人员配置、作业成本、投资效率、物流量及作业流程。

2. 系统规划设计阶段

在系统规划设计阶段，第一步要将收集到的相关数据进行汇集与整理。通过分析现有数据，可以充分了解企业或地区当前仓库网络的弱点，这有助于制订配送中心的规划方案，需考虑的因素包括存储能力、自动化水平等。

当处理作业需求和功能规划时，工作通常包括规划配送中心的工作流程、设备和作业区域的组合等。一个配送中心的运营包括收货、储存、拣选、分拣、装运和配送等环节，有些环节可能还涉及增值活动，如标签贴附、包装和退货等。

在信息和智能系统规划方面，因配送中心的管理涉及大量信息的处理，为了避免错误、简化计算机操作，有必要对各种文件、账目和报告的格式进行标准化。对总体布局进行设计时，估算存储和运输的操作区域，以及服务设施的大小，并根据它们之间的相互依赖性确定各个区域的摆放位置[8]。

在规划阶段，分析每个物料类别的工作流程，并创建工作流程图。综合的配送中心建设计划要考虑到各种设施要求，其中包括规划用于存储和运输操作区域的建筑物与设备，还涉及对办公空间和员工活动区域等设施的规划。

3. 规划与实施阶段

在一般的规划过程中，会生成许多个选项，部门应根据原始计划的基本原则进行评估，以选择最佳的解决方案。在对局部进行规划设计的时候，其主要任务是确定选定建设场地上各种设施和设备的实际位置与土地面积要求。一旦成本和效益评估完成，就可以进入实际的执行阶段，涉及操作层面上建设配送中心的各种具体工作。

5.3.3 EIQ 品类分析

1. 订单出货信息分解

配送中心在进出货方面，经常会出现出货日期无法确定、出货量变化大等状况。如果面对出货品类繁多、订单信息量大的现象，常常让规划工作很难进行。

一种有效的品类分析法是 EIQ 分析法（订单品项数量分析法），它是由日本学者铃木震先生首先提出的。此方法是以市场需求导向为主，考虑不稳定或波动条件而针对配送中心作业系统的一种分析方法。简单地说，就是从企业订单出发，根据客户的需求特性，结合交叉分析方法对订单进行不同层面的分析，得出客户订单的品项、数量、订购次数的特点，对货物储存、拣选、出货等仓库作业进行分类管理和重点管理。

订单是配送中心工作的核心，所有的工作都是为了使订单快速高效地完成，并降低配送运作成本，最终提高客户的满意度。订单资料中的 E（订单件数：entry）、I（货品种类：item）、Q（数量：quantity）是物流特性的关键因子。EIQ 分析就是利用 E、I、Q 这三个物流关键因子，依据企业自身实际发生的订单销售资料，研究配送中心特性，选择最适当的物流作业方式、设备使用、设施布置。

EIQ 分析最重要的是如何判断与应用，公司的经营变化可以由 EIQ 分析图识别出来。在此建立一个简单的四个客户、六类商品的 EIQ 分析表，如表 5-1 所示。

表 5-1　EIQ 分析表

数量		订货品项						订货数量	品项种类数
		I1	I2	I3	I4	I5	I6	EQ	EN
客户订单	E1	300	200	0	100	200	100	900	5
	E2	200	0	400	600	700	0	1900	4

续表

数量		订货品项						订货数量	品项种类数
		I1	I2	I3	I4	I5	I6	EQ	EN
客户订单	E3	1000	0	0	0	0	800	1800	2
	E4	200	800	0	300	500	200	2000	5
品项数量	IQ	1700	1000	400	1000	1400	1100	GEQ=GIQ=6600	
品项次数	IK	4	2	1	3	3	3	GEN=GIK=16	

注：EQ 指代每张订单的订货数量；EN 指代每张订单的订货品项数量；IQ 指代每个单品的订货数量；IK 指代每个单品的订货次数；GEQ 指代全部订单的订货数量总和；GIQ 指代全部单品的订货数量总和；GEN 指代全部订单的订货品项数量总和；GIK 指代全部单品的订货次数总和

根据表 5-1，即可进行 EQ、IQ、EN、IK 四种分析。

1）EQ 分析

EQ 分析即对一份订单出货数量的分析。通过 EQ 分析可以明确地了解客户的订货量及订货比例，进而掌握货品配送的需求及客户订单状态，以决定订单处理的原则、拣货系统的规划，以及出货方式及出货区的规划。如表 5-1 所示，四个客户订单的数量不同，可以看到 E1 客户订货数量最小，E4 客户订货数量最大，因此，E4 可以考虑作为重要客户，优先安排配送等一系列服务。

一般来说，EQ 分析以单个营业日为单位，EQ 的分布图也可以作为仓储区规划和拣货模式的参考。通过 EQ 分析可以清晰地展示出一笔订单订购量的分布状态，它可以应用在决定订单处理的具体方式、拣货系统的规划管理方面，同时会影响出货方式和出货区的规划工作。

在订单量分布趋势差异较大的情况下，适合采用分区规划。当 EQ 很小的订单所占比例很高时，可以将此类订单另行分类，以此提高拣货效率。如果按照订单类别拣取，就要建立零星拣货区。如果采取批量拣取的方式，就要根据单日订单数量、物品是否具备相似性来全面思考。

2）IQ 分析

IQ 分析即对单一品项出货总数量的分析。通过了解各类产品出货量的分布情况，分析产品的重要程度与运量规模，针对众多商品做分类并予以重点管理，可以知道哪些品种为热销产品、适用于仓储系统的规划选用以及拣货区的规划方式。从表 5-1 可以看到，六类商品中 I3 的出货量最少，可以将其安排在较偏僻的地方，I1、I5 的出货量大，可以放置在进出较便利的区域。

IQ 分析最主要的目的是掌握各类产品出货量的分布情况，分析产品的规模和重要性，而后可以作为完善仓储系统、估算储位空间、挑选拣货方式、规划拣货区域的考虑因素。在规划存储区域时应以 IQ 分析为主。如果对拣货区进行规划工作，就需要参考单日的 IQ 分析。做出货量与出货频率关联性综合分析的时候，整个仓储拣货系统的规划会更加实际，所以需要做单日 IQ 量和全年 IQ 量的交叉分析。

如果把单日和全年的 IQ 图用 ABC（activity based classification，基于活动的分类）分析将品项依据出货量分成 A、B、C 三类，产生对照组合后进行交叉分析，就可以将其物流性质分为以下几类。

（1）全年出货量、单日出货量都比较大。

这种情况得到的是出货量最大的重要产品群，通常发生在生产型物流中心或是大型批发物流中心。仓储拣货系统的规划工作应当将此类情况视为重点，仓储区最好选择固定储位，进货周期应当缩短而使存货维持较高水平，由此来应对单日可能出现的大量出货状况。

（2）全年出货量大、单日出货量小。

很多情况下，出货天数多、出货次数高的时候累计全年出货量就会变大。仓储区可以选择固定储位规划，分拣区和存储区进行分离规划，进货周期应当缩短，同时采用中等存货水平。

（3）全年出货量小、单日出货量大。

可能出现总出货量较低，但集中在少数的几天内出货的情况。如果基于单日量做规划工作，就会容易造成空间浪费和库存多余的情况，这种情况下应弹性进行储位规划。

（4）全年出货量、单日出货量都比较小。

这类品项即使出货量较低，但所占品项数量一般不少，是易于造成仓储空间占用而降低周转率的主要产品群。在这种情况下，仓储区可以采取弹性储位规划，最好选择易于调整格位大小的存储设施。一般来说，拣货区能够和仓储区合并规划，来减少多余的库存，进货周期应当缩短并降低存货水平。

（5）全年出货量中等、单日出货量较小。

遇到这种分类特点不太突出的产品群，可以按照具体的产品分类情况将其归于适当的分类类别之中，从而有针对性地精准处理。

3）EN 分析

EN 分析即对一份订单出货品项数的分析。依照单张订单品种数据可以了解客户订购品种的数量，判断较为适用的拣货方式。由此管理人员能够更容易掌握客户订货品种数量的分布情形，以决定使用的拣货方式应为批量拣货还是按单拣选，来提高拣货效率，并可由分布图判断物品拣货时间与拣货人力需求，进一步提高拣货作业的生产效率。表 5-1 中，E1 和 E4 客户选择的品类都是五种，但出货量相差较大，可分别选择批量拣货与按单拣选方式。

EN 分析的目的是了解订购品项数的分布情况，这种分析方法对订单处理和拣货系统规划有巨大的作用，同时影响着出货方式的选择和出货区的规划。

EN 分析一般需要结合 EN、总出货品项数（N）和订单出货品项累计数（GN）这三项数据来进行综合考量，各个指标的意义如下。

（1）EN 为单一订单出货品项数。统计单一订单中出货量为正值的品项数，可将其看作各个订单拣取作业的拣货次数。

（2）N 为总出货品项数。统计全部订单中出货量或出货次数大于零的品项数。这一数值指代实际有出货的品项总数，其最大值就是配送中心的 N。如果采取订单批次拣取策略，那么最小的拣取次数值就是总出货品项数。

（3）GN 为订单出货品项累计数。把全部订单出货品项数求和得到的数值，就是 EN 绘制柏拉图累计值的极值。某些订单之间的品项重复率越大，GN 取值越小，它有时可能大于 N，甚至大于全部产品的品项数。如果采用按单拣选方式，那么拣取的次数就是 GN。

4）IK 分析

IK 分析即对单一品项出货次数的分析。进行 IK 分析时，统计各种品种被不同客户重复订货的次数有助于了解各产品的出货频率，也可配合 IQ 分析来决定仓储与拣货系统的选择。当储存、拣货方式已被确定后，有关存储区的划分及储位配置也可利用 IK 分析的结果作为规划参考的依据。在表 5-1 中，I2 与 I4 的出货数量相当，但选取的品类量不一致，I2 商品被选取的次数少，每次拣选量较大，拣货时可以优先考虑自动化、批量出货的方式。

IK 分析聚焦于对产品出货次数分布情况的分析，对于掌握产品的出货频率有很大价值。其主要功能在于它可以搭配 IQ 分析来做仓储与拣货系统的规划工作。另外，在存储、拣货方式都已经确定好之后，储区的划分和储位分配都可以将 IK 分析的结果作为规划参考的依据，大体上仍然以 ABC 分析为主，给储位分配的确定提供参考依据。

需要特别注意的是，在进行 EIQ 分析时必须使用统一的数值单位，否则分析就会失去价值。一般使用体积、质量、箱、个或金额等，其中体积与质量等单位与物流作业系统紧密相连；金额的单位与产品的价值分析相关，常用于产品的分类和存储管理。

2. 订单出货资料取样

如果要掌握现实情况下配送中心的运行特点，仅基于单日的资料进行分析很难有效判断并得出合理结论。如果要对超过一年的资料量进行分析，也通常会因为数据量过于庞大，分析过程中可能耗费过多的时间和精力。

因此，可以首先选择某个日期的出货量进行初步分析，探究出可能的作业周期及其波动幅度。如果各个周期内出货量大体接近，就可以收紧资料处理量，从小周期范围内的资料入手展开分析；如果各个周期的趋势比较相似，但作业量仍存在着较大的差异，就应该对资料进行合理分组，最后从各群组里面选出具有一定代表性的资料进行后续分析。

通常来看，比较常见的分布现象为：一周内，出货集中于周五、周六；一个月内，出货集中于月初或月末；一年内，某一季度的出货量最大等。现实中，分析时如果能找到可能的作业周期，就会使分析过程更为简便一些，如把分析资料缩减到某月、一年中每月的月初第一周、一年中每周的周末等时间点。

3. 资料统计分析

EIQ 分析主要是量化分析，通常使用的统计方法有帕累托分析、次数分布、ABC 分析、交叉分析等方法。

1）帕累托分析

在一般配送中心的作业过程中，如果把订单或单品品类出货量经过排序后绘图，同时将其累计量用曲线的形式表示出来，就得到了帕累托图。它是进行数量分析时最基本的绘图分析工具。

2）次数分布

在完成 EQ、IQ 分析之后，如果要更细致地探究产品出货量的分布状态，可以将出货量按照一定的规则进行分组，之后算出各种产品出货量体现在不同分组区间内的次数。

3）ABC 分析

在制作 EQ、IQ、EN、IK 等统计分布图时，不仅可以借助次数分布图发现分布趋势，也可以进一步通过 ABC 分析找出某特定量的主要订单或产品，以此来做更加深入的分析和精准管理。一般来说，首先按照出货量进行排序，以排名前 20% 和前 50% 的订单件数，计算其占出货量的比例，并将其视作重点分类的依据。如果出货量主要集中在少数的订单或产品上，就可以针对这一产品类别进行深入的分析规划。对于相对出货量较少、产品种类较多的产品类别，在规划阶段可以暂不处理或通过分类分区规划方式来处理，这样可以实现精简系统的复杂程度以及提升规划设备可行性和利用率的目的。

4）交叉分析

在完成 EQ、IQ、EN、IK 等 ABC 分析后，同样可以依照其 ABC 的分类来采取组合式的交叉分析。比如，对单日或以年为单位的资料采取组合分析，或其他类别，如 EQ、EN、IK 等，都可以分别进行交叉汇编分析，以此得到更有价值的分析信息。

5.4　运输与配送路线模型

5.4.1　VRP 模型

多回路运输问题是现实中十分普遍的一种调度问题，此类调度问题的核心是如何对车辆进行调度。因此，VRP（vehicle routing problem，车辆路径问题）模型应运而生，成为解决多回路运输问题中一个相当成功的模型。VRP 模型最早是由 Dantzig（丹齐格）和 Ramser（拉姆泽）在 1959 年提出的，之后很快就引起运筹学、应用数学、组合数学、图论与网络分析、物流科学、计算机应用等学科专家与运输计划制定者和管理者的极大重视，成为运筹学与组合优化领域的前沿与研究热点问题[9]。

该问题的研究目标是：为一系列的顾客需求点设计适当的路线，使车辆有序地通过它们，在满足一定约束条件（如货物需求量、发送量、交发货时间、车辆容量限制、行驶里程限制、时间限制等）的情况下，达到一定的优化目标（如里程最短、费用最少、时间尽量少、车队规模尽量小、车辆利用率高等）[10]。

多回路运输问题的特点在于：顾客群体大，一条路径满足不了顾客的所有需求，也就是说它涉及了多辆交通工具的服务对象的选择、路径确定（即服务顺序的确定）两方面问题。VRP 模型是一个比较复杂，但也更为接近实际的模型。VRP 模型如图 5-7 所示。

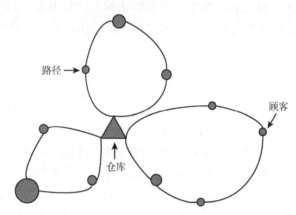

图 5-7　VRP 的基本图形

在一定区域内，通过中央的仓库和对于路径的合理规划来实现对各地顾客的高效配送，这便是 VRP 模型的实现原理。

1. VRP 模型影响因素

运用 VRP 模型对实际问题进行研究时，需要考虑以下几个方面的问题：仓库的级数，每级仓库的数量、地点和规模，车辆的型号和数量，每种车的容积和运作费用，出发时间和返回时间，最大的里程和时间限制，车流密度，道路交通费用，以及车辆的周期维护。

建立一个典型的 VRP 模型要考虑如下条件。

（1）基本条件：有 m 辆相同的车辆停在一个共同的原点 v_0，它将要给 n 个顾客提供货物，顾客序号为 $v_1, v_2, \cdots, v_n$。

（2）模型目标：确定所需要车辆的数目 N，并指派这些车辆进入一个回路，同时合理规划回路内的路径和调度安排，使得运输总费用 C 达到最小。

（3）限制条件：$N \leqslant m$。

（4）其他考虑因素：每一个订单都要完成；每辆车完成任务之后都要回到原点 v_0；

不能超过车辆的容量限制；特殊问题还需要考虑时长的限制、运输规章的限制。

2. VRP 问题的分类

由于 VRP 在实际生产生活中的应用十分广泛，所以按照不同的分类原则将 VRP 问题细分为以下多类子问题。不同子问题可建立不同数学模型，便于采用相应的数学算法进行优化，表 5-2 是对 VRP 问题的分类结果。

表 5-2　VRP 问题的分类

分类原则	子问题	分类原则	子问题
按任务特征	纯装问题	依据车场数目	单车场问题
	纯卸问题		多车场问题
	装卸混合问题	依据车辆种类数目	单车型问题
按任务性质	对弧服务问题		多车型问题
	对点服务问题	依据车辆对车场所属	车辆开放问题
	混合服务问题（交通车线路安排问题）		车辆封闭问题
按车辆载货状况	单车单任务问题	依据优化目标	单目标问题
	单车多任务问题		多目标问题

在不同的情况下，车辆调度问题的模型及构造都有很大差别。为简化车辆优化调度问题的求解过程，常常应用一些技术将此问题分解或转化为一个或几个已经研究过的基本问题，再应用一些比较成熟的基本理论和方法，以得到原问题的最优解或满意解。

5.4.2　节约算法

节约算法（savings algorithm）是 Clarke（克拉克）和 Wright（怀特）两位学者在 1964 年提出的一种算法，它是目前用来解决 VRP 模型较著名的启发式算法，可用于解决运输车辆数目不确定的 VRP 问题，对有向和无向问题同样有效。

该算法的核心思想就是将运输问题中存在的两个回路 $(0, \cdots, i, 0)$ 和 $(0, j, \cdots, 0)$ 合并成为一个回路 $(0, \cdots, i, j, \cdots, 0)$。在上面的合并操作中，整个运输问题的总运输距离将会发生变化。如果变化后总运输距离下降，则称节约了运输距离，相应的变化值叫作节约度 ΔC_{ij}，它的计算方法如下：

$$\Delta C_{ij} = c_{0i} + c_{0j} - c_{ij}$$

节约算法有两种基本途径可以实现，一种叫作并行方式（parallel version），另外一种叫作串行方式（sequential version）。这两种方式在初始化时是相同的，它们的区别在于如何处理回路的合并问题。下面对两种方式的具体应用步骤进行介绍。

1. 并行方式

1）形成一个初始解

此时所有顾客的需求都得到满足，而且所有的约束条件，如容量的限制、车辆总数的限制等也得到满足，就可以得到相应的初始解。初始解可以由具有运载限制的最近零点法求得。之后可以得到每个车辆的初始运输方案，$T_k=\{0,\cdots,j,0\}$，$k=1,2,\cdots,m$；$i,j\in\{p|p\in N,p\leqslant n\}$。$k$ 表示车辆的标号，i、j 表示顾客的标号。

2）计算所有点对的节约度 ΔC_{ij}

$$\Delta C_{ij}=c_{0i}+c_{0j}-c_{ij}, i,j=1,2,\cdots,n 且 i\neq j$$

然后对计算结果进行升序排列。

3）进行回路的合并

在并行方式中，采用的合并策略是最可行合并原则。从升序排列的节约度序列中最上面的值开始，执行下面步骤：判断这两个到 i、j 的回路是否存在合并的可能性，如果一个回路以$(0,j)$开始，一个回路以$(i,0)$结束，则该回路可以合并，那么删除两个回路中的部分路径$(0,j)$和$(i,0)$，然后引入新的连接(i,j)，得到新的回路$(0,\cdots,i,j,\cdots,0)$。

2. 串行方式

串行方式的节约算法同样也是由三个步骤来完成，它的前两个步骤与并行方式节约算法的前两个步骤几乎完全一样，它们的区别在于第三个步骤。

1）形成一个初始解

此时所有顾客的需求都得到满足，而且所有的约束条件，如容量的限制、车辆总数的限制等也得到满足，就可以得到相应的初始解。初始解可以由具有运载限制的最近零点法求得。之后同样可以得到每个车辆的初始运输方案，$T_k=\{0,\cdots,j,0\}$，$k=1,2,\cdots,m$；$i,j\in\{p|p\in N,p\leqslant n\}$，$k$ 表示车辆的标号，i、j 表示顾客的标号。

2）计算所有点对的节约度 ΔC_{ij}

$$\Delta C_{ij}=c_{0i}+c_{0j}-c_{ij}, i,j=1,2,\cdots,n 且 i\neq j$$

然后对计算结果进行升序排列。

3）回路的扩充

这里的合并策略不再是前面并行方式节约算法那样两个部分的对接，而是将一个回路中的某一部分替代，实现总运输距离的下降。具体的处理方法为：按顺序对每一个回路$(0,i,\cdots,j,0)$进行考虑，找到第一个具有节约度的点或者将另外一个以$(k,0)$结尾或者$(0,l)$开始的一段路径合并到当前回路中。对当前考虑的回路不断地进行上面的合并操作，直到所有可行的合并操作都完成为止。此时，就得到用串行方式节约算法计算的最优解。

5.4.3　扫描算法

扫描算法（sweep algorithm）是 Gillett（吉勒特）和 Miller（米勒）两位学者在 1974 年首先提出的，它也是用于求解车辆数目无限制的 CVRP（capacitated vehicle routing problem，有容量约束的车辆路径问题）的经典算法。

1. 扫描算法实现过程

（1）建立极坐标系。以起始点 v_0 作为极坐标系的原点，并将连通图中的任意一个顾客点和原点的连线定义为角度零，建立极坐标系。根据此极坐标系，对所有的顾客所在的位置进行坐标系的变换，全部转换为极坐标系。

（2）分组。从最小角度的顾客开始，建立一个组。从逆时针方向将顾客逐个加入组中，直到顾客的需求总量超出了负载限制。然后建立一个新的组，继续按逆时针方向将顾客继续加入组中。

（3）重复第二步分组的有关步骤，直到所有的顾客分类完成。

（4）路径优化。对各个分组内的顾客点，可以用 TSP 模型的方法对结果进行优化处理，选择一个合理的路线。

2. 扫描算法算例

例：现有一个仓库，需要向九个客户提供货物，他们的需求量及极坐标的角坐标值如表 5-3 所示。

表 5-3　需求量和极坐标的角坐标值

项目	顾客 1	顾客 2	顾客 3	顾客 4	顾客 5	顾客 6	顾客 7	顾客 8	顾客 9
需求	5	3	6	5	3	4	2	1	6
角坐标	80°	30°	135°	280°	255°	210°	170°	350°	335°

设每个车辆的运输能力是 12 个单位的货物，现有足够多的车辆。试用扫描算法对该运输问题进行求解。

（1）根据题中给出的极坐标，建立极坐标系。

（2）在分组过程中，以某一方向为基准轴，以逆时针方向进行扫描，如图 5-8 所示。第一个被分组的是顾客 2，$Load_1 = 3$；继续转动，下一个被分组的是顾客 1，$Load_1 = 3+5=8$，由于负载还没有超过限制 $Load_{limit}=12$，继续转动。

下一个被分组的是顾客 3。如果继续将顾客 1，2，3 分到同一组，则 $Load_1=3+5+6=14 > 12=Load_{limit}$。按照分组规则，需要一个新的组。这样在第一个组里面只有顾客 1 和 2，在第 2 组中有顾客 3，$Load_2 = 6$。

继续以上步骤，直到所有的顾客都被分配到各个组别之中。这时，可以得到如图 5-9 所示的分组结果。

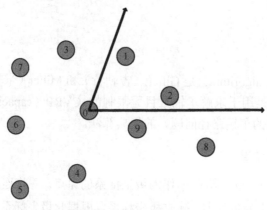

图 5-8   扫描算法求解过程

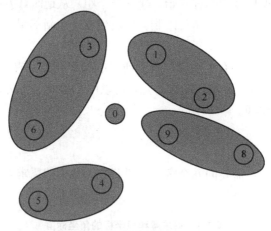

图 5-9   扫描算法求解结果

（3）对于上面的四个组，各分组内的线路问题已是一个单回路运输问题，可分别使用 TSP 模型进行路径优化。

值得注意的是，虽然供应点 0 没有被任何一个组包含，但它是任何一个组的 TSP 问题的起点和终点。

5.4.4   禁忌搜索算法

禁忌搜索（tabu search，TS）是一种用来求解组合优化问题的迭代启发式算法，最早是由 Fred Glover（弗雷德·格洛弗）引出的，其初始想法出现在 Hansen（汉森）的最速上升缓和下降启发式算法（steepest ascent mildest descent algorithm）。

禁忌搜索算法原理上十分简单巧妙，它是一种局部邻域搜索的方法。任何一个解 $S \in \wedge$ 都有与之关联的一个邻域 $N(S) \in \wedge$，邻域中的任何一个解 $S' \in N(S)$ 都可以通过初始解 S 的一个移动而得到。一般说来，邻域的关系是对称的、相互的，这就是说，如

果 S' 是 S 邻域里面的一个解,那么 S 也是 S' 邻域里面的一个解。此算法的流程如图 5-10 所示。

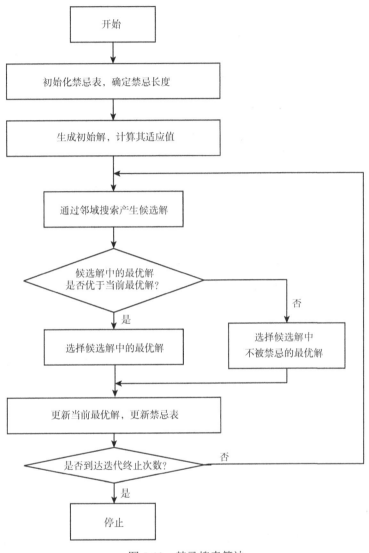

图 5-10 禁忌搜索算法

1. 算法流程

1）初始化

初始化禁忌表,确定禁忌长度。

2）产生候选解

利用局部搜索算法生成一个初始解,并计算其适应值（即解对应的目标函数值）。根据初始解,通过邻域搜索产生候选解。

3）选择最优的候选解

从所有候选解中选出适应值最优的候选解，将其与当前最优解（即从开始到现在找到的最优解）进行比较。如果优于当前最优解，那么就不考虑其是否被禁忌，用这个最优的候选解来更新当前的最优解，并且作为下一个迭代的当前解，然后将对应的操作加入禁忌表；如果不优于当前最优解，就从所有候选解中选出不被禁忌的最优解作为新的当前解，然后将对应操作加入禁忌表。

4）判断终止条件

一般终止条件为是否到达迭代终止次数，或者达到了一个时间限制。若满足终止条件，则立即停止并输出当前最优解；否则就继续进行邻域搜索产生新的候选解。

2. 关键概念

（1）尝试解（trial solution）：从当前解产生的解，它也是当前解的移动结果，符号是 S_{trial}。

（2）禁忌限制（tabu restriction）：通过选定禁忌移动中的一些属性来防止回到原来试验过的解的规则。它可以帮助搜索过程越过当前的局部最优解。

（3）破禁准则（aspiration criterion）：用于重置当前移动的禁忌状态的准则，满足准则后，可以将一个解加入禁忌表中。

（4）候选列表（candidate list）：包含了被考察的移动邻域的子集。

（5）可行邻域解（admissible neighborhood solution）：一些不满足禁忌限制，满足激活准则的邻域解。

（6）移动属性（attribute of a move）：任何可以把当前解 S 转变为尝试解 S_{trial} 的特点。

（7）禁忌期限（tabu tenure）：被禁止的特定禁忌移动属性的期限。

3. 算法特性

禁忌搜索算法是一种广义的局部搜索，在每一步搜索中，都要求找到在当前解的局部邻域 $N(S)$，在局部邻域里面的最优解被选作新的当前解。但是它有一个特点，即尽管在邻域内的最优解可能不如当前解，但禁忌搜索算法可以将邻域中的最优解作为当前解继续进行搜索，而不像一般的局部搜索方法直接终止搜索过程。同时，为了避免搜索过程的循环，最近搜索到的所有局部最优解都被存放在一个禁忌表里面，每一步向禁忌表的移动是不允许的，这样就不会出现搜索过程的循环。

禁忌表的长度是有限的，若要增加一个解到列表中，需要在禁忌表中删去一个解。当一个解被允许加入列表时，需要满足一定的激活准则，如进行费用比较，在当前解 S 比禁忌表中其他解的费用更低时，可用当前解 S 替代禁忌表中的最劣解。

禁忌搜索算法是一种亚启发式算法，不仅自己本身可以作为一个复杂问题的搜索算法，而且可以指导其他遗传算法的操作，它可以作为其他启发式算法的基础。该算法一个最为显著的特点就是指引搜索过程从当前的一个临时解演化到下一个临时解。此外，该算法可以帮助其他算法跳出当前的局部最优解，进一步得到全局的最优解。

本 章 小 结

本章围绕运输与配送系统的规划与设计，阐述了交通运输系统规划的具体模式，引入了交通四阶段模型；介绍了配送网络不同层次的结构体系、配送过程中各种规划和分析方法；引入了常见的四类运输配送路线模型，分别有 VRP 模型、节约算法、扫描算法和禁忌搜索算法。

 复习与思考题 »»

1. 阐述运输的过程中的几项重要元素及其意义。
2. 简述配送的作用。
3. 画图说明交通四阶段法的其中一种模式形态。
4. 简要介绍配送中心规划的几个阶段及其涉及的内容。
5. 简要举例运输与配送的几种路线模型并加以解释其操作过程。

参 考 文 献

[1] 徐克林. 现代物流规划与设计[M]. 上海：同济大学出版社，2015.

[2] 周跃进，陈国华，等. 物流网络规划[M]. 2 版. 北京：清华大学出版社，2015.

[3] 高自友，孙会君. 现代物流与交通运输系统[M]. 北京：人民交通出版社，2003.

[4] 谢如鹤. 物流系统分析与规划[M]. 北京：高等教育出版社，2015.

[5] 张锦. 物流规划原理与方法[M]. 成都：西南交通大学出版社，2009.

[6] 陈德良. 物流系统规划与设计[M]. 北京：机械工业出版社，2016.

[7] 高举红，王术峰. 物流系统规划与设计[M]. 2 版. 北京：清华大学出版社，北京交通大学出版社，2015.

[8] 姚冠新. 物流系统规划与设计[M]. 镇江：江苏大学出版社，2016.

[9] 蔡临宁. 物流系统规划：建模及实例分析[M]. 北京：机械工业出版社，2003.

[10]黄尧笛. 供应链物流规划与设计：方法、工具和应用[M]. 北京：电子工业出版社，2016.

第6章 供应链库存规划策略

引导案例

海尔"零库存"战略

海尔智家股份有限公司（简称海尔）是我国家电行业的头部企业之一，作为成功实现国际化的家电企业，除了重视企业自身的供应链管理策略外，其库存管理理念与方法值得关注。

海尔"零库存"战略，是我国家电行业的一大创新亮点。该战略通过实施JIT采购策略，实现高效的货物周转，降低库存成本，提升产品质量。全球统一采购、招标竞价及网络优化供应商等策略的运用，让海尔在激烈的市场竞争中脱颖而出。此外，直送工位的方式确保了生产流程的顺畅，每个生产步骤都紧密相连，有效提升了生产效率。

海尔集团凭借独特的JIT采购策略，成功构建了高效、低成本且迅捷的生产体系。在原料的配送环节，海尔创新性地采用了单元化、标准化和集装化技术，并结合自动搬运和无线通信等先进技术，确保原料的精准、高效配送。同时，借助模块化物料清单，海尔严格把控产品质量，确保每一环节都符合高标准。这种先进的原料管理方式，使海尔能够在短短四小时内实现"零库存"，大大减轻了库存压力，并以卓越的资源整合能力快速响应客户订单需求。海尔不仅注重内部优化，更借助工业互联网平台，打破供应链沟通壁垒，实时捕捉消费需求。通过不断调整发展战略，优化供应链结构，海尔成功降低了物流运输和仓储管理成本，确保了供应链的稳定与高效。

资料来源：蒋东启，黄柔峰，许家坤. 海尔COSMOPlat工业互联网与零库存战略对其供应链影响分析[J]. 新营销，2021，（17）：40-41.（有删改）

6.1　供应链库存管理概述

6.1.1　供应链库存概述

库存，在供应链中主要指在生产及流通领域中各个环节（供应商、制造商、零售商以及运输环节等）所持有的原材料、零部件、成品。

1. 供应链库存的作用

供应链中企业持有库存的主要原因如下。

（1）应对不确定性因素。由于市场需求及生产运作波动的影响，在订货周期内，若库存量较低，容易供给不足，从而出现缺货损失，此时持有一定的安全库存就显得尤为重要。

（2）调节供求差异。一条供应链上有多个节点共同参与生产运作，若某一环节产生极小的需求偏差，也会导致供应链整体产生巨大波动；此外，即使供求量不存在不确定性，由于产品运输时间较长，这也要求企业需要持有一定量的库存，以满足这段时间内的需求。

（3）提高周期服务水平。需求具有不确定性，一旦短时间内需求骤增，企业将无法满足大量订单，这不仅会造成缺货损失，更会降低服务水平，影响供应链的可持续运作，因此，企业通过持有一定的库存，从而能够提供及时、准确的货品供应服务，提高周期服务水平。

（4）带来规模经济效益。适量的库存可以帮助企业达到规模经济效益，大批量订购可以带来相应的价格折扣，大批量运输也能降低单位运输成本，此外，大规模生产还可以降低单位制造成本。

（5）降低供应链成本。若企业不存在适量库存，那么在面临紧急订单时，小批量的生产方式会导致订货成本及生产成本上升。

库存在供应链中起着重要作用，但这也不意味着库存持有越多越好或越少越好，而是讲求"适量"原则。过多的库存会导致：①占用大量流动资金；②增加仓库面积和库存持有成本；③造成产成品和原材料的有形损耗与无形损耗；④造成企业资源大量闲置；⑤掩盖企业生产经营全过程的各种矛盾和问题。此外，过少的库存也会产生许多问题，诸如：造成服务水平下降；造成生产系统原材料或其他物料供应不足；使订货周期缩短，增加订货成本。

2. 供应链库存的分类

供应链中的库存可以按照存货目的进行分类，主要分为以下几点。

（1）周期库存。为满足两次进货期间的市场需求或生产经营需要而储存的货物，其数量受市场平均需求、生产批量、资金、仓储空间、订货周期、提前期、经济运输批量、供应商的数量折扣、货物特征等多种因素的影响。

（2）安全库存。为应对需求波动或订货周期的不确定性而储存的货物，其数量与市场需求不确定性、订货周期的稳定性、生产平稳性等密切相关。

（3）季节性库存。为满足具有季节性特征的需要而持有的库存，如空调机等。此类库存，需要考虑企业生产能力与季节库存量之间的匹配。

（4）中转库存，又称运输库存。在存储点、运输中途就会存在的库存。

3. 供应链库存系统参数

供应链库存系统参数是对库存进行管理、控制的基础，主要包括周转库存、固定订货成本、库存持有成本、缺货成本（shortage cost）等。

1）周转库存

库存系统每次订货的数量被称为订货批量。周转库存是由于库存系统每次的产品订货批量 Q 大于顾客的单位时间需求量 d 而产生的平均库存量 $Q/2$。每次订货批量 Q 完全流转出库所需要的时间为平均库存量 $Q/2$ 与顾客的单位时间需求量 d 之比，即 $Q/2d$，如图 6-1 所示。

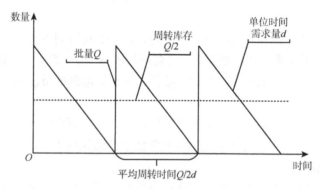

图 6-1　订货批量、周转库存与周转时间

2）固定订货成本

固定订货成本是指企业为实现订货而发生的不随订货批量变化而变化的，每次订货时都会产生的所有成本的总和，包括所有因发出或接收额外订单而增加的成本，用 S 表示。固定订货成本主要包括采购员时间成本、运输成本、收货成本以及其他成本。

3）库存持有成本

库存持有成本是指在一定时间内持有单位产品的库存所需支付的成本，用 H 表示，有 $H=h \times C$。其中，h 为单位库存持有成本，表示对 1 单位的库存产品持有 1 年的成本，C 为单位产品成本。与库存数量无关的固定成本主要包括仓库折旧、仓库职工每月的固定工资等。与库存数量有关的变动成本主要包括资金占用成本、空间占用成本、仓库搬运成本、库存服务成本。

4）缺货成本

缺货成本是指由于库存供应中断而造成的损失，用 C_s 表示。主要包括原材料供应中断而造成的停工损失、产成品库存不足而造成的延迟发货损失和丧失销售机会的损失。

5）订货点和订货批量

随着物品的出库，其库存量会下降到某一数值，这时补充活动必须着手进行，否则就会发生缺货现象，影响公司的正常运营。这个点就称为订货点，所订购的数量称为订货批量。

6）订货提前期

一旦库存量降到订货点并安排了订货，等待物品到货以补充库存，从发出订单到收到货物的等待时间称为订货提前期，或简称为提前期或交货期。它是从订货开始到收到订货批量为止的一段时间，严格来讲提前期具有不确定性和随机性，但在应用中，我们经常将它近似看成一个确定的常数。

6.1.2 库存管理的基本方法

库存管理是指通过对企业生产经营所需的各种库存进行计划和控制，使其储备量保持在经济合理的水平以获得库存服务水平与库存成本之间的平衡。常用的库存管理方法主要包括 ABC 分类法和需求-成本分类法。

1. ABC 分类法[1, 2]

19 世纪，帕累托在研究米兰的财富分布时发现，20%的人口控制了 80%的财富。这一现象被称为帕累托原理。帕累托原理在日常生活中也有所体现，如大部分决策不怎么重要，而少数决策却产生较大的影响。在库存系统中，帕累托原理同样适用，如在库存系统中，少量物资占用着大量资金。

在部分企业内，存在数万种以上的存货，而通过不断的盘点、发放订单、接收订货等工作来控制库存要耗费大量的时间和资源，因此，对每种存货都进行详细的库存分析是不经济的。当资源有限时，企业很自然地就会试图采用最好的方式，利用有限的资源来对库存进行控制。换句话说，此时企业的库存控制重点应该集中于重要物品。由此，产生了一种名为 ABC 分类法的库存管理方法。

1）ABC 分类法的原理

ABC 分类法是常用的库存分类法，该方法将企业的库存货物按照库存价值分为 A、B 和 C 三个类别，每类货物特点见表 6-1。

表 6-1　ABC 分类法中每类货物的特点

库存类型	库存价值比例	库存品种比例
A	占库存价值的 70%~80%	约占库存品种的 15%
B	占库存价值的 15%~25%	约占库存品种的 30%
C	占库存价值的 5%	约占库存品种的 55%

由表 6-1 可知，按照所控制对象价值的不同或重要程度的不同将库存货物进行分类。通常根据年耗用金额（存货价值或数量×成本）将商品分为 A、B、C 三类。A 类存货的品种数约占总品种数的 15%，但价值约占库存价值 70%~80%；B 类存货的品种数约占总品种数的 30%，价值约占库存价值 15%~25%；C 类存货的品种数约占总品种数的 55%，价值约占库存价值 5%。

某类存货的总价值的大小是衡量其重要程度的尺度。一种价格虽低但用量极大的商品可能比价格虽高但用量极少的商品重要。当根据商品的年耗用金额对库存货物进行排列时，会发现少数商品占用了大量资金，而大多数商品占用的资金却很少。

2）ABC 分类的依据

进行 ABC 分类时，通常是根据年使用费的多少来分类，对于年使用费支出高的商品，可以投入最大的精力。这些商品，可采用永续盘存法来保证精确地控制库存。

具体地，在库存管理中，ABC 分类法一般是以库存价值为基础进行分类的。但值得注意的是，这种方法并不能反映库存品种对利润的贡献度、紧迫性等情况，而在某些情况下，C 类库存缺货也可能造成较大的损失。因此，在实际运用 ABC 分类法时，需具体、灵活地根据实际情况来操作。也就是说 ABC 分类的标准并不唯一，分类的目标是把重要的商品与不重要的商品分离开来，其他指标也同样可以用来对存货进行分类。

3）ABC 分类的库存策略

将商品进行 ABC 分类，其目的在于根据分类结果对每类商品采取适宜的库存控制措施。A 类商品应尽可能从严控制，保持完整和精确的库存记录，给予最高的处理优先权等，可连续进行检查和盘点库存，采用经济批量订货，保证不存在缺货的情况。对 B 类货物需进行强化管理，可按季进行检查和盘点库存，采用经济批量订货，允许偶尔缺货。而对于 C 类商品，则尽可能简单地控制，可按年度进行检查和盘点库存，根据实际需求订货，允许在合理范围内缺货。

例如，从订货周期来考虑的话，A 类商品可以控制得紧些，每周订购一次；B 类商品可以两周订购一次；C 类商品则可以每月或每两个月订购一次。值得注意的是，ABC 分类与商品单价不一定有关。A 类商品的耗用金额很高，可能是单价不高但耗用量极大的组合，也可能是单价很高但耗用量不大的组合。与此相类似，C 类商品可能价格很低，但耗用量并不少，也可能价格并不低，但耗用量很少。对存货进行分类以后，不同类别的存货其库存策略是不同的，一般情况下，ABC 各类商品的库存策略如表 6-2 所示。

表 6-2　ABC 分类的库存策略

库存类别	库存策略
A 类	严密控制，每月检查一次
B 类	一般控制，每三个月检查一次
C 类	自由处理

此外，根据年需求库存价值和现有库存价值分别进行 ABC 分类，再将两种 ABC 分类结果组合成一个 ABC 库存分类矩阵，即扩展 ABC 分类法，如图 6-2 所示。

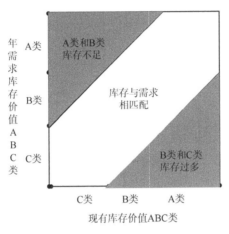

图 6-2　ABC 库存分类矩阵

在图 6-2 中，基于年需求库存价值所分的 A 类库存应与基于现有库存价值所分的 A 类库存相互匹配，落在图 6-2 中两斜线间的无阴影区域。同样，B 类库存和 C 类库存也应相互匹配，落在图 6-2 中的无阴影区域，否则该企业所备库存就是不妥当的。左上角的三角阴影区表明，一些基于年需求库存价值的 A 类库存，按现有库存价值分类时被归入了 B 类或 C 类库存，一些 B 类库存也可能被归入了 C 类库存。这表明，该企业基于年需求库存价值所分的 A 类和 B 类库存在现有库存中过少，正面临着不能满足需求的危险。相反，右下角的三角阴影区表明，一些基于年需求库存价值的 C 类库存，却被归入基于现有库存价值的 A 类或 B 类库存，而一些基于年需求库存价值的 B 类库存也可能被归入基于现有库存价值的 A 类库存。这表明企业所拥有的 B 类和 C 类库存过多，会带来较高的库存持有成本。

4）ABC 分类法的步骤

第一步，将物品按年耗用金额从大到小进行排序。

第二步，计算各种商品所占资金占全部库存所占资金额的百分比并进行累计（或进行品种百分比累计）。

第三步，按照分类标准，选择断点进行分类，确定 A、B、C 三类物品。

ABC 分类法的操作十分简单，实践证明，应用这种方法可取得显著的效果。这种方法在库存管理中应用得十分普遍。

2. 需求–成本分类法

需求–成本分类法将企业中用于销售的库存产品按照库存成本的高低和产品销售量的多少划分为四类库存，并针对不同类型的库存采取不同的库存管理策略，如图 6-3 所示。

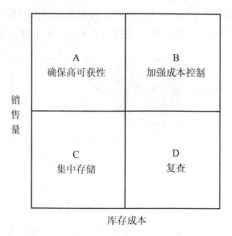

图 6-3　库存产品的需求–成本分类

由图 6-3 可见，这四类库存产品的特点以及对应的库存管理策略如下。

（1）A 类库存产品销售量大，库存成本低，对利润贡献大。对这类库存产品，应该提供高库存服务水平，并确保产品的高可获性。

（2）B 类库存产品销售量大，库存成本高，对利润贡献较小。对这类库存产品，应该减少其安全库存量，加强成本控制，以达到降低库存成本的目的。

（3）C 类库存产品销售量小，库存成本低，对利润贡献较小。对这类库存产品，应该实行集中存储，将分散在各销售网点的库存集中起来，采用快捷运输方式进行配送。

（4）D 类库存产品销售量小，库存成本高，对利润贡献小或为负值。对这类库存产品，应该考虑是否将它们从库存产品组合中剔除。

6.2　供应链中的库存管理决策[3, 4]

库存管理的主要目的是对企业物资进行有效的监控和管理，实现企业物资的有效流动和平衡，同时降低企业的运作成本，提高企业的客户服务水平。

库存管理主要考虑两个基本决策问题，一个是"订多少货"的问题，另一个是"什么时候订货"的问题。以下部分所描述的各种模型就是回答这些问题。

关于"订多少货"的问题，有两种基本的库存模型，分别是：定量订货模型[也称定量订货系统、经济订货批量（economic order quantity，EOQ）]和定期订货模型[也称定期订货系统、定期盘点系统、固定订货间隔（fixed-order-interval，FOI）模型]。二者的基本区别是，定量订货模型是"事件驱动"，而定期订货模型是"时间驱动"。也就是说，当到达规定的再订货水平的事件发生后，定量订货模型可进行订货，这种事件有可能随时发生，主要取决于对该物资的需求情况。相比而言，定期订货模型只限于在预定时期期末进行订货，是由时间来驱动的。关于"什么时候订货"的问题则是订货点选择的问题。

6.2.1　经济订货批量模型[5]

经济订货批量模型是哈里斯（Harris）于 1915 年提出的，该模型在企业界得到了广泛的应用，虽然企业的运作环境发生了很大的变化，也遇到了很多的挑战，但是它现在仍然是一种简单有效的订购批量确定方法。该模型主要按照不同订货批量，使年总成本最小化，从而估计出最优订货量。

1. 确定性需求的经济订货批量模型

该模型是经济订货批量模型中最简单的模型，主要用于识别使库存的年持有成本与年订货成本之和最小的订货批量。其基本假设如下。
（1）需求已知，并且是常量。
（2）提前期固定不变。
（3）不允许缺货，且货品的补货是瞬时完成的。
（4）订货或生产都是批量进行的。
（5）货物是单一产品且无数量折扣。

在该模型下，库存的订购与使用循环发生，多个库存循环如图 6-4 所示。循环始于收到 Q 单位的订货量，随着时间的推移以固定速率逐渐消耗。当持有量只够满足提前期的需求时，Q 单位的订货单将被发送至供应商。假定使用速度与提前期不变，所订货物会在库存持有量变为零时及时地收到。因此，合理安排订货时机，可避免库存过剩和缺货的现象。

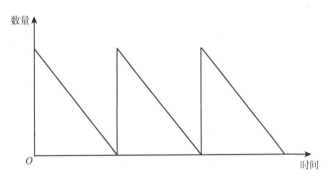

图 6-4　确定性需求的经济订货批量模型下的库存状态

最优订货量反映了年持有成本与年订货成本之间的平衡。当订货量变化时，一种成本会上升同时另一种成本会下降。比如，假如订货量比较小，平均库存就会比较低，年持有成本也相应较低。但是，订货量小必然导致经常性的订货行为，这又迫使年持有成本上升。相反，偶尔发生的大量订货使年订货成本缩减，但也会导致较高的平均库存水平，从而使年持有成本上升。

因此，理想的解决方案是设置合适的订货量使得订货次数处于一个较平衡的水平，既不能使订货次数太多又不能使订货次数太少。具体订货量取决于年持有成本与年订货成本的大小。

现定义：TC 为年总成本；D 为需求量（每年）；C 为单位产品成本（价格）；Q 为订货批量（最佳批量称为经济订货批量 Q_{opt}）；S 为生产准备成本或订购成本；H 为单位年持有成本。

年持有成本等于库存平均持有量与单位年持有成本的乘积。平均库存是订货批量的二分之一。库存持有量平稳地从 Q 单位降至 0 单位，因此，平均数便是$(Q+0)/2$，即 $Q/2$。用字母 H 代表每单位的年持有成本，那么年持有成本为

$$年持有成本=\frac{Q}{2}H$$

因此，年持有成本是一个关于 Q 的线性函数，具体见图6-5。

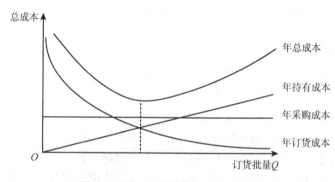

图 6-5　基于订货批量的年产品成本

此外，一旦订货批量增大，年订货成本就会下降，因为对于给定的年总需求来说，订货批量越大，所需订货次数就越少。一般情况下，年订货次数等于 D/Q。年订货成本不像年持有成本，对订货批量反应比较迟钝；无论订货量是多少，特定活动都得照样进行，如确定需求量、定期评价供应源、准备发货单等。即使检查货物以验证质量与数量特性也不受订货批量多大影响，因为大量货物只抽样检验，并不全部检查。因此，年订货成本是固定的，年订货成本是年订货次数与每次订货成本的函数。

$$年订货成本=\frac{DS}{Q}$$

年订货次数（D/Q）随 Q 上升而下降，因此，年订货成本与订货批量负相关，如图6-5所示。

年总成本由库存的持有、订货、采购三部分组成，当每次订货 Q 单位时，则年总成本=年采购成本+年订货成本+年持有成本，即

$$TC = DC + \frac{DS}{Q} + \frac{QH}{2}$$

在模型的建立过程中，关键是确定最优（经济）订货批量 Q_{opt}，使年总成本最小。如图 6-5 所示，年总成本曲线呈"U"形（即有一个最小值的凹曲线），并且在年持有成本与年订货成本相等的订货量上达到最小值。运用微积分可以得到最优订货批量的计算公式。

$$\frac{dTC}{dQ} = 0 + \left(-\frac{DS}{Q^2} \right) + \frac{H}{2} = 0$$

即

$$Q_{opt} = \sqrt{\frac{2DS}{H}}$$

因此，给定年总需求、每批订货成本和每单位年持有成本，就能算出最优（经济）订货批量。

在该模型中订货循环的时间长度（即订货时间间隔）为

$$订货循环的时间长度 = \frac{Q}{D}$$

因为该模型假定需求和提前期固定，且没有安全库存，则再订货点（reorder point，ROP）R 为

$$R = dL$$

其中，d 为日平均需求量（常数）；L 为用天表示的提前期（常数）。

2. 经济生产批量模型

在生产中大量使用的是批量生产模式。即使在组装生产运作中，也有部分工作是进行批量生产的。这么做的原因是在确定的条件下，生产某个零部件的实际通过率要超过该零部件的使用率或需求率。只要生产继续下去，库存就会继续增加。在此条件下，对这样的零部件进行批量生产就有意义了。

在该模型中补货不再是瞬时完成的，而是通过持续接收生产零部件进行捕获，经济生产批量模型的假设和经济订货批量模型的假设是基本相同的。这些假设如下。

（1）涉及一种产品。

（2）年需求量已知。

（3）使用率是固定的。

（4）使用持续进行，但生产是分期进行的。

（5）生产率是固定的。

（6）提前期不变。

（7）没有数量折扣。

如图 6-6 所示，在生产周期中，库存的形成速度等于生产率和使用率之差。只要生产进行，那么库存水平就会持续增加；当生产停止时，库存水平就会开始下降。因此，

库存的最高水平就出现在生产的停止点。当掌握的库存数量用光的时候，生产就会继续，生产周期又开始循环。

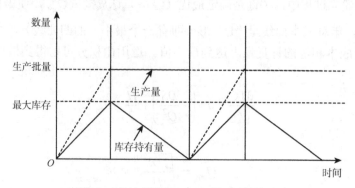

图 6-6　持续补货情况下的经济生产批量

现定义：I_{max} 为最大库存；p 为生产或交货速度；u 为库存使用速度；D 为需求量（每年）；Q 为生产批量（最佳批量称为经济生产批量 Q_{opt}）；S 为生产准备成本或订购成本；H 为单位年持有成本。

因为公司自行生产，所以不会发生订货成本。虽然如此，每一批次运作都有准备成本。备货成本类似于订货成本，因为它们都独立于批量（运作）规模。其公式表示方式相同，运作规模越大则所需运作次数越少，年准备成本也越低。年运作次数是 D/Q，年备货成本等于年运作次数乘以每次准备成本：$(D/Q)S$。

总成本是

$$TC_{min} = 年持有成本 + 年备货成本 = \left(\frac{I_{max}}{2}\right)H + \left(\frac{D}{Q}\right)S$$

则经济生产批量为

$$Q_{opt} = \sqrt{\frac{2DS}{H}}\sqrt{\frac{p}{p-u}}$$

经济运作量模型的循环时间（订货间隔时间或运作开始间隔时间）是关于经济生产批量与使用（需求）速度的函数：

$$循环时间 = \frac{Q_{opt}}{u}$$

类似地，运作时间（循环中的生产阶段）是关于经济生产批量与生产速度的函数：

$$运作时间 = \frac{Q_{opt}}{p}$$

在整个过程中，最大库存及平均库存水平分别为

$$I_{max} = \frac{Q_{opt}}{p}(p-u)$$

$$I_{average} = \frac{I_{max}}{2}$$

3. 非确定需求的经济订货批量模型——ROP 的确定

经济订货批量模型回答了订多少货的问题，但还没有回答何时订货的问题。后者是确定一个 ROP：一旦库存持有数量降至某一事先确定的水平，就会发出一个再订货。该问题也被称为 ROP 模型。如图 6-7 所示，这个库存水平一般包括提前期及额外可能库存的期望需求，额外库存用于减少提前期内的缺货可能。订货的目的是，在库存持有量能够满足等待订货期间（即提前期）的需求时下订单。再订货数量取决于以下四个因素：需求率（通常基于预测）、提前期、需求范围与提前期的变异性、管理者可以接受的缺货风险程度[6]。

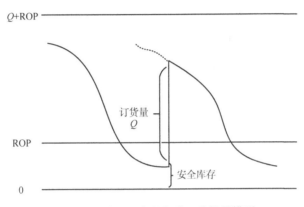

图 6-7　非确定需求的经济订货批量模型

1）需求率与提前期为常数时，ROP 的确定

在这种情况下，ROP 的确定就很简单：

$$\text{ROP} = d \times \text{LT}$$

其中，d 为需求率（每天或每周需求量）；LT 为提前期天数或周数。

2）需求率与提前期为非常数时，ROP 的讨论

一旦需求率或提前期发生变化，实际需求就有可能超过期望需求。因此，为减小提前期内的缺货风险，持有额外库存即安全库存十分必要。于是，ROP 应该再增加一个安全库存量：

ROP=提前期内的期望需求+安全库存

由于持有安全库存需要付出持有成本，因此无限量地持有安全库存是有悖于"用最小的成本，实现最大的经济利益"，因此，管理者务必仔细权衡持有安全库存的成本与遭遇缺货风险的损失，来确定持有安全库存的量。特定条件下的安全库存量取决于以下因素：平均需求率与平均提前期、需求率或提前期的变异性、想要达到的服务水平。对于特定的订货周期服务水平，需求率或提前期变异性越大，则达到该服务水平所需的安全库存量也越大。同样，对应于特定需求率或提前期的变异性，提高服务水平需要增加安全库存量。服务水平的选择也许会反映为缺货成本（如损失销售额、使顾客不满等），

还有可能只是一个政策变化（如管理者希望某库存细项达到特定服务水平）。

随着缺货风险的降低，顾客服务水平会相应上升。订货周期服务水平（service level）的定义是，提前期内的需求不超过供给的可能性（即库存持有量足以满足需求）。因此，95%的服务水平表示，提前期内需求不超过供给的可能性为95%。而缺货风险与服务水平是互补的：95%的客户服务水平表示缺货风险为5%。也就是说：

$$服务水平=1-缺货风险$$

3）提前期内需求的期望与标准差已知时，ROP 的确定

此时，安全库存可以用 $z\sigma_{d\,\mathrm{LT}}$ 表示，则 ROP 为

$$ROP = 提前期内的期望需求 + z\sigma_{d\,\mathrm{LT}}$$

其中，z 为安全系数；$\sigma_{d\,\mathrm{LT}}$ 为提前期内需求的标准差。

该模型通常假定，需求率或提前期的变异性能用正态分布来描述。如图 6-8 所示，z 值取决于管理者愿意承担的缺货风险。一般情况下，管理者愿意承担的风险越小，则 z 值越大。从附录中得到 z 值，就能给定关于提前期的希望服务水平。

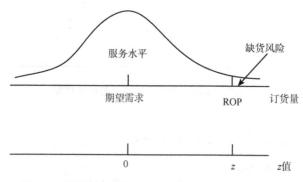

图 6-8　提前期内需求的期望与标准差已知时的 ROP

4）提前期与需求率不全确定时，ROP 的确定

如果提前期的需求是不确定的，则上式就不适用了。然而从每天、每周或一个提前期的需求中，通常都可以得到所需数据。利用这些数据，管理者就能够确定需求率与提前期中一个或两个是否为变量，而且可以确定与这种变量有关的标准差。这种情形下，当需求率和提前期互相独立时可使用以下公式。

现定义：d 为日或周需求；σ_d 为日或周需求的标准差；$\bar{d}$ 为平均日或周需求；LT 为提前期天数或周数；σ_{LT} 为提前期天数或周数的标准差；$\overline{\mathrm{LT}}$ 为提前期平均天数或平均周数；z 为安全系数，其值大小由服务水平 SL 决定。

如果只有需求率为变量，则

$$ROP = \bar{d} \times LT + z\sigma_d \sqrt{LT}$$

如果只有提前期为变量，则

$$ROP = d \times \overline{LT} + zd\sigma_{\mathrm{LT}}$$

如果需求率与提前期均为变量，则

$$ROP = \overline{d} \times \overline{LT} + z\sqrt{\overline{LT}\sigma_d^2 + \overline{d^2}\sigma_{LT}^2}$$

除了上述的几种经济订货批量模型，还有考虑数量折扣的经济订货批量模型，本书不再详细介绍。

6.2.2　固定订货间隔模型[7]

在需求确定的情况下，采用连续检查控制方式或周期检查控制方式，其实际的库存控制策略是相同的，但在需求不确定的情况下，采用周期检查控制方式，其库存控制决策的基本机理不同于前两种系统，采用固定的订货周期，每次的订货批量根据现有库存量不同及需求变化而变化（图 6-9），形成固定订货间隔模型。

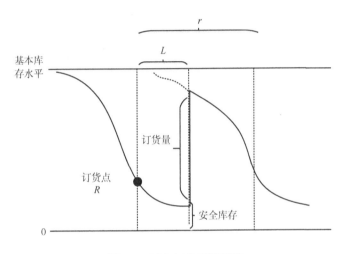

图 6-9　固定订货间隔模型

ROP 模型是在当库存降低到 ROP 时进行补货，而固定订货间隔模型则是每经过一个固定的周期，就进行一次补货，使库存水平达到既定水平，因此在固定订货间隔模型中，库存控制决策需要确定的是订货周期和目标库存水平。

1. 订货周期的确定

确定订货周期通常要考虑生产经验，并尽可能与计划的周期同步，常见的订货周期是月或者季度，以便于定期进行盘点和采购物资。当然，根据经济订货批量计算出的经济订货次数也可以作为确定订货周期的参考因素。

$$经济订货次数 = \frac{年需求量}{经济订货批量}$$

$$订货周期 = \frac{1}{经济订货次数}$$

2. 目标库存水平的确定

由于固定订货间隔模型的库存储备量的变化波动较大,因此,一旦订货周期确定后,日常的库存控制工作主要就是确定每次的进货量,控制库存的总体水平。此时的订货批量,要满足两方面的用途:一部分用于满足订货周期加上订货提前期内的平均需求量,另一部分用于满足安全库存。具体的计算原则与非确定性需求订货点的计算原则相似,只是在具体的计算处理上有所区别。如计算经常性库存量时,不仅要满足订货周期的平均需求量,还要加上订货提前期内的平均需求量。

现定义:L 为订货提前期;r 为补货周期;σ_d 为日或周需求的标准差;$\bar{d}$ 为平均日或周需求;z 为安全系数;Q 为订货批量;M 为目标库存水平;A 为订货时库存持有水平。

因此每次检查库存后提出的订货批量为

$$\text{订货批量}=\text{目标库存水平}-\text{订货时库存持有水平}$$

$$\text{订货批量}=\text{订货周期及提前期内的期望需求}+\text{安全库存}-\text{订货时库存持有水平}$$

即

$$Q = M - A = \bar{d}(r+L) + z\sigma_d\sqrt{r+L} - A$$

在整个过程中,可得如下公式。

最低库存水平即安全库存水平:$z\sigma_d\sqrt{r+L}$。

最高库存水平即补货完成后的库存水平:$\bar{d}r + z\sigma_d\sqrt{r+L}$。

平均库存水平则为:$\dfrac{\bar{d}r}{2} + z\sigma_d\sqrt{r+L}$。

6.2.3　单周期随机需求库存模型——报童模型[8]

对于单周期需求来说,库存控制的关键在于确定订货量。订货量就等于预测的需求量。由于预测误差的存在,根据预测确定的订货量和实际需求量不可能一致。如果需求量大于订货量(即订货量过少),就会失去潜在的销售机会,导致机会损失——即订货的机会成本。另外,假如需求量小于订货量(即订货量过多),所有未销售出去的物品将可能以低于成本的价格(即残值)出售,甚至可能报废还要另外支付一笔处理费。这种供过于求导致的费用称为超储成本。显然,最理想的情况是订货量恰恰等于需求量。该模型则在数学中被称为报童模型。

单周期分析通常集中于两种成本:缺货与过期。缺货成本包括对顾客信誉的损害与错过销售的机会成本。一般情况下,缺货成本只指每单位的未实现利润,即

$$\text{缺货成本}\,C_s=\text{单位销售价格}-\text{单位成本}$$

如果缺货与用于生产的细项或机器备件有关,那么缺货成本就指错过生产的实际成本。

过期成本(excess cost)与期末剩余的细项有关。实际上,过期成本是购买成本与残值之差,即

$$\text{过期成本}\,C_e=\text{单位成本}-\text{单位残值}$$

如果处置过期细项时发生了费用,则残值为负,并由此增加单位过期成本。

该模型目的是确定订货量或库存水平，使期望的过期成本与缺货成本最小。在该模型中，需求分为均匀连续发生以及离散发生两种，本书主要介绍需求为连续发生时的分析情况。

现定义：c 为单位货品成本；r 为销售单位货品收入；s 为单位残值（即未卖出的货品将以残值处理）；d 为周期内需求（未知）；q 为订货量；$P(A)$ 为 A 事件发生的概率。

其具体推导过程如下。

当对于订货量 q，当订货量小于需求量时，所有的货品都会被卖出，此时利润为 $q(r-c)$，而如果订货量小于需求量，仅有 d 单位的货品被卖出，剩余 $(q-d)$ 单位只能以残值 s 处理，此时利润为 $d(r-c)+(q-d)(s-c)$。而基于此，当我们在订货量 q 的基础上再增加 1 单位货品。如果此时订货量$(q+1)$小于需求量，那么增加的利润为 $r-c$，反之，为 $s-c$。那么在订货量 q 的基础上再增加 1 单位货品所带来的预期增加的利润为

$$P(d>q)(r-c)+P(d\leqslant q)(s-c)$$

令 $P(d>q)(r-c)+P(d\leqslant q)(s-c)=0$，解得

$$服务水平 SL = P(d\leqslant q)=\frac{r-c}{r-s}=\frac{r-c}{(r-c)+(c-s)}=\frac{C_s}{C_s+C_e}$$

由此可预测出周期内需求量，进而确定订货量。

6.3　供应链环境下的库存控制[9]

由于供应链管理环境下的库存管理和传统的库存管理模式的差别，以及库存管理所面临的新问题，所以为了适应现代供应链管理的要求，供应链库存管理方法必须进行相应的改变。国内外企业的理论研究及实践经验得出了多种先进的供应链库存管理技术与方法，包括多级库存管理、供应商管理库存（vender managed inventory，VMI）、联合库存管理（jointly managed inventory，JMI）等。

6.3.1　供应商环境下的多级库存管理

供应链管理的目的是使整个供应链各个阶段的库存最小，但是现行的企业库存管理模式是从单一企业内部的角度考虑库存问题，因而并不能使供应链整体达到最优。而多级库存的优化与控制是在单级库存控制的基础上形成的，是一种对供应链资源进行全局性优化的方法，因此，有利于实现整个供应链整体最优。多级库存系统根据不同的配置方式，可分为串行系统、并行系统、纯组装系统、树形系统、无回路系统和一般系统。

1. 多级库存控制的策略

多级库存控制的策略有两种：一种是非中心化（分布式）策略，另一种是中心化（集

中式）策略。非中心化策略可描述为：各个库存点独立采取各自的库存策略，这种策略在管理上比较简单，但是并不能保证实现整体的供应链优化，如果信息的共享度低，多数情况产生的是次优的结果，因此，非中心化策略需要更多信息共享。而中心化策略则是考虑了各个库存点的相互关系，通过协调的办法来获得库存的优化。但是中心化策略在管理上协调难度较大，特别是多层次供应链的情况，当供应链的长度增加时，将增加协调控制的难度。

2. 多级库存控制应注意的问题[10]

供应链的多级库存控制应考虑以下几个问题。

（1）库存优化的目标。传统的库存优化无一例外的是进行库存成本的优化，在强调敏捷制造、基于时间的竞争条件下，这种成本优化策略是否适宜？供应链管理的两个基本策略 ECR（efficient consumer response，有效客户反应）和 QR（quick responsive，快速反应）都集中体现了顾客响应能力的基本要求，因此，在实施供应链库存优化时要明确库存优化的目标是什么——成本还是时间？成本是库存控制中必须考虑的因素，但是在现代市场竞争环境下，仅优化成本这样一个参数显然是不够的，应该把时间（库存周转时间）的优化也作为库存优化的主要目标来考虑。

（2）明确库存优化的边界。供应链库存管理的边界即供应链的范围。在库存优化中，一定要明确所优化的库存范围。供应链的结构有各种各样的形式，有全局的供应链，包括供应商、制造商、分销商和零售商各个部门；有局部的供应链，分为上游供应链和下游供应链。在传统的多级库存优化模型中，绝大多数的库存优化模型是下游供应链，即制造商（产品供应商）—分销商（批发商）—零售商的三级库存优化，很少使用零部件供应商—制造商的库存优化模型。在上游供应链中，主要考虑的问题是供应商的选择。

（3）多级库存优化的效率问题。理论上，如果所有的相关信息都是可获得的，并把所有的管理策略都考虑到目标函数中去，中心化的多级库存优化的策略要比基于单级库存优化的策略（非中心化策略）效果更好。但现实情况未必如此，当把组织与管理问题考虑进去时，管理控制的幅度常常是下放给各个供应链的部门独立进行的，因此，多级库存控制策略的好处也许会被在组织与管理方面的考虑抵消。因此，简单的多级库存优化策略并不能真正产生优化的效果，具体还需要对供应链的组织、管理进行优化，否则，多级库存优化策略效率是低下的。

（4）明确的库存控制策略。在单库存点的控制策略中，一般采用的是周期性检查 (t, S) 策略、连续性检查策略和综合库存 (t, R, S) 策略。周期性检查策略即每隔一定时期 (t) 检查一次库存，并发出一次订货请求，把现有库存补充到最大库存水平 (S)；连续性检查策略主要有连续性检查的固定订货量 (Q)、固定订货点 (R) 策略和连续性检查的固定订货点 (R)、最大库存 (S) 策略，分别简称为 (Q, R) 和 (R, S) 两种策略；综合库存策略是 (t, S) 策略和 (R, S) 策略的总和，即每隔一定时期 (t) 检查一次库存，若库存低于固定订货点 (R)，则发出订货请求，把现有库存补充到最大库存水平 (S)，否则不订货。这些库存控制策略对于多级库存控制仍然适用。但是，到目前为止,关于多级库存控制,都是基于无限能力假设的单一产品的多级库存,对于有限能力的多产品的库存控制是供应链多级库存控制的难点。

6.3.2　VMI

1. VMI 的基本思想

在传统的库存控制模式中,供应链各节点企业在制定库存控制策略时是相互独立、各自为政的。每个企业各自管理各自的库存,零售商、批发商、供应商都有自己的库存,也都有自己的库存策略,库存控制决策是由库存拥有者做出的。因为企业无法准确获取顾客需求与供应的匹配状态,所以需要库存,库存设置与管理也是由同一企业完成。这种库存管理模式并不总是最优的,虽然供应链上每一个企业独立地保护其各自的利益不受意外干扰是有效的,但这样做的结果影响了供应链整体的优化运作。供应链上的各个企业根据各自的需求独立运作,导致重复建立库存,因而不能产生供应链整体的最低成本,整个供应链系统的库存会随着供应链长度的增加而发生需求扭曲。为了突破传统的系统条块分割的库存管理模式,以系统的、集成的管理思想进行库存管理,使供应链系统做到同步化地运作,在 20 世纪末期,出现了一种新的供应链库存管理方法——VMI。

VMI 是一种以用户和供应商双方都获得最低成本为目的,在一个共同的协议下由供应商负责库存的管理,并不断监督协议执行情况和修正协议内容,从而持续地改进库存管理的合作性策略。它打破了传统的各自为政的库存管理方法,是一种供应链集成化运作的决策代理模式,体现了供应链管理的集成化思想,它把客户的库存决策权转移给供应商,由供应商代理分销商或批发商行使库存决策权,使供应链系统能够获得同步化地运作,是一种新的有代表性的库存管理策略。VMI 的运作模式见图 6-10。

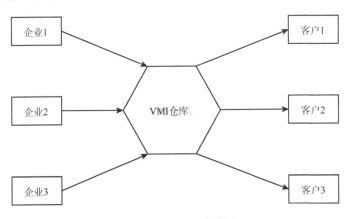

图 6-10　VMI 运作模式

如图 6-10 所示,VMI 是以供应商为代表的上游企业基于其下游客户的生产经营和库存信息,对下游客户的库存进行管理和控制。它实际上是以双方最低成本为目标,在一个共同的框架协议下将下游企业的库存决策权转移至上游供应商,由供应商行使库存决策权。VMI 的目标是通过供需双方的合作,试图降低供应链的总库存而不是将客户的库存迁移到供应商的仓库里。本质上,它将多级供应链问题转换成单级库存管理问题。

VMI 的核心思想主要体现在以下原则中。

(1)信任和合作原则。VMI 模式将下游企业的库存决策权转移给上游供应商,如果没有相互之间的信任,仍然使用各自为政的管理模式,VMI 就无法有效实施。因此,在实施该策略时,相互信任与信息透明是非常重要的,供应商和顾客都应具备较好的合作精神,才能够保持较好的合作。

(2)互惠原则。VMI 解决的不是关于成本如何分配或由谁来支付的问题,而是关于如何减少成本的问题。通过该策略可使双方的成本都得到减少,实现双赢。

(3)目标一致原则。双方的目标要一致,在这个前提条件下,责任也要明确。例如,库存放在哪里、什么时候支付、是否需要管理费、要花费多少等问题都要回答,并且体现在框架协议中。

(4)总体优化原则。也就是要使供需双方能共同努力消除浪费并共享收益。VMI 模式的主要思想是供应商在顾客的允许下设立库存,确定库存水平和补给策略,并拥有库存决策权。

VMI 是一种运用供应链集成化管理的思想来进行决策的代理模式,对牛鞭效应具有一定的消除作用。牛鞭效应产生的直接原因是需求预测修正。供应链上的企业都要向其相邻的上游企业订货,如果企业仅单纯地将其相邻下游企业的订货批量作为需求信息进行决策,需求就被放大了。VMI 的主要思路是将库存决策权交由供应商掌握,是由供应商来管理顾客的库存模式,供应商代理顾客行使库存决策权。在该模式下,供应商与顾客紧密合作,顾客将获得的市场需求信息及时传递给供应商,供应商可以与顾客共享其销售数据、库存数据及当前的存货数据,从而供应商能以此预测市场需求量、确立库存水平,主动实现对顾客的补货行为并做出恰当的生产供应决策,而不是被动地接受顾客的订单。VMI 打破了传统的先有订单再补货的供应模式,这种以实际或预测的市场需求作为补货依据的方式,消除了传统方式下需求信息由顾客向供应商的传递过程中需求信息的放大和扭曲现象,从而极大地削弱了牛鞭效应的不利影响。

2. 实施 VMI 的意义[11]

1)降低成本

在传统的库存管理模式中,少数大订单会迫使制造商持有超额的生产能力或冗余的库存量,以保证满足客户订货需求。在这种情况下,制造商的成本很高。而实施 VMI 后,制造商可以直接接触下游企业真正的需求信息,补货频率由每月提高到每周甚至每天,制造商可以看到更为平滑的需求信号,平衡产品生产的高峰和低谷,保持小规模的生产能力和库存水平,从而减少生产和库存成本。

VMI 也能降低运输成本。因为供应商可以自主地协调补货过程,而不是被动地响应客户的订单，这样通过合理的管理，供应商可以提高货车满载率，减少零担运输，并且通过实施更有效的路径规划，实现运输线路的优化，降低运输成本。

2）改善服务

通过实施 VMI，客户可以省去传统订货模式中多余的订货量和控制步骤，将精力和资源转向核心业务，从而提高服务水平；供应商拥有库存控制权，可以通过有效的库存管理，协调对多个客户的供应和配送。例如，相对于小额订单，可以先完成大额补货订单。类似地，相对于非重要订单，重要订单要保证及时送达。由于供应商能协调所有成员的需求，有效地安排客户需求的优先顺序，这样整个系统的绩效将得到提高。

VMI 为解决现有问题提供了更有效的方法，进一步提高了服务水平。在 VMI 中，供应商可以掌握整体库存的配置（分布），这样就可以实现在一个客户的配送中心之间或多个客户的配送中心之间的库存的平衡。例如，当客户将货物返还给供应商时，供应商可以将其供给另一位客户，这时就实现了库存平衡。而这种方法最坏的结果也就是多了一次运输成本而已。

3. 影响 VMI 实施的因素[12]

（1）需求可变性：需求可变性因素是影响 VMI 实施的重要因素之一。许多学者的研究调查结果表明，VMI 在产品需求稳定的企业之间实施比较容易和有效。

（2）再订货间隔周期：由于实现 VMI 服务水平的安全库存数量与再订货间隔周期和需求的可变性之间是成正比的，因此，再订货间隔周期的长度即可变性需求的一个周期时间，是一个需要考虑的关键因素，可以通过缩短再订货间隔周期的时间来降低供应商和零售商的库存水平。

（3）下游客户的数量：随着越来越多的企业对 VMI 产生了兴趣，企业要求供应商实施 VMI，这对于供应商的生产能力与信息网络都有了更高的要求，如何分配资源对于供应商来说是一种挑战。

（4）信息的有效性：在相当大的程度上，信息的长期有效性影响了 VMI 的实施效果。当终端的需求变化很大或订单数量很多或很少时，信息的价值是很低的。同样，如果制造商的生产能力很低，无法调整生产信息中所提供的需求波动量，信息同样没有什么价值。当终端的需求变化和订单大小比较适中时，此时的信息是最有价值的。

（5）供应商产量和产品的灵活性：供应商的灵活性是实现供应链绩效的一个关键因素，也是实现 VMI 合作关系的重要因素。供应商灵活性的衡量指标主要是两个方面，一个是对需求量变化的反应能力，另一个是对产品品种变化的反应能力。具备这两种反应能力可以实现对变动需求的迅速响应，满足客户的需要，使 VMI 真正地发挥作用。

4. 实施 VMI 的步骤[13]

实施 VMI 的运作策略，需要做到以下几点。

第一，建立顾客信息系统。供应商要有效地管理销售库存，就必须能够获得顾客的有关信息。通过建立顾客的数据库，供应商能够掌握顾客需求变化的有关情况，把由下游客户进行的需求预测与分析功能集成到供应商的系统中。

第二，建立物流网络管理系统。供应商要很好地管理库存，就必须建立起完善的物流网络管理系统，保证产品需求信息的可获得性和物流的流畅性。目前已经有很多企业开始采用 MRP II （manufacturing resources planning，制造资源计划）或 ERP 系统，这些系统都集成了物流管理功能，通过对相关功能的扩展，就可以建立完善的物流网络管理系统。

第三，建立供应商与下游客户的合作框架协议。供应商和下游客户通过协商，确定订单处理的业务流程以及供应商运作的一系列标准，如订单处理时间、库存信息的传递方式、补货点、最低库存水平等。除此之外，还应设定一系列条款来规范双方企业的行为，如拟订罚款条约，包括供应商如果在运输配送中出现差错，将如何对其实施罚款；买方企业如果传送错误的产品销售信息，将如何对其实施罚款等。

第四，组织结构的变革。对于供应商来说，VMI 改变了供应商的组织模式，在订货部门产生了一个新的职能负责控制下游客户的库存，实现库存补给和高服务水平；对于其下游客户来说，企业中的库存和仓储人员可能认为 VMI 对他们在企业中的地位是一种威胁，因此要对他们的工作进行适当的安排和调整，从而有效地实施 VMI。

5. VMI 的运作模式[10, 14]

1）"供应商—制造商" VMI 模式

这种模式是指制造商作为 VMI 的主导者，要求其零部件供应商自行管理本企业所需的各种零部件的库存。在此过程中，制造商可根据自己的生产需要，对零部件库存量设定一个上限和下限，零部件供应商管理库存时，库存量不得超越上限，也不得低于下限。

"供应商—制造商" VMI 模式应用的前提条件是：制造商生产规模较大；生产比较稳定，即每天对零部件的需求量变化不是很大；要求供应商每次供货数量要小、供货频率要高、服务水平要高，一般不允许发生缺货现象。

供应商为了满足制造商的条件，往往不得不在制造商的周边建设仓库，如图 6-11 所示。在该模式下，制造商一般拥有较多的零部件供应商，如果每个供应商都设置仓库，这会造成库存资源的重复配置和浪费。而且这些供应商各自供应，可能会造成制造商生产环节的不匹配，导致生产线中断。

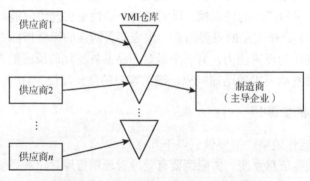

图 6-11 "供应商—制造商" VMI 模式

因此，为了解决上述问题，通常会在制造商附近建立一个 VMI HUB（VMI 专用仓库）。这个仓库可以是制造商自建仓库，也可以是第三方物流公司提供的公共仓库。其运作流程如图 6-12 所示。

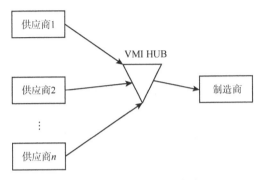

图 6-12　VMI HUB 的运作流程

采用 VMI HUB 可以带来以下效果。①缓冲作用。如果没有 VMI HUB，由于一个制造商面临多个供应商，并且制造商对供货频率要求较高，那么可能会出现多家供应商同时将零部件送达的情况，从而造成拥挤、混乱的卸货现象，给企业的正常工作带来极大不便。有了 VMI HUB 后，VMI HUB 管理者会进行统筹安排，以合理的配送方式避免以上现象。②增加深层次的服务。各供应商将零部件送到 VMI HUB 后，VMI HUB 会对这些零部件进行拣货和配货，即按照制造商的要求把零部件按照成品的比例配置好，然后发送给制造商，这样就提高了制造商的生产效率。

2）"制造商—零售商"VMI 模式

这种模式是指制造商作为 VMI 的主导者，为了掌握顾客的实际需求信息，将零售商的库存纳入自己的管理范围，负责对零售商的库存系统进行检查和补充，并以此为依据，安排生产及订货活动。"制造商—零售商"VMI 模式如图 6-13 所示。

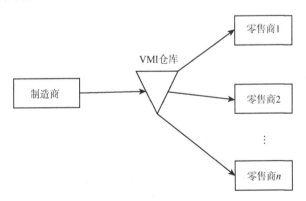

图 6-13　"制造商—零售商"VMI 模式

采用"制造商—零售商"VMI 模式，制造商能够迅速知晓零售商的销售量、库存量等信息，这样制造商不仅可以及时制订出符合市场需求的生产和研发计划，同时也能对零售商的库存进行单品管理，做到连续补货，防止出现商品结构性机会成本（即滞销商品库存过多，与此同时畅销商品断货）。而零售商可以从原来繁重的物流作业中解放出来，专心经营销售活动。同时，在该模式下制造商和零售商之间不用就每笔交易的条件（如配送、价格问题等）进行谈判，大幅缩短了补货时间。

　　"制造商—零售商" VMI 模式多出现在制造商是一个比较大的产品制造者的情况下，制造商具有庞大的生产规模和雄厚的经济实力，完全能够承担起管理 VMI 的责任。与"供应商—制造商" VMI 模式相比，该模式一般不需要建造 VMI HUB 这个中枢环节。因为对零售商而言，不同的供应商所提供的产品一般是相互独立的，不会同时被需要，所以协调不同供应商的产品不是该模式的重点内容，而"供应商—制造商" VMI 模式中各供应商提供的不同零部件需要同时获得、搭配使用以用于生产最终产品。

　　3）"核心企业—分销商" VMI 模式

　　这种模式是指由核心企业充当 VMI 中的供应商角色，由核心企业收集各个分销商的销售信息并进行预测，然后按照预测结果对分销商的库存进行统一管理与配送。由于这种情形下的供应商只有一个，所以不需考虑在分销商附近设置仓库的问题。核心企业可以根据各个分销商的实际情况，统一协调对不同分销商的配送问题。同时，可以保证每批次都是以经济批量的方式发货，每次配送的路线都可以调整为最佳配送路线。

6.3.3　JMI

1. JMI 的基本思想

　　JMI 是一种风险分担的库存管理模式。JMI 强调从供应链整体的角度出发，注重的是供应链上各方的同时参与，库存控制计划由各方共同制订，使供应链过程中的每个库存管理者都从相互之间的协调性考虑，以实现整个供应链的同步化运作，从而有效削弱需求信息的扭曲及供应链环节间的不确定性所引起的库存波动影响，提高供应链整体运作效率。

　　JMI 的思想可以从分销中心的联合库存功能谈起。地区分销中心体现了一种简单的 JMI 的思想。在传统的分销模式中，分销商根据市场需求直接向工厂订货，货物需要经过一段较长时间才能到达。为了保证顾客购买时不发生缺货，各个分销商不得不进行库存备货。采用分销中心的销售方式之后，各个分销商只需要持有少量的库存，大量的库存由地区分销中心储备，也就是各个分销商把其库存的一部分交给地区分销中心负责，从而降低了各个分销商的库存压力，体现出分销中心的 JMI 的功能。可见，分销中心既是各商品的联合库存中心，也是需求信息的交流与传递枢纽。

　　从分销中心的功能得到启发，对现有的供应链库存管理模式进行新的拓展和重构，提出基于协调中心的 JMI 模式。图 6-14 是 JMI 的基本模型，JMI 把供应链系统管理集成为上游和下游两个协调管理中心，如图 6-14 中的原材料联合库存、半成品库存和产销联合库存。通过协调管理中心，供需双方从供应链整体的角度出发，共享信息、同时参与、共同制订库存计划，实现供应链的同步化运作，并建立库存管理风险的预防和分担机制、库存成本和运输成本分担机制、与风险成本相对应的利益分配机制和激励机制，避免节点企业的短视行为和局部利益观，从而提高供应链运作的稳定性，改善供应链运作绩效。

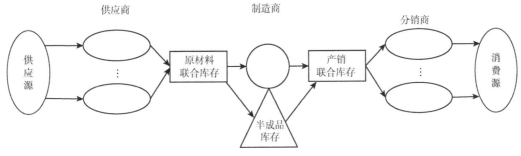

图 6-14　JMI 的基本模型

2. JMI 的优势

基于协调中心的 JMI 模式和传统的库存管理模式相比，主要有以下优点。

（1）为实现供应链的同步化运作提供了条件和保证。

（2）减少了供应链中的需求扭曲现象，降低了库存的不确定性，提高了供应链的稳定性。

（3）库存作为供需双方的信息交流和协调的纽带，可以暴露供应链管理中存在的缺陷，为改进供应链管理水平提供依据。

（4）为实现"零库存"管理、JIT 采购及精益化供应链管理创造了条件。

（5）进一步体现了供应链管理的资源共享和风险分担的原则。

但是，建立和协调这种 JMI 模式需要花费较高的成本，企业合作联盟的建立比较困难，对建立的协调中心的运作也有很高的要求，而且 JMI 也需要较有力的监督。

3. JMI 的实施策略

1）建立供需协调管理机制

为了发挥 JMI 的作用，供需双方应从合作的精神出发，建立供需协调管理机制，明确各自的目标和责任，建立合作沟通的渠道，为供应链的 JMI 提供有效的机制。没有一个协调的管理机制，就不可能进行有效的 JMI。建立供需协调管理机制，供需双方必须本着互惠互利的原则，建立共同的合作目标；建立联合库存的协调控制方法，包括库存如何在多个需求商之间调节与分配，库存的最大量和最低库存水平、安全库存的确定，需求的预测等；建立利益分配、激励机制，防止机会主义行为，增强协作性和协调性。

2）构建畅通的信息传输渠道

JMI 的实时共享信息的优势可以有效地消除传统库存控制下的各节点企业库存相互

独立所引起的需求变异现象，有利于实现供应链同步化与一体化。为了提高整体供应链需求信息的一致性和稳定性，减少多重预测导致的需求信息扭曲现象，应提高供应链各方对获取需求信息的及时性和透明性。为此，应建立一种信息沟通的渠道或系统，以保证需求信息在供应链中的畅通和准确性。

3）发挥两种资源计划系统的作用

为了发挥 JMI 的作用，在供应链库存管理中应充分利用目前比较成熟的两类资源管理系统，即 MRP II 系统和配送需求计划（distribution requirements planning，DRP）系统。原材料的联合库存中心应采用 MRP II 系统，产成品的联合库存中心应采用 DRP 系统。供应链系统要实现高效运作，就需要将这两个系统有机集成起来。

4）利用第三方物流系统的作用

第三方物流系统是供应链集成的一种技术手段，它为用户提供各种服务，如产品运输、订单选择、库存管理等。第三方物流系统直接面向协调中心，供方和需方都直接与第三方物流系统和联合库存协调管理中心相连，这时供应链的各个成员企业的独立库存将失去存在的必要性，发挥供应链的整体优势。

4. 实施 JMI 的意义[10]

1）降低库存成本

JMI 是为了解决牛鞭效应而提出的，它把供应链系统管理进一步集成为上游和下游两个协调管理中心，从而部分消除了供应链环节之间的不确定性和需求信息扭曲现象导致的库存波动。通过协调管理中心，供需双方共享需求信息，因而提高了供应链的稳定性。从供应链整体来看，JMI 减少了库存点和相应的库存设立费及仓储作业费，从而降低了供应链系统总的库存费用。

2）提高供应链的整体效率

由于 JMI 将传统的多级别、多库存点的库存管理模式转化成对核心企业的库存管理，核心企业通过对各种原材料和产成品实施有效控制，就能达到对整个供应链库存的优化管理，简化了供应链库存管理运作程序，提高了供应链的整体工作效率。

3）缩短和优化运输路线

JMI 可使供应链库存层次简化和运输路线得到优化。在传统的库存管理模式下，供应链上各企业都设立自己的库存，随着核心企业的分厂数目的增加，库存物资的运输路线将呈几何级数增加，而且重复交错，这显然会使物资的运输距离和在途车辆数目增加，其运输成本也会大大增加。

5. JMI 与 VMI 的区别

从 JMI 与 VMI 的概念可知，VMI 是把下游客户的库存决策权代理给其供应商，由供应商代理下游客户行使库存决策的权力，它是一种供应链集成化运作的决策代理模式；而 JMI 是指供应链上的成员企业（供应商、制造商、分销商、批发商、零售商）通过对消费需求的认识和预测的协调一致，共同进行库存的计划、管理、协调和控制，是一种利益共享、风险共担的库存管理模式。

JMI 和 VMI 都用于解决供应链的各个成员企业相互独立进行库存运作而导致的需求变异放大问题，是提高供应链的同步化程度的有效方法。但 JMI 强调双方共同参与，共同制订库存计划，使得任何相邻节点需求的确定都是供需双方协调的结果，从而消除需求变异放大现象。因此，在供应链各企业间的合作关系中，JMI 更强调供应链的各个成员企业之间的互利合作关系，更集中地体现了战略供应商联盟的新型企业合作思想。

此外，VMI 方法虽然有诸多优点，但让供应商对下游客户的库存进行管理，可能会使得下游客户对供应商的依赖度升高，同时增大了下游客户的企业机密信息泄露的风险。JMI 可以看作 VMI 的进一步发展与深化，通过共享库存信息联合制订统一的计划，加强相互间的信息交换与协调，有利于改善供应链的运作效率，增强企业间的合作关系。

6.3.4　现代供应链库存控制技术[15]

库存控制是供应链管理中的重要一环，它直接影响着供应链上节点企业的生产和运营效率。随着科技的不断发展，越来越多的现代库存控制技术应用于现代供应链管理场景中。

自动化技术是现代供应链库存控制中常用的技术，库存自动化需要使用库存管理系统或者仓库管理系统（warehouse management system，WMS）。该系统能够以很少的人力自动执行重复性任务，以减少人为错误、提高业务绩效和提高生产力。

零售商、制造商、批发商、分销商和其他管理库存的企业使用自动执行任务与创建工作流的库存自动化系统。

实现库存自动化是现代成长型企业的重要手段。随着企业的业务规模扩大，企业处理的库存越多，流程就越复杂，因此，对不断增长的库存进行管理就需要更多的劳动力。为了应对复杂状况，供应链上节点企业引入了自动化技术来解决不断增长的业务匹配问题和库存管理的复杂性问题，如复杂的财务、保存库存记录、管理采购订单等，库存自动化技术可以实现实时库存跟踪、智能补货和提高货物处理速度等功能。

1. 实时库存跟踪

该技术通过结合物联网、大数据和人工智能等技术，实时监控仓库的库存情况，包括库存数量、库存地点、库存质量等信息。该技术可以减少库存积压和缺货现象的发生，提高库存周转率和客户满意度。

2. 智能补货

该技术根据实时库存情况和销售情况，自动计算所需的补货量，并自动下单订购。

该技术可以减少人工干预，提高补货效率和准确性，降低库存成本。

3. 提高货物处理速度

通过自动化技术，可以大大提高企业仓库中货物的处理速度，减少人工操作所造成的失误从而降低操作误差率，提高工作效率。采用自动化货架、堆垛机、输送系统等物流设备，可以满足货物的自动存储、检索和分拣的需求，提高库存管理的精确性和效率。

总之，现代库存控制技术可以帮助供应链上各企业更高效地管理库存，提高运营效率和市场竞争力。随着科技的不断发展和应用，这些技术将越来越广泛地应用在现代供应链库存管理的各类新场景中。

本 章 小 结

库存管理一般需考虑"订多少货"和"什么时候订货"这两个问题，因此，本章围绕供应链库存规划策略，介绍了供应链库存管理的相关知识，探讨供应链中常见的库存管理决策模型如经济订货批量模型、固定订货间隔模型和报童模型，讨论各类模型参数的设定，最后为读者提供了在供应链环境下实现库存控制的经典方法和现代技术。

复习与思考题 »»

1. 什么是周转库存？

2. 按照需求–成本分类法简述不同类型的库存产品分别具有什么特点？应该采取什么库存管理策略？

3. 简述库存管理的主要目的。

4. 已知单件 p=10 元/件，年订货量 D 为 8000 件/年，单位订货费 S 为 30 元/次，单位维持库存费 H 由两部分组成，一是资金利息，二是仓储费用，即 H=10×12%+10×18%=3 元/（件·年），订货提前期 LT 为 2 周，求经济订货批量和订货点。

5. 简述 VMI 的基本原则有哪些。

6. 简述 JMI 的实施策略。

7. 简述 VMI 与 JMI 的区别。

参 考 文 献

[1] 林贤福，黄裕章. 仓储与配送管理实务[M]. 2 版. 北京：北京理工大学出版社，2018.

[2] 王鹏. 供应链管理[M]. 北京：北京理工大学出版社，2016.

[3] 张光明. 供应链管理[M]. 武汉：武汉大学出版社，2011.

[4] 黄君麟，熊正平，马艳秋. 库存管理[M]. 2 版. 北京：机械工业出版社，2019.

[5] 李海燕，翟佳，赵宏. 供应链采购与库存管理[M]. 北京：科学出版社，2019.

[6] 金汉信，王亮，霍焱. 仓储与库存管理[M]. 重庆：重庆大学出版社，2008.

[7] 赵晓波，黄四民. 库存管理[M]. 北京：清华大学出版社，2008.

[8] 克拉耶夫斯基 L J，里茨曼 L P，马尔霍特拉 M K. 运营管理：流程与供应链[M]. 刘晋，向佐春，肖健华，译. 下册. 10 版. 北京：人民邮电出版社，2021.

[9] 陈明蔚. 供应链管理[M]. 2 版. 北京：北京理工大学出版社，2018.

[10] 郑称德. 供应链物流管理[M]. 南京：南京大学出版社，2014.

[11] 施先亮，王耀球. 供应链管理[M]. 3 版. 北京：机械工业出版社，2016.

[12] 宋华，于亢亢. 物流与供应链管理[M]. 3 版. 北京：中国人民大学出版社，2017.

[13] 冯耕中，刘伟华. 物流与供应链管理[M]. 2 版. 北京：中国人民大学出版社，2014.

[14] 马士华，林勇，等. 供应链管理[M]. 5 版. 北京：机械工业出版社，2016.

[15] 谢京辞，孟庆春，赵培忻. 供应链物流管理[M]. 北京：经济科学出版社，2021.

第7章 供应链设施规划与设计

学习目标

1. 了解仓库布置与设计的目的、方法、内容。
2. 掌握物流配送中心的功能与作业区域结构布局。
3. 理解物流配送中心规划与设计的目标、原则和主要内容。
4. 掌握物流配送中心系统布局的主要方法。
5. 了解物流园区的概念、内涵与特征、分类、功能和建设要求。
6. 理解物流园区规划与设计方法——MSFLB五步规划法。

引导案例

上海吴淞国际物流园

上海吴淞国际物流园区是一个重要的经济发展区，它充分利用了宝山区在钢铁、港口和交通方面的区位优势。园区地处杨行镇，位于宝山综合交通枢纽中心，与张华浜、军工路、宝山国际集装箱港口分别相距4公里、4.9公里和6公里；离吴淞越江隧道出口3公里。在2010年全面建成后，它成了国际集装箱集散、城市配送和钢材流通的综合型国际物流服务提供者，是上海国际航空中心的重要物流节点，也是上海钢铁物流的主要枢纽，以及现货、期货交易中心和价格中心。

该园区规划总面积约8.3平方公里，体现"立足国内，面向海外，联接南北，贯通东西"的特点，是实现多式联运的最佳区域。园区在功能定位上，顺应上海重点发展现代物流业的总体要求，契合宝山区打造"精钢宝山"、建设世界级精品钢基地的功能定位，着力打造以国际集装箱多式联运和钢铁物流服务业为主体、国际采购分拨配送于一体的国际性综合物流园区。

园区内建设有知名商务楼宇，如吴淞科技园、东智商务广场、钢领、东鼎商务大厦、阳光广场、亿博商业广场等。园区共分六个功能区：国际采购分拨配送中心、钢材市场配送中心、农副产品交易中心、综合物流区、多功能服务区、铁路国际集装箱节点站等，形成"一园六区"的平面布置形态。

园区的地理位置优越，位于上海的海陆交通枢纽中心。东邻上海明珠三号线车站，西邻铁路杨行编组站，并且有规划建造的海铁联运枢纽站。南有外环线横贯，北有郊环线环绕。流经园区的内河——蕴藻浜，可通航1200吨船舶，这使得园区具备了良好的水路运输条件。同时，从园区出发到达虹桥、浦东国际机场也仅需20分钟，凸显了其交通便捷性。

此外，园区还吸引了一些知名的物流企业入驻，如香港招商局深圳赤湾石油基地股份有限公司、中外运物流有限公司、中远海运集装箱运输有限公司以及中国物资储运集团有限公司等，这些企业共同构成了华东地区的日用品、医药保健品、化妆品、体育用品以及机械设备等物流采购分拨中心，同时也成了上海黄金交易市场的黄金储备中心。

1. 钢铁物流服务基地，即上海宝山国际钢铁物流商务区

上海宝山国际钢铁物流商务区是上海市宝山区内的一个重要经济发展区域，专注于钢铁物流及相关商务活动。该商务区以其优越的地理位置、丰富的资源和完善的设施，吸引了大量的钢铁生产、物流、服务及相关企业入驻，形成了强大的产业集聚效应。

作为现代化产业平台载体，宝山国际钢铁物流商务区已经发展成为一个产业集聚、配套成熟的优质园区。园区按照上海市现代服务业集聚区、上海生产性服务业功能区建设的要求，聚焦钢铁交易的有形市场与无形市场、现货交易与远期交易、信息流与商流，初步形成了一个极具产业特色、效应明显的现代钢铁物流和工程建筑专业商务区。

此外，商务区还注重信息平台建设，以网络业务管理、信息交换和共享为支撑，建立综合、开放的电子商务平台，实现公用信息的及时交换和共享，为园区企业提供在线交易、数据汇总、财务结算等实时事务处理服务。这种先进的信息平台不仅提高了物流作业的效率，还为园区企业提供了强大的核心竞争力。

2. 城市配送物流基地

城市配送物流基地主要位于融宝杨路以南，水产路以北，主要发展以社会化运作的第三方物流为主的国际采购分拨配送，集商流、物流、信息流和资金流为一体，其目的是寻求信息成本、制造成本、物流成本及与贸易相关的服务成本等相加后的最低成本。本区域规划时，主要依托吴淞国际物流园有利的地理位置和各种优势，建立对外辐射长江流域及内陆省份，对内辐射本市六区一县（嘉定、长宁、普陀、闸北、虹口杨浦及崇明）的物流集散点和物流供应链，建立为周边或华东地区大商场、大卖场、大型超市等服务的商业采购中心，以及为制造企业提供原材料和配件的集拼、分拨、包装、配送等城市配送功能的物流基地。宝山海关进驻，实行信息化、网络化、无纸化通关，发展到一关三检，海关、出入境检验检疫局进驻，实行24小时检验、通关，为开发物流园区奠定了坚实的基础。目前，有宝湾物流控股有限公司、中外运物流有限公司、中集车辆（集团）股份有限公司、中国物资储运集团有限公司等大型物流企业入驻。

3. 江杨农产品物流基地——农产品交易定价中心

江杨农产品物流基地是一个集农产品交易、物流、加工、配送等多功能于一体的综合性农产品物流基地。它不仅是上海及周边地区重要的农产品集散中心，而且在农产品交易定价方面扮演着关键角色。

作为农产品交易定价中心，江杨农产品物流基地通过汇集大量的农产品供应商和需求商，形成了一个活跃且竞争激烈的市场环境。在这个平台上，买卖双方可以直接进行交易，通过市场竞争来确定农产品的价格。这种定价机制使得价格更加透明、公正，有利于保障农民的权益，同时也为消费者提供了更多选择和更好的价格。

此外，江杨农产品物流基地还配备了先进的物流设施和信息系统，可以实现对农产品的快速、准确、高效的配送和追溯。这不仅提高了农产品的流通效率，也保障了农产品的质量和安全。

资料来源：魏波，陈进军. 物流系统规划与设计[M]. 西安：西安交通大学出版社，2018.（有删改）

7.1　仓库规划与设计

仓储业是非制造业中占比重很大的一个行业，通过合理的仓库布置与设计来缩短存取货物的时间，对降低仓储管理成本具有重要意义。从某种意义上而言，仓库类似于制造业的工厂，因为物品也需要在不同地点（单元）之间移动。

7.1.1　仓库布置与设计的目的

一般仓库布置与设计的目的都是寻找一种合理的布置方案，使得总搬运量最小。这个目标函数跟很多制造业企业设施布置与设计的目标函数是一致的。实际上，这种仓库布置与设计的情况比制造业工厂中经济活动单元的布置与设计更简单，因为全部搬运都发生在出入口和货区之间，而不存在各个货区之间的搬运[1]。

7.1.2　物料处置成本

为了有效利用仓库的存货能力和周转货物的速度，使仓库的作业有条不紊地进行，须对仓库进行合理使用规划，进行分区分类、专业化分工、储存和作业划分，促进仓库效率的提高，提高库场利用率和作业效率，提高货物保管质量，依据专业化、规范化、效率化的原则对仓库的使用进行分工和分区，从而确定货位安排作业路线布局。合理地使用仓库可以实现高效率，在物料处置成本和仓库空间之间寻求平衡。物料处置成本包括物料运输入库成本、存储成本和运输出库成本。

7.1.3　仓库布置与设计

仓库布置与设计的目的是充分利用存储空间，提高存货的安全性，有效利用搬运设备，提高仓库运作效率和服务水平。因此，在仓库布置与设计上，需要综合考虑物料搬运成本、库房的建筑和维护成本的平衡。

　　仓库内存货的位置会直接影响仓库内所有货物的总搬运成本。为追求物料搬运成本和空间利用率之间的平衡，对仓库进行内部设计时，需要重点考虑存储空间和拣货流程。

　　以总负荷数最小为目标的仓库货区布置与设计方法比较简单易行，具体的布置如图 7-1 所示。

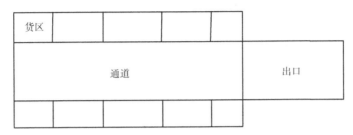

图 7-1　总负荷数最小的仓库货区布置与设计

7.1.4　仓库布置与设计的内容

　　仓库布置与设计，就是根据库区场地条件、仓库的业务性质和规模、商品储存要求以及技术设备的性能和使用特点等因素，对仓库的主要和辅助建筑物、货场、站台等固定设施和库内运输路线进行合理安排与配置，以最大限度地提高仓库的储存和作业能力，并降低各项仓储作业成本。仓库布置与设计的内容主要包括仓库总平面布置与设计、仓库作业区布置与设计和库房内部布置与设计。

1. 仓库总平面布置与设计

　　仓库总平面一般可以划分为仓储作业区、辅助作业区和行政生活区。除了上述区域之外，还包括铁路专用线和库内道路等。

　　仓储作业区是仓库的主体，仓库的主要业务和商品保管、检验、包装、分类、整理等活动都在这个区域里进行，该作业区的主要建筑物和构筑物包括库房、货场、站台以及加工、整理、包装、搬运机械存放区等；辅助作业区的主要建筑物包括维修加工以及动力车间、车库、工具设备库、物料库等。一般仓储作业区与辅助作业区分开的目的是避免在辅助作业区内发生的灾害事故危及存货区域。

　　行政生活区由办公室和生活场所组成，具体包括办公楼、警卫室、化验室、宿舍和食堂等。行政生活区一般布置在仓库的主要出入口处，并与作业区用隔墙隔开。这样既方便工作人员与作业区的联系，又避免非作业人员对仓库生产作业的影响和干扰。另外，如果作业区内来往人员过杂，也不利于仓库的安全保卫工作。

　　在划定各个区域时，需要注意使不同区域所占面积与仓库总面积保持适当的比例。商品储存的规模决定了主要作业场所规模的大小。同时，仓库主要作业场所的规模又决定了各种辅助设施和行政生活场所的大小。各区域的比例必须与仓库的基本职能相适应，保证商品接收、发运和储存保管场所尽可能占最大的比例，以提高仓库的利用率。

在仓库总面积中需要留有库内运输道路的面积,运输道路的配置应符合仓库各项业务的要求。所规划的运输道路应方便商品入库储存和出库发货,还应适应仓库内各种机械设备的使用,方便装卸搬运、运输等作业。库内道路的规划必须与库房、货场和其他作业场地的配置相互配合。减少各作业环节之间的重复装卸、搬运,避免出现库内迂回运输的现象。各个库房和货场要有进出、往返路线,避免各项作业程序相互干扰和交叉,防止出现影响仓库作业的交通阻塞问题。

2. 仓库作业区布置与设计

仓库作业区布置与设计要求以主要库房和货场为中心,对各个作业区域进行合理布局,特别是在设有铁路专用线的情况下,专用线的位置和走向将制约着整体库区的布局。如何合理地安排各区域,力求作业路线最短,减少库内运输距离和道路占用面积,降低作业费用和提高面积利用率,是仓库作业区布置与设计的主要任务。进行仓库作业区布置与设计时应该主要考虑以下几个方面。

(1)吞吐量。在进行仓库作业区布置与设计时,应根据各个库房和货场的吞吐量确定它们在作业区内的位置。对于吞吐量较大的库房和货场,应使它们尽可能地靠近铁路专用线或库内运输干线,以减少搬运次数和运输距离。但也应注意,这类库房不能过分集中在某一区域,以免增加交通运输相互干扰所造成的不必要的组织工作量。

(2)设备的使用特点。根据储存商品的特点和装卸搬运要求,一些货场需要适当配备各种作业设备,如输送带、叉车、桥式起重机以及汽车等。为了充分发挥不同设备的功能,提高作业效率,在布置库房和货场时需要考虑所配置设备的情况。每种设备各有其不同的使用要求和合理的作业半径,因此,需要从合理使用设备的角度出发,确定库房和货场在作业区内以及与铁路专用线的相对位置。

(3)库内道路。库内道路的配置和仓库主要建筑设施的布置与设计是相互联系、相互影响的。在进行库房、货场和其他作业场地布置与设计的同时,应该结合对库内运输路线的分析,制订不同方案,通过调整作业场地和道路的配置,尽可能减少运输作业的混杂、交叉和迂回现象。另外,在布置与设计时还应根据具体要求合理确定干、支线的配置,确定合适的道路宽度,在满足布置要求的前提下最大限度地减少道路的占地面积。

3. 库房内部布置与设计

库房内部布置与设计的主要目的是提高库房内作业的灵活性,有效利用库房内部的空间。库房内部布置与设计应在保证仓库管理目标的前提下,尽可能获得最大的便利和效用。随着互联网、通信设备、自动化处理设备等多种现代化设备和技术的广泛应用,企业能够及时、高效地实现仓库的物资管理。

(1)根据货品周转情况和作业要求,合理选择货位。对于出入库频繁的货品,应尽可能安排在靠近出入口或专用线的位置,减少存储货品在仓库内的运输距离和运输工具的运行距离,提高整个仓库作业的运行效率。对于体大笨重的货品,还应考虑装卸机械设备的作业便利性。

(2)根据货品储存量的多少,比较准确地确定每种货品所需的货位数量。如果一种货品的储存货位超过实际需要，则不利于仓库容量的充分利用。在规划货位时应注意保留一定的机动货位，以便当货品大量入库时可以调剂货位的使用，避免打乱货位。

（3）库房内的储存区域应当按照存储货品的尺寸及重量来进行设计，而不是简单地、片面地设计所有的存储货架和仓储工具。因为货品不仅需要与每个货架的宽度相匹配，还需要与每个存储狭槽的深度和高度相匹配。

（4）应在库房中留出一部分空间，用于货品的包装、分拣和配货。货品在出库前一般需要经过重新包装或简单加工，或者是接受厂商或客户的退货，或者是需要进行特别处理等。

4. 库房内部平面布置与设计的形式

保管面积是库房使用面积的主体，它是货垛、货架、货箱所占面积的总和。货垛、货架的排列形式决定了库房内部平面布置与设计的形式。一般库房内部平面布置与设计可分为垂直布置和倾斜式布置两种类型。

1）垂直布置

垂直布置是指货垛或货架的排列与仓库的墙面互相垂直或平行，具体分为横列式布置、纵列式布置和纵横式布置。

（1）横列式布置。横列式布置的主要优点是运输通道长，作业通道短，通风、采光良好，对库存物资的收发和查验都较方便，有利于实现机械化作业；其缺点是运输通道占用的面积较多，影响仓库面积的利用率，库房内部常见的横列式布置见图 7-2。

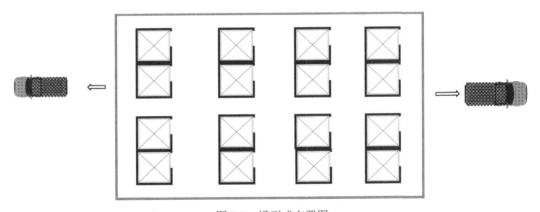

图 7-2　横列式布置图

（2）纵列式布置。纵列式布置的优缺点与横列式布置正好相反。其优点是运输通道较短，面积小，仓库面积利用率较高；其缺点是作业通道长，存取物资不方便，不利于通风、采光，库房内部常见的纵列式布置见图 7-3。

（3）纵横式布置。纵横式布置是指在同一布置场所内，横列式布置和纵列式布置兼而有之，从而综合利用两种布置方式的优点。

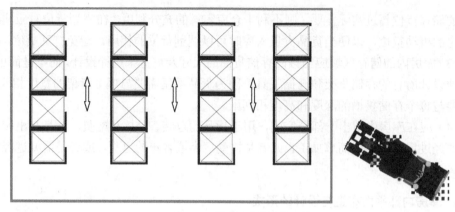

图 7-3　纵列式布置图

2）倾斜式布置

　　倾斜式布置是指货垛或通道的设置与仓库墙面形成一定的夹角。货垛倾斜是指货垛长度方向相对于运输通道和库墙成一锐角，如 30°、45°或 60°（表 7-1）。而通道倾斜是指运输通道与仓库外墙形成锐角，而货垛垂直于库墙排列。倾斜式布置的最大优点是便于利用叉车配合集装单元进行作业，能减少叉车作业时的回转角度，提高装卸搬运效率。根据倾斜式布置的两种不同形式，一般通道倾斜式布置优于货垛倾斜式布置。因为货垛倾斜式布置在货垛与墙角之间会形成不少死角，不能充分利用仓库面积。具体的仓库货垛倾斜式布置和仓库通道倾斜式布置如图 7-4 和图 7-5 所示[2]。

表 7-1　通道宽度和库内平面利用率

货垛对通道的倾斜角	90°	60°	45°	30°
通道宽度/米	3.53	2.77	2.31	1.84
库内平面利用率	71%	67%	63%	57%

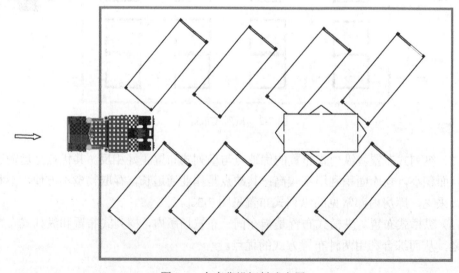

图 7-4　仓库货垛倾斜式布置

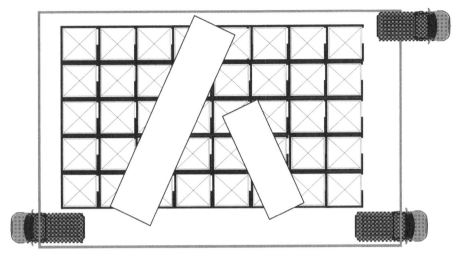

图 7-5　仓库通道倾斜式布置

7.2　物流配送中心规划与设计

7.2.1　物流配送中心的功能与作业区域结构布局

1. 物流配送中心的功能概述

1）商品展示与交易功能

商品展示与交易是现代物流配送中心的一个重要功能。在互联网时代，许多直销商通过网站进行营销，并通过物流配送中心完成交易，从而降低经营成本。同时物流配送中心也是实物商品展览的场所，可以进行常年展览与定期展览。比如，在日本东京和平岛物流（配送）中心就专门设立了商品展示与贸易大楼。

2）集货转运功能

此功能主要是将分散的、小批量的货物集中起来，全球集中处理与中转，生产型物流中心往往需要从各地采购原材料、零部件，在进入生产组装线之前进行集货处理；同时对产品集中保管、统一配送。商业型物流配送中心也需要采购上万种商品进行集货处理，统一配送补货。而社会公共物流配送中心则需要实现转运、换载、配载与配送等功能。

3）储存保管功能

为了满足市场需求的及时性与不确定性，不论是哪一类物流配送中心，或多或少都有一定的安全库存，根据商品的特性及生产闲置时间的不同，安全库存的数量也不同。因此，物流配送中心均具备储存保管功能。在物流配送中心一般都有储放区。

4）分拣配送功能

物流配送中心的另一重要功能是分拣配送功能。根据客户的多品种小批量的需求进行货物分配货作业，并以最快的速度送达客户手中或在指定时间内配送给客户。这种分拣配送的效率是物流服务质量的集中体现。

5）流通加工功能

物流配送中心还会根据客户的需要，进行一些流通加工作业，这些作业包括原材料简单加工、货物分类、大包装拆箱改包装、产品组合包装、商标与标签粘贴作业等。流通加工功能是提升物流配送中心服务品质的重要手段。

6）信息提供功能

集多种功能于一身的物流配送中心必然是物流信息的集散地，物流配送中心具有信息中心的作用，货物到达、配送、装卸、搬运、储存保管、交易、客户、价格、运输工具及运行时间等各种信息在这里交汇、收集、整理和发布。

2. 物流配送中心的作业区域结构布局

1）管理指挥区（办公区）

这个作业区域既可集中于物流配送中心某一位置，也可分散设置于其他区域中。其主要包括营业事务处理场所、内部指挥管理场所、信息处理与发布场所、商品展览展销场所等，其职责是对外负责收集、汇总和发布各种信息，对内负责协调、组织各种活动，指挥调度各种资源，共同完成物流配送中心的各种功能。

2）接货区

该作业区域完成接货及入库前的工作，如接货、卸货、清点、检验、分类等各项准备工作。接货区的主要设备包括进货铁路或公路、装卸货站台、暂存验收检查区域。

3）储存区

在该作业区域内，存储或分类存放经过检验的货物。储存区和接货区相比，储存区所占面积较大，在许多物流配送中心中储存区约占总面积的一半。对于某些特殊物流配送中心，如水泥、煤炭等，储存区的面积占总面积的一半以上。

4）理货、备货区

在该作业区域内，主要进行货物的分货、拣货、配货作业，此类作业的目的是为送货做准备。区域面积随物流配送中心的不同而存在较大变化，如对于多用户、多品种、少批量、多批次处理的物流配送中心，分货、拣货、配货工作复杂，该区域所占面积很大。而部分物流配送中心的理货、备货区的面积却较小。

5）分放、配装区

按用户需求，将配好的货暂存在该作业区域内等待外运，或根据每一个用户用货情况决定配送方式，直接装车或运到发货站台装车。该作业区域的货物是暂存，货物停留时间短，货物周转快，因此所占面积相对较小。

6）发货区

在该作业区域内，将准备好的货物装入外运车辆发出。该工作区结构与接货区类似，有站台、外运线路等设施。发货区一般位于整个工作区域的末端。

7）加工区

许多物流配送中心都设有加工区。在该作业区域内，进行分装、包装、切裁、下料、混配等各种类型的流通加工。加工区在物流配送中心所占面积较大，但设施设备随加工种类不同会有所区别。

除了以上主要工作区外，物流配送中心还包括一些附属区域，如停车场、生活区、区内道路等。

7.2.2　物流配送中心规划与设计的目标和原则

1. 物流配送中心规划与设计的目标

在进行物流配送中心规划与设计时，合理地布局各个功能区的位置是非常重要的。物流配送中心规划与设计应达到以下目标。

（1）有效地利用空间、设备、人员和能源。

（2）最大限度地减少物料搬运。

（3）简化作业。

（4）缩短生产周期。

（5）力求投资最低。

（6）为员工提供方便、舒适、安全和卫生的工作环境。

2. 物流配送中心规划与设计的原则

为了达到这些目标，在进行物流配送中心规划与设计时应遵循一些基本的原则。

（1）体现系统观。运用系统分析的方法，进行整体的规划与设计，同时也要把定性分析与定量分析结合起来。

（2）以物流效率作为区域布局的出发点，始终贯穿于整个规划与设计过程。

（3）设计从整体实现。布局规划总是先进行总体布局，再进行详细设计，而详细设计的方案需要放入总体布局方案中去考量，并加以改进。

（4）减少和消除不必要的作业流程，这是提高生产效率和减少浪费现象的最有效的方法之一。

（5）重视人的因素，以人为本。作业地点的规划，实际是人机环境的综合，要注意中心周围的绿化建设，以营造一个良好、舒适的工作环境。

（6）对土地使用进行合理规划，注重保护环境和经营安全。土地的使用要根据明确的功能加以区分，货物存储区域应按照无污染、轻度污染和重度污染分开。还要根据实际需要和货物吞吐能力，合理地规划与设计各功能区的占地情况，同时还要考虑防洪排泄、防火因素对规划与设计的指标要求。

7.2.3　物流配送中心规划与设计的主要内容

根据物流配送中心规划与设计的目标和原则，其主要内容包括物流作业区布局、辅助作业区布局和建筑外围区域布局。

1. 物流作业区域的布局

以物流作业为主，仅考虑物流相关作业区域的配置形式，由于物流配送中心的基本作业形态大部分为流程式作业，不同订单具有相同的作业程序，因此适合以生产线式的布局方法进行配置规划。若是订单种类、货物特性等方面存在很大的差别，可以考虑将物流作业区域划分为不同的区域以放置多条不同形态的作业线，从而独立处理各类订单内容，再经由集货作业予以合并，这样可以有效率地处理不同性质的物流作业，类似于传统制造业工厂中的成组布局方式。

2. 辅助作业区域的布局

除了物流作业以外，物流配送中心还包括一些行政管理、信息服务等内容的辅助作业区域，这些区域与物流作业区域之间无直接流程性的关系，因此适合以关系型的布局模式作为区域布局的规划方法。这种配置模式有两种参考方法。

（1）可视物流作业区域为一个整体性的活动区域。分析各辅助作业区域与物流作业区域之间的相关活动的紧密关系，来决定各区域之间位置关系。

（2）将各物流作业区域分别独立出来，与各辅助作业区域一起综合分析其活动的相关性，来决定各区域的配置。

目前实际场景中较普遍地使用第一种方法，该方法也较为简便，可以降低相关分析阶段中各区域间的复杂程度，但会增加配置空间的限制。因此在规划时，需要配合规划人员的一些经验判断，进行适当的人工调整。

3. 建筑外围区域布局

除了各作业区域的布局规划外，还需对建筑外围的相关区域进行布局，如内部通道、对外出入大门及外围道路形式等。在进行建筑外围区域的布局时，特别需要注意未来可能的扩充方向及经营规模变动等因素，保留适当的变动弹性。

在一般情况下，整个区域布局规划是按上述顺序进行的。在实际道路形式、大门位置等条件已有初步方案或已确定的情况下，需要先规划建筑外围区域的布局形式，再进行物流作业区域与辅助作业区域的规划，这样可以减少不必要的修正调整工作，以适应实际的地理空间限制。

7.2.4　物流配送中心系统布局方法

物流配送中心系统布局方法总结起来可以分为摆样法、图解法、系统布局规划法和数学模型法。

1. 摆样法

这是一种最早的布局方法。利用二维平面比例模拟方法，按一定比例制成的样片在同一比例的平面图上表示设施的组成、设施、设备或活动，通过相互关系分析，调整样品位置可得到较好的布局方案。这种方法适用于简单的布局规划，但不能十分准确地实现复杂系统的布局规划，而且花费的时间较多。

2. 图解法

该方法产生于 20 世纪 50 年代，主要有螺线规划法、简化布局规划法及运输行程图等。该方法的特点在于将摆样法与数学模型结合起来，但现在应用较少。

3. 系统布局规划法

系统布局规划法是最具代表性的布局方法。它是工厂布局规划从定性阶段发展到定量阶段，以大量的图表分析和图形模型为手段，把量的概念引入设计分析的全过程的新方法。通过引入量化的作业单位相互关系密级的概念，建立各作业单元之间的物流相关关系与非物流作业单元相关关系图表，从而形成布局规划模型，是当前布局规划的主流方法。

4. 数学模型法

把物流系统抽象为一种数学表达式，通过求解数学表达式找到最优解，运用运筹学、系统工程中的模拟优化技术研究最优布局方案，用数学模型提高系统布局的精确性和效率。常用的运筹学方法有最短路法、最小费用最大流法、线性规划、随机规划、多目标规划、模糊评价法等。

求解数学模型往往存在较大的难度，因此可以借助计算机的强大功能来解决设施布局的复杂任务。计算机辅助求解的布局方法有很多，根据算法可分为两大类。

（1）构建法。这类方法根据系统布局规划理论从物流、非物流信息出发，逐一设施进行选择和放置决策，从无到有，生成比较好的（可能是最优的）平面布局图，如 CORELAP（computerized relationship layout planning，计算机关系布局规划）、AL-DEP（automated layout design program，自动化布局设计程序）。

（2）改进算法。对初始布局方案进行改进，交代待布局部门的位置，通过对布局对象间有规律的交换，保留新的优化方案，寻找一个成本最小的布局方案，如 CRAFT（computerized relative allocation of facility technique，计算机辅助设施布置技术）、Multi-PLE（Multi-progressive layered extraction，多目标渐进式分层提取）。

近十几年来，人工智能技术的发展为平面布局问题提供了功能强大的算法。由于平面布局问题是典型的 NP（nondeterministic polynomial，非确定性多项式）问题，人工智能技术成为在有效时间内得到满意解的可行算法。该类算法应用并行处理，可以同时得到多个解，丰富了备选方案，并且算法允许代价更高的解出现，从而可以跳出局部最优的情况，解决对初始解敏感的问题。

7.3 物流园区规划与设计

7.3.1 物流园区的概念

物流园区是指在物流作业集中的地区内，多种运输方式相衔接，将多种物流设施和不同类型的物流企业在空间上实现集中布局的场所，也是一个有一定规模的和具有多种服务功能的物流企业的集结点。

物流园区在国内和国外还没有统一通用的定义，不同国家对物流园区的称谓也不一样。物流园区最早出现在日本东京，又称物流团地。日本从 1965 年起在规划城市发展的时候，政府从城市整体利益出发，为解决城市功能紊乱，缓解城市交通拥挤，减轻产业对环境的压力，保持产业凝聚力，顺应物流业发展趋势，实现货畅其流，在郊区或城乡边缘地带主要交通干道附近专辟用地，确定了若干集运输、仓储、市场、信息、管理功能于一身的物流园地，通过逐步配套完善各项基础设施、服务设施，提供各种优惠政策，吸引大型物流（配送）中心在此聚集，使其获得规模效益，对于整合市场、实现降低物流成本起到了重大作用，同时，减轻大型物流配送中心在市中心分布所带来的种种不利影响，成为支撑日本现代经济的基础产业。

在欧洲，物流园区被称为货运村（a freight village）。货运村是指在一定区域范围内，所有有关商品运输、物流和配送的活动，包括国际和国内运输，通过各种经营者（operator）实现。这些经营者可能是建在那里的建筑和设施（仓库、拆货中心、存货区、办公场所、停车场等）的拥有者或租赁者。同时，为了遵守自由竞争的规则，一个货运村必须允许所有与上面陈述的业务活动关系密切的企业进入。一个货运村也必须具备所有公共设施以实现上面提及的所有运作。如果可能，它也应当包括对员工和使用者的设备的公共服务。为了鼓励商品搬运的多式联运，必须通过更适宜的多样性的运输模式（集陆路、铁路、深海、深水港、内河、空运服务于一个货运村）。最后，一个货运村必须通过一个单一的主体经营（run），或者公共的或者私有的，这一主体是必不可少的。

欧洲对货运村的定义是由一个称为"欧洲平台"的机构在 1992 年 9 月 18 日制定的，这个定义明确了这样几个内容。

（1）在货运村内实现运输、物流和配送等所有业务活动——业务活动或范围。

（2）经营者是物流及相关设施的拥有者和租赁者——所有者及经营者。

（3）企业进入遵守自由竞争的原则——市场规则。

（4）货运村必须具备所有的公共设施——基本或基础设施。

（5）多样性的运输模式——多样化的运输方式。

（6）一个单一的运营主体——运营主体。

在国内，第一个物流园区是深圳平湖物流基地。始建于 1998 年 12 月 1 日，并第一次提出物流基地的概念，叫作"建设物流事业基础的一个特定区域"。它的特征有三点：一是综合集约性，二是独立专业性，三是公共公益性。物流基地即从事专业物流产业、具有公共公益特性的相对集中的独立区域。

一般认为，物流园区是指在几种运输方式衔接地形成的物流节点活动的空间集聚体，是在政府规划指导下多种现代物流设施设备和多家物流组织机构在空间上集中布局的大型场所，是具有一定规模和多种服务功能的新型物流业务载体。它按照专业化、规模化的原则组织物流活动，园区内各经营主体通过共享相关基础设施和配套服务设施，发挥整体优势和互补优势，进而实现物流集聚的集约化、规模化效应，促进载体城市的可持续发展。

物流园区是对物流组织管理节点进行相对集中建设与发展的、具有经济开发性质的城市物流功能区域。同时，也是依托相关物流服务设施降低物流成本，提高物流运作效率，改善与企业服务有关的流通加工、原材料采购，便于与消费地直接联系的生产等活动，具有产业发展性质的经济功能区。其外延方面：作为城市物流功能区，物流园区包括物流中心、物流配送中心、运输枢纽设施、运输组织及管理中心和物流信息中心，以及适应城市物流管理与运作需要的物流基础设施；作为经济功能区，其主要作用是开展满足城市居民消费、就近生产、区域生产组织所需的企业生产和经营活动。因此，现代物流园区主要具有两大功能，即物流组织管理功能和依托物流服务的经济开发功能。

中华人民共和国国家标准《物流术语》（GB/T 18354—2021）中对物流园区的定义是：由政府规划并由统一主体管理，为众多企业在此设立配送中心或区域配送中心等，提供专业化物流基础设施和公共服务的物流产业集聚区[3]。

7.3.2　物流园区的内涵与特征

1. 内涵

物流园区将众多物流企业聚集在一起，实行专业化和规模化经营，发挥整体优势，促进物流技术和服务水平的提高，共享相关设施，降低运营成本，提高规模效益。其内涵可归纳为以下三点。

（1）物流园区是由分布相对集中的多个物流组织设施和不同的专业化物流企业构成的具有产业组织、经济运行等物流组织功能的规模化、功能化的区域。这首先是一个空间概念，与工业园区、经济开发区、高新技术开发区等概念一样，具有产业一致性或相关性，拥有集中连片的物流用地空间。

（2）物流园区是对物流组织管理节点进行相对集中建设与发展、具有经济开发性质的城市物流功能区域。作为城市物流功能区，物流园区包括物流中心、物流配送中心、运输枢纽设施、管理中心、物流信息中心、运输组织等适应城市物流管理与运作需要的物流基础设施。

（3）物流园区也依托相关物流服务设施，进行与降低物流成本、提高物流运作效率和改善企业服务有关的流通加工、原材料采购和便于与消费地直接联系的生产等活动，是具有产业发展性质的经济功能区。其主要任务是开展满足城市居民消费、区域生产组织所需要的企业生产、经营活动。

2. 物流园区的特征

物流园区的特征大致可归纳为以下五点。

1）多模式运输方式的集合

多模式运输方式即多式联运，以海运—铁路、公路—铁路、海运—公路等多种运输方式联合为基本手段来发展国际国内的中转物流，物流园区也因此呈现一体化枢纽功能。

2）多状态作业方式的集约

不同于单一任务的配送中心或具有一定专业性的物流中心，物流园区的功能特性体现在多种作业方式的综合、集约，包括仓储、配送、货物集散、集拼箱、包装、加工及商品的交易和展示等诸多方面。同时也体现在技术、设备、规模管理等方面的集约。

3）多方面运行系统的协调

运行系统的协调表现为对线路和进出量的有机调节。物流园区的这一功能体现为其指挥管理和信息中心功能，通过信息的传递、集中和调配，协调多种运行系统，共同为园区各物流中心服务。

4）多角度城市需求的选择

物流园区与城市发展呈现互动关系，如何协助城市理顺功能和找准发展定位，满足城市发展需求是物流园区的又一功能特征。物流园区的配置应着眼于服务区域的辐射方向、中心城市的发展速度，从而保证物流园区的生命周期和城市发展协调统一。

5）多体系服务手段的配置

物流园区应具备综合的服务性功能，如结算功能、需求预测功能、物流系统设计咨询功能、专业教育与培训功能、共同配送功能等。配置多种服务功能是物流组织和物流服务的重要功能特征。

具体的物流园区、物流中心和物流配送中心比较见表7-2。

表7-2　物流园区、物流中心和物流配送中心比较

比较对象	规模	综合程度	服务对象	功能	层次关系
物流园区	超大规模	必定是综合性的物流设施	综合型的基础服务设施，面向全社会	具有综合运输、多式联运、干线终端等大规模处理货物和提供相关服务的功能	综合型的大型物流节点
物流中心	大规模和中等规模	有一定的综合性	局部领域经营服务	主要是分销功能	专业范畴的综合型大型物流节点

续表

比较对象	规模	综合程度	服务对象	功能	层次关系
物流配送中心	依据专业化配送和市场大小而定,一般比较小	专业化的,局部范围的	面向特定用户和市场	向最终用户提供送货服务的功能	专业清晰,规模适应于需求的专业性物流节点

7.3.3 物流园区的分类

1. 按经营主体划分

按经营主体划分,物流园区可分为政府主导型物流园区与市场主导型物流园区。大多数物流园区是政府主导型的,浙江传化物流基地及德力西集团有限公司、物美科技集团有限公司联合投资的物流园区等都是市场主导型的物流园区。

2. 按产业划分

按产业划分,物流园区可分为基于物流产业的物流园区与基于其他产业的物流园区。大多数的物流园区都是基于物流产业、以物流企业为主体建设而成的。外高桥物流园区、北京空港物流园区等属于基于其他产业的物流园区。

3. 按功能定位划分

按功能定位划分,物流园区可分为综合化物流园区和专业化物流园区。具体体现在物流园区物流功能、服务功能、运行管理体系等多方面的综合,体现出现代化、多功能、社会化、大规模的特点,而不同物流园区的专业化程度提高则表现出现代化和专业化的基本属性。

4. 按满足物流服务需求划分

按物流园区所满足的物流服务需求的不同,物流园区可划分为以下几类。

(1)区域物流组织型物流园区。其功能是满足所在区域的物流组织与管理。如深圳市的港口物流园区、成都龙泉公路口岸物流园区等。

(2)商贸型物流园区。其功能主要是为所在区域或特定商品的贸易活动创造集中交易和区域运输、城市配送等服务条件。商贸型流通物流园区大多位于传统、优势商品集散地,对扩大交易规模和降低交易成本具有重要作用。

(3)运输枢纽型物流园区。物流园区作为物流相对集中的区域,从运输组织与服务的角度,可以实现规模化运输,反过来,规模化运输的要求也为物流组织与管理活动的集成奠定了基础。因此,建设专用的运输枢纽型物流园区,形成区域运输组织功能也是物流园区的重要特征之一。

5. 按物流园区依托对象划分

根据 2017 年国家标准《物流园区分类与规划基本要求》中提及的物流园区所依托

的对象和功能定位，物流园区可划分为以下几类。

（1）货运服务型。依托空运、水运或陆运节点（枢纽）而规划建设；为大批量货物分拨、转运提供配套设施；主要服务于区域性物流转运及运输方式的转换。

（2）生产服务型。依托经济开发区、高新技术园区、工业园区等制造业集聚园区而规划建设；为生产型企业提供一体化物流服务；主要服务于生产企业物料供应、产品生产、销售和回收等。

（3）商贸服务型。依托各类批发市场、专业市场等商品集散地而规划建设；为商贸流通企业提供一体化物流服务及配套商务服务；主要服务于商贸流通业商品集散。

（4）口岸服务型。依托对外开放的海港、空港、陆港及海关特殊监管区域及场所而规划建设；为国际贸易企业提供国际物流综合服务；主要服务于进出口货物的报关、报检、仓储、国际采购、分销和配送、国际中转、国际转口贸易、商品展示等。

（5）综合服务型。具备上述两种及两种以上服务功能的物流园区。

7.3.4　物流园区的功能

物流园区是集停车、配载、配送、存储、运输、装卸、加工等功能于一身，具有高科技、高效率特征的新型货运集散中心。不同性质、不同规模、不同类型的物流园区，其功能也不相同。一般来说，物流园区由以下功能组成。

1. 基本功能

物流园区的基本功能如下。

（1）停车。物流园区中设有现代化停车场。现代化停车场的特征是环境优美整洁，实行信息化管理，可提供安全、可靠、方便、高效、低成本的服务。

（2）配载。从之前人工无序、不安全、高费用、低效率的状态逐步实现计算机优化配载服务。

（3）仓储保管。物流园区可以发挥仓库的集中储存保管功能，通过与企业建立供应链联盟，还可以为企业提供集中库存功能和调节功能，从而减少客户对仓库设施的投资和占用。按照物流园区所在地的实际物流需求相应地建造普通仓库、标准仓库、专用仓库，甚至建立自动化立体仓库（如医药、电子、汽车等）。

（4）中转和衔接。作为现代化物流节点，物流园区对多种运输方式的有效衔接是其最基本的功能之一，主要表现在实现公路、铁路、海运、空运等多种不同运输方式的有效衔接。

提供中转服务也是物流园区的基本功能之一，特别是对枢纽型物流园区而言，这一功能更为重要。由于物流园区的特殊性，它们大多建在交通枢纽，是国家与国家、地区与地区、城市与城市商品运输的节点和中转地，大批量的货物从这里中转流通，所以说物流园区具有明显的中转功能。

通过与不同等级物流节点的有效衔接，再通过中转流通，将从本地运往其他地区的货物集零为整并组织发运，将从其他地区进入本地的部分货物化整为零并组织运转，从而完成货物的集散作业、货物分拨、集装箱中转、集装箱拼装拆箱等业务。

（5）加工。物流园区并不是一个简单地只提供中转、物资集散、配送等功能的物流节点，它还为各类用户提供加工服务，以增加商品的价值，其服务内容主要包括商品的包装、整理、加固、换装、改装、条码的印制、条码的粘贴等。

（6）配送。配送作为一种现代流通方式，集经营、服务、社会集中库存、分拣、装卸、搬运于一体，通过配货和送货的形式最终完成社会物流活动。对物流园区而言，既可以让企业自己实现配送功能，也可以通过引进第三方物流企业来实现这一功能。

（7）信息服务。物流园区作为现代化物流节点，高科技和高效率是其基本特征。物流园区可以借助高新科技，高效率地向需求方提供信息咨询服务，所提供的信息包括交易信息、仓储信息、运输信息、市场信息等。物流园区是物流信息的汇集地，能够提供订货、储存、加工、运输、销售等服务信息，以及客户需要的物流服务相关信息；物流园区还可以通过物流作业信息，控制相关的物流过程，实施集成化管理。同时，可以进行物流状态查询、物流过程跟踪、物流要素信息记录与分析，建立物流客户关系管理、物流决策支持、物流公共信息平台等，还可以根据物流园区货物的流通数量、品种、出入园区频度、货物来源、去向等信息和数据，综合分析出国内外市场销售状况、动态和趋势，了解进出口贸易和商品流通等情况[4]。

2. 延伸服务功能

物流园区的延伸服务功能如下。

（1）货物调剂中心。物流园区利用资源优势，可有效地进行库存管理，也可以开办新产品展示会。

（2）物流技术开发与系统设计咨询。物流园区的发展潜力可以吸引相关物流高科技企业进驻园区，利用园区物流企业密集的资源优势，发展物流软件开发与物流设施设备的技术开发，形成第四方物流利润的增长点。

（3）物流咨询培训服务。利用物流园区运作的成功经验及相关的物流发展资讯优势，吸引物流咨询企业进驻发展。利用高校科研企业政府多方合作的优势，开展物流人才培训业务。

3. 配套服务功能[5]

物流园区的配套服务功能如下。

（1）车辆辅助服务，如加油、检修、培训、配件供应等。

（2）金融配套服务，如银行、保险、证券等。

（3）生活配套服务，如住宿、餐饮、娱乐、购物、旅游等。

（4）工商税务海关等服务。

物流园区是物流组织活动相对集中的区域，虽然与不同类型的园区有相似之处，但物流的组织功能在园区的地理位置、服务地区的经济和产业结构、企业的物流组织内容和形式、区位交通运输地位及条件等方面存在较大不同或差异。因此，物流园区的功能不应有统一的界定。同时，由于物流园区种类较多，在物流网络系统中的地位和作用不尽相同，因此，每个物流园区的功能集合也不尽相同，某些物流园区可能只具备上述部分服务功能。

7.3.5 物流园区建设要求

1. 规划与评审

物流园区的规划应结合国家物流产业规划要求、所属地的物流产业导向，根据所属地的城市总体规划、用地规划和交通设施规划等进行选址，编制符合所属地城市总体规划和土地利用规划的物流园区详细规划，并通过规划评审。

进行物流园区建设，应做好各功能区的规划，建设适合物流企业集聚的基础及配套设施，引导区域内物流企业向物流园区聚集。物流园区建设应加强土地集约利用和发挥规模效应，物流园区的规模不小于 1 平方千米，货运服务型和生产服务型物流园区所配套的行政办公、商业及生活服务设施用地面积应不大于园区总用地面积的 10%，贸易服务型和综合服务型应不大于 30%。

2. 交通影响

进行物流园区建设，应开展项目对区域内各类交通设施的供应与需求的影响分析，评价其对周围交通环境的影响，包括建设项目产生的交通对各相关交通系统设施的影响，分析交通需求与路网容纳能力是否匹配，并对交通规划方案进行评价和检验。

进行物流园区建设，应按交通影响评价的要求，采取有效措施，提出减小建设项目对周围道路交通影响的改进方案和措施，处理好建设项目内部交通与外部交通的衔接，提出相应的交通管理措施。

物流园区应建有能满足企业活动所需的由主要道路、次要道路和辅助道路构成的道路系统，其主要道路、次要道路应纳入城市道路系统统一规划建设。

物流园区应具备与国家现有的建筑标志系统、设施标志系统、机动车路标系统及步行道标志系统的设计相衔接的园区标志系统。

3. 环境影响

进行物流园区规划与建设，应进行环境影响评价，并按环境影响评价的要求，采取有效措施，减少环境污染，保护环境。物流园区应建立与其规模相适应的环境保护和监管系统，并定期开展环境质量监测活动。物流园区的环境空气应达到《环境空气质量标准》（GB 3095—2012）中的二级标准。鼓励物流园区的入驻企业通过《环境管理体系 要求及使用指南》（GB/T 24001—2016）环境管理体系认证。

4. 基础设施建设

物流园区应配套建设与园区产业发展相适应的电力、供排水、通信、道路、消防和防汛等基础设施，并纳入城市基础设施建设的总体规划。物流园区基础设施的建设，应遵循"一次规划、分步实施、资源优化、合理配置"的原则，防止重复建设，以降低基础设施配套成本。物流园区各种基础设施的地下管线铺设，应符合《城市工程管线综合规划规范》（GB 50289—2016）要求。

物流园区应提供满足入驻企业正常生产经营活动需要的电力设施，应根据所属地电网规划的要求，建设符合《供配电系统设计规范》（GB 50052—2009）要求的电力设施和内部应急供电系统[6]。

物流园区应为工商、税务、运管、检验检疫等政府服务机构的进驻提供条件，逐步完善"政府一站式服务"的功能。物流园区应为银行、保险、中介、餐饮、住宿、汽配汽修等各项支持服务机构的进入提供相应的配套设施，并为入驻企业提供必要的商业服务。

5. 信息化设施建设

物流园区应建设具有基础通信平台、门户网站、信息管理平台、电子商务平台及信息安全等功能的信息化设施。物流园区应为入驻企业提供固定电话、移动通信和有线电视等基础通信设施。物流园区应逐步建设对外宣传、电子政务、电子商务、信息服务、园区信息管理等功能一体化的门户网站，能为园区内企业提供物流公共信息。其中设有保税物流中心的物流园区，应建设符合海关监管要求的计算机管理系统。

我国物流园区开发方式主要划分为政府规划、工业地产商主导模式，政府规划、企业主导模式，以及政府政策支持、主体企业引导模式等三种形式。

在物流园区的开发建设过程中，投资建设主体呈现多元化的趋势，既有国有及国有控股企业、民营企业，也有外商投资企业。建设资金来源既有自有资金，也有银行贷款。通常，民营及民营控股企业参与投资建设的物流园区数量最多，其次是国有及国有控股企业参与出资建设的物流园区。另外，部分物流园区有外资参与投资建设。

在上述三种模式中，前两种模式是一种自上而下的模式，政府在园区建设中始终起着关键作用，往往由政府牵头成立专门的园区经营管理公司或委托专业公司进行运作，在一些园区的股东结构上国有资产往往占有很大比例。第三种模式是一种自下而上的模式，由市场自发形成、企业自行发起成立。无论哪种模式，政府的各种政策支持都是非常重要的。无论哪种开发方式，物流园区都要成立经营管理公司来进行运营和日常管理。

经营管理公司的主要任务是根据股东的要求，按照现代企业制度的要求，负责物流园区的运营和日常管理，做好客户服务工作，确保股东的资产投入增值和保值。其主要职责如下。

（1）物流园区从筹建到运营全过程的总体管理，包括土地开发、基础设施建设和改造等一系列问题的解决。

（2）物流园区网络平台的设计、搭建与管理。提供园区内部网络平台的建设、园区之间的网络链接及信息系统开发。

（3）物流园区的招商引资。开展物流园区的营销、推广工作，组织博览会、广告宣传，制作宣传册、客户杂志以吸引企业投融资和客户入驻。

（4）政府部门、物流园区及园区入驻企业之间的各种关系的沟通和协调。

（5）相关企业、学校及研究机构等各类人员的培训、实习与进修。

（6）特殊商品的安全监管（如化学品、药品及危险品等）。

（7）为入驻园区的企业提供所需要的各种日常服务，包括业务管理、客户接待、投诉反馈等。

7.3.6　物流园区规划与设计方法——MSFLB 五步规划法

物流园区建设是一项复杂而长期的工程，投资大、回收周期长。因此，物流园区的规划工作是非常重要的。随着政府及企业越来越重视物流园区的建设与发展，我国政府将建立物流园区作为其发展物流工作的重中之重。物流园区在政府的支持和鼓励之下得到了较好的发展，物流园区的覆盖面十分广阔，已广泛分布在我国东西南北的各处疆土之上[7]。

德国弗劳恩霍夫物流研究院（Institute for Material Flow and Logistics，Fraunhofer IML，简称德国物流研究院）作为世界一流的物流咨询和研究机构，在众多的国际性物流园区规划项目实践中总结出了基于需求驱动、竞争驱动和最佳实践驱动的 MSFLB 物流园区规划方法论。

MSFLB 规划方法论主要通过五个步骤来实施，也称"五部曲"，MSFLB 是这五个步骤英文首个字母的简称，它们分别是：市场分析（market study）、战略定位（strategic positioning）、功能设计（function design）、布局规划（layout design）和商业计划（business plan）。每个步骤的具体内容如图 7-6 所示。

图 7-6　MSFLB 五步规划法示意图

1. 市场分析

为了深入了解物流园区周边地区的经济发展状况及市场需求、基础设施、服务竞争等其他情况，必须对物流园区辐射地区的宏观经济、产业和微观环境情况进行全面调查和研究，根据远期和近期的物流量，确定物流园区远期和近期的建设规模。

资料收集和调查分析过程的工作主要为对一手资料和二手数据分别进行收集与分析。其中，一手资料收集与分析工作可使用深度访谈、电话访谈、问卷调查等研究方法。

在完成一手资料和二手资料收集后，所有的资料都汇总到一个规划数据库里，下一步就是数据处理及分析工作。我们建议采用 SCP（structure-conduct-performance，结构-行为-绩效）模型进行定性分析，采用 REA 模型（resource-event-agent model，资源-事件-参与者模型）进行定量分析。

SCP 模型的基本含义是，市场结构决定企业在市场中的行为，而企业行为又决定市场运行在各个方面的经济绩效。SCP 模型从特定行业结构、企业行为和经营绩效三个角度来分析外部冲击的影响[8]。

1）外部冲击

外部冲击主要指企业外部经济环境、政治、技术、文化变迁、消费习惯等因素的变化。

2）行业结构

行业结构是指特定的市场中的企业在数量、份额、规模上的关系。一个特定的市场属于哪种市场结构类型，一般取决于以下四种要素。

第一：交易双方的数目和规模分布。

完全竞争市场存在众多的买者和卖者，企业的规模很小以至于不能单独对市场上的价格产生影响，只能是市场价格的接受者。一般情况下，随着交易双方数目的减少，双方的规模会相应增大，价格变动的潜力越来越强，出现垄断的可能性越来越大，到了一定阶段，必然会出现卖方垄断（买方垄断）。

第二：产品差异化程度。

在理想的完全竞争情形下，企业出售的都是同质产品，只能通过价格进行竞争。在现实的世界中，产品间总是在某些方面存在差异，随着产品差异化程度的增大，不同企业间产品的可替代性变弱，企业获取垄断地位的可能性也将变大。但产品差异化所带来的消费者主观意义上的满足对企业的市场控制力导致的福利损失存在一定的可替代性。

第三：市场份额和市场集中度。

特定的市场中，市场份额（某个企业的市场销售份额比重）、市场集中度（少数几个最大规模企业所占的市场份额）与市场结构密切相关。一般而言，市场份额越大，市场集中度越高，少数几个企业的市场支配势力越大，市场的竞争程度越低。

第四：进入壁垒。

进入壁垒意味着进入某一特定市场所遇到的各种障碍，主要包括：国家立法、机构政策针对少数特定厂商授予特许经营权所形成的政策性壁垒；在位厂商采取措施抵制新厂商进入而形成的策略性壁垒；资源分布的区域性导致某地厂商无法取得该资源而不能进入特定行业的资源性壁垒；潜在进入者获取行业核心技术的困难所形成的技术性壁垒；在位厂商的绝对成本优势所构成的成本性壁垒；此外，市场容量、规模经济、消费者偏好也会构成进入壁垒。

3）企业行为

企业行为是市场结构、经济绩效的联系纽带。企业行为通过各种策略对潜在进入者施加压力从而影响市场结构。但必须在不完全竞争市场中讨论企业行为才有意义，完全竞争市场中企业微弱的市场控制力决定了企业广告等行为的无效性，企业可以按照市场价格销售任何数量的产品。

（1）营销：定价、批量、广告促销、新产品研发、分销。

（2）产能改变：扩张、收缩，进入、退出，收购、合并或剥离。

（3）纵向整合：前向、后向整合，纵向合资企业，长期合同。

（4）内部效率：成本控制、物流、过程发展。

4）组织效能经营绩效

组织效能经营绩效（performance）主要是指在外部环境方面发生变化的情况下，企业在经营利润、产品成本、市场份额等方面的变化趋势。

利用德国物流研究院专用的 REA（requirement estimation approach，需求评估方法）经验模型公式，就可以非常简便地推算出每个行业的运输量、仓库作业面积、增值加工区作业面积，以及相应的占地面积大小[9]。

每个行业都可从市场调查中得到某地区的生产总量（或消费总量），以及通过该地区的物流园区的货运量，估计有多少百分比的量可能在物流园区进行仓储，其中包括属于保税和非保税仓储方面的存储量需求。每个行业生产的产品在仓库内存放的周转率、堆码方式是不同的，我们根据调查和经验数据可以得到每年每平方米的仓库面积可以存放多少货物，然后与每年该行业的存储量相除，就可以得到保税（非保税）仓库的面积需求。在知道该区域物流园区中不同行业中简单物流加工、中等物流加工、复杂物流加工的比例之后，我们还可以算出保税（非保税）仓库增值服务作业面积。然后，根据仓库建筑密度这个国内要求的技术经济指标，就可以分别得到保税（非保税）仓库所需的占地面积。

此后，参照该地区生产总值最近几年的增长率及未来几年的预期增长率，以此数据作为区域物流园区的物流作业量的年增长率，就可以得到物流园区未来 10～15 年每年物流量的预测数据。在测算过程中，我们可以建立不同的预测模型，如指数回归分析法和灰色模型 GM(1,1)，这样就能使得预测值更加贴近区域物流未来发展的实际情况。

2. 战略定位

在完成充分的定性和定量市场分析研究之后，规划者必须对物流园区整体优势、劣势、机会、威胁进行分析（即 SWOT 分析），如果某类服务，如空港、海港和公路货运站场在各园区中占有较大比例，还必须进行专项的 SWOT 分析。SWOT 分析主要是帮助园区的高层经营决策者明晰内外部环境，提出发展物流园区的使命、远景目标和制胜策略，从而进行准确的战略定位，帮助实现其战略目标。这里的制胜策略，是指击败现有及潜在竞争者的计划，包括实施一系列举措以提高物流服务的水平、设计物流园区战略选择的"价值方案"及实施步骤，这些策略应该严格限制在内部使用。

典型的物流园区制胜策略有：充分利用保税物流中心的功能，实现进出口通关和行政管理的高效率；充分利用和拓展现有的物流信息系统，打造强势的国际物流信息平台；充分利用 WTO 和 CEPA（Closer Economic Partnership Arrangement，《关于建立更紧密经贸关系的安排》）的国际贸易政策，建立特色的欧美商品专业集散地，拓展国际物流业务，充分利用园区内现有入驻企业的优势和物流需求的特点，促进行业供应链的竞争力提升，集聚产业的物流，实现产业链的成型和优化；按照循环经济的发展要求，以创建生态物流园区为目标，牢固树立科学发展观，坚持经济发展和生态保护并重，致力于生态环境的培育和提升，应该具有适度的前瞻性，在总体规划的同时要充分考虑以后发展的需要[10]。

3. 功能设计

物流园区系统的整体效率依赖系统的各组成部分有机配合与协调，因此，对于各组成部分的功能定位设计，应从物流园区整体系统出发，强调各组成部分之间的功能协调，使各组成部分既实行合理分工，又相互联系，形成一个有序的整体，以实现园区的总体效率最大化。物流园区系统功能规划应遵循以下原则。

1）系统集成一体化

系统化是物流的核心，系统化要求系统各元素间的协调配合，注重系统的整体效应，而不是个体效应。因此，在构筑物流系统功能时，一方面应考虑各组成部分的个体效应。在各组成部分中，每一个功能只是完成物流过程中某一环节的特定功能，这种特定功能并不是独立活动。另一方面，应考虑整个园区的整体效应。在整个园区中，各组成部分并不是完全独立地开展某些活动，而是与其他组成部分相互协作，共同完成某些功能。因此，各功能、各组成部分必须协调、衔接，实现物流功能的一体化、集成化，才能有利于物流系统综合功能的协调发挥，保证物流系统各环节的无缝衔接。

2）分期实施

物流园区的建设是一个长期的过程，尤其是大型综合物流园区的建设，是时间跨度大、投资高的工程。因此，对于物流园区的功能设计，应分期制定设计目标。

3）近期强调资源的有效利用

在对现有资源进行整合、利用的基础上，构筑各组成部分的系统功能，充分发挥现有资源优势。

4）远期强调功能、资源的优化配置

结合城市发展规划、物流发展趋势、物流园区布局理论，通过土地置换、系统整合，逐步调整园区的空间用地布局和功能配置组合，最终形成空间布局合理、资源和功能配置优化、各组成部分相互协调的综合性物流园区。

5）符合现代物流发展需要

在由传统物流向现代物流的转化过程中，物流的功能不断得到发展、完善和提升。在进行物流园区规划设计中需要根据现代物流发展趋势，构筑系统功能。

6）满足高起点、高水平要求

中国物流业正处于由传统物流向现代物流转化的转型期。因此，在规划系统功能时，不能局限于转型期的过渡、改良，应立足于现代物流发展所需的战略高度来规划系统功能。

7）具有良好的可调整性

物流园区的建设时间跨度大，且物流系统一般处于动态发展状态，物流系统的功能随着物流系统自身的发展、物流需求的变化而不断变化、延伸、提升。因此，在规划系统功能时，应充分考虑物流系统的动态发展过程。

8）符合经济性与适应性的要求

物流园区的发展与可能的投资规模相适应，与本来的物流服务及发展需求相适应，与该地区物流特点、进驻企业特点相适应。

9）有助于培育物流核心企业联盟

在构筑物流系统功能时，考虑主要物流企业的核心能力，使这些企业进驻物流园区，通过全方位的功能整合，形成协同工作的物流企业群体，构筑中国现代物流企业集团军。

10）有助于培育物流龙头企业

物流的发展离不开物流龙头企业的带动，物流园区可以为物流企业的发展营造一个良好的发展环境，促进物流龙头企业的快速成长，以推进现代物流产业快速发展。

11）具有良好的可操作性

物流园区的建设研究，既不能教条地硬套物流理论、原则，也不能照搬国外的建设模式，而应该在物流理论及原理的指导下，结合具体实情，设计具有实践意义的方案。

4. 布局规划

根据统一规划、远近结合、经济合理、方便客户、货畅其流等布局的原则，考虑货物品种、数量及储存特性，同时考虑与园区配套的附属设施，设计物流园区内各类企业的空间及相关的公共服务设施和货运通道的布局，提出具有多功能的布局方案。在物流园区的规划布局方案中，还必须研究物流园区建设中与园区配套的货运通道的建设方案，确保货畅其流。

1998年以来，我国的物流园区如雨后春笋一般地呈现在大众面前，物流园区数量直线上升，从最早的深圳第一家物流园区到现如今遍布各地的局面[11]。欧洲物流园区优秀实践案例如杜伊斯堡（Duisburg）物流园区、不来梅物流园等，为国内物流园区在布局方面的建设提供了不少值得借鉴的经验。比如，校园化的设计理念，分割不同的功能区域；按照物流与空港、海港及与陆路运输的密切程度来安排相关产业；地块规划面积能满足柔性需求并有可选的扩展空间；多式联运的设施规划，如水路、铁路、公路和航空；保持产业加工和高附加值物流企业之间合理的分配比例；充分考虑地理和生态环境，有吸引力地设计并考虑环保预留用地。物流园区规划与设施布局的合理性还可以通过动画仿真来进行检验。德国物流研究院在物流园区仿真方面拥有成熟的软件和模型，可以轻松地协助客户优化规划成果。

物流园区的布局规划方案的经济评价分析主要评价物流园区的工作效率、园区内物流企业之间的相互合作、公共物流设施利用的方便性、客户进区后的方便程度、园区空间利用率等。

5. 商业计划

商业计划包括物流园区管理公司的组织架构和职责、物流园区业务模式、收益预测、客户分析、园区销售、市场推广策略、投资收益等方面的财务概要分析。

物流园区的开发一般分阶段进行。分阶段开发将比整体一步到位式开发更容易实施，而且后一个阶段可以吸取前一个阶段的经验，有助于调整和优化下一步的营销策略和其他细节。物流园区典型的业务模式有：物业支持、建设支持、财务支持、人力资源支持、环境支持、安全支持、质量支持、设备支持等服务。

在物流园区市场营销方面，建议采取宣传手册、用户杂志、出席推介会和交易会、视觉形象设计、互联网、投资指南、广告等多种手段混合使用的整合营销方式，以达到预期效果。

本 章 小 结

本章围绕供应链设施规划与设计，由小及大，逐一介绍了供应链中承担重要业务的各类关键设施——仓库、物流配送中心和物流园区，主要阐述了这三类供应链设施的建设目的、设计内容、规划与设计方法等，为读者提供多角度的现代设计思路。

复习与思考题 »»»

1. 请简述物流园区规划与设计方法——MSFLB 五步规划法。

2. 物流园区的分类有哪些？

3. 物流配送中心系统布局的方法有哪些？

4. 仓库布置与设计的内容都包括哪些？请简单介绍。

5. 物流配送中心都有哪些功能？

参 考 文 献

[1] 毛海军. 物流系统规划与设计[M]. 2 版. 南京：东南大学出版社，2017.

[2] 宋华. 供应链金融[M]. 2 版. 北京：中国人民大学出版社，2016.

[3] GB/T 18354—2021. 物流术语[S]. 北京：中国标准出版社，2021.

[4] 孙宇博. 基于应用型的《物流系统规划与设计》课程改革探讨[J]. 物流科技，2014，37（7）：20-22.

[5] 赵智锋，叶祥丽，施华. 供应链运作与管理[M]. 修订版. 重庆：重庆大学出版社，2016.

[6] 杨国荣. 供应链管理[M]. 4 版. 北京：北京理工大学出版社，2019.

[7] 耿立艳，胡瑞，张占福. 我国物流园区规划设计中存在的问题与对策[J]. 物流工程与管理，2020，42（11）：13-16.

[8] 毛灿. 物流园区物料中心配套仓储设施规划与设计分析[J]. 中国新技术新产品，2012，（10）：61-62.

[9] 刘志凯. 物流中心系统规划与设计研究[D]. 西安：长安大学，2003.

[10] 蒋萍浪. 低碳理念下现代物流园区规划设计研究：以青海曹家堡物流园区为例[D]. 西安：西安建筑科技大学，2014.

[11] 耿立艳，胡瑞，张占福. 我国物流园区规划设计中存在的问题与对策[J]. 物流工程与管理，2020，42（11）：13-16.

第8章 供应链信息系统规划与设计

引导案例

五粮液采购供应链信息系统

1. 项目简介

宜宾五粮液股份有限公司（以下简称五粮液）作为白酒行业龙头企业，是白酒行业内少数兼具浓香、酱香、兼香型白酒规模化生产及果酒产品生产能力的大型白酒企业。五粮液物资的采购以满足生产为主。五粮液采购的主要物资是：原辅料及包装材料。五粮液非常重视粮食、包装材料的管理。

五粮液使用采购供应链信息系统以前，采购业务未实现需求—采购—供应—监管的采购供应链管理整体信息化系统，涉及采购的各个部门之间、公司和供应商之间有的还在采用手工单据传递，业务处理的效率较低，各组织之间的信息和数据不透明，各组织间的信息也无法实现共享。

随着全球经济的一体化，企业市场竞争日益激烈，在优化企业内部资源的基础上，如何整合外部的供应商资源，以应对环境和竞争对手的挑战，成为企业需要首先考虑的重要问题。五粮液希望通过管理变革及信息工具的使用，建立内部的需求、采购、监督等部门之间、供需双方之间的信息共享和交互的系统显得尤为重要和迫切。

因此有必要在五粮液内部建立一个集团化采购供应链信息系统，帮助实施全面的供应协同和采购电子商务，以便提供快速效益。同时建立和完善供应商档案、物资档案和价格信息数据等，作为业务需求部门与业务管理部门的交流系统、与供应商实现网上采购协同的业务系统、纪检审计的信息监督系统、供应商绩效分析系统。借助该采购供应链信息系统充分挖掘五粮液内部资源的潜力，提高五粮液采购现代化管理水平，做到管理精细化、分析理性化和决策科学化，增强五粮液对需求变化和激烈市场竞争的适应能力和应变能力。通过五粮液采购供应链信息系统实现采购计划、采购、收货、结算的完整闭环管理，实现部门间信息的共享互通，提高业务处理效率，以及供需双方之间的信息共享和交互，达到采购公正、公开、公平的原则，同时实现监管部门对采购业务过程的有效监管。

通过该采购供应链信息系统，建立和完善对应信息数据库，使其成为五粮液各环节所需的信息系统。具体业务内容包括：专用系统搭建、主数据管理、采购需求管理、价格管理、超市化采购、采购订单管理、采购预计划管理、供应商库存管理、调运管理、质检收货管理、供应商寄售管理、采购结算管理、业务报表、接口管理。

五粮液采购供应链信息系统的建设将会把五粮液相关采购业务——零星物资、大宗物资、包装材料的采购通过系统进行统一管理，主要建设目标如下。

（1）搭建一个采购供应链管理的信息系统，帮助实施全面的供应协同和采购信息化管理。

（2）加快五粮液采购业务的处理过程、提升业务效率，同时实现监督部门对采购业务过程的监督控制。

（3）规范采购业务。

（4）提升采购业务的供应链总体效率。

（5）达到降低采购成本、缩短采购周期、提升采购商品的质量的目标。

（6）解放采购的重复低效劳动，使其从事价值更高的工作。

（7）实现需求、采购、供方间信息的共享互通。

（8）通过网上招投标，实现采购公正、公开、公平的原则。

2. 项目关键技术

结合五粮液实际情况，根据采购业务的特点，以"统一规划、统一标准、统一设计、统一建设、统一管理"的指导方针为基础，基于系统灵活性，便于将来根据业务扩展或者变更随之进行调整（满足五粮液采购业务将来的集中使用需求），采用了模块化方式进行构建。

1）物理架构

五粮液采购供应链信息系统将采用当今流行的纯 B/S（browser/server，浏览器/服务器）应用架构，企业内部采购员用户通过企业网访问本系统开展业务，业务管理者和审计人员也通过企业网进行业务监控和审计，同时系统利用业务驱动的集成机制与企业内部业务系统进行数据交互；供应商用户则通过互联网透过防火墙访问应用本系统进行业务协同处理。

2）技术架构

采用 J2EE（Java 2 Platform，Enterprise Edition，Java 2 平台企业版）框架进行设计和开发，具体技术架构如下。

（1）应用架构：B/S 架构，典型的表现层、业务逻辑层、数据层三层结构。

（2）操作系统：Linux、UNIX、Windows。

（3）数据库：支持 Oracle、SQL Server。

（4）应用服务器：支持 Apache-Tomcat、WAS、WebLogic。

（5）浏览器：IE 和其他主流浏览器。

（6）开发语言：Java。

（7）开发框架：采用 J2EE、Struts + Spring + Hibernate、jdk。

（8）开发技术：采用 Ajax 技术、Spring 框架面向切面编程技术、iReport 报表技术等。

（9）工作流：利用 JBPM（Java business process management，业务流程管理）工作流技术，实现业务驱动协同，并能扩展到智能移动终端设备上实现业务联动。

（10）接口：采用 WebService、JCo（Java connector，Java 连接器）等技术；提供标准的接口，支持与其他系统集成。

3）安全架构

系统从应用安全、数据安全和网络安全三个方面来保证系统数据的完整性和保密性。

（1）应用安全：要保证应用的高可用性和高可靠性。在身份认证、权限管理、日志管理和系统监测等方面系统采取了更多的安全措施。

（2）数据安全：为保证数据库的访问安全，对敏感数据进行加密。

（3）网络安全：一是要保证传输过程的安全，二是防范网络攻击，三是网络监控。

3. 项目意义

五粮液采购供应链信息系统，立足于当前五粮液采购业务特点，采用先进的管理理念和技术将五粮液供应商关系管理系统打造为国内先进的采购供应链信息化系统，使五粮液所有需求部门、采购部门、监督部门、供应商、承运商可以在同一个网络运营，实现系统的集中部署和管控；同时通过规范的标准化产品实施，实现全网采购作业标准化、流程化，全面提升客户的作业效率、客户服务及满意度；另外，网络搭建后可支撑内部资源的共享，增强供应链上下游的紧密协同能力及供应链可视化程度。

系统价值体现在：通过构建该信息系统，实现五粮液供应链管理可视化和一体化、采购与供应商之间信息化，建立相应的考核和监控体系，探索实现对五粮液采购业务流程的实时监控和异常预警，满足五粮液当前采购供应信息管理的需求。

资料来源：刘俊杰. 五粮液公司数字化能力评价及提升策略研究[D]. 兰州：兰州理工大学，2021.（有删改）

8.1　供应链信息系统设计的原则与目标

8.1.1　供应链信息与信息系统

1. 供应链信息的概念[1, 2]

在供应链系统中，供应链信息是指与供应链活动相关的各种信息。根据供应链信息所包含的内容，可将其分为狭义供应链信息与广义供应链信息。

狭义供应链信息是指与供应链活动（如装卸、保存、包装、仓储、流通加工等）相关的信息。在供应链活动过程中，选取运输工具、确定配送路线、明确配送批量、跟踪在途货物、最优利用仓库等步骤，都需要基于准确翔实的供应链信息来保证活动过程的顺利进行。广义供应链信息不仅是指供应链活动相关的信息，还包括围绕供应链活动的其他流通活动的相关信息，如政策信息、市场供需信息、交易信息等。供应链信息随着供应链活动的进行而产生，贯穿整个供应链活动，并能有效控制供应链活动。

供应链信息化是指为了减少供应链成本、有效配置供应链资源、提高供应链运作自动化和决策水平，将现代信息技术引入到供应链、资金流和商流的管理和控制中。供应链信息化主要表现为供应链信息收集的代码化、供应链信息处理的电子化、供应链信息存储的数字化、供应链信息传递的程式化和实时化等一系列现代信息技术的应用。供应链信息化建设对企业的影响如图 8-1 表示。

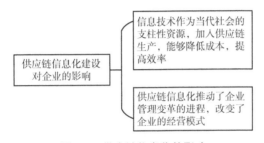

图 8-1　供应链信息化的影响

2. 供应链信息系统的概念

随着市场竞争加剧、供应链信息化及社会信息化、供应链管理的发展、供应链信息的复杂化，供应链在企业管理中的地位变得越来越高。为应对这些变化，需要依赖新的供应链管理手段——供应链信息系统。供应链信息系统在企业中开始萌芽，计算机网络技术的迅速发展给供应链信息化提供了技术上的有力支持，得以开发供应链信息系统。

供应链信息系统是以信息系统为开发原型，由人员、计算机硬件、软件、网络通信设备及其他办公设备组成的人机交互系统，其主要功能是进行供应链信息的收集、处理、存储、维护和应用，配合供应链管理者及其他组织管理人员实现高质量的战略、战术及运营决策，以达到组织的最优战略，提高供应链的效率与效益。从系统的角度来看，供应链信息系统是企业管理信息系统的一个子系统，或者说是企业信息系统的一部分，它本身又可以分解出一系列的子系统。例如，企业中的 ERP 系统，供应链信息系统则是其中一个子系统，供应链信息系统又可以分解成作业管理系统、协调控制系统、规划系统等子系统。

在企业的一系列生产经营活动中，供应链信息系统与各类供应链活动关系密切，具有效控制供应链活动的职能。它有两个主要作用：一是及时掌握商品流动所带来的商品量的变化；二是提高与供应链业务相关的作业效率。供应链信息系统是提高供应链效益、降低供应链成本的重要工具，也是实现供应链信息化管理的最重要手段。

供应链信息系统是高层次的活动,是供应链系统中最重要的方面之一,涉及运作体制、标准化、电子化及自动化等方面的问题。由于现代计算机及计算机网络的广泛应用,供应链信息系统的发展有了一个坚实的基础,计算机技术、网络技术相关的关系型数据库、条码、EDI 等技术的应用使得供应链活动中的错误发生率减少,提高供应链运作效率,加快信息流转速度,使供应链管理发生了巨大变化。供应链信息系统的构成和所承担的功能见图 8-2。

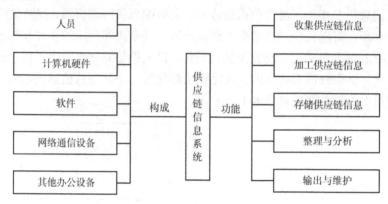

图 8-2　供应链信息系统的构成和所承担的功能

8.1.2　供应链信息系统设计原则[2, 3]

在传统信息系统设计的过程中通常遵循系统性、灵活性、可靠性和积极性四大原则,现代供应链信息管理系统在系统架构模式、关键技术运用、应用场景等几个方面与传统信息系统存在颇多差异。在进行供应链信息系统设计时应借鉴经验,注意以下设计原则。

1. 总体性与结构性原则

供应链信息系统设计需要自顶向下,逐层分解。确定系统的总体目标,逐步进行规划、完善和优化,有组织、有计划、有步骤地实施。同时,遵循结构化设计,区分各个阶段,确定每个阶段的目标和任务,后一阶段的开展建立在前一阶段工作的基础上。

2. 先进性与适用性原则

系统设计应采用先进的规划理念和设计技术,选择先进的产品,同时配备完善的售后服务,以便进行系统的维护。应用上要合理,方便用户操作与管理,能够适应企业的业务需要。

3. 开放性与标准化原则

在供应链信息系统设计的全部环节,都应遵循软件开发的标准化要求来设计开放式、模块化体系,使用符合国际国内标准的协议和技术。同时考虑到信息系统会与其他异构的信息系统、信息平台之间产生信息交互,因此,设计必须重视兼容性,实现不同信息源的数据互动。

4. 可靠性与安全性原则

供应链信息系统 24 小时提供服务，安全可靠地运行是整个系统发挥作用的基础。供应链信息系统对企业和社会开放，在系统设计阶段应多方位考虑安全问题，采用通信、网络、用户权限管理等安全技术。同时设置漏洞检测和备份技术，防止系统出现问题造成数据危机。

5. 经济性与系统扩展灵活性原则

供应链信息系统的建设应控制开发费用，充分利用企业现有可用资源，避免重复投资，尽量降低成本。信息系统投入使用后，注意控制管理费用及维护费用。同时，考虑到供应链行业的不断发展，系统应具备可扩充性，当企业出现新的业务需要时，可以以较低的成本满足系统扩充的需求。

8.1.3　供应链信息系统设计目标[3]

信息系统分析是供应链信息系统设计过程中的重要阶段之一。系统分析即在当前已有同类型系统的基础上，总结并利用经验，从系统的角度出发，对已选定的对象与开发范围开展有规划、有目的、有步骤的调研和分析，明确新系统的总体目标，即"做什么"。系统设计的总目标是根据调研和分析形成的文本资料，运用合适的方法确定新系统在逻辑层面应实现哪些功能、运用哪些技术、由哪些程序模块组成、程序模块之间用什么技术联系在一起。信息系统设计的水平从根本上决定了供应链信息系统和项目开发的成败，优秀的信息系统设计是产生高性能信息系统的先决条件。在信息系统设计之前有信息系统分析，在信息系统设计之后有信息系统开发实施工作，可见，系统设计起到承上启下的作用，假如在这一环节工作进程不理想，将严重影响整体的信息系统开发工作。因此，为了系统设计的总目标的实现，可以从以下分目标着手。

1. 对供应链信息资源进行整合

基于供应链管理的现代供应链体系包含多个环节，如配送中心、采购中心、供应商以及供应链中心等，任何环节的信息都会影响到供应链信息共享的质量。长期以来，供应链服务累积的海量业务数据信息由于存储在大量分散的管理系统中而不能直接应用于供应链服务决策，信息孤岛现象越发严重，因此应建立供应链信息管理模型和集成平台，整合供应链内相关数据，包括产、供、销、价格、成本、库存、性能指标、需求预测等数据，搭建信息交换、共享、集成平台，集成相关的各种内外部信息。

2. 提高供应链的运作效率，实现企业降本增效

以供应链服务为例，现代供应链服务包括采购、运输、包装、搬运以及信息管理等，将供应链协同管理的理念融入企业管理中，需要借助互联网技术将整个信息系统延伸到供应链的各个环节中，通过大数据技术，利用线性、非线性、遗传算法以及神经网络等多种数据挖掘技术对整个供应链信息进行优化配置。最初优化的是供应链配送计划，从而将不合理的供应链环节或者作业流程进行调整，以此降低供应链的成本支出，压缩订货周期，提高现金流动效率。以配送车辆路径规划为例，现代供应链的运输成本在供应链企业中占到很大的比例，而车辆路线的规划则是实现低成本支出的重要手段，因此通过对运输车辆路径的网络配置，可以大大提高车辆的工作效率，降低能源消耗。

3. 实现对供应链服务的绩效评估与风险管理

运用信息集成技术可以实现对供应链各环节的数据采集和处理，强化对供应链全链条的监管，实现对各个环节的绩效评估。以农产品供应链为例，通过信息集成系统可以实现对农产品的全程监管，大大提高了产品的质量。同时在对供应链进行全过程的跟踪与监控时，能够及时消除供应链过程中存在的风险，并且可以在风险发生前发出预警信息，实现供应链服务的连续性，降低了供应链风险损失。最为关键的是通过设计信息集成平台为客户提供多元化的服务。在互联网技术快速发展的现代供应链产业背景下，客户对于现代供应链企业的要求不再仅仅以运输产品为主，还需要供应链企业拓展深层次的增值服务，实现产业链价值的最大化。例如，通过信息集成系统可以实现对产品销售的跟踪，从而为生产企业提供市场需求预测，同时通过供应链信息集成系统实现对商品仓储的监控，根据库存结构来调整生产，实现生产效率的最大化。

8.2　供应链信息系统的规划

在如今竞争日趋激烈的市场环境下，市场变化多端，供应链企业面临着愈发增多的不确定因素。首当其冲的问题是，不同行业客户需求存在差异，客户渴望得到更加个性化的服务。对于在市场竞争中得以生存的供应链企业来说，无论是获得新的供应链客户，还是保持现有供应链客户的忠诚度，都要求企业对客户的需求展开深入的调查和分析，对服务进行持续的跟踪并反馈，随时为客户提供个性化的优质服务，而供应链信息系统毫无疑问能以轻松的姿态帮助企业满足这些要求。先进的计算机信息技术可以助力供应链企业服务水平的提升，高效的供应链信息系统与信息平台是现代供应链体系的重要组成部分。当前，供应链公司如-马士基（A.P. Moller-Maersk）不断扩展在华业务板块，采用先进的供应链信息技术为用户提供优质的个性化服务，正不断占据中国供应链市场。相比之下，国内供应链企业虽然具备地理优势，但普遍存在信息化程度不足、人工成分较高、人力成本高等一系列难题。

国内大型供应链企业虽然都建立了满足基本需求的信息管理系统，也能达到一定程度的信息资源共享，但企业的信息系统仅在企业内部（如营业、运作、职能等部门）发挥着基本的信息交互作用。而对于外部业务活动，如与供应链的上下游客户、合作伙伴的业务合作等，供应链信息系统并未发挥作用，依旧采用较为落后的信息媒介方式和工具，与客户、合作伙伴进行交流，暂未建立全面的供应链信息网络。经过国内外供应链企业的对比，可以得出，我国的供应链企业想要发展壮大、扩大业务版图、提高整个供需链的经营效益、获得在激烈市场竞争中的优势，甚至参与国际贸易竞争，供应链信息化建设任务是不可或缺的。供应链企业需要结合自身的发展目标和战略，推动供应链信息系统的规划建设。

8.2.1　供应链信息系统规划内容、方法、步骤

1. 供应链信息系统规划的内容[4]

（1）确定供应链信息系统发展的总体目标、总体结构和功能要求。

（2）评估企业现有的供应链信息系统情况。

（3）整理企业的业务流程现状和其中存在的问题，与供应链系统相结合。

（4）收集分析不同参与者的功能与需求。

（5）供应链信息系统关键技术分析。

（6）供应链信息系统的设计规划及策略分析。

（7）将以上内容形成系统规划报告。

2. 供应链信息系统规划的方法[1]

1）企业系统规划法

IBM（International Business Machines Corporation，国际商业机器公司）于 20 世纪 70 年代提出了一种管理信息系统规划的结构化方法论——企业系统规划法（business system planning，BSP）。企业系统规划法用于确定供应链信息系统的总体框架结构，厘清系统及子系统和系统开发的先后顺序，并统一规划、管理和控制数据流动，明确各子系统之间的数据交换关系，保证信息的逻辑性。企业系统规划法的优点主要是其能够保证供应链信息系统在企业的组织机构中的独立性，当环境发生变化时供应链信息系统具有良好的适应性。

企业系统规划法的思路包括两个方向。首先"自上而下"地确定企业战略目标和信息系统战略目标，然后"自下而上"地整理出企业的供应链信息系统架构，随后由企业目标得出供应链信息系统的目标和结构。企业系统规划法的步骤如下。

（1）确定企业战略目标与系统战略目标。

（2）分析企业业务流程运作。

（3）确定供应链流程相关数据和信息，包括供应链的数据收集、分析，并构建数据库、数据字典等内容。

（4）定义信息系统总体结构和功能。

（5）根据以上内容完成企业系统规划法研究报告，提出建设建议书和开发计划书。

2）关键成功因素法

关键成功因素法（key success factors，KSF）是一种信息系统开发规划方法，由哈佛大学教授 William Zani（威廉·泽尼）于 1970 年提出。关键成功因素法首先分析出企业成功的关键因素，然后围绕这些关键因素来确定系统的需求，并进行系统设计规划。该方法的优点是针对性强，所开发的系统因定位明确能够较快地取得效益；缺点是除了确定管理目标阶段，其他阶段效益不佳。关键成功因素法的步骤如下。

（1）确定企业的战略目标，可以通过与高层管理者的交流，了解企业未来的发展战略。

（2）识别所有成功因素，在确定企业发展战略的基础上，分析得到达成该战略的所有成功因素。可以自顶向下采用逐层分解的方法，逐渐找出影响战略目标的全部因素。

（3）确定关键成功因素。在得到全部成功因素后，从中找出关键成功因素，即找出达到战略目标需要的关键因素。

（4）识别各关键成功因素的性能指标和标准。

（5）识别测量性能的数据。

（6）建立数据字典。

（7）根据以上关键成功因素来划分信息化建设的优先级别。

3. 供应链信息系统规划的步骤

1）系统规划初探

（1）提出项目。编写项目书，对于现有的信息系统，项目书的内容包括：当前系统的现状描述与存在的问题、系统下一步欲实现的目标、可用于开发的资源、开发进度的规划。

（2）确定用户类型。供应链信息系统的用户有两种角色：企业内部供应链信息系统用户和企业外部供应链信息系统用户。

（3）明确用户需求。对于现有的信息系统，系统分析人员须明确以下内容：现有系统存在的问题，问题的严重程度，系统的现状，系统用户包括的类型、各类用户的全部需求集合，用户需求的类型及重要程度划分，用户需求的正确性、合理性和可行性，系统希望达成的目标。

2）开展系统调查

（1）系统调查的过程。系统调查过程包括初步调查—具体调查—补充调查。

（2）系统调查的目的。系统调查的目的根据企业所拥有系统不同、企业类型不同而各不相同。

（3）系统调查的内容。系统调查的内容主要包括：企业概况，含企业性质、企业的规模、企业文化、企业结构、职工人数及素质、产品结构以及目前的经营管理水平等；现行信息系统的概况，含已有的计算机应用项目、其功能及功能水平等；企业环境概况，含企业的环境因素集合，可分为微观环境和宏观环境，微观环境包括那些直接影响企业经营状况的行动者、供应商、各种市场中间商、顾客、竞争对手等，宏观环境包括那些影响企业微观环境中所有行动者的较广泛的社会力量或因素，包括人口的、经济的、技术的、政治的、法律的，以及社会文化方面的力量和因素；企业的领导者、管理者、信息管理部门对供应链信息系统的态度，含支持的程度[如 OA（office automation，办公自动化）系统、资料与数据]，对新、老信息系统的看法以及对信息化和数据化的需求程度；可用于开发供应链信息系统的资源，含人力、资金以及开发周期等。

（4）调研方法。调研方法主要有文献研究法、德尔菲法、查阅资料法、头脑风暴法、问卷调查法、实地调查、取样调查法等。

3）项目可行性分析

可行性分析的内容包括项目必要性、技术可行性、经济可行性、组织可行性、社会环境可行性和风险因素及其对策。

可行性分析报告包括的主要内容如下。

（1）系统现状分析（包含对推荐的拟建方案建设条件、产品方案、工艺技术、经济效益、社会效益、环境影响的结论性意见）。

（2）初步方案制订。

（3）方案的可行性论证及结论（包含对可行性分析中尚未解决的主要问题提出解决办法和建议，对应修改的主要问题进行说明，提出修改意见）。

（4）对不可行的项目，提出不可行的主要问题及处理意见。

（5）项目开发计划及进度安排。

8.2.2　需求分析

企业需求是贯穿规划始终的，需求分析的结果是否能够准确地反映用户的实际要求，将直接影响到后面各个阶段的设计，并影响到系统设计的合理性和实用性，因此，准确详细的需求分析是至关重要的。系统需求分析阶段的任务是以系统调查结果为基础，对用户的需求进行分析，包括分析已有系统可实现的信息需求、功能需求、辅助决策需求等，并在此基础上根据调查提出对新系统的设计要求，确定对系统的综合要求、系统功能要求、系统性能要求、运行要求并预测将来可能提出的要求。

1. 供应链信息需求的概念与特点

信息需求是指现实的信息需求，即用户以自己方便的形式表达出来的及时获取问题解决所需要的完整可靠的信息的要求。信息需求是为满足信息需要服务的，具有市场意义和行为意义。信息需求的市场意义实际上就是信息需求通过对信息供给的直接作用而限制或推动信息市场的发展。信息需求的行为意义是指信息需求的出现导致信息行为的产生。

供应链企业信息需求特点如下：数据覆盖地理地域广；车辆数据众多，信息量大；数据间衔接紧密，如车辆与货运单据；对系统响应要求灵活、及时；查询服务信息的用户多；数据共享程度要求高；运行中的车辆位置分散，流动信息沟通困难；需要完善车辆统一信息管理。

2. 信息系统需求调查[1]

系统分析是指应用系统思想和方法，把复杂的对象分解成简单的组成部分，厘清这些简单部分的基本属性和彼此间的关系。

1）概念

系统需求是新系统必须完成的功能，即系统的功能范畴。在此活动中，系统分析员确定完整的系统功能。在分析期间，分析员详细地定义和描述这些功能，即将这些高层功能分解为详细的系统需求。本书将系统需求分为两类：功能需求和技术需求。

功能需求是根据组织进行商业交易的过程和商业规则确定的，根据记录在案的这些过程去确定和描述。技术需求通常是以系统必须达到的具体目标来表述的。对于新系统的完整定义，这两种类型的系统需求都是必不可少的。这两种系统需求都包含在系统需求调查中，功能需求通常记载在已建立的分析模型中，而技术需求则通常记载在技术需求的叙述性描述中。

2）系统需求的资料来源

系统功能需求信息的主要来源是新系统的各种系统相关者。系统相关者是对系统的成功实施感兴趣的人。通常系统相关者分为三类。

（1）用户，实际使用系统处理日常事务的人。

（2）客户，购买和拥有系统的人。

（3）技术人员，确保系统运行在组织的计算机环境下的人。

3）识别系统需求

系统开发中分析阶段的目标是理解商业功能和开发系统需求。系统需求的识别过程包含四步：第一步，确定现有系统的物理过程和活动；第二步，从现有物理过程中提取商业逻辑功能；第三步，为将在新系统中使用的方法开发出商业逻辑功能；第四步，定义新系统的物理处理需求。

回顾现有系统对理解商业需求是非常必要的，但是不必定义具体的商业过程，新系统的物理模型是系统设计的一部分。分析员首先比较现有商业功能和新系统的需求，然后通过下面的识别系统需求信息收集的各种方法完善需求，在大多数情况下，分析员把几种方法结合起来使用，从而保证分析效果和提高效率。这种组合提供了一种全面的事实寻找方法，可被广泛地用于庞大复杂的系统开发中。它们分别为如下方面。

（1）向系统相关者分发和收集调查表。

（2）复查现有的报表、表格和过程描述。

（3）与用户面谈和讨论。

（4）观察商业过程和工作流。

在调查现有系统和集中于新系统需求二者之间达到平衡，得出最终的系统需求。

8.2.3 功能框架[2, 5]

供应链信息平台的功能要满足区域供应链系统中政府管理部门、相关职能部门、供应链企业、工商企业等不同层次的参与者对供应链信息平台的功能需求。供应链信息平台的一般功能框架如图 8-3 所示。

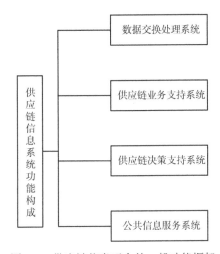

图 8-3 供应链信息平台的一般功能框架

1. 数据交换处理系统

数据交换处理系统能为政府、金融机构、大型企业等需要大批量数据的组织，构建高效率、高安全性、高可靠传输的网络应用环境。该系统主要用于处理平台上各项业务运作时的交换信息，其中包括电子单据，平台用户之间业务往来时的信息交互、企业报关、报检以及结（缴）算所产生的商业文档的信息传递。

2. 供应链业务支持系统

供应链业务支持系统是对供应链各个环节所发生的供应链业务进行处理的子系统的集合，主要包括智能配送系统、库存管理系统、货物跟踪系统等。智能配送系统将商品按配送方向、配送要求分类，从而制订科学、合理、经济的运输工具调配计划和配送路线计划等。库存管理系统可以利用所收集的物流信息，制定出最优库存方式、库存量、库存品种及安全防范措施等。货物跟踪系统是指物流运输企业利用物流条形码和 EDI 技术及时获取有关货物运输状态的信息，提供物流运输服务的信息系统。供应链业务支持系统对供应链业务中产生的供应链信息进行处理（包括数据的采集、整理、传输、存储及统计分析，业务过程中的电子化监控、调度和管理等），对其服务范围内的信息资源进行全面整合，优化供应链整体的资源配置。

3. 供应链决策支持系统

供应链决策支持系统是面向管理层的信息系统资源，主要利用计算机技术建立供应链业务的计算预测模型，通过对日常业务中采集到的历史数据进行分析，帮助供应链业务决策者选择合理的业务实施方案。它一般应用于非常规、非结构化问题的决策，如供应链需求分析、行程安排、设施选址、投资回报预测等方面。需要注意的是，供应链决策支持系统只是一套计算机化的工具，它可以帮助管理者更有效地决策，但不能代替管理者进行决策。

4. 公共信息服务系统

公共信息服务系统的功能包括通知发布、会员管理、需求收集等。其中，通知发布功能主要让用户通过互联网连接到供应链信息平台，工作人员对供应链供需信息、政策信息以及交通、气候信息等与供应链业务相关的综合信息进行发布，供用户自行查阅；会员管理功能主要为信息平台的注册会员提供管理和个性化服务，如会员单证的管理、会员业务的实时跟踪、会员的资信评估等。

8.3　供应链信息系统的开发

8.3.1　传统关键技术[1]

1. 物流接口无缝化[6]

1）含义

物流接口无缝化是指按照物流目标系统化和物流要素集成化原理的要求，对物流网络构成要素的流体、载体、流向、流量、流程共五个流动要素，信息、资金、机构、人员等生产要素，技术标准、运作规范、管理制度等机制要素进行内部和外部连接，使系统要素之间，系统与系统之间成为无缝连接的整体过程。

2）原理简介

物流接口无缝化原理是指对物流网络构成要素中的流动要素、生产要素、机制要素等进行内部和外部的连接，使物流系统要素之间、物流系统之间成为无缝连接的整体，受物流目标系统化和物流要素集成化两个原理的指导。实际上，物流网络上的各节点往往是独立的，节点间存在的缝隙就是它们之间的距离，这种缝隙会造成物流系统内或系统外边界上的差异，这些差异的数量和数值，直接影响着物流效益的高低。

物流接口无缝化的目的是消除那些存在于系统内和系统外在边界上的差异，从而提高系统集成度，使物流系统要素集成为一个完整的系统，实现物流系统的整体目标。物流系统需要连接的要素很多，对于企业来说，企业生产物流、企业供应物流、企业销售物流、企业回收物流和企业废弃物流共五个具体的物流活动之间、企业与其所处的上下游供应链成员之间都有许多方面需要实现无缝连接。

2. GIS 与 GPS 技术

1）含义

地理信息系统（geographic information system，GIS）有时又称为"地学信息系统"或"资源与环境信息系统"。它是一种空间信息系统，在计算机硬、软件系统支持下，以地理空间数据为基础，采用地理模型分析方法，适时提供多种空间的和动态的地理信息，对整个或部分地球表层（包括大气层）空间中的有关地理空间信息进行收集、存储、分析和可视化表达，为地理研究和地理决策服务。

全球定位系统（global positioning system，GPS）是一个中距离圆形轨道卫星导航系统。它可以为地球表面绝大部分地区（高达 98%）提供准确的定位、测速和高精度的时间标准。

GIS 与 GPS 的关系见图 8-4，GPS 可为 GIS 提供大量位置信息，GIS 可通过 GPS 提供的位置信息进行地理信息处理和分析。

图 8-4　GPS 与 GIS

2）应用[7]

GIS 供应链分析软件集成了电子地图模块、路径节点生成模块、车辆路线模型和设施定位模型等，介绍如下。

（1）电子地图模块。电子地图模块基于空间数据记录坐标，通过点、线、面等数据模型来表示当地的实际地理状况，并按照数据系统对整个空间数据进行分层，同时确保空间数据与属性数据之间呈现出相互对应的关系。电子地图在实际应用中，能够结合网络优势，对各个层次中储存的数据信息进行收集，并按照地理特征将其联系在一起，使其在原有的基础上形成模拟中的现实世界。与普通地图相比，电子地图除了携带方便、查询简单的优势外，还具备更新时间快、使用灵活等特点。

（2）路径节点生成模块。生成路径节点的过程，能够为物流业务的分解与联合提供安全可靠的信息，并以此来实现物流业务的系统化与高效化。在物流实际关系中，如何计算最优路径，已经成为物流发展的重要问题。路径节点生成模块的应用，能够将一些隐藏路径体现出来，在实现系统设置时，使其生成一定的拓扑结构。由于物流自身业务范围的影响，不同物流管理体系有着不同的路径节点要求。

（3）车辆路线模型。在整个 GIS 中，车辆路线模型的主要功能在于解决一个起点或多个起点间的货物运输问题，得到降低供应链作业费用、保证服务质量的方案，具体到用车数量、车辆的具体行驶路线等。

（4）设施定位模型。设施定位模型的主要功能在于确定仓储中心、配送中心、销售中心等物流设备的最佳位置，其核心目的仍在于降低物流费用的同时，提高服务质量，以便从根本上实现物流利润的最大化。在供应链系统中，仓库和运输线共同组成了供应链网络，仓库处于网络的节点上，结合经济效益等原则，节点决定着线路如何根据供求的实际需要，在既定区域内设立多少个仓库，每个仓库的位置，每个仓库的规模和仓库之间的供应链关系等，运用此模型均能很容易地得到解决。

GPS 在供应链中的应用介绍如下。

（1）用于汽车自定位、跟踪调度。据丰田汽车公司的统计，日本车辆导航系统的市场在 1995 年至 2000 年间平均每年增长 35%以上，全世界在车辆导航上的投资平均每年增长 60.8%，因此，车辆导航将成为未来全球卫星定位系统应用的主要领域之一。我国已有数十家公司在开发和销售车载导航系统。

（2）用于铁路运输管理。我国铁路开发的基于 GPS 的计算机管理信息系统，可以通过 GPS 和计算机网络实时收集全路列车、集装箱及所运货物的动态信息，实现列车、货物追踪管理。只需知道货车的车种、车型、车号，就可以立即从近 10 万公里的铁路网上流动着的几十万辆货车中找到该货车，还能得知这辆货车现在何处运行或停在何处，以及所有的车载货物发货信息。这项技术的应用大大提高铁路部门的路网及其运营的透明度，为货主提供更高质量的服务。

（3）用于军事供应链。全球定位系统最先是为军事目的而建立的，在军事供应链中，如后勤装备的保障方面，应用相当普遍，尤其是在美国，其在世界各地驻扎的大量军队无论是在战时还是在平时都对后勤补给提出很高的需求。

3. EDI 技术[8, 9]

1）含义

EDI 是一种在公司之间传输订单、发票等作业文件的电子化手段。它通过计算机通信网络将贸易、运输、保险、银行和海关等行业信息，用一种国际公认的标准格式，实现各有关部门之间的数据交换与处理，并完成以贸易为中心的全部过程。由于使用 EDI 能有效地减少直到最终消除贸易过程中的纸面单证，因而 EDI 也被称为"无纸交易"，是一种利用计算机进行商务处理的新方法。EDI 系统由通信模块、格式转换模块、联系模块、消息生成与处理模块共四个基本功能模块组成，模块间的关系如图 8-5 所示。

2）优点

EDI 的优点显著，有以下几点。

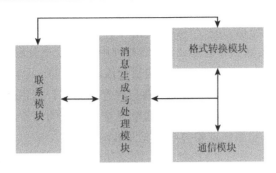

图 8-5　EDI 系统结构

（1）迅速准确。EDI 业务以电子文件交换取代了传统的纸面贸易文件（如订单、发票），交易双方使用统一的国际标准格式编制文件资料，利用电子方式将贸易资料准确迅速地由一方传递到另一方，是发达国家普遍采用的"无纸贸易手段"，也是世贸组织成员方将来必须使用和推广的标准贸易方式。

（2）节约环保。EDI 的使用降低了纸张的消耗，根据联合国组织的一次调查，每进行一次进出口贸易业务，双方需交换近 200 份文件和表格，其纸张、行文、打印及差错可能引起的总开销大约为货物价格的 7%。据统计，美国通用电气公司采用 EDI 后，每生产一辆汽车可节约成本 250 美元，按每年生产 500 万辆计算，可以产生 12.5 亿美元的经济效益。由于 EDI 的使用可以完全代替传统的纸张文件的交换，因此，也可以称之为"无纸贸易"或"电子贸易"。

（3）方便高效。采用 EDI 业务可以将原材料采购与生产制造、订货与库存、市场需求与销售，以及金融、保险、运输、海关等业务有机地结合起来，集先进技术与科学管理于一体，极大地提高了工作效率，为实现"金关"工程奠定了基础。在 EDI 系统的每个环节都建立起责任的概念，每个环节上信息的出入都有明确的签收、证实的要求，以便为审计、跟踪、检测提供可靠的保证。在 EDI 的安全保密系统中广泛应用了加密技术，以提供防止流量分析、防假冒、防否认等安全服务。

（4）降低成本。EDI 系统规范了信息处理程序，信息传递过程中无须人工干预，在提高信息可靠性的同时，大大降低成本。香港对 EDI 的效益做过统计，使用 EDI 可提高商业文件传送速度 81%，降低文件成本 44%，减少错漏造成的商业损失 41%，降低文件处理成本 38%。

3）应用

EDI 用途广泛，主要用于以下几点。

（1）用于金融、保险和商检。可以实现对外经贸的快速循环和可靠支付，降低银行间转账所需的时间，增加可用资金的比例，加快资金的流动，简化手续，降低作业成本。

（2）用于外贸、通关和报关。用于外贸业，可提高用户的竞争能力。EDI 用于通关和报关，可加速货物通关，提高对外服务能力，减轻海关业务的压力，防止人为弊端，实现货物通关自动化和国际贸易的无纸化。

（3）用于税务。税务部门可利用 EDI 开发电子报税系统，实现纳税申报的自动化，既方便快捷又节省人力和物力。

（4）用于制造业、运输业和仓储业。制造业利用 EDI 能充分理解并满足客户的需要，制订合适的供应计划，达到降低库存、加快资金流动的目的。运输业采用 EDI 能实现货运单证的电子数据传输，充分利用运输设备、库存，为客户提供高层次和快捷的服务。对仓储业，可加速货物的提取及周转，减缓仓储空间紧张的矛盾，从而提高利用率。基于 EDI 的供应链管理信息系统的整体框架见图 8-6。

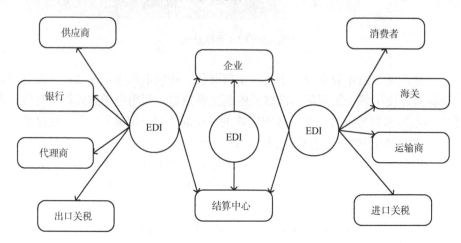

图 8-6　基于 EDI 的供应链管理信息系统

8.3.2　新兴关键技术

1. 数据挖掘技术[2, 10]

1）含义

数据挖掘（data mining）是近年来随着数据库和人工智能技术的发展而出现的全新信息技术。数据挖掘可描述为：是从大型数据库的数据中提取人们感兴趣的知识的过程，这些知识是隐含的、事先未知的、潜在的有用信息，提取的知识可表示为概念、规则、规律、模式等形式。正是这种技术的发展，不同领域的研究者，尤其是数据库技术、人工智能技术等方面的学者和技术人员汇聚在一起形成新的研究领域。数据挖掘可以从实例数据中直接导出规则，将规则用于构造知识库，从而提供有效的决策支持和分析帮助。

2）主要任务

数据挖掘有两个主要任务，分别是机器的数据库理解和人对数据库的理解。

（1）机器的数据库理解。在表述上，将数据库转换为可为计算机所理解的更为简洁的模型，然后利用这个模型求解新问题。

（2）人对数据库的理解。根据处理需求简化数据，并将其翻译为自然的表示形式（如数学公式、自然语言与图表等），从而发现隐含在大量数据中的规律并使这些规律被人所理解。在供应链信息交易平台建设中采用数据挖掘技术，目的是在掌握大量的、全局的供应链信息的情况下，利用该技术查找和发掘出深层有用的供应链信息，从而实现对用户主体的信息服务和辅助决策支持。

2. 数据仓库技术[2, 11]

1）含义

数据仓库是面向主题的、集成的、稳定的、不同时间的数据集合，这些数据集合被用于支持经营管理中决策制定过程。也就是说，数据仓库是把分布在企业网络中不同信息岛上的商业数据转换成公共的数据模型并集成到一起，存储在一个单一的集成关系型数据库中。数据仓库也就是集成信息的存储中心，利用这种集成信息，可方便用户对信息的访问，便于决策人员对一段时间内的历史数据进行分析，研究事物发展的趋势，辅助决策。

2）功能

数据仓库一般包括以下三个基本的功能部分。

（1）数据获取。数据获取就是从外部数据源获取数据。所需数据被区分出来，在进行拷贝或重新定义格式等处理后，准备载入数据仓库。

（2）数据存储和管理。数据存储和管理就是数据仓库的内部维护和管理，是数据仓库最为关键的部分，其提供的服务包括数据的组织、数据的维护、数据的分发、数据仓库的例行维护等。

（3）信息访问。信息访问属于数据仓库的前端，面向不同种类的终端用户，其性能主要集中在多维分析、数理统计和数据挖掘方面，多维分析是数据仓库的重要访问形式。而进行数据访问的软件工具，主要为查询生成工具、多维分析工具、数据挖掘工具等。由于互联网的发展，多维分析领域的工具和产品更加注重提供基于 web 的前端联机分析界面，而并不只是满足在网上发布数据的基础要求。数据仓库的终端用户可以通过信息访问的方式提取信息、分析数据集和实施决策。

3. 云计算技术[9, 12]

1）含义

云计算概念最早由 Google 首席执行官埃里克·施密特（Eric Schmidt）在 2006 年的搜索引擎大会（SES San Jose 2006）首次提出。中国电子学会云计算专家委员会认为，云计算最基本的概念是通过整合、管理、调配分布在网络各处的计算资源，并以统一的界面同时向广大用户提供服务。借助云计算，网络服务提供者可以在极短时间内处理数以千万计甚至数以亿计的信息，实现和超级计算机同样强大的效能。同时，用户可以按需使用这些服务，从而实现让计算成为一种公用设施来按需使用的梦想。

2012 年 3 月，国务院政府工作报告将云计算列为国家战略性新兴产业，并在附注中给出了云计算的定义：云计算是基于互联网的服务的增加、使用和交付模式，通常涉及通过互联网来提供动态易扩展且经常是虚拟化的资源，是传统计算机和网络技术发展融合的产物，它意味着计算能力也可作为一种商品通过互联网进行流通。

2）优点

（1）大规模。云计算以超大规模计算机、服务器等硬件为基础。

（2）虚拟化。云计算为用户提供虚拟化的资源和应用，能够屏蔽底层硬件，有效提高资源利用率。

（3）可扩展。云计算根据不同的业务需求动态调整资源的规模，有效降低运行成本。

（4）按需服务。数据中心能够根据用户提交的请求，分配合适的资源。

（5）安全性。云计算技术利用数据冗余和多副本容错技术实现数据的安全性和可靠性，同时监控各节点状态，对故障节点进行数据迁移。

4. 物联网技术[9, 13]

1）含义

物联网的概念在 1999 年由美国麻省理工学院最早给出了定义，他们认为物联网就是将所有的物体通过无线射频识别、信息传感等设备与互联网连接起来的一个网络，可以实现智能化的识别和管理。

物联网是在互联网基础上，通过感知技术、通信与网络技术、射频识别技术、智能运算技术等的集成所实现的物物互联网络。具体而言，就是在物品中嵌入具有感知能力的芯片，通过一系列设备和软件，自动读取芯片中的信息，使物品能够"智能"地表达自己。物品"智能"化后便可以与互联网连接起来，让物品与物品"对话""交流"，实现物与物、物与人、物品与网络的信息交互，最终实现高效识别、统一管理、实时监控的目的。物联网相关技术应用见图 8-7。

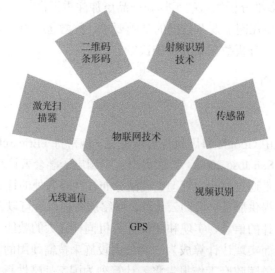

图 8-7 物联网相关技术应用

2）特点

物联网作为现代新技术信息产物，在传统网络概念的基础上，将其用户端延伸和扩展到任何物品与物品之间，从而进行信息交换和通信，更好地进行"物与物"之间信息的直接交互。物联网主要有以下四个方面的特点。

（1）技术性。物联网是技术变革的产物，代表着计算与通信技术的发展趋势，而其发展又依赖众多技术的支持，如射频识别技术、传感技术、纳米技术、智能嵌入技术等。

（2）连通性。连通性是物联网的本质特征之一。国际电信联盟认为，物联网的"连通性"有三个维度：一是任意时间的连通性；二是任意地点的连通性；三是任意物体的连通性。

（3）智能性。物联网将传感器和智能处理相结合，利用云计算、模式识别等多种智能技术，扩充其应用领域。物联网可通过传感器获得海量信息，对其进行分析、加工和处理，能发现新的应用领域和应用模式，从而智能地做出正确的判断。

（4）嵌入性。物联网的嵌入性表现在两个方面：一是各种各样的物体本身被嵌入人们所生活的环境；二是由物联网提供的网络服务将被无缝地嵌入人们日常的工作与生活。

5. NFC 技术[14]

1）含义

NFC（near field communication，近场通信）技术是由荷兰皇家飞利浦电子公司和索尼公司共同开发的近场通信非接触式芯片技术，其主要产品 Mifare1 S50 IC 卡（MF1）可搭载在移动设备、电子产品、PC（personal computer，个人电脑）和智能控件上，不需要外接电源实现近场无线通信和数据传输。NFC 技术具有近场，高带宽，低能耗，标准化程度高，数据传送速度快（可达 106 kbit/s），可重复写 10 万次，在常温下数据可以保存 10 a，在–20～50℃温度情况下不影响工作的特性，这些特性完全能够满足农产品生命周期过程中的各种环境的应用。NFC 作为物联网技术的一种，可在信息系统平台上广泛应用，如移动支付、智能家居、智能交通、智能海报和智能供应链等多个领域。NFC 技术的具体应用场景如图 8-8 所示。

2）优点

将 NFC 技术应用于供应链中，可提高整个供应链的优势。

（1）能够实现对每一种产品在生产—加工—流通—零售环节的全程监控以及管理水平和信息的无缝连接。

（2）可满足农户、加工企业、流通企业、批发零售企业管理人员实时查询的需求，实现事前预警，增强抗风险能力。

（3）可提高消费者查询效率，拓展查询渠道，还可以用手机支付完成购买。

（4）能够保证产品标签的唯一性，提高防伪能力解决产品供应链信息失真的问题，确保产品供应链数据的完整性和真实性。

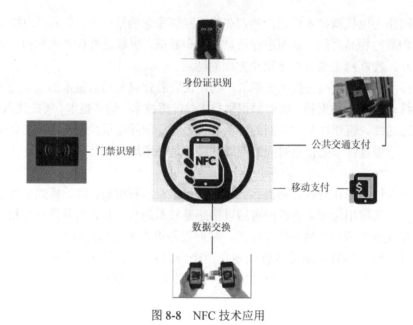

图 8-8　NFC 技术应用

6. 区块链技术[9, 15]

1）含义

区块链技术是一种去中心化和高信任度的分布式数据库账本技术，网络节点能够点对点直接发生交易，并对一段时间内交易数据的记账权达成共识，独立存储和集体维护。该技术利用非对称加密技术保证数据安全可信，利用时间戳技术实现数据的可溯源性和可验证性。分布式存储使得数据公开透明，在非法算力不足 50%时，数据无法被伪造或篡改。区块链的自动化脚本代码系统支持用户创建高级的智能合约、货币或其他去中心化应用。区块（block）中包含有数据库中实际需要保存的数据，这些数据通过区块组织起来被写入数据库。链（chain）通常指的是利用一定技术手段来校验当前所有区块是否被修改。

在传统供应链信息系统中信息孤岛现象普遍存在，导致了信息交互的及时性及真实性难以保障，区块链技术能够有效化解供应链信息系统难题。建立以区块链技术为核心的供应链信息平台，能够有效连接供应链联盟、金融机构及政府监管部门，促使供应链中商流、物流、资金流、信息流"四流合一"，从而构建互信共赢的供应链生态体系。近年来，一些研究将区块链技术与食品和农产品供应链结合起来。利用区块链技术，建立粮油食品全供应链上多角色之间的信任关系，探索可靠的互信机制，解决信息不对称问题，为信息安全管理提供真实可信的平台。区块链技术应用的行业或具体场景见图 8-9。

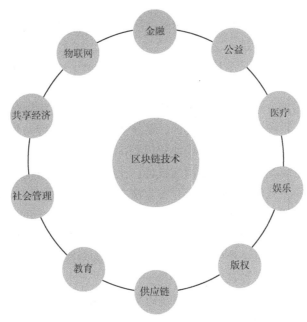

图 8-9　区块链技术应用

2）分类及特点

供应链信息系统为供应链各参与主体提供服务，因此需要根据供应链结构特点选择合适的区块链。区块链的类型可分为公有链、私有链两种，私有链能够进一步细分为全封闭私有链（也称为纯私有链）和半公开私有链（也称为联盟链）。

公有链是一个开放系统，任何人都能自由成为区块链上的节点并平等享有获取链上全部信息、链上交易、参与共识、参与记账、进行系统维护等权利。私有链具有一定封闭性，通常需要依赖线下的实体组织。因此，节点需要经过组织认可、系统认证后才能加入区块链。

联盟链中的节点并不完全平等，只有通过规则筛选的部分节点才能够获得验证新区块及记账的权利，参与链上的共识机制。因此，相对于公有链，联盟链的控制权更容易设定，扩展性也较好。

纯私有链又被称为内部链。在纯私有链中，网络通常围绕一个中心组织建立，该区块链上的共识、验证、记账等权利被严格控制，只有特定的内部主体才能够进行交易，其余节点通常只具备部分读取的权利。纯私有链具有容易部署、便于控制的特点。

8.3.3　开发方法[12, 16, 17]

1. 结构化开发方法

1）简述

结构化开发方法由结构化程序设计演变而来，结构化程序设计按"自顶向下、逐步求精"的方法编写程序，规范了程序设计流程，使程序设计人员更容易理解其他开发人员编写的代码，提高了程序开发效率。系统分析设计人员从这种程序设计方法中得到启发，逐渐形成结构化开发方法。

结构化开发方法主要包括结构化系统分析（structured system analysis，SSA）和结构化系统设计（structured system design，SSD）两部分，其基本思想是将系统工程思想、工程化方法和生命周期方法相结合，先将整个信息系统开发过程划分成若干个相对独立的阶段，系统规划、系统分析、系统设计、系统实施、系统运行与维护等。遵循用户至上的原则，借鉴程序设计的结构化和模块化思想，在系统规划、系统分析、系统设计共三个阶段，自顶向下地对系统进行分析与设计；在系统实施、系统运行与维护阶段采用自底向上的系统工作方式实现。结构化开发方法在系统调查期间，从企业战略决策层的管理决策工作的方式和流程入手，深入管理层和基层运行层，全面了解各层次的信息需求，满足上一层的信息需求的同时明确下一层应完成哪些具体的工作。在进行系统分析设计时，局部的优化服从系统整体的优化；在系统实施阶段，则是从最底层的模块开发做起，向上集成，逐渐构成整体系统。

综上所述，结构化开发方法应用了系统思想和方法，把复杂的对象分解成简单的组成部分，并找出这些部分的基本属性及其之间的关系。然后，对各个功能模块进行深入的分析，直到所有模块都足够简单为止（一般一个模块只实现一个子功能）。系统分析阶段面临的问题较为复杂，结构化方法能"化繁为简、化难为易"，便于系统分析和设计的实现。

2）阶段划分

结构化开发方法开发管理信息系统，一般可将整个开发过程分为五个阶段，也称为系统开发的生命周期，系统生命周期分为系统规划、系统分析、系统设计、系统实施和系统运行与维护五个阶段，各阶段的主要工作内容介绍如下。

（1）系统规划阶段。根据用户的系统开发请求进行初步调查，确定系统目标和总体结构，确定阶段划分及实施进度，然后从技术、经济和社会角度进行可行性分析，得出系统是否值得开发的结论。

（2）系统分析阶段。系统分析阶段以系统规划阶段提出的目标为出发点，根据系统规划阶段的初步方案，在对组织进行详细调查（具体的业务层面的调研分析）的基础上，逐步进行组织机构和功能分析、业务流程分析、数据和数据流程分析、数据综合查询分析，并提出新系统逻辑方案模型，最后以系统分析说明书的形式提交审核。

（3）系统设计阶段。系统设计阶段与分析阶段密切相关，系统分析说明书是系统设计阶段的工作依据。本阶段的主要任务是在系统逻辑模型基础上设计系统物理模型，其主要内容包括：总体结构设计、系统流程设计、代码设计、数据库设计、输出设计、输入与界面设计、模块结构与功能设计和系统物理配置方案设计，最后得出系统的物理模型并编写系统设计报告。

（4）系统实施阶段。在系统的设计方案得到审批后，进入系统实施阶段。这一阶段的内容包括数据准备、编写程序和测试、系统试运行、系统切换等工作。数据准备是从组织中选取一些样本作为测试用例，编程的同时进行部分测试工作，在编写完成所有程序后，进行综合测试和系统总体测试。

（5）系统运行与维护阶段。这个阶段新系统已经完成测试和试运行投入使用，服务于企业的各项工作。这个阶段要做的主要是日常维护性工作，包括：系统的日常运行管理、系统维护、系统评价、结果分析等。

2. 原型开发方法

1）简述

原型开发方法是 20 世纪 80 年代随着计算机软件技术的发展，特别是在关系数据库系统、第四代程序生成语言和各种系统开发生成环境产生的基础之上，提出的一种从设计思想到工具、手段都全新的系统开发方法。该方法是根据用户需求，利用系统快速开发工具，建立一个系统模型，在此基础上与用户交流最终实现用户需求的快速管理信息系统的开发方法。原型开发方法具有开发周期短、见效快、信息交流方便等优点。它的开发过程包括系统需求分析、系统初步设计、系统调试和转换、系统检测与评价等阶段，用户仅需在系统需求分析与系统初步设计阶段完成对应用系统的描述，开发者在获取一组基本需求定义后，利用开发工具生成应用系统，快速建立一个目标应用系统的最初版本。

2）实施步骤

（1）用户需求分析。根据原型开发方法的构造原则，系统开发人员应根据用户对系统的描述说明（系统的主要功能、输入及人机界面、输出、总体结构等），结合信息系统的基本特点，弄清用户的基本信息需求，快速确定软件系统的基本需求，描述系统的基本规格说明，以满足开发原型的需要。

（2）建立系统初始原型。在快速分析的基础上，根据概要需求说明书，系统开发人员应使用辅助设计工具（Visual Basie、Visual FoxPro）及数据库管理系统（database management system，DBMS，如 Access、SQL Server），尽快实现一个可运行的系统初始原型。系统初始原型应充分反映系统待评价的特性，忽略最终系统在某些细节上的要求和次要的系统功能。

（3）应用和评价原型系统。用户在开发者的指导下试用原型，对原型进行考核评价，测试其运行结果是否满足规格说明的要求，以及规格说明的描述是否满足用户的愿望。开发人员听取用户对初始原型的意见，纠正系统概要需求说明书中的误解和分析中的错误，获取更具体的用户需求，提出全面的修改意见。

（4）修正和改进原型系统。根据用户对初始原型系统的改进意见，系统开发人员与用户共同探讨修改初始概要需求说明书，并修改原型系统，然后使用、评价、修改。通过"分析—使用—评价—修改"这一过程的反复迭代，不断完善系统原型。

3. 面向对象开发方法

面向对象开发方法是从 20 世纪 80 年代各种面向对象的程序设计方法逐步发展而来

的，它的基本思想主要包括以下几个方面：客观事物都是由对象组成的，对象由属性和方法组成，对象之间的联系主要是通过传递消息来实现，对象可按其属性进行分类，对象是一个被严格模块化的实体，一个对象类定义了具有相似性质的一组对象。

应用面向对象开发方法开发信息系统，把面向对象程序设计的思想应用于系统开发过程中，指导开发活动的系统方法，简称面向对象方法，这种方法是建立在对象概念基础上的系统开发方法学。程序设计的基本思想包括：把客观世界的任何事物都看作对象，复杂的对象可以看作由简单的对象以某种方式组合而成的；把所有对象都划分成各种对象类，每个对象类都定义了一组数据和一组方法；按照子类和父类的关系，把若干个对象类组成一个层次结构的系统；对象彼此之间通过传递消息互相联系。有如下公式：

$$面向对象=对象+类+继承性+消息$$

对象、类、继承性和消息是面向对象方法的重要概念。

（1）对象。对象是客观世界中的所有事物或人脑中的各种概念用计算机语言表述的抽象，或者说是现实世界中个体的数据抽象模型。对象是事物运行方式、处理方法和属性值的一种抽象表述，是信息包和有关信息包的操作描述；它是事物的本质，是不会随周围环境改变而变化的、相对固定的最小的集合。

（2）类。类是对象的模板，类是对一组有相同数据和相同操作对象的定义，一个类用所包含的数据和方法描述一组对象的共同属性和行为。类是在对象之上的抽象，对象则是类的具体化，是类的实例。类可有其子类，也可有其父类，形成类层次结构。

（3）继承性。继承性是对象属性关系的共同性，即子模块继承了父模块的属性。通过这种机制，在定义和实现一个新类时，可以利用已有的定义作为基础来建立新的定义而不必重复定义它们。

（4）消息。对象之间进行通信的一种构造叫作消息，当一个消息发送给某个对象时，包含要求接收对象去执行某些活动的信息。接收到消息的对象经过解释，然后予以响应。消息通信就是描述对象间通信的机制。

4. 计算机辅助开发方法

任何一种系统开发方法中，如果系统调查工作完成后，系统开发过程中的每一步都可以在一定程度上形成对应关系，那么就可以完全借助专门研制的软件工具来实现上述系统的开发。这种思想决定了计算机辅助开发方法（computer aided development method, CADM）只是一种辅助的开发方法，在实际供应链信息系统开发中，计算机辅助开发工具的应用必须依赖一种具体的开发方法，如结构化开发方法、原型开发方法等。但由于计算机辅助开发方法采用了计算机来辅助开发，所以能帮助开发者方便、快捷地生成系统开发过程中各类图标、程序和说明性文档。把系统开发过程中具有共性的工作提炼出来并使用集成化的开发工具，目的是减少开发人员大量重复性工作，把精力集中到信息系统分析与设计工作，提高系统开发效率和质量。

计算机辅助开发方法解决问题的基本思路是：通过调查分析了解系统的初步需求后，在系统开发过程中，借助专门的软件开发工具，帮助开发者快速实现现实系统和信息系统的对应。其过程如下。

（1）对现实系统进行调研，应用系统分析工具辅助系统的分析工作，建立系统业务流程图、数据流图、系统数据字典等，构建系统的逻辑模型。

（2）根据系统逻辑模型，应用系统设计工具辅助系统的设计工作，建立系统的总体结构、代码设计、数据库设计、输出设计、输入设计、界面设计等，构建系统的物理模型。

（3）根据系统物理模型，应用系统设计工具辅助系统的实施工作，进行程序编码、系统测试等工作，构建目标信息系统。

本 章 小 结

本章首先介绍了供应链信息系统设计的原则和目标，对供应链信息系统的规划流程进行详细阐述，其中，需求分析是信息系统规划中比较重要的一部分。其次，围绕供应链信息系统的开发，提供了多种关键技术以及信息系统开发方法，为供应链信息系统规划与设计工作提供参考。

 复习与思考题 »»

1. 什么是供应链信息、供应链信息系统？
2. 供应链信息系统的设计原则是什么？
3. 供应链信息系统规划的方法有哪些？步骤是什么？
4. 供应链信息系统开发有哪些关键技术？

参 考 文 献

[1] 高举红，王术峰. 物流系统规划与设计[M]. 2 版. 北京：清华大学出版社，北京交通大学出版社，2015.

[2] 姚冠新. 物流系统规划与设计[M]. 镇江：江苏大学出版社，2016.

[3] 王慧. 基于供应链的第三方物流信息管理系统规划设计[J]. 物流技术，2013，32（5）：427-429.

[4] 吴磊. 物流管理信息系统规划与设计[J]. 中国商贸，2011，（6）：118-119.

[5] 周跃进，陈国华，等. 物流网络规划[M]. 2 版. 北京：清华大学出版社，2015.

[6] 李彩其，樊莉莉，赵宁. 物流接口无缝化：提高物流效益的有效途径[J]. 中国市场，2007，（Z2）：64-65.

[7] 刘媛媛. 基于 GIS 技术的物流信息系统设计[J]. 物流技术，2012，31（21）：434-435，457.

[8] 裴峰，林国龙，杨权斌. RFID 技术与现代物流信息系统设计：兼论 RFID 技术在上海石化仓库智能化管理中的运用[J]. 上海海事大学学报，2005，26（4）：52-56.

[9] 林自葵，刘建生. 物流信息管理[M]. 2 版. 北京：机械工业出版社，2021.

[10] 阳柳. 大数据时代的物流信息挖掘与应用[J]. 物流技术，2014，33（23）：414-416.

[11] 蒋长兵，赵宝钗，白丽君. 基于数据仓库技术的应急物流信息系统架构研究[J]. 江苏商论，2010，（5）：65-66，91.

[12] 李慧. 云计算模型在港口信息系统中的应用与实现[J]. 舰船科学技术，2016，38（14）：166-168.

[13] 陈磊. 基于物联网的物流管理信息系统优化研究[J]. 价格月刊，2014，（8）：76-79.

[14] 孙旭，杨印生，郭鸿鹏. 近场通信物联网技术在农产品供应链信息系统中应用[J]. 农业工程学报，2014，30（19）：325-331.

[15] 许继平，孙鹏程，张新，等. 基于区块链的粮油食品全供应链信息安全管理原型系统[J]. 农业机械学报，2020，51（2）：341-349.

[16] 李莹，郝屹. 计算机信息管理系统的开发[J]. 现代情报，2004，（9）：74.

[17] 马费成，宋恩梅，赵一鸣. 信息管理学基础[M]. 3 版. 武汉：武汉大学出版社，2018.

第9章 供应链金融规划与设计

📝 **学习目标**

1. 了解供应链金融的发展背景，掌握供应链金融的概念、特点和意义。
2. 理解供应链金融主要四种业务模式。
3. 掌握供应链金融的常见风险，通过案例理解供应链金融产品如何设计实施。

引导案例

京东金融的供应链金融产品——"京保贝"

供应链金融作为一种针对中小企业的新型融资模式，可有效减少企业融资成本，提高资金的运作效率。京东作为国内大型电商平台之一，拥有的海量交易数据及发达自建的物流网络，为其供应链金融业务发展奠定了坚实的基础。京东金融利用电商平台上的交易流水与记录，建立了自身的供应链综合服务体系，推出了首个互联网供应链金融产品，也是业内首个通过线上完成风控的产品——"京保贝"。

"京保贝"是京东金融旗下一款创新的供应链金融产品，旨在通过提供创新的金融模式，为企业提供融资服务，以支持供应链上下游企业的正常运营。该产品能帮助供应商解决融资难、放款慢等问题，可提供全流程更加流畅、方便、快捷的服务。京东拥有供应商在其平台上采购、销售等大量数据，以及之前与银行合作开展应收账款融资的数据，通过大数据等技术，对数据池内数据进行整合分析后，建成平台的授信和风控系统。其资金来自京东自有资金，随借随贷，无须抵押担保，贷款主要采用应收账款融资模式和预付账款融资模式下的订单融资模式。该产品门槛低、效率高，京东的供应商凭采购、销售等数据，最快3分钟内即可完成从申请到放款的全过程，有效地提高了企业资金周转的能力。

2016年，"京保贝"产品升级到2.0版本。升级后的产品能够对接客户系统，只接收贷款过程所需的数据，同时不会获取客户敏感数据，确保信息安全。在金融风险防范方面，京东基于平台的大数据构建风险评估模型，为中小企业定制融资方案，以最大程度防范风险。

京东等电商平台企业，积极开发推出供应链金融产品，为中小微企业融资提供了更加灵活、便捷的融资新渠道和新方案，在一定程度上缓解了当前中小企业的融资困境，完善了宏观市场的融资模式。京东供应链金融科技将秉承"多、快、好、省"的原则，为实体产业注入金融活力，为大消费等实体产业链提供覆盖生产、流通、渠道销售等全链路的新型供应链金融解决方案。

资料来源：王媛，毛敏. 我国电商平台供应链金融融资模式研究：以蚂蚁金服、京东、苏宁为例[J]. 物流工程与管理，2019，41（3）：75-78.（有删改）

9.1　供应链金融概述

供应链金融起源于供应链管理，传统的供应链管理强调"6R"，即将顾客所需的正确的产品（right products）能够在正确的时间（right time）按照正确的数量（right quantity）、正确的质量（right quality）和正确的状态（right status）送到正确的地点（right place），并使总成本最小化。然而，随着经济全球化、网络化的加速推进，不同地区、国家、产业、公司之间的隔离被逐步打破，大企业在供应链中占据主导优势地位，而落后地区的小企业则处于劣势地位，成为全球供应链中的短板，制约着全球供应链的发展。为了增强供应链的稳定性和减少供应链整体的财务成本，现代供应链的研究和探索开始强调提升资金流效率，重塑商业流程。在此背景下，供应链金融应运而生[1]。供应链金融的快速发展是因为这种全新模式解决了传统供应链的痛点。对于中小企业，在全球激烈竞争环境下，供应链金融为处于资金支持弱势、降低成本能力弱势、风险管理弱势的中小企业提供了低成本的融资平台与高效率的运营平台；对于大型核心企业，供应链金融降低了整体的供应链成本并得到新的收入增长点；对于传统的金融机构，供应链金融探索出了全新的风险与流动性管理路径，拓宽了金融机构的收入来源。随着供应链金融的发展，物流、信息流与资金流将实现"三流合一"，供应链整体的资本结构、资本成本、资金流转周期都会得到改善，供应链整体效率将得到有效提升。

9.1.1　供应链金融定义及特点

1. 供应链金融的定义[2]

传统供应链金融的定义是：将供应链的核心企业以及与其相关的上下游企业看作一个整体，以核心企业为依托，对供应链上下游企业提供综合性金融产品和服务，是一种面向供应链全体成员企业的系统性的融资安排。但随着供应链的发展，其对应的许多流通行业不存在核心企业或是核心企业并不能占据主导地位，如大宗商品的库存融资。可以概括为"1+N"的运作模式，1指1个核心企业，N指N个上下游企业，这种"1+N"的定义难免存在片面和过时，因而供应链金融可以被定义为：①供应链金融是为整个流通环节提供不限形式的资金服务；②供应链金融依据具体商品或应收账款进行贷款，而不取决于融资企业的资信，具有无因化的特征。

2. 相关概念辨析[3]

随着供应链的发展，其推动企业开始对财务供应链管理的价值发现过程展开相应的业务创新以适应这一需求，相关金融创新随之浮出水面。随着逐渐发展创新形成了不同的形态和模式，相关金融创新包括物流金融（logistics finance）、贸易金融（trade finance）以及供应链金融（supply chain finance）。这三个概念既具有一定相似性，但是又有差异，对其进行辨析有利于更好地利用、管理。

（1）物流金融：是物流与金融相结合的复合业务概念，是为物流产业提供资金融通、结算、保险等服务的金融业务，它伴随着物流产业的发展而产生。它不仅能提升第三方物流企业的业务能力及效益，而且能为物流客户企业融资并提升资本运用的效率。

（2）贸易金融：是在贸易双方债权债务关系的基础上，为国内或跨国的商品和服务贸易提供的贯穿贸易活动整个价值链的全面金融服务。它包括贸易结算、贸易融资等基础服务，以及信用担保、财务管理等增值服务。而其中最受关注的贸易融资，基于买卖双方的交易过程为产业链中的上下游提供资金融通，既满足各方生产经营的正常需要，同时也保障交易安全、顺利、高效地开展。

（3）供应链金融：它是一种集物流运作、商业运作和金融管理于一体的管理行为和过程，它将贸易中的买方、卖方、第三方物流以及金融机构紧密地联系在了一起，严格来说供应链金融是在同时掌握和管理全面的商流与物流的基础上展开的综合性融资业务。其风险的控制既来源于对整个交易过程和价值增值过程的设计、运营与管理，又来源于物流方案的设计、流程的运营和操作。可以说供应链金融是物流金融和贸易金融的乘数效应，它是针对供应链不同的参与者、不同的阶段、不同的时期提供的综合性全面融资解决方案，因此，供应链金融具有较高的信息整合度。

3. 供应链金融的特点[4]

供应链金融不同于传统贸易融资方式，是一种更为科学、个性化以及针对性强的金融服务，其通过丰富的产品以满足企业的多样化融资需求，能够提升供应链的协调性和降低其运作成本。供应链金融主要有以下特点。

（1）风险控制性。在供应链金融业务中，金融机构可以及时预测和确认交易的真实性，并且在发放贷款后，对于资金流和物流拥有直接控制权，最大限度保证资金的安全。同时在供应链金融业务管理中通过协调物流、信息流和资金流，能够很好地解决中小企业融资难的根源，主要包括信息不对称和融资成本过高等问题，大大提高了中小企业融资的可行性。

（2）整体性。供应链金融的整体性主要体现在融资主体的范围上，它涉及了供应链上几乎所有的企业。同时其采用闭合的资金运作方式，资金链和物流需要按照合同规定的模式流转。在信贷结构上，供应链金融不仅提供短期融资的方案，还提供长期融资的形式，其不单纯依赖客户企业的基本资信状况来判断是否提供金融服务，而是依据供应链整体运作情况，以真实贸易背景为出发点。

（3）定制性。供应链金融可获得渠道及供应链系统内多个主体的信息，来制订个性化的服务方案，尤其对于成长型的中小企业，不仅能够优化其资金流，降低资金成本，提高资金效率，还提高了经营管理能力。

9.1.2　供应链金融的意义

在全球一体化与网络化背景下，供应链金融是一种独特的商业融资模式，也是一种全新的产业组织模式。供应链金融的模式通过产业数据的底层渗透，能够对产业链整体企业进行全面把控，提供全面金融服务，促进供应链上企业资金流与"产—供—销"链条的稳固和流转顺畅，从而降低整个供应链运作成本。同时，供应链金融模式也改造了企业间的关系以及企业与金融机构之间的关系。一方面由于金融机构的介入促进了供应链上企业间的紧密合作；另一方面，企业与银行等金融机构之间突破了单一的资金借贷行为，在企业真实业务活动基础上开展的资金链维护、监控的全程合作，形成了实体经济和金融企业共生发展的新模式。因此，供应链金融的本质是通过金融企业与实体经济的协作，构筑银行、企业和供应链的互利共存、持续发展的新型产业生态。

1. 宏观层面

随着经济全球化和网络化的发展，不同公司、国家甚至一国之内不同地区之间比较优势被不断地强化。往往对于经济和金融欠发达地区或资金实力薄弱的中小企业而言，一些"成本洼地"成为供应链发展的瓶颈，影响到供应链的稳定性。在这一背景下，供应链研究和探索的重心逐渐转向了提升资金流效率的供应链金融层面。在激烈的竞争环境中，拥有充足的流动资金对企业有着举足轻重的意义，尤其是对于那些发展前景良好但存在资金困难的中小企业，它们往往没有像大型企业那样雄厚的资金实力，却是供应链中不可或缺的重要环节；它们虽然具有可观的发展潜力，却常常因为上下游优势企业的付款模式而出现资金短缺的问题。中小企业对供应链不可或缺的意义，体现了解决其融资问题的必要性[5]。

2. 微观层面

在整个供应链的过程中，资金流是企业的生命源泉，在企业支出和收入的资金难以匹配时就产生了资金缺口。如果不能有效地解决资金流和商流、物流与信息流的整合，供应链就难以为继，这是供应链金融产生的微观基础。

目前，国内经济也在持续转型升级，供给侧结构性改革是突破口和着力点。而金融端是供给侧结构性改革的关键，尤其是在从制造大国向制造强国迈进，"产融结合、脱虚向实"的背景下，更需要加强金融支持和服务。而供应链金融是应产业发展的需求而生，不管对于国际发展战略与进程，还是对于国内转型战略与进程，供应链金融都生逢其时。供应链金融不仅是一种融资服务，其对于供应链运营效率的提升、供应链整体竞争力的提升、生态圈的建立和繁荣也有着积极作用。

9.2　供应链金融业务模式

为了提高供应链的运营效率和资产利用率，结合物流行业所服务的用户的经营管理中心特点，针对运营过程中的资金缺口特点和借款人在不同贸易环节中融资需求风险点的差异，将供应链金融分为以下几类：应收账款融资、库存融资、预付账款融资和战略关系融资[6]。

9.2.1　应收账款融资模式

应收账款融资模式主要指上游企业为获得融资，以其与下游企业签订合同产生的应收账款为基础，向供应链企业申请以应收账款为还款来源的融资。当上游企业对下游企业提供赊销服务，导致销售回收放缓或大量应收账款回收困难，上游企业资金周转不畅，出现阶段性的资金缺口时，可以通过应收账款进行融资。

该模式主要包括保理、保理池和反向保理三种形式。

1. 保理

1）定义

保理（factoring），全称保付代理，又称托收保付，是指卖方将其与买方订立的货物销售/服务合同所产生的应收账款转让给保理商（提供保理服务的金融机构），一般情况下不需要其他质押物和担保，由保理商向其提供资金融通、信用风险担保、账款催收等一系列服务的综合金融服务方式。保理本质上是一种债权的转让。通过这种方式供应商（卖方）可以快速实现销售回款，加速企业资金流转，能够有效减轻买卖双方资金压力，转嫁信用风险。

2）分类

保理业务通常分为有追索权保理和无追索权保理。

有追索权保理（又称回购型保理）是指在应收账款到期无法从债务人处收回时，保理商保留对企业（供应商）的追索权，可以向债权人反转让应收账款、要求债权人回购应收账款或归还融资的保理。无追索权保理（又称买断型保理）是指应收账款通过无追索权形式出售给保理商，以获得短期融资，当应收账款无法得到清偿时，由保理商承担坏账风险的保理。

3）保理流程

保理基本业务流程如图 9-1 所示，包括以下步骤。

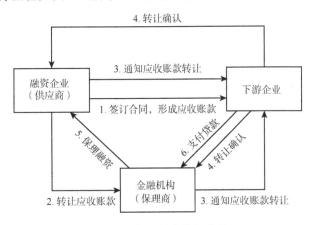

图 9-1　保理基本业务流程

（1）融资企业（供应商）与供应链上的下游企业签订商品/服务合同，形成应收账款。

（2）拥有资金需求的供应商将应收账款以发票的形式转让给供应链上的保理商。

（3）供应商和保理商应当同时通知下游企业其债务关系发生变化，债务已经转移，避免债务纠纷。

（4）下游企业应再次确认应收账款的转移，同时向供应商和保理商询问确认。

（5）保理商向供应商支付具体的融资额。

（6）当应收账款到期时，下游企业需要向保理商支付合同已约定好的款项。

2. 保理池

1）定义

保理池指将一个或多个具有不同买方、不同期限以及不同金额的应收账款打包一次性转让给保理商，这些应收账款汇聚成一个"池"，用以企业融资，保理商根据"池"里资金数目，向卖方提供一定比例的融资业务。

该融资模式的特点是：凡是交易记录良好且应收账款余额相对稳定的中小型企业，都可将一笔或者是多笔不同买方、不同期限和不同金额的应收账款转让给保理商，即可获得保理商的融资支持。另外，该产品的循环融资优势能为中小型企业长期提供融资服务。只要应收账款余额能稳定保持在最低余额之上，企业就能在授信额度内获得长期限的融资，可持续使用，保理授信的期限可超过每笔应收账款的期限和金额。对于保理商来说，保理池融资比单纯的保理要复杂。当涉及多个买家的时候，需要分别对每个买家进行甄别，买家不但要信用记录良好，还要与供应商保持长期的合作关系。更重要的是一定要确保交易的真实性，还要能够追踪和监控供应商的回款情况，从而降低信息不对称的风险，保证货款到期能够及时收回。

2）保理池流程

保理池基本业务流程如图9-2所示，包括以下步骤。

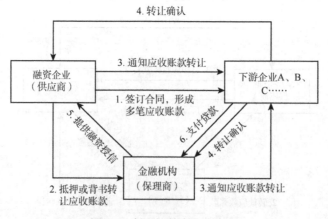

图9-2　保理池基本业务流程

（1）融资企业（供应商）与多家供应链下游的企业签订合同，形成多笔应收账款。

（2）供应商使用抵押或者背书的方式打包向保理商转让应收账款。

（3）供应商和保理商同时通知供应链下游相关企业其债务关系发生变化，债务已经转移，避免债务纠纷。

（4）供应链下游相关企业应再次确认应收账款的转移，同时向供应商和保理商询问确认。

（5）保理商向供应商提供融资的授信额度。

（6）应收账款到期时，下游相关企业需要向保理商支付合同已约定好的款项。

3）保理池融资的优势

（1）循环融资：在保理池融资模式下，假如企业在授信有效期内任何时段都有高于最低余额的应收账款，则企业可循环使用融资额度，且融资期限、金额不受单笔应收账款的金额、期限限制，融资方式极为灵活。对金融机构来说，流程得以大大简化，放款效率大幅提升。

（2）简化手续，降低成本：免去多次办理保理业务的相关手续，简化应收账款转让的手续等，这能大幅降低融资成本与操作成本。

（3）方式多样：不只是流动资金贷款，还可以根据企业的需求开立银行承兑汇票、商票保贴、信用证、保函等方式，切实满足企业的融资需求。

（4）成本低：一方面是资金成本较低，在授信期内，企业可循环使用信用额度，因此无须再重复进行再保理业务中放款还款手续，资金无效占用时间大幅缩短；另一方面是人员成本低，对金融机构来说，无须专人跟踪放款流程，如果采用普通的再保理业务模式，融资方需与金融机构进行专人对接，收集与整合相关资料，人员将花费很多时间在此业务中，因此形成较高的人员成本。

3. 反向保理

1）定义

反向保理（又称逆保理）是指供应链保理商与资信能力较强的下游企业达成反向保理协议，为上游供应商提供"一揽子"融资、结算方案。主要针对下游企业与其上游供应商之间因贸易关系所产生的应收账款，即在供应商持有该下游企业的应收账款时，得到下游企业的确认后，可将应收账款转让给供应链保理商以获得融资。反向保理跟保理的概念本质上存在相似之处，二者最大的区别就是核心企业为上游需要融资的中小企业融资做背书，与保理商达成合作，由于核心企业的信用资质，保理商可以放心地给中小企业放贷。

2）流程

反向保理业务具体流程如图 9-3 所示，包括以下步骤。

（1）供应商与供应链下游资信较好的企业签订合同，形成应收账款。

（2）下游企业向保理商传递应收账款并进行验证。

（3）保理商需对供应商的资质进行审核。

（4）审核通过后，保理商将应收账款贴现。

（5）应收账款到期后，下游企业与保理商完成到期的结算。

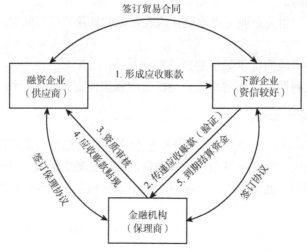

图 9-3　反向保理业务具体流程

3）特点

跟一般的保理相比，反向保理主要具有以下特点：第一，跟保理商打交道的主体从上游的中小企业变成了下游的大企业。这些大企业可能是供应链中的平台企业、商贸企业等，它们统称为核心企业，也就是在整个供应链协作体系中最具主导地位的成员。第二，保理商的信用审查对象不仅是拥有债务的下游企业，还更重视拥有债权的上游供应商，这样才能进一步降低借贷风险。

反向保理作为一种新的保理业务模式，其核心意义在于利用信用替代机制，用供应链中核心企业的信用替代中小企业的信用，从而实现供应链上下游融资的目的。反向保理适用于管理意识强、合作度高的核心企业，同时需要加强对上游供应商的资金支持，以确保稳定和安全。核心企业的选择一般会选取行业内的龙头企业，具有一定的资产规模、财务实力和信用实力。对于供应链上游中小企业的卖方（债权人），反向保理模式的出现有助于缓解其流动性压力；对于买方（债务人）来说，方便管理其巨额的应付账款；对于保理商来说，更容易从买方那里得到应收账款的确认，并且由于买方的积极参与，这种模式可以有效降低保理商的风险。

9.2.2　库存融资模式

库存是库存融资的前提。库存是企业的"基石"，生产企业需要储存原材料，方便进行生产加工；销售企业需要储存商品，防止销售断货；服务企业需要储存备用物品，保障顺畅地提供服务。库存融资模式主要应用在企业的经营过程中。一般来说企业会选择先付资金、购入存货，再售出产成品、收回资金，由此构成一个经营循环。但在经营循环中企业的资产会以多种非现金形式存在，最典型的代表就是存货。存货的存在会大量占用企业资金，带来资金周转压力。通过存货融资，可以增加企业的资金流动性，提高企业资金利用效率。比较有代表性的存货融资模式主要包括以下几种类型：静态抵质押授信、动态抵质押授信、仓单质押授信等。

1. 静态抵质押授信

静态抵质押授信是指客户以自有或第三方合法拥有的动产为抵质押的授信业务。静态抵质押授信是货押业务中对客户要求较严苛的一种，更多地适用于贸易型客户。同时供应链企业可委托第三方公司对客户提供的抵质押货品实行监管，以汇款方式赎回。利用该产品，客户得以将原本积压在存货上的资金盘活，扩大经营规模。

静态抵质押授信基本流程如图 9-4 所示，具体为：首先融资企业向银行提出静态质押融资申请。然后融资企业把库存货物转交给银行指定的第三方物流作为融资的质押物，同时向银行缴纳一定的保证金，银行得到第三方物流的收货通知，并且收到融资企业的保证金后，就会向融资企业提供融资。如果融资企业在运营的过程中需要提取质押的货物，就要向银行追加保证金，银行在收到追加保证金后，向第三方物流发出发货指令。第三方物流收到指令后向融资企业放货，融资企业需要多少货物就追加相应数额的保证金，然后从第三方物流那里提取货物用于生产经营。

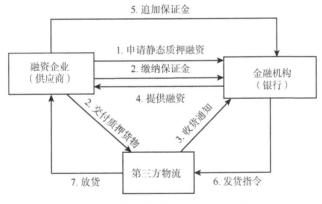

图 9-4　静态抵质押授信基本流程

2. 动态抵质押授信

动态抵质押授信是静态抵质押授信的延伸产品，跟静态质押相比，动态质押的"动"主要表现在质押的库存可以流动起来。换言之，当融资企业需要质押货物时，不必追加保证金来赎回库存，而是可以使用新的货物来换走旧的货物。这种融资模式一般适用于库存稳定、货物品类较为一致，以及抵质押货物价值核定较容易的货物，成品经销商一般比较符合这个特征。因而动态抵质押融资模式往往适合成品企业，帮助下游经销商进行融资。

1）优点

主要体现在：由于企业可以以货易货，因此抵质押设定对于生产经营活动的影响较小，对盘活存货作用较明显。且通常以货易货的操作可以授权第三方物流企业进行，操作简单。此外，若是一些企业存在存货进出频繁，难以采用静态抵质押授信的情况，也可运用该融资方式。对企业而言，由于可以以货易货，因此抵质押设定对于生产经营活动的影响相对较少。特别对库存稳定的企业而言，在合理设定抵质押价值底线的前提下，授信期间几乎无须启动追加保证金赎货的流程，因此能够极大地盘活存货，释放资金。对金融机构而言，该产品的保证金效应相对小于静态抵质押授信，但是操作成本明显小于后者，因为以货易货的操作可以授权第三方物流企业进行。

2）具体流程

动态抵质押融资业务具体流程如图9-5所示，具体为：首先融资企业跟银行签订双边合作协议。融资企业要对它的若干个经销商严格审核，列出可支持的经销商名单。然后银行对这些经销商企业加以审核后，与融资企业和经销商签订一份三方合作的融资协议。在此基础上，银行以汇票的形式为其下游经销商融资，经销商收到汇票后，将汇票转让给融资企业，从融资企业那里进货。接下来融资企业一方面要将货物送到经销商所在地的第三方物流那里，另一方面要把生产合格证送到银行那里。在这之后，如果经销商要销售多少货物，就要向银行归还相应的融资款项或追加保证金。也可以在一定限额之内以货换货，银行收到还款或者收到物流公司收到新货的消息后，会指示第三方物流向经销商放货、向经销商发还生产合格证，经销商在拿到合格证后就可以销售货物了。在这个过程中，融资企业和银行会在事前对经销商的信用资质严格审核，并且对经销商的销售情况密切监控，很多时候融资企业还要跟银行签订回购协议，确保一旦形成库存积压，银行借出去的钱能够及时收回。

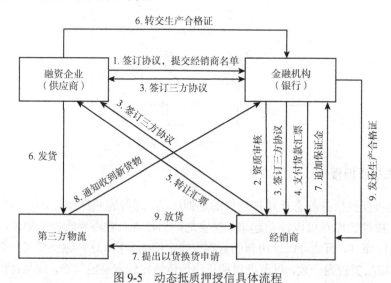

图9-5　动态抵质押授信具体流程

3. 仓单质押授信

仓单质押授信可以分为标准仓单质押授信和普通仓单质押授信，其区别在于质押物是否为期货交割仓单。

1）标准仓单质押

标准仓单质押授信是指客户以自有或第三方合法拥有的标准仓单为质押的授信业务。其中标准仓单是指符合交易所统一要求的，由指定交割仓库在完成入库商品验收、确认合格后签发给货主用于提取商品的标准化提货凭证。能进行期货交易的通常是区别不大又好变现的货物，如粮食、棉花、石油、钢铁等。

该方法适用于通过期货交易市场进行采购或销售的客户以及通过期货交易市场套期保值、规避经营风险的客户。对客户而言，相比动产抵质押，标准仓单质押手续简便、成本较低。对银行而言，成本和风险都较低。

标准仓单质押授信流程如图 9-6 所示，具体为：融资企业委托期货经纪公司在期货交易市场采购一批货物作为库存，并将其存放在期货交易所指定的仓库中，融资企业手里握有这批货物的标准仓单。如果融资企业要获取资金，首先需要向银行提出标准仓单质押融资申请，提交货物标准仓单以及其他相关材料。由银行对材料进行审核，通过审核后，融资企业、银行、期货经纪公司相互之间分别签署质押合同、贷款合同、合作协议等一系列文件，并且共同在期货交易所办理标准仓单质押手续，确保质押生效。完成以上手续，银行就可以向融资企业提供融资，但融资金额需要计算折价，多余部分留作保证金。当融资企业需要赎回质押的货物时，就向银行还钱来赎回标准仓单；如果不再需要货物也无力偿还贷款，可以跟银行协商处理掉标准仓单得到资金用于偿还借贷。

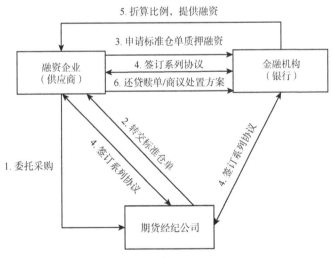

图 9-6　标准仓单质押授信流程

2）普通仓单质押

普通仓单质押是指客户提供由仓库或其他第三方物流公司提供的非期货交割用仓单作为质押物，由背书银行提供融资。其具体业务流程如图 9-7 所示。

现实中一些融资企业希望能够把暂时不用的库存货物变现，又想留着这批货物以备后用，就可以选择这个方法。比如，某融资企业有一批库存暂时用不上，首先需要找到一个有资格开仓单的第三方物流，把这批货物放到这家物流公司的仓库里。第三方物流

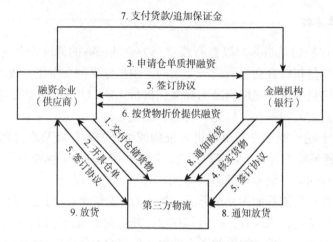

图 9-7 普通仓单质押授信流程

给它开出这批货物的仓单，接下来融资企业拿着仓单找银行申请仓单质押融资，银行向第三方物流调查证实。如果银行审查通过就可以接受仓单的质押转让，并且跟融资企业、第三方物流签署一系列协议书，协定各自的义务。然后银行可以为融资企业提供融资，但融资金额一般不等同于质押物原价，银行需要保留一部分作为保证金。等企业需要用到这批货物，就要向银行偿还货款和利息。银行在收到货款后通知第三方物流放货，第三方物流接到通知后就会向融资企业交付相应的货物。

9.2.3 预付账款融资模式

预付账款融资模式和应收账款融资相反，主要是针对下游采购商对上游供应商的收购造成的资金缺口。预付款融资模式是指在上游核心企业承诺回购的前提下，由第三方物流提供信用担保，中小企业以金融机构指定仓库的既定仓单向银行等金融机构申请质押贷款来缓解预付货款压力，同时由金融机构控制其提货权的融资业务。在此过程中，中小企业、上游核心企业、第三方物流以及银行共同签署应付账款融资业务合作协议书，银行为融资企业开出银行承兑汇票为其融资，作为银行还款来源的保障，最后购买方直接将货款支付给银行。这种融资多用于企业的采购阶段[7]。

预付款融资可以理解为"未来存货的融资"，预付款融资的担保基础是预付款项下客户对供应商的提货权，或提货权实现后通过发货、运输等环节形成的在途存货和库存存货。当货物到达后，融资企业可以向银行申请将到达的货物进一步转化为存货融资，从而实现融资的"无缝连接"。其中比较有代表性的融资方式包括先款后货融资、保兑仓融资、国内信用证融资等。

1. 先款后货融资

先款后货是指融资企业（买方）从银行取得授信，在缴纳一定比例保证金的前提下，向上游核心企业预付全额货款；上游核心企业按照购销合同以及合作协议书的约定发运货物，货物到达后设定抵质押作为银行授信的担保。先款后货融资的具体流程如图 9-8 所示。对客户而言，由于授信时间不仅覆盖了上游的排产周期和在途时间，而且到货后可以转为库存融资，因此对客户流动资金需求压力的缓解作用要高于存货融资。此外，因为是在银行资金支持下进行的大批量采购，所以客户可以从卖方那里争取到较高的商业折扣，进而提前锁定商品采购价格，防止涨价风险。

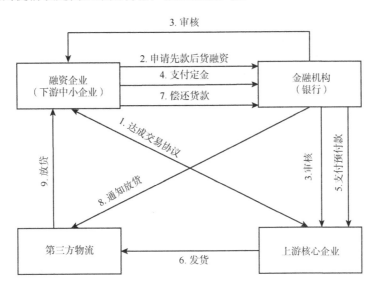

图 9-8　先款后货融资流程

2. 保兑仓融资

保兑仓（担保提货）融资是先款后货融资的衍生，即是在融资企业（买方）缴纳一定比例保证金的前提下，银行贷出全额货款供融资企业向核心企业（卖方）采购用于授信的抵质押物。随后，融资企业分次向银行提交提货保证金，银行再分次通知核心企业向融资企业发货。核心企业就发货不足部分的价值向银行承担退款责任。保兑仓融资具体流程如图 9-9 所示。

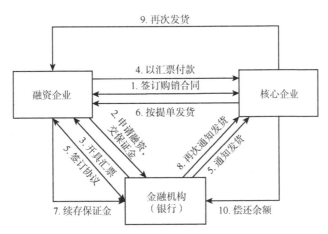

图 9-9　保兑仓融资具体流程

对客户而言，大批量的采购可以获得价格优惠，"淡季打款、旺季销售"模式有利于锁定价格风险。此外，由于货物直接由上游监管，省去了监管费用的支出。对卖方而言，可以获得大笔预收款，缓解流动资金压力，同时锁定未来销售可以增强销售的确定性。对银行而言，不仅简化了风险控制维度，还解决了抵质押物的变现问题。

3. 国内信用证融资[8]

信用证是一种在买卖双方互不信任对方时，有银行参与的一种结算方式，既可以用于国际贸易，也可以用于国内贸易。国内信用证可以解决客户与陌生交易者之间的信用风险问题。

国内信用证融资是指开证行与境内外代理行（代付行）联合为国内信用证开证申请人提供的一种短期贸易融资业务。开证行在收到委托收款行或代付行的来单后，根据开证申请人的申请，指示代付行先行支付国内信用证项下货款，在融资到期日，申请人将融资本息归还开证行，由开证行归还代付行，融资期限一般为六个月，具体流程如图 9-10 所示。

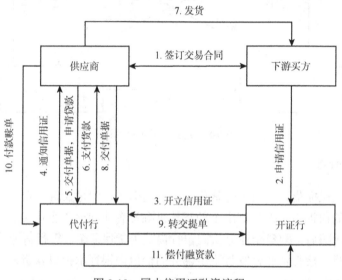

图 9-10　国内信用证融资流程

它以银行信用弥补了商业信用的不足，同时信用证也没有签发银行承兑汇票时所设的金额限制，使交易更具弹性，手续更简便。

对客户而言，还可以利用在开证行的授信额度，来开立延期付款信用，提取货物，用销售收入来支付国内信用证款项，不占用自有资金，从而优化资金的使用效率。对卖方而言，卖方按照规定发货后，其应收账款就具备了银行信用的保障，能够杜绝拖欠及坏账。对银行而言，国内信用证规避了卖方的信用风险，对货权的控制更为有效。

9.2.4　战略关系融资

战略关系融资是随着信息技术发展产生的一种新型融资方式。随着信息技术的大规模成熟使用，供应链的运行过程中沉淀了大量信息，特别是互联网公司；同时随着大数据、人工智能等技术的快速发展，之前看似为孤岛的信息得以进行交叉验证，找到其中的联系和规律，用于建模授信，从而产生了战略关系融资这类新的产品模式。

战略关系融资即金融机构根据供应链中存在的基于一定时期累积的数据进行建模，基于链条中各环节长期合作的关系进行授信的一种产品模式，它不以某个融资公司单独交易场景为依据，可以不涉及抵质押物。战略关系融资模式是供应链融资模式的新形态，相比传统的应收账款融资模式、预付款融资模式和库存融资模式更具备优势，以长期合作关系为基础，增强了彼此的战略合作关系[9]。上游核心企业与下游融资企业进行战略关系融资的场景如图 9-11 所示。

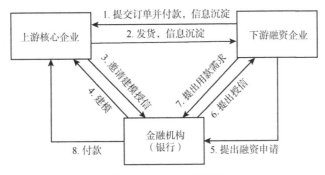

图 9-11　战略关系融资

具体流程如下。

（1）下游融资企业向上游核心企业提交订单并付款，上游核心企业沉淀了订单、支付信息。

（2）上游核心企业完成发货，获得物流相关信息。

（3）上游核心企业向金融机构发出邀请，并提供历史沉淀数据供金融机构进行建模授信。

（4）金融机构结合自身拥有的关于融资公司数据等，利用大数据和人工智能等技术进行建模。

（5）下游融资企业向金融机构提出融资申请。

（6）金融机构根据授信模型，向融资企业提供授信额度。

（7）下游融资企业在授信额度内向金融机构提出用款需求，用途仅限于向上游核心企业进行订单付款。

（8）金融机构审核无误，向上游核心企业付款。

9.3　供应链金融策略

9.3.1　供应链金融设计原则[10]

在供应链金融产品的设计过程中，需要遵循以下原则以便产品顺利落地实施。

1. 风险可控原则

"风控是金融的本质"，企业在经营中应尽力控制风险、降低损失，实现利益最大化，供应链金融企业也是如此。在设计供应链金融产品之初就应将风险控制加入考量，提高风控部门工作人员的参与度，同时产品设计相关人员也应加强风险管控方面知识的培训。在具体实施过程中，明晰权责，建立风险预警系统，及时发现问题以便快速解决。还可以利用包括期货、期权等金融衍生品来实现套期保值，规避供应链金融的风险，或是借鉴金融衍生产品定价的理论和方法，为供应链金融的设计和改进提供可靠的依据。

2. 成本效率原则

供应链金融的服务主体主要是供应链上的中小企业，存在资信较差、信息不充分的问题；同时供应链涉及的环节、参与主体较多，地域分布广阔；商流、物流、资金流涉及的各种单证、票据也很多，以上问题都会导致成本提升、效率降低，这就要求设计供应链金融产品的时候一定要平衡好成本和效率的问题。成本高、流程复杂、效率低的产品除了无法满足供应链中小企业的需求外，还将导致供应链金融企业自身的收入难以覆盖运营成本，业务难以长久运营下去。

此外，由于企业股东预期的不同，如有些股东想从供应链金融产品直接获利、有些股东想解决中小企业融资问题来体现其社会价值等，因此在设计供应链金融产品的时候就要考虑不同股东需求，以免产品设计完成实施后造成股东利益的偏差问题。

3. 符合法规标准原则

一方面是要符合金融方面的法律法规。

供应链金融本质上是金融业务，而金融行业是一个强监管的行业，因此设计供应链金融产品的时候，一定要遵循相关法律和监管部门的规定，综合考虑后再设计产品，以便设计出既符合监管要求又能满足市场需要还能实现公司利益的供应链金融产品。

另一方面是要满足金融市场标准原则。

供应链金融企业自身资金有限，为了不断扩大其业务规模，需要从外部的金融市场融入资金来保证业务运转。因此在设计产品的时候，就要考虑金融市场中各金融机构的偏好以及影响金融市场变化的经济监管政策信息等。

4. 差异化原则

企业在市场上经营除了满足用户需求外，还要面临竞争对手的竞争，而差异化无疑是提升竞争力的有效手段。供应链金融企业也是一样，其面临整个产业链市场和金融市场间各主体的竞争，因此在设计产品时要注重创新性，提供差异化产品，提高竞争实力。

供应链金融产品设计的原则之间是相辅相成、相互促进的。相关供应链金融企业和产品设计人员应该在充分理解产品设计原则的基础上，不断实践改进以满足企业需求解决融资问题。

9.3.2　供应链金融策略规划

目前，企业应用最广泛的供应链金融模式为应收账款融资、库存融资与预付账款融资，部分会选择和金融机构合作采取战略关系融资模式。企业可以根据自身需求同时选择这几种模式组合来缓解资金困境。对中小企业而言，参与供应链金融活动可以使其资金约束问题得到一定程度缓解，最终提升经营绩效；对核心企业而言，参与供应链金融活动对提高自身运营效率与财务绩效同样具有积极作用[11]。

1. 供应链金融实施步骤

（1）公司背景分析。例如，分析市场竞争环境。通过对市场竞争环境的分析，了解哪些产品需要开发和优化，对已有产品和需求产品的服务要求又是什么，了解行业的发展前景，诸如宏观政策、产业经济、市场大环境可能产生的作用和影响等。这一步有助于了解公司的资金需求、资金结构、风险承受能力等背景信息及现阶段公司运营中由于资金不足产生的问题。

（2）公司所在供应链分析。例如，分析公司在供应链中所处的地位，上下游企业状况等。这个阶段的工作主要侧重于对核心企业的供需管理现状进行分析和总结。如果核心企业已经建立自己的供应链管理体系，则对现有的供应链管理现状进行分析，同时挖掘现有供应链的优势。通过对市场各类主体，如用户、零售商、分销商、制造商和竞争对手的专项调查，了解产品和服务的细分市场情况、竞争对手的实力和市场份额、原材料及零部件供应的市场行情和供应商状况、销售商的市场拓展能力和服务水准。这一步的工作成果是供应商的优先级排列、制造商的竞争实力排列、市场需求的发展趋势分析以及市场不确定性的分析评价的基础。

（3）考虑供应链上各方的资金需求，明确金融产品的具体用途，根据市场实际状况选择合适的供应链金融产品作为备选，如应收账款融资模式、库存融资模式等。

（4）根据公司经营特点及融资需求，对比分析选择最优金融产品，并做好风险管控。这一步需要对供应链金融产品的技术可行性、功能可行性、运营可行性、管理可行性进行分析和评估。在设计的各种可行性分析的基础上，结合核心企业的实际情况以及对产品和服务发展战略的要求，为开发供应链金融中技术、方法、工具的选择提供支持。这一步骤还是一个方案决策的过程。如果分析认为方案可行，就需要执行方案并继续进行下面的设计工作；如果方案不可行，就需要重新进行方案设计。

对以上场景进行分析后，我们可以把业务分为：授信阶段、用款阶段、贷中管理、还款阶段。

授信阶段主要是收集客户的基本信息、历史交易信息以及外部第三方大数据，通过风控模型对客户进行风险评估，最终确定客户的信用额度。对于常规客户，需要融资方在平台有一定的交易数据才能获得申请资格，但对于特殊客户允许平台设置白名单能够快速让一批优质客户申请授信获得额度。

在用款阶段，需要对客户的额度进行严格管控，对于已有逾期、超额等情况均能够灵活进行处理，供应链金融不同于传统的银行授信，只要融资方业务运转良好在合理的限度内是能够让其通过特殊流程获得临时账期、额度。同时在用款阶段还需要充分考虑交易订单和借款订单的数据互通,处理好临界状态。

贷中管理则需要企业能够不断地把履约过程中的数据及时同步资金方。为了防止资金不当利用,需要采集交易后的物流信息(包括运输、签收状态)以及开票信息,以保障交易的真实性,降低金融风险。

在还款阶段则需要有资金方或平台及时提醒融资方,并指引其进行还款,还款成功后需要及时恢复其额度,若出现逾期则需要计算逾期费用,同时对逾期行为进行记录并评估风险。

2. 供应链金融具体施行——以中移电商为例[12]

在实际操作中,如何选择最适合的供应链金融产品,需要结合企业实际背景,从多角度进行分析,如企业背景分析、供应链融资需求分析、具体产品选取等环节。本章将以中国移动电子商务平台为例说明企业如何实践供应链金融业务。

电子商务的本质是供应链上下游间贸易行为的线上化,因其脱离了传统线下的实体店交易场景,它能够沉淀海量的交易数据:依托于平台的下单模块沉淀了订单数据,依托于支付模块沉淀了资金数据,依托于第三方物流的配送模块沉淀了物流数据,这三类数据是供应链的核心信息,为其开展供应链业务奠定了坚实基础。

1)公司背景分析

对公司进行详细的背景分析有利于了解其具体需求和资金结构,以更好开展供应链金融业务。

中移电子商务有限公司(简称中移电商)于 2011 年正式成立,属于自营型企业对企业的电子商务平台公司,即自营 B2B(business to business,企业对企业)电商平台,秉承专业化运营理念,已发展为国内规模最大的手机及智能终端分销商之一,中移电商布局了终端产业链的关键环节,构建了覆盖全国的组织架构和生产经营队伍。截至 2017年,累计销售终端超 3.9 亿部,累计销售额超 4000 亿元。此外,中移电商还搭建了针对下游渠道商的分销业务 B2B 平台和动力服务平台,依托这些平台,为客户提供专业化服务,服务有效客户达 7 万余家,覆盖全国 30 个省区市,600 个品牌,是业内规模最大的电子分销平台之一。

目前中移电商公司经营中存在以下问题。

(1)市场份额下降。该公司电商平台所关注的市场为智能手机等智能终端的传统分销业务市场,需要覆盖全国,这种模式的特点是渠道层级多,每个层级的渠道承担不同的任务,最后逐级将产品运送至终端消费者手中。受 B2C(business to consumer,企业对消费者)模式其他电商平台的冲击,传统分销业务模式的市场份额逐渐萎缩,同时消费者逐渐习惯从 B2C 电商平台直接购买商品,中移电商未来收入不稳定性增加。

(2)出现新的竞争对手。随着部分 B2C 电商巨头(如京东等)逐步加入 B2B 分销市场,凭借其 B2C 业务积累的能力和经验快速抢占市场,中移电商所在的传统分销业务模式受到冲击,面临着更大的竞争压力,与上游品牌商之间的议价能力变弱。

（3）增值服务较少。中移电商只负责向下游分销商销售商品，并未提供如融资帮助、销售技能培训等增值服务，对下游厂商的吸引力较低，这可能会导致下游分销商转向其他竞争对手合作。

2）公司相关供应链分析

该公司的上游采购模式大多数为先款后货。中移电商所处行业为手机等智能终端分销行业，行业内通路依次为：智能终端品牌商—中移电商—终端分销商—零售门店（图9-12）。中移电商向上游采购的环节中有较大的资金需求，而上游大多没有应收账款的压力，除了一些议价能力较弱的中小品牌商为了销售会采取先货后款的方式，存在应收账款压力，但占比较小。该公司的下游销售模式全部为先款后货。其下游终端分销商大多为中小微企业，考虑到存在坏账风险，因此要求下游接受先款后货的模式。由于中移电商获得了很多移动设备畅销型号的代理权，所以下游不得不接受这种方式。

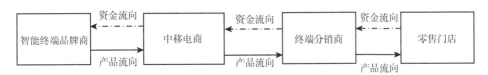

图 9-12 中移电商供应链业务模式图

在物流方面，中移电商采取自建仓库，第三方物流配送的方式。融资方面，该公司为国有独资企业，条件较好，能够以较低的成本从银行获得大额信用贷，这也是其在供应链中的核心竞争力之一。

3）供应链各方的融资需求

中移电商自身资金实力雄厚，同时能够以较低成本从银行获得资金，因此其自身没有通过供应链融资的需求，但供应链上的上下游企业都存在融资需求。其中上游中小智能终端品牌商的需求可以由中国移动子公司——中国移动通信集团财务有限公司来满足，而其下游分销商多为中小微企业，资信状况一般因而难以从银行获得贷款，融资缺口较大。

下游分销商向上游中移电商进货的模式为先款后货，在某些特殊节点（如"双十一"等销售旺季）时为了抓住机会增加销售额会选择大量进货，因而存在强烈的融资需求。而下游的中小微企业很难从传统商业银行获得贷款而错失销售良机，此时若上游公司能够提供供应链融资服务，下游企业能够加大进货量，增加销售业绩，同时有利于维护企业间的良好关系。

4）供应链金融产品规划

供应链金融主要有以下四种业务模式：应收账款融资、库存融资、预付账款融资和战略关系融资。在实际应用中，企业应当分析不同产品的特性是否适合自身及上下游的供应链融资需求，从而选择出最优业务。

应收账款融资模式主要指上游企业为获得资金，以其应收账款向供应链企业申请以应收账款为还款来源的融资，其主要应用于核心企业与其上游供应商之间，在本例中不适用于中移电商。由于长期以来形成的市场规则，中移电商向上游品牌商进货时通常采用先款后货的方式，不存在应收账款，而其中小比例的中小微企业可以通过中移电商的子公司来满足融资需求，因而应收账款融资模式不适用于中移电商。

库存融资模式主要指以贸易过程中货物进行抵质押融资，一般发生在企业存货量较大或库存周转较慢，导致资金周转压力较大的情况下。该模式可以应用于核心企业与其下游分销商之间，但其操作流程较为复杂，需要将第三方物流加入考虑。在实际场景中，首先，下游分销商采取先款后货的方式和中移电商达成交易协议。其次，下游融资企业将购买的货物质押给金融机构申请融资，用于继续进货。最后，当下游零售门店需要进货时，分销商再向金融机构支付本金和利息赎回货物并销售给零售门店。其中需要一家第三方物流公司来监管暂存货物。

预付账款融资模式是指在上游核心企业承诺回购的前提下，中小企业以供应链指定仓库的仓单向供应链企业申请融资来缓解预付款压力，由供应链企业控制其提货权的融资业务。同库存融资一样，该模式也需要额外考虑第三方物流。实际场景中，下游分销商与中移电商达成交易合同后，向金融机构申请先款后货融资以支付货款；中移电商将所需货物发送至第三方物流公司暂存；当下游分销商收到零售商货款后偿还给金融机构，后续金融机构通知第三方物流进行放货。

在库存融资和预付账款融资模式中，第三方物流仓库扮演着重要角色，中移电商若想在市场占据一席之地，必须在全国各地做好铺货工作，并根据当地特点进行市场拓展。例如，应尽量满足零售门店进货时效高的要求以便能够及时上新，以最快速度将产品送到消费者手中。而这要求中移电商需要在全国各地拥有仓库来满足此需求，因此可能需要加深和第三方物流公司之间的合作，搭建好全国物流网络。

战略关系融资即金融机构根据供应链中存在的基于一定时期累积的数据进行建模，基于链条中各环节长期合作的关系进行授信的一种产品模式。中移电商和下游分销商有着长期的合作，合作过程中沉淀了大量数据可以进行分析建模，如订单数据、物流数据等，这为建立授信模型奠定了坚实的基础。但仅凭借中移电商自身拥有的数据还不够完备，还缺少下游融资公司自身的数据和金融机构拥有的关于企业资信的数据，且该公司自身并不具备分析数据、建模的能力，因此，若中移电商想采取战略关系融资，需要寻找合适的金融机构展开合作。

综上所述，中移电商可以选择与第三方物流公司开展深度合作搭建全国物流网络以实现供应链上的库存融资和预付账款融资来满足下游中小企业的资金需求，但搭建全国范围的完备物流网络成本较高，可能需要与第三方物流公司进行多次协商、调整。因而采取以上两种融资模式时应考虑成本-收益问题，根据实际情况进行判断。或者中移电商可以选择较为新颖的战略关系融资，因其天然沉淀的订单和物流数据可以为构建模型奠定坚实保障，但由于中移电商自身并不具备人工智能、大数据等分析建模技能，因此需要与具备上述能力的金融机构进行合作开展融资，互联网金融公司或是一个不错的合作伙伴，其不仅拥有分析和处理数据的能力、建模能力，同时拥有国家规定的金融牌照来开展相关业务。

9.3.3　供应链金融风险管理[13]

供应链金融风险管理的核心内容是供应链融资的风险管理。供应链风险的管理流程一般分为对风险的识别、评估和控制三大部分。供应链金融是否拥有强风控能力是供应链金融健康持续发展的关键。在供应链金融运作过程中主要存在信用风险、操作风险、法律风险。

1. 信用风险

信用风险是指银行由借款人或者交易对手违约而导致损失的可能性，它是供应链融资面对的首要风险。从另一个角度来看，供应链融资本身就是一种特殊的信用风险管理技术。

信用风险的识别，就是找出企业偿还贷款本息的违约因素。这些因素主要会导致两种风险：系统性风险和非系统性风险。系统性风险一般是宏观层面的因素给整个供应链施加的整体影响。有时候，供应链中的焦点企业会成为系统性风险的直接来源，一旦焦点企业有点风吹草动，都可能给上下游多家企业的交易带来影响。非系统性风险是由融资的中小企业自身的原因导致融资后可能没能力或没意愿偿还本息的后果，一般不会波及整个供应链系统。

信用风险的评估一般是由承担风险的一方，通常是金融机构来负责。不同的金融机构的评估方法不甚相同，其包括场景设定、指标体系、分析模型等。

供应链金融中对信用风险的控制，主要包括风险回避、风险转移、损失控制等方面。风险回避是指通过设定一套准入体系，来明确什么情境下可以开展融资业务。风险转移是指把融资的信用风险转移给第三方，一般是由保险公司承接，如出口信用保险。损失控制就是在风险发生的情况下，采取有效措施及时止损。这需要实时监控融资企业的日常运营、交易流程，以及抵质押物，一旦发现问题，及时采取措施，把损失降到最小。这不但要建立起有效的监管体制，还要能及时采取必要的保全措施。

2. 操作风险

操作风险是指由于不完善或者失灵的内部控制、人为错误、系统失灵以及外部事件等给商业银行带来的损失。供应链融资由于需要根据实际交易设定特定的业务模式，增加了流程中的操作环节，操作的复杂程度也随之提升。与传统融资相比，供应链金融具有更高的操作风险，不同的风险因素可能以不同的形式出现在不同环节中。特别是对应收票据、应付票据、库存物品这些抵质押资产的控制，涉及大量的操作环节，这些环节是供应链金融中操作风险管理的重点。

由于供应链金融是根据不同企业的实际情况和交易背景设计融资模式，而不同模式的操作环节千变万化、大相径庭，所以操作风险无处不在。因此，操作风险很难总结出一个通用的评估体系。一般情况下，流动性提供方会采用风险目录和操作指引的方式，对操作风险进行定性评估。

而操作风险控制的方法，首先考虑的问题成本与收益的匹配，再就是明确具体操作环节的责任人。具体来说，主要有五个方面：一是完善内控体系，审贷分离；二是提高人员素质；三是降低对操作人员的个人依赖；四是不断完善业务流程；五是引用风险转移技术。

3. 法律风险

供应链融资是一项创新服务，尤其是供应链融资中广泛采用授信资产支持技术，各类授信支持资产是否能与授信主体信用充分隔离，是供应链风险管理中的要害问题，其中也涉及比较多的法律问题。供应链金融的法律风险主要包括三个方面：①银行或其员工、代理机构在法律上的无效行为；②法律规定和结果的不确定性；③法律制度的相对无效性。

供应链金融的法律风险，归根结底是对动产担保物权的设定和实现这两大方面。在供应链金融业务中，金融机构作为流动性提供方，主要的法律诉求就是客户违约时能够得到保障，确保自己拥有充分的权力处理抵质押资产（票据、库存等）。但是，我国现有关质权人的权利规定分散在若干部法律、行政法规、部门规章之中，这些法律规定涉及的内容广泛，对物权的规定并不清晰。另外，还存在部门登记费用过高、办事效率低下等传统问题。这都是供应链金融中存在的法律风险。

供应链融资中对于法律风险的防控，最重要的是决策层、管理层和操作层都要强调依法合规经营，重视法律风险可能带来的损失和影响。尤其需要在决策、经营和观念上制定切实有效的防控体系，在内部机制上贯彻有具体指导意义的防控措施，培养良好的法律文化和风险意识。

法律的出台和完善并非一日之功，供应链金融作为一种新生事物，在发展过程中将会背负较高的法律风险。参考发达国家、地区的经验，高效的动产担保交易法律应该具备可供担保的资产范围界定广泛、设立简便、明确优先原则、统一公示、权利的有效实现等原则。中国出台的《中华人民共和国民法典》在设定和实现动产担保物权方面起到了很大的推进作用，但供应链金融的法律仍需要一段时间来改进完善。

4. 风险管理

供应链金融作为产融结合的新生事物，需要相应的制度创新作为保障，特别是供应链金融涉及千差万别、大大小小的产业企业，现行的开户、征信方法、风险管控难以适应供应链金融发展的要求，必须进行体系化的创新，如人脸识别等。此外，还应完善应收账款质押、存货质押登记公示等系统，简化手续流程[14]。金融科技的出现为供应链金融风险管理提供了新的工具和手段。例如，通过大数据可以实时了解供应链上企业所有的实时情况，利用区块链可以有效地实现去中心化、信息溯源等，这将有利于有效控制链上的风险，防止信息失真。例如，物联网技术能够有效解决货物质押中的押品管理问题，可以实现 24 小时全天候的管理。在大数据、人工智能技术的基础上，通过建立预警系统搭建智能化风控平台，机器人能够自动操作、识别、计算，从而高效地了解、管理风险。金融科技的多样手段及先进性思维，可以打破供应链金融中因信息不对称、不完整所带来的风控难题，提升风险管理效率，降低风险管理成本[15]。

本 章 小 结

本章首先对供应链金融进行简单概述，然后对应收账款融资模式、库存融资模式、预付账款融资模式、战略关系融资模式共四种供应链金融业务模式进行详细介绍，最后对供应链金融策略的设计原则、策略规划和风险管理展开描述。为企业主动采取供应链金融模式提供了一定的指导，并引入了具体的案例进行分析，说明其运营中的具体实施，如何对风险进行控制等。

 复习与思考题 》》》

1. 供应链金融主要包括哪些特点？
2. 发展供应链金融的宏观意义有哪些？
3. 供应链金融有几种业务模式？主要包括哪些形式的融资？
4. 简述动态抵质押授信的业务流程。
5. 战略关系融资是如何实现的？
6. 供应链金融的设计原则？
7. 供应链金融风险管理主要包括哪些内容？

参 考 文 献

[1] 王鹏. 供应链管理[M]. 北京：北京理工大学出版社，2016.
[2] 吴科. 供应链金融[M]. 南京：东南大学出版社，2020.
[3] 张璟，朱金福. 物流金融与供应链金融的比较研究[J]. 金融理论与实践，2009，（10）：35-38.
[4] 宋华. 供应链金融[M]. 2 版. 北京：中国人民大学出版社，2016.
[5] 彭微. 供应链金融及其风险防范中应用金融衍生工具问题研究[J]. 对外经贸，2012，（2）：97-98.
[6] 张钟允. 读懂供应链金融[M]. 北京：中国人民大学出版社，2019.
[7] 刘本英，崔聪聪. 商业银行供应链融资运作方案探讨：基于 G 银行以 J 轮胎公司为核心企业的供应链融资案例[J]. 海南金融，2013，（7）：41-44.
[8] 黄茜. 对国内信用证贸易融资业务的几点思考[J]. 时代金融，2012，（26）：116-117，119.
[9] 傅莉玲，左雪莲. 供应链金融模式对比研究[J]. 北方经贸，2019，（9）：44-45.
[10] 中国人民大学中国供应链战略管理研究中心，万联供应链金融研究院. 2019 中国供应链金融调研报告[EB/OL]. https://info.10000link.com/newsdetail.aspx?doc=2019101590001[2022-02-15].
[11] 于辉，王霜. 核心企业参与供应链金融意愿及融资模式取向[J]. 中国流通经济，2022，36（3）：22-34.
[12] 吕江. 以 Z 公司为核心企业的供应链金融产品设计[D]. 成都：电子科技大学，2020.
[13] 乐美龙. 供应链管理[M]. 上海：上海交通大学出版社，2021.
[14] 宋华. 困境与突破：供应链金融发展中的挑战和趋势[J]. 中国流通经济，2021，35（5）：3-9.
[15] 陆岷峰. 供应链经济背景下供应链金融发展现状、问题与策略研究：基于构建经济发展新格局的视角[J]. 金融理论与实践，2021，（1）：19-26.

第 10 章　供应链系统需求预测与评价

学习目标

1. 了解供应链需求预测的概念及考虑因素。
2. 掌握常见的需求预测方法。
3. 对供应链绩效评价体系有所了解，包括原则、构建思路、特点等。
4. 掌握常见供应链系统评价方法。

引导案例

宜 家 家 居

宜家家居于 1943 年在瑞典成立，是全球知名家具和家居零售商，拥有超过 300 家商场，在过去的几十年里取得了显著的发展。宜家以提供高质量、价格实惠的家具和家居用品赢得了消费者的青睐，并因其独特的供应链和库存管理技术而赢得了竞争对手的赞誉。宜家的供应链系统包括从供应商到零售商的所有环节，使用了特定方法来优化供应链，侧重于消费者需求的预测，并以此为基础进行计划和管理。例如，通过使用宜家独有的库存系统，商场物流经理能够利用销售点（point of sale，POS）数据了解销售的产品信息，以及通过直接运输和通过仓储管理系统数据了解从配送中心进入商店的库存数量。这些数据有助于宜家预测未来的销售情况，并制订相应的产品订购计划，以满足用户的需求。宜家坚信，相比传统的零售预测和补货流程，它们的流程和系统能以更低的成本和更大的确定性将合适的产品送到商店。事实上，宜家还会运用诸多工具和技术来预测需求，包括历史销售数据、市场趋势分析、季节性因素以及促销活动等。除此之外，它们还运用先进的数据分析和机器学习算法，以期提高预测的准确性。宜家的供应链管理和需求预测系统让它们得以有效地管理库存，减少库存积压，提高产品的可用性，降低运营成本，从而提高公司的盈利能力和客户满意度。

资料来源：Supply Chain 247. How does ikea's inventory management supply chain strategy really work?[EB/OL]. https://www.supplychain247.com/article/how_does_ikeas_inventory_management_supply_chain_strategy_work[2022-10-05]. （有删改）

10.1　供应链需求预测概述

在供应链的各流程上，每一个成员企业都是一个体现供需关系的节点，因此，整个供应链在"短期生产"阶段的运行管理可以凝练为对供给和需求的管理。因为对于每一个特定的节点，所有上游业务的供给者都是该节点成员的供应商，而所有下游的需求者都是其客户。

10.1.1　需求的性质

需求管理的目的是以供应链末端客户和市场需求为核心，在预定的计划下有效地利用各种资源，认识和掌握各种需求的来源与变化，协调和控制这些需求，实现供应链上的供需平衡。一般情况下，需求有三种基本的来源，如表 10-1 所示。

表 10-1　需求的三种来源

来源	说明
独立需求	来自外部客户或市场的需求，不能直接从其他产品的需求中派生出来
派分需求	是指要在发货点派分某种货物或某项服务的需求
非独立需求	是指对其他产品或服务的需求所导致的对某种产品或服务的需求，它是内部直接用于构成产品的原材料或元件的需求

对于独立需求，由于它受到较少的限制，企业可以充分发挥自身的能动性和主动能力，采取多种有效的方法来协调和控制，如提高预测的精确度、加强上下游企业间合作与信息共享、加强供应链上的调度、敏锐地响应市场变化速度，改进企业自身的体制结构和工作流程、业务方式等。以上措施都可以有效改善对独立需求的调控。

而派分需求和非独立需求的管理，受到的限制较大，如资源等的限制。但这些需求却又必须及时满足，否则将会影响订单交付。在资源不足的情况下，企业常常采用业务外包的方式来解决需求冲突。

10.1.2　需求预测定义[1]

在供应链管理中，预测可以对供应链信息进行计划和协调。供应链中的运输、库存等业务活动都可以凭借预测来制定下一步的生产经营策略，对未来需求的预测构成了供应链中所有战略性和规划性决策的基础。在推式供应链和拉式供应链中，推式供应链是基于客户需求的预测运行的，拉式供应链是基于对市场需求的反应来运行的。对于推式供应链而言，供应链管理者必须规划产品的生产能力；对于拉式供应链而言，供应链管理者必须提高产品供给需求的水平。在上述两种情况下，供应链管理者采取的第一步骤，都是预测顾客未来的需求量，由此可见需求预测的重要性。

除了生产和分销决策外，供应链在"推动阶段"的其他决策也要以对未来需求的预测为基础。表 10-2 列出了一些以需求预测为基础的重要决策。

表 10-2　以需求预测为基础的决策

类型	具体决策
生产	生产计划、库存管理、仓库的租赁与购买等
营销	销售资源配置、促销、新产品开发等

类型	具体决策
财务	投资和预算规划等
人力资源管理	雇员计划、雇用、解雇、养老金等

理论上，供应链中的决策不应该是割裂的，因为它们是互相影响的，所以应当结合起来考虑。拥有稳定需求的"成熟"产品是最容易预测的，如纸巾、饮品等，由于这些产品的需求比较稳定，因此预测误差的影响较小。而另一类如具有季节性需求变化的产品，一个典型例子就是平安果——一年中只在圣诞节前后有大量的需求。对于这些产品而言，准确的预测十分重要，原因在于其销售季节非常短，如果公司生产不足，供给也很难满足需求。

企业管理层可以基于预测和预测所产生的计划，在成本最低的前提下对资源进行合理分配。精确的预测可以有效安排资源需求，以期最大限度地降低生产能力与库存能力波动造成的费用支出。随着通信技术的改进，顾客、企业内部各个部门分享预测成果变为可能。根据战略预测目标，供应链管理可以计划现金流和商业活动；根据能力预测，则可以在限制条件下安排生产需求和设施能力需求。此外，通过供应链需求预测可以确定产品是如何向配送中心和仓库进行分配的，还可以确定如何向零售商分配。制造需求预测会影响生产计划，进而影响采购需求。显然，要实现供应链一体化，就需要通过共同预测来推动供应链中的活动[2]。

10.1.3　需求预测的内容[3, 4]

对未来需求的预测构成了供应链中所有战略性和规划性决策的基础。供应链可分为推式供应链和拉式供应链，所有推式供应链都是根据对顾客需求的预测来运行的，而所有拉式供应链又都是根据对市场需求的反应来运行的。对于所有的供应链而言，需求预测是其管理运作的第一步。

1. 需求预测的注意事项

企业要做好需求预测，必须注意以下几方面的工作。

（1）企业应该把供应链中所有使用预测或影响需求的规划活动联系起来。

（2）企业必须识别并把握影响需求预测的主要因素。

（3）企业必须选择正确的需求预测方法。

2. 需求预测的特点

（1）不精确。预测结果的评估应包括两方面的内容，也就是预测的期望值和预测误差的测量。预测精度不同，会导致不同的最终决策。因此，对于大多数供应链决策来说，预测误差是关键的信息。

（2）长期预测的精度低。也就是说，长期预测的精度往往比短期预测低，长期预测的标准差相对于均值而言比短期预测要大些。

（3）综合预测更精确。综合预测比分解预测更精确，因为相对于均值来说，综合预测的标准差较小。例如，在 5% 的误差范围内预测某国家一年的 GDP 并不困难，然而在 5% 的范围内预测某一家企业的年利润就较为困难，在相同的精度下，预测某一具体产品的收益就更困难了。这三种预测的关键不同点就在于预测的综合程度，综合性越高，预测的精度也就越高。

（4）存在信息失真。一般来说，企业越靠近供应链的上游（或者离消费者越远），其接收到的信息的失真程度就越大。一个经典例子是牛鞭效应，也就是说供应链的上游企业，离最终顾客越远，订货量的波动幅度越大。因此，企业越处于供应链的上游，预测误差也就越大。基于最终顾客的实际需求进行协作预测，能够帮助上游企业降低预测误差。

3. 需求预测流程[5]

1）根据预测的任务确定预测的目标

具体地说，就是根据计划、决策的需要，确定预测对象、规定预测的时间期限和希望预测结果达到的精确度等。有了明确的目的，才能搜集必要的统计资料和采用合适的统计预测方法。

2）搜集和审核资料

搜集和分析有关数据资料是预测的基础，可以从中分析得到反映预测对象特性和变动倾向的信息。在预测之前，必须掌握大量的、全面的、有用的数据和情况，并对原始资料进行加工整理和审核推算，以便去伪存真、去粗取精。对审核调整后的数据要进行初步分析，画出统计图形，以观察统计数据的性质和分布，以此作为选择适当预测模型的依据。

3）选择合适的预测模型并进行预测

预测者通过分析研究资料的结构和性质，了解预测对象的特性，同时根据预测的目标和各种预测方法的适用条件及性能，选择出合适的预测模型并进行预测。预测方法是否选用得当，将直接影响预测的准确性和可靠性。

4）对结果进行分析评价

分析评价就是对预测结果的准确性和可靠性进行验证。预测结果受到资料的质量、预测人员的分析判断能力、预测方法本身的局限性等因素的影响，未必能确切地估计预测对象的未来状态。此外，各种影响预测对象的外部因素在预测期限内也可能出现新的变化。因而要分析各种影响预测精度的因素，研究这些因素的影响程度和范围，进而估计预测误差的大小，评价预测的结果。预测误差虽然不可避免，但若超出了允许范围，就要分析产生误差的原因，以决定是否需要对预测模型加以修正。在分析评价的基础上，通常还要对原来的预测值进行修正，得到最终的预测结果。

5）总结预测报告

将预测的最终结果编制成文件和报告，提交上级有关部门，作为编制计划、制定决策和拟定策略的依据。预测报告应概括预测研究的主要活动过程，列出预测的目标、预测对象及有关因素的分析结论、主要资料和数据、预测方法的选择和模型的建立过程，以及模型预测值的预测误差。

10.2　需求预测方法

10.2.1　定性预测方法[6]

定性预测方法就是依靠熟悉业务知识、具有丰富经验和综合分析能力的人员或专家，根据已经掌握的历史资料和直观材料，运用知识、经验和分析判断能力，对事物的未来发展趋势做出性质和程度上的判断，然后通过一定的形式综合各方面的判断，得出统一的预测结论。值得注意的是，定性预测技术需要与定量预测技术配合使用。

1. 德尔菲法[7]

1）定义

德尔菲法，又称专家规定程序调查法，是以匿名的方式，通过发函轮番征询专家意见，最终得出预测结果的一种经验判断预测法。这种方法有规定的程式，其具体做法是向和预测对象有关的领域的专家分别发函，提出问题，并要求专家对问题进行答复；然后由预测组织者将专家的答复意见进行综合整理，再将整理后的意见反馈给各专家征求意见；专家们根据综合的预测结果，参考他人意见修改自己的预测，经过反复征询、归纳、修改，最后汇总成专家基本一致的看法，作为预测的结果。德尔菲法不仅应用于微观市场预测，也可以运用于宏观市场预测；不但可以用于短期预测，也可以用于中长期预测。特别是在预测产品的市场需求规模、市场经营环境变化趋势、商业网的发展、产品生命周期、新产品开发的前景、技术发展对产品更新换代的影响及宏观经济中经常用到。

2）具体步骤

第一步：根据预测目标，确定需要预测的内容，制定意见征询表，用书面形式通知被选定的专家。专家一般指掌握某一特定领域知识和技能的人，一般根据预测内容涉及的领域来确定专家人数。人数不宜过多，一般 8～20 人为宜。所涉及内容应在专家熟悉的领域内，同时，向专家提供预测内容的有关背景资料。

第二步：专家接到通知后，根据自己的知识和经验，对预测对象的未来发展趋势提出自己的意见，并说明理由，书面回复主持预测单位。

第三步：主持预测单位根据专家的预测意见，进行综合整理，归纳出几种不同的判断结论，并分别说明每种结论的依据和理由，但不注明是哪位专家的意见。然后寄给各位专家，让专家根据所寄材料做出第二次判断。

第四步：专家接到第二次通知后，参考通知中的信息，在规定时间内再次进行预测，提出自己的预测意见及其依据和理由。经过多次轮番征询，直到意见基本一致为止。

第五步：主持预测单位对经过反复征询得到的意见进行统计处理，确定预测值。

3）特点

（1）反馈性。德尔菲法中，征询过程表现为"征询—答复—反馈—再征询—再答复—再反馈"的循环，每位专家可以通过多次轮回反馈沟通信息。为了保持德尔菲法的充分讨论的优点，信函调查在预测组织者和预测专家之间多次反馈。预测组织者通过第二轮开始的信函调查表，将前一轮不同的预测结果反馈给所有参加预测的专家，便于专家了解不同看法及其理由，并对自己的预测结果进行修正。

（2）统计性。德尔菲法重视对专家意见和预测结果做出定量化的统计归纳，对专家们每次的反馈信息都要进行统计处理，对各种不同类型的预测问题采用相应不同的数理统计方法进行统计处理。随着反馈轮次的增加，专家们的意见可能趋向集中，统计结果趋向收敛。因此，这一特性有时也被称为收敛性。

（3）匿名性。德尔菲法采用匿名通信的方法向专家们征询意见，专家们彼此没有联系，可免除心理因素的影响，从而确定比较理想客观的预测值。被邀请参与预测的专家互不见面，预测组织者也不提供其他参加预测的专家的任何情况。每位预测专家仅与预测组织者接触，且通常是通过信函调查表的来回传递进行的，这就是通常所说的"背靠背"方式。匿名性克服了易受心理因素干扰的问题，便于资深专家修正自己不恰当的看法，以使预测结果更为客观。

德尔菲法在使用时需要注意几个问题：谁是专家，如何选用专家；专家函询调查表的设计是否科学；专家答卷的数据处理是否涉及时间和数据等指标。

2. 主观概率法[8]

1）概念

主观概率法是市场趋势分析者对市场趋势分析事件发生的概率（即可能性大小）做出主观估计，或者说对事件变化动态的一种心理评价，然后计算它的平均值，以此作为市场趋势分析事件的结论的一种定性市场趋势分析方法。

主观概率是凭个人的经验进行的对事件发生的主观判断，它反映了个人对某个事件的相信程度。简单地说，主观概率就是凭经验或预感而估算出来的概率。预测者的主观概率就是凭借预测者对客观事件的认识和经验，对事件发生的可能性大小用概率进行表达和判断。主观概率是相对于客观概率而言的，主观概率与客观概率的区别在于：客观概率是根据事件发展的客观性统计所得的一种概率。

对于主观概率的认识，需要注意以下几方面。

第一，由于每个人认识事物和分析判断的能力、方法等不同，不同的人对同一事物在同一条件下的概率值估计，会有一定程度或相当大程度的差异。

第二，主观概率的数值是否正确，一般难以判断。但正因为存在着不同的个人主观概率估计和主观概率准确程度的无法核对性，就有必要寻求最佳的或合理的估计概率。因此，在需求预测中，需要采取多方意见进行判断，并了解他们提出主观概率的依据。

2）步骤

应用主观概率法，一般按照以下步骤进行。

第一步，说明预测目的和要求，提供必要的资料。调查的组织者明确调查的主题、此次调查的目的以及要求，并收集整理有关调查主题的背景材料供专家参考，做好调查前的准备工作。

第二步，制定调查表，发给每个被调查者填写。根据资料设计制定调查表或调查提纲，目的是了解和获得可以用来进行预测的资料，以及得到对本次调查预测有关看法的主观概率。

第三步，整理汇总主观概率调查表。按事先准备好的调查汇总表，对各个主观概率调查表加以汇总、整理，并根据所获得数据进行计算。

第四步，根据汇总情况进行判断预测。

10.2.2　时间序列预测法

常用的时间序列预测法主要有移动平均法、指数平滑法等。

1. 移动平均法[9]

移动平均法（moving average method）是指时间序列上移动平均的每一点都是一系列连续点的算术平均数或加权平均数。其基本思想是根据时间序列信息，逐项推移，以此计算包含一定项数的序时平均值，以消除周期波动或者随机波动的影响，揭示出数据序列的长期趋势。

移动平均法有三个明显的特点。第一，对长期趋势变动和季节性变动的观察期资料，特别是对于数据异常大和异常小的观察值，经过移动平均调整后，可以消除不规律的变动。因此，该方法常用于对长期趋势变动和季节性变动的预测。第二，使用该方法确定跨越期时，如果研究目的是取得长期变动趋势值，则移动平均跨越期可以长些；如果是为了反映历史数据的变动趋势，则跨越期可以短些。第三，该方法可以较好地修匀历史数据，消除因随机因素影响而使数据出现的高点和低点。

移动平均法主要包括一次移动平均法、加权移动平均法、趋势修正移动平均法和二次移动平均法等，这里主要介绍一次移动平均法和加权移动平均法。

1）一次移动平均法（简单移动平均法）

一次移动平均法就是依次取时间序列的几个观测值予以平均，并依次移动，得到一个平均数序列，然后以 N 个观测值的平均数作为下一期预测值的一种简单预测法。它适合做近期预测，而且是预测目标的发展趋势变化不大的情况。

$$F_{t+1} = M_t^{(1)} = \frac{Y_t + Y_{t-1} + Y_{t-2} + \cdots + Y_{t-(n-1)}}{n}$$ （10-1）

其中，F_{t+1} 为第 $t+1$ 期的预测值；$M_t^{(1)}$ 为第 t 期的一次移动平均值；Y_t 为第 t 期的实际观测值；n 为移动步长。

这种方法是把第 1 期的一次移动平均值作为第 $t+1$ 期的预测值。当 $n=1$ 时，第 t 期的实际观测值为第 $t+1$ 期的预测值，当 $n=N$ 时，全部历史数据的简单算术平均数为第 $t+1$ 期的预测值。该公式表明当 t 向前移动一个时期，就增加一个新近数据，去掉一个远期数据，得到一个新的平均数。由于它不断地"吐故纳新"，逐期向前移动，所以称为移动平均数。

一般来说，移动的时间越长，时间序列被修匀的效果越显著，对随机因素引起的波动剔除得越彻底，但随着移动时间的加长，所需要的资料也增多。在实际预测中，移动长度的确定由预测的精度来决定，当然是取精度最高的移动长度。一般来说，时间序列波动较小，而且波动完全无规律，数值之间无任何关系时，宜取较长的移动长度；波动较大而且呈现出一定的规律，数值之间存在高度的相关性时，宜取较短的移动长度。如果不好判断，可以选几个移动长度进行试算，经过预测的精度分析，选择精度最大，即误差最小的移动长度。

2）加权移动平均法

加权移动平均法是在一次移动平均法的基础上进行加权的一种预测方法。这是因为一次移动平均法有一个明显的缺点：将远期的市场情况与近期的市场情况对预测值的影响同等看待。实际情况是：在一般情况下，越是近期的统计数据越能反映预测市场变化的趋势，越应加以考虑；越是远期的统计资料对预测期的影响越小，越可忽略。采用加权移动平均法，可以弥补这个缺点。加权移动平均法是对过去不同时期的样本，采用不同的权数。一般做法是：近期样本赋予较大权数，以重视其对预测值的影响；远期样本赋予较小权数。在此基础上，再计算移动平均数作为预测值。

$$F_{t+1} = \omega_t Y_t + \omega_{t-1} Y_{t-1} + \cdots + \omega_{t-n+1} Y_{t-n+1}$$ （10-2）

其中，ω_t，ω_{t-1}，$\cdots$，ω_{t-n+1} 为权数，且 $\omega_t > \omega_{t-1} > \cdots > \omega_{t-n+1}$，权数之和等于 1。

2. 指数平滑法

上文提及的移动平均法虽然计算简便，但并非一种理想的预测方法。原因是当计算移动平均值时，只使用近期的 n 个数据，没有充分利用时间序列的全部数据信息。另外，对参与运算的 n 个数据等权看待，这往往不符合实际情况。一般认为，越近期的数据越能反映当前情况，对今后的预测影响越大，越远期的数据影响越小。虽然加权移动平均法能克服这个缺点，但人为选取权数，仍然带进了很多的主观因素。指数平滑法则是对时间序列由近及远采取具有逐步衰减性质的加权处理，是移动平均法的改进型。

指数平滑法是利用过去的统计资料，以平滑系数来进行预测的一种方法。它既考虑了移动平均法中对预测期情况有较大影响的最近期的实际统计数据给以较大的权数，给较远期的实际统计数据以较小的权数，又不像应用移动平均法时需要贮存很多的实际统计资料。它比移动平均法优越得多，所以不少短期预测活动采用这种方法。

指数平滑法的特点是以前期的实际值和前期的预测值为基础，经过修匀处理后得到本期的预测值。所以，指数平滑又称指数修匀，可以用来消除时间序列的偶然性变动。具体做法是，将上期实际统计数据与上期预测值的差额用平滑系数来加权，然后加上上期的预测值，即为本期的预测值。或者是本期预测值等于上期预测值加上平滑系数乘上期预测误差。用平滑系数乘预测误差，就等于对预测误差打一个折扣。

指数平滑法在实际预测中可分为一次指数平滑法和多次指数平滑法。

1）一次指数平滑法[9]

一次指数平滑法的基本模型：

$$F_{t+1} = \alpha Y_t + (1-\alpha)F_t \qquad (10\text{-}3)$$

其中，F_{t+1} 为第 t+1 期时间序列的预测值；Y_t 为第 t 期时间序列的实际值；α 为平滑系数（$0 \leqslant \alpha \leqslant 1$）。

尽管指数平滑法提供的预测值是以前所有实际观测值的加权平均数，其实在实际应用中，一旦平滑系数 α 确定，我们只要知道 t 期的实际值及 t 期的预测值，就可得到 t+1 期的预测值。因此，可把式（10-3）改写为

$$F_{t+1} = F_t + \alpha(Y_t - F_t) \qquad (10\text{-}4)$$

（1）平滑系数 α 的确定。平滑系数 α 值的确定是直接影响预测误差的关键。当 α 的取值接近于 0 时，时间序列过去数据的权数的递减速度较慢，即过去的数据对现在的预测起作用；当 α 的取值接近于 1 时，时间序列过去数据的权数的递减速度较快，离预测时期越远的数据对预测的作用就较小。若取 α=0，则下一期的预测值就等于本期的预测值，在预测过程中不考虑任何新的信息；若取 α=1，则下期预测值就等于本期观测值，完全不相信过去的信息。这两种极端情况很难做出正确的预测。因此，α 的值应根据时间序列的具体性质在 0~1 进行选择。

一般来说，如果时间序列资料波动较小，比较平稳，α 值可取小一些，如取 0.1~0.3；如果时间序列具有迅速且明显的变动倾向，则 α 值应取大一些，如取 0.6~0.8。另外还要分析时间序列不稳定的原因，如果是序列本身固有的轨迹变动，可按上述方法确定 α 值，如果前后时期之间有联系，应取较小的 α 值，以减少这种联系的影响。具体讲，月度资料应比季度资料 α 值小，而季度资料的 α 值应小于年度资料的 α 值，这是因为时期单位越小，彼此间的联系就越大。在实际操作中，也可多取几个 α 值进行试算，看哪个预测误差小，就采用哪个。

（2）初始值的确定。确定初始值的常用方法有以下几种。

第一种：$F_1 = Y_1$。

第二种：$F_1 = \dfrac{Y_1 + Y_2 + Y_3}{3}$。

第三种：F 为所有历史数据的简单算术平均数。

　　初始值选择是否正确，直接关系到预测结果及平滑系数 α 的选择。从式（10-3）中可以看出：当递推 n 期后，初始值权数为 $(1-\alpha)^n$，所以 α 的取值的大小与初始值在平滑中所起作用的大小有直接的关系。α 取值越小，在递推期数一定时，初始值权数越大；α 取值越大，初始值权数越小。同时，在 α 取值一定时，递推期数越短，初始值的权数就越大。因此，当我们对所选用的初始值的正确性有怀疑，同时，可用于计算指数平滑的时间序列项数又较少时，应当选择较大的 α 值，以便减少初始值的影响；如果认为初始值选得正确，或者对初始值的正确性虽然没有太大的把握，但用于计算指数平滑值进行预测的时间序列项数很多，则可以考虑选择较小的 α 值。

　　2）二次指数平滑法[9]

　　二次指数平滑法适用于具有线性趋势的需求预测，因此，能用它对具有一定增长趋势的物资或具有一定下降趋势的物资进行需求预测。二次指数平滑是在相同的平滑系数 α，在一次指数平滑数列 F_t^1 的基础上，再进行一次指数平滑，构成时间序列的二次指数数列 F_t^2。

$$F_t^1 = \alpha Y_t + (1-\alpha)F_{t-1}^1$$
$$F_t^2 = \alpha F_t^1 + (1-\alpha)F_{t-1}^2 \qquad (10\text{-}5)$$

　　3）趋势调整的指数平滑法（Holts 模型）[10]

　　趋势调整的指数平滑法适用于需求系统成分中仅包括需求水平和需求趋势，而没有季节系数的情况。在这种情况下：

$$需求的系统成分=需求水平+需求趋势$$

我们对需求 D_t 和时期 t 进行线性回归，可以得到对需求水平和需求趋势的初始预测值，如下式所示：

$$D_t = at + b$$

　　因为我们已经假定有需求趋势，但不存在季节系数，所以对需求和时间进行线性回归是合适的。这样，需求和时间的基本关系是线性的。常量 b 衡量的是 $t=0$ 时的需求预测值，也就是需求水平的初始预测值 L_0。斜率 a 衡量每个时期的需求变化率，也是需求趋势的初始预测值 T_0。

　　在第 t 期，如果事先给定需求水平预测值 L_t 和需求趋势预测值 T_t，那么未来时期的预测值可以表示如下：

$$F_{t+1} = L_t + T_t, \quad F_{t+n} = L_t + nT_t \qquad (10\text{-}6)$$

　　在预测到第 t 期的实际需求后，我们对需求水平和需求趋势的预测值进行如下修正：

$$L_{t+1} = \alpha D_{t+1} + (1-\alpha)(L_t + T_t) \qquad (10\text{-}7)$$
$$T_{t+1} = \beta(L_{t+1} - L_t) + (1-\beta)T_t \qquad (10\text{-}8)$$

其中，α 为需求水平的平滑指数，$0<\alpha<1$；β 为需求趋势的平滑指数，$0<\beta<1$。

　　可以发现，不管是需求水平修正还是需求趋势修正，修正后的预测值（需求水平或需求趋势）都是实际观测值和以前观测值的加权平均。

4）趋势和季节调整的指数平滑法（Winter 模型）[10]

Winter 模型适用于当需求的系统成分包括需求水平、需求趋势和季节指数的情况。在这种情况下：

$$需求的系统成分=（需求水平+需求趋势）×季节系数$$

假定每次季节性循环包含的期数为 p。首先，我们要对需求的初始水平（L_0）、需求的初始趋势（T_0）和季节系数（$S_1,\cdots,S_p$）进行预测。我们采用静态预测法对这些数值进行预测。

在第 t 期，事先给定需求水平为 L_t、需求趋势为 T_t 和季节系数为 $S_t,\cdots,S_{t+p-1}$，那么未来时期的预测值计算如下：

$$F_{t+1}=\left(L_t+T_t\right)S_{t+1}, \quad F_{t+l}=(L_t+lT_t)S_{t+l} \tag{10-9}$$

预测到第 $t+1$ 期的需求后，我们对需求水平、需求趋势和季节系数的预测值进行修正：

$$L_{t+1}=\alpha\left(\frac{D_{t+1}}{S_{t+1}}\right)+\left(1-\alpha\right)\left(L_t+T_t\right) \tag{10-10}$$

$$T_{t+1}=\beta\left(L_{t+1}-L_t\right)+\left(1-\beta\right)T_t \tag{10-11}$$

$$S_{t+p+1}=\gamma\left(\frac{D_{t+1}}{L_{t+1}}\right)+\left(1-\gamma\right)S_{t+1} \tag{10-12}$$

其中，α 为需求水平的平滑指数，$0<\alpha<1$；β 为需求趋势的平滑指数，$0<\beta<1$；γ 为季节系数的平滑指数，$0<\gamma<1$。可以发现，不管是需求水平修正，还是需求趋势修正和季节系数修正，修正后的需求水平、需求趋势和季节系数的预测值都是实际观测值和以前观测值的加权平均。

10.2.3　其他预测方法

除上述方法外，供应链需求预测方法还有很多，下面针对其他代表性评价方法进行简单介绍，读者可参阅市场调查与预测等书籍资料详细了解。

1. 因果分析预测法

因果分析预测法是指从事物变化的因果关系出发，对某种事物的未来发展做出预测的方法。因果关系是指市场经济活动中现象与现象间彼此关联而构成的依存关系。

因果分析预测法是一种基于因果关系进行预测的方法，它包括确定影响预测对象的因素和建立预测模型两个步骤。这种方法的基本思想是，如果能够确定影响某一现象或事件的主要因素，并且能够明确这些因素与该现象或事件之间的关系，那么就可以通过这些因素的变化来预测该现象或事件的未来发展趋势。

因果分析预测法的优点是预测结果较为准确，因为它是基于因果关系进行预测的，而不是仅仅依赖于历史数据。但是，这种方法的缺点是需要对预测对象有深入的了解，需要有足够的专业知识，而且建立预测模型的过程比较复杂。

2. 模拟预测法

模拟预测法是一种现代领导者在进行决策和实施目标管理过程中应用的预测方法，它通过模拟实验的手段对未来情况进行预测。这种方法是为了克服时间和空间条件的限制，在实验室内人工地创造一定条件和因素，模拟实际情况下的条件或因素，从而使研究者能用较短的时间、方便的空间、较小的代价，获得可靠的实验结果。

3. 机器学习算法

机器学习算法，如随机森林、支持向量机、神经网络等，可以用于更复杂的供应链需求预测。这些算法可以从大量的历史数据中学习，并找出其中的模式。机器学习算法的优点是可以处理复杂的因果关系和非线性趋势，但是需要大量的高质量数据来进行训练。

4. 贝叶斯网络

贝叶斯网络（Bayesian network）是一种强大的工具，可以用于找出数据中的因果关系，并据此进行预测。贝叶斯网络又称信念网络（belief network）或是有向无环图模型（directed acyclic graph model），它是一种概率图形模型，用于描述变量间的依赖关系。

贝叶斯网络通过有向无环图的形式表示变量之间的因果关系，其中节点表示随机变量，边表示因果关系。这种网络结构可以有效地处理不确定性和概率性事件。

贝叶斯网络的优点是可以处理不完全和非精确的信息，并且可以更新其对未来的预测，以反映新的信息。

5. 混合模型

实际上，在许多情况下，单独一种方法可能无法完全捕捉供应链需求的复杂性。因此，混合模型常常是最佳的选择。混合模型结合多种方法，可以更全面地考虑各种因素对供应链需求的影响。

另外，供应链上的企业应注重合作预测。供应链上的企业通过与其合作者一起进行预测，可获得更加准确的结果，虽然与合作者分享信息、建立合作预测关系需要花费时间和成本，但合作预测给供应链整体带来的利益通常远远大于初期成本。同时，许多预测甚至没有把企业内部不同部门之间可获得的信息考虑进来，因此，企业进行合作预测时，一方面应注重不同部门之间的合作，另一方面还应注重与供应链上的合作者进行合作展开供应链需求预测。

10.3　供应链系统评价的一般模式

10.3.1　供应链系统评价应遵循的原则[5]

为了科学、客观地反映供应链系统的运营状况，需要建立与之相适应的供应链评估方法，并确定相应的绩效评估指标体系。为了建立有效的评估供应链绩效的指标体系，需遵循以下原则。

（1）突出重点，对关键绩效评估指标进行重点分析。

（2）采用能够反映供应链系统流程的绩效评估指标体系。

（3）评估指标要能够反映出整个供应链系统的运营状况，而不是仅仅反映单个节点企业的运营状况。

（4）采用实时评估与分析的方法，扩大绩效评估范围使其能反映供应链实时运营的信息，这比仅做事后分析有价值。

（5）采用能够反映供应商、制造商、分销商及客户之间关系的绩效评估指标，把评估对象扩大到供应链上的相关企业。

10.3.2　供应链绩效评价体系构建的一般原则与具体思路[11]

1. 供应链绩效评价体系构建的一般原则

供应链管理中存在大量的数据，进行绩效评价时会面临如应该选取哪些数据，应该选取多少数据，对这些数据应该如何进行加工组织等问题，这些问题的解决都需要遵循体系构建的一般原则，目前常用的一般原则如下。

1）成本与收益平衡原则

绩效评价会带来一定的收益，也会耗费一定的成本。如果无止境地要求绩效评价做到全面、准确，必然导致成本上升，甚至超过收益，这样供应链的绩效评价就会失去原本的意义。

2）简单且有效原则

构建的体系需具有可行性和可靠性。一味追求简单，将不能达到绩效评价的反馈信息和查找问题的目的。然而，如果体系过于复杂就会出现不易执行的问题，即使有效也不免被束之高阁。

3）分析、选取关键指标原则

供应链管理纷繁复杂，涉及很多方面，要坚持简单且有效原则，同时又要确保评价的有效性，就必须抓住重要的方面、选取关键指标，争取做到用最简单的体系反映最真实的状况。

4）基于过程和活动原则

传统的评价大多是基于职能进行的，对实际工作的指导意义不大。现代基于过程和活动的评价可以体现流程的绩效，对流程进行改善才能从根本上解决绩效问题。

2. 供应链绩效评价体系构建的具体思路

在体系构建的一般原则的指导下，具体构建思路是分层次、区分主体地进行体系的构建。

（1）分层次。整个绩效评价体系分为结果层、运作层和战略层。结果层侧重于对已经发生的事情进行评价，是一种事后反馈。运作层侧重于对供应链系统当前的运作状况与能力进行评价，是一种事中控制。战略层侧重于对供应链系统的未来发展情况进行预测评价，是一种事前控制。

（2）区分主体。供应链系统绩效评价涉及供应链的方方面面，对于应该衡量哪些方面的问题，可以从所有者、经营者、消费者三方主体出发考虑关键指标。明确主体就可以有的放矢地进行关键指标的选取。

10.3.3　供应链绩效评价体系的特点[7]

在遵循简单、有效等基本构建原则基础上，运用合理的方法构建一个供应链绩效评价体系。此体系既深入供应链的流程运作又简单可行，主要体现出以下特点。

1. 整体上区分层次

将复杂的供应链绩效评价分为结果层、运作层、战略层三个层次，分别对其进行事后评价、事中评价、事先评价。这样的评价体系结构简单易懂。

2. 基于流程

采用基于流程的方法进行运作层的评价，有许多优点。首先，评价深入运作流程，相对于传统的投入产出分析，有更为具体的指导意义。其次，从价值、时间和产能三个角度对供应链整体进行评价，进一步达到了从整体出发进行评价的要求。最后，深入分析认识整个供应链的流程，将有助于初步掌握成员之间以及成员对供应链整体的影响。

3. 可变性

侧重对体系构建思想的阐述，所构建的体系具有一定的可变性，可以针对其他类型供应链的特点进行灵活的变化。更为重要的是，运作层中，可以针对实际情况来决定流程分析的细化程度，所以能够在深入与简单之间进行平衡。

4. 面向顾客

在具体指标的选取过程中，始终坚持面向顾客来进行关键指标的选择。比如，顾客价值角度的指标、流程分析中价值角度和时间角度的指标，都是面向顾客选取的。

5. 强调信息共享

现代供应链管理的运作与发展很大程度上都依赖信息的共享。没有大量的、有效的、深度的共享信息，供应链管理只能是无米之炊。此体系相较于以往的评价体系，强调了信息共享这一重要方面，这种评价的导向将有助于供应链绩效的改善。

10.4　供应链绩效评价方法

供应链绩效评价的方法是绩效评价工作的核心和关键，评估工具会直接关系到绩效评价结果的准确性。供应链绩效评价的方法有很多种，目前在绩效评价中使用较典型、先进的方法有 ROF 法、SCOR（supply chain operations reference model，供应链运作参考模型）、平衡计分卡（balanced score card，BSC）、层次分析法、模糊综合评判法等[6]。

10.4.1　ROF 法

该方法由 Beamon（比蒙）于 1999 年提出，为避免传统绩效评价的问题，他提出了三个方面的绩效评价指标，可以反映出供应链的战略目标：资源（resources），产出（output）以及柔性（flexibility）。资源评价和产出评价在供应链绩效评价中已经得到了广泛的应用，而柔性指标的应用比较有限。这三项指标都具有不同的目标。资源评价（成本评价）是高效生产的关键，产出评价（客户响应）必须达到很高的水平以保持供应链的增值性，柔性评价则要实现在变化的环境中快速响应。它们之间是相互作用、彼此平衡的。如表 10-3 所示，供应链系统评价必须从这三个方面进行，以实现系统评价的可行性和可靠性。

表 10-3　ROF 评价维度

战略目标	说明
资源	包括库存水平、人力资源、设备利用、能源使用和成本等方面
产出	包括客户响应、质量及最终产成品数量
柔性	范围柔性和响应柔性

10.4.2　SCOR [12, 13]

SCOR 由国际供应链协会开发，是目前影响最大、应用面最广的参考模型。该模型将供应链界定为计划、采购、生产、配送和退货五大流程并具备流程支持功能，能测评和改善企业内、外部业务流程，优化企业战略管理。

该模型体现了"从供应商的供应商到客户的客户"的供应链管理思想，覆盖了多方面，如所有客户的交互、订单到付款发票等环节；供应商的供应商到用户的所有物流转运；所有的市场交互、总体需求以及每个订单的实行。

具体的 SCOR 结构如图 10-1 所示。SCOR 把卖家的运送和买家的采购活动连接起来，这样就把供应链成员的运作结合起来。

全球很多行业的制造和服务公司都将 SCOR 作为供应链管理诊断、基准和程序改进的工具。SCOR 的五个过程内涵如下。

（1）计划。需求和供应计划包括：根据各项需求平衡资源；供应链计划的设立、沟通；对商业规则、供应链运营、数据搜集、库存、资本资产、运输和规则需求的管理。

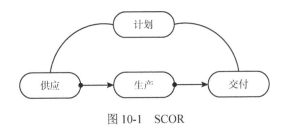

图 10-1　SCOR

（2）采购。指进行资源储备，然后按订单生产，按订单设计。主要包括：计划运送时间；收货、验货、产品运输；批准给供应商付款；考察、选择供应商；评估供应商的绩效；管理进货库存和供应商协议。

（3）生产。指面向库存安排生产，按订单生产，按订单设计，包括：安排生产活动；生产、检测、包装、分段运输、产品交付；对按订单设计的产品的最终定稿；对在制品、设备、设施和生产网络的管理。

（4）配送。对库存、按订单生产及按订单设计的产品的订单、仓储、运输和安装的管理，包括：从订单的询价、报价到安排运输和选择承运商的所有订单步骤的管理；从产品接收、挑选到产品的出库、运输的仓储管理；对客户开具发票；管理成品库存和进口/出口需求。

（5）退货。把采购的物料退还给供应商，以及接受客户对最终产品的退货，包括：同意和安排退货；收货、查验、对次品或多余产品的处理；退货更换或担保；管理退货库存。

SCOR 可应用于供应链系统结构的描述、度量和评估，所设计的模型可以在供应链上的企业间进行有效的沟通、绩效评估和流程整合。一个标准化的参考模型有助于管理团队关注管理的结果、对内外部客户的服务和整个供应链绩效的提升。

10.4.3　平衡计分卡[10, 13]

平衡计分卡的设计结合了过去绩效的财务评价和未来绩效的驱动力。所以，平衡计分卡不仅是一种新的绩效衡量方法，更是一种以系统的过程来实施企业战略和获得其反馈的管理系统体系，平衡计分卡被认为是一种革命性的评估和管理系统体系。

1. 平衡计分卡维度

（1）财务维度。主要解决股东如何看待企业的问题。它关注供应链系统的财务状况，反映供应链系统的实际运行情况，并暴露相应的问题。由于财务数据是管理企业的重要因素，因此，财务指标大多是管理者优先考虑的指标。

（2）客户维度。主要解决如何改进才能满足客户的需求的问题。客户是服务的重点，因此，客户是绩效评估的重要因素。客户满意度的高低是企业成败的关键。现代企业活动只有以顾客为中心，提高自身的服务能力，才能立足于市场之中。

（3）流程维度。主要解决以满足顾客和股东的需求为问题导向，需要如何改善业务流程的问题。该方法重视的不是现有经营过程的简单改善，而是满足以客户和股东的需求为目标的内部经营过程的改善。同时，它把革新流程引入到内部经营流程之中，这就要求企业不断创新产品和服务，以满足现有和潜在目标客户的需求。

（4）成长维度。主要解决企业是否在进步的问题。它关注企业未来的发展潜力和发展方向，这些方面与供应链的持续竞争力密切相关。只有保持供应链的持续竞争力，才能赢得长期的胜利。不断进行改进与创新是建立高效供应链的必由之路，所以现代的平衡计分卡更强调企业未来的延展性。平衡计分卡基本框架如图 10-2 所示。

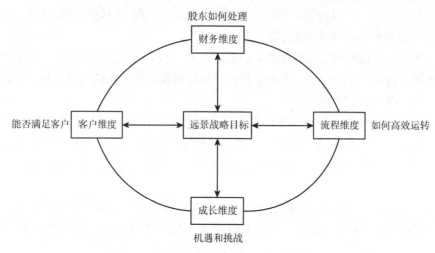

图 10-2　平衡计分卡基本框架

2. 平衡计分卡绩效评价特点

平衡计分卡早期仅用于单个企业的绩效评价，阐明企业战略和传播企业战略，同时帮助衔接个人、组织及部门间的计划，以实现共同的目标。而该方法也适用于供应链绩效评价，这是因为围绕供应链目标建立的平衡计分卡能够更准确地反映供应链绩效评价的特点。

（1）供应链平衡计分卡摒弃了仅从企业内部角度评价供应链绩效的模式，从供应链财务、客户、流程、成长四个方面兼顾财务与非财务、内部与外部等因素来综合评价供应链绩效。

（2）供应链平衡计分卡把财务、客户、流程、成长四个方面视为影响供应链绩效的重要方面，不仅能够反映供应链业务流程集成的绩效，还能反映整个供应链的运营状况和供应商、制造商及顾客之间的关系。

（3）供应链平衡计分卡不仅考虑滞后指标对供应链绩效的影响，还充分考虑过程指标对供应链绩效的影响，从而对供应链绩效进行实时分析与评价。

（4）供应链平衡计分卡不仅注重现有绩效的控制与改进，而且通过设计学习与成长基础方面的指标注重远期优良绩效的可获得性。

总体而言，平衡计分卡法能够从客户维度、流程维度、成长维度、财务维度评价组织绩效，在短期和长期目标、财务指标和非财务指标、滞后型和领先型指标、内部和外部绩效之间形成平衡。管理层的注意力从短期目标的实现转移到兼顾战略目标的实现，从对结果反馈的思考转向对问题原因的实时分析，把企业使命和战略转变为目标和衡量指标。

3. 平衡计分卡的优缺点

平衡计分卡的优点是它既强调了绩效管理与企业战略之间的紧密关系，又提出了一套具体的指标框架体系，能够将部门绩效与企业、组织整体绩效很好地联系起来，使各部门工作的努力方向与企业战略目标的实现联系起来。

但在实践中，许多供应链节点企业将平衡计分卡法用于静态管理，使得在改进供应链绩效过程中的成效不明显。比如，平衡计分卡多为财务部门制定，重视了财务信息，而忽视了非财务信息；人工采集的信息易产生错漏和滞延，采集频率低，并存在人为篡改数据的隐患；制定战略的高级管理层和策略层、操作层分离，使管理层在绩效衡量中面临着不确定因素；平衡计分卡无法分析决策与绩效的因果联系，无法衡量供应链节点企业与上下游企业间的协作水平。

10.4.4　层次分析法[14]

层次分析法是美国运筹学家 T. L. Saaty（托马斯·塞蒂）于 20 世纪 70 年代提出的一种实用的定性与定量结合的多目标的决策方法。层次分析法的主要思想是将被评价对象的各种错综复杂的因素按照相互作用、影响及隶属关系划分成有序的递阶层次结构，根据一定客观现实的主观判断，对相对于上一层次的下一层次中的因素进行两两比较，然后经过数学计算及检验，获得最底层相对于最高层的相对重要性权值并进行排序，最后进行总体层次的分析或决策。它体现了决策思维的基本特征分解、判断、综合，具有系统性、综合性与简便性的特点。

1. 层次分析法流程

层次分析法的主要步骤如图 10-3 所示。运用该方法的关键环节是建立判断矩阵，判断矩阵是否科学、合理，直接影响到分析的效果。

层次分析法的使用主要包括以下流程。

1）目标概念化

在分析社会、经济及科学管理等领域的问题时，首先要对问题有明确的认识，界定问题的范围，了解问题所包含的因素，确定因素之间的关联关系和隶属关系。

2）构建层次结构模型

应用层次分析法分析决策问题时，首先要把问题条理化、层次化，构造出一个有层次的结构模型。在这个模型下，复杂问题被分解为元素的组成部分。这些元素又按其属性及关系形成若干层次。上一层次的元素作为准则对下一层次有关元素起支配作用。

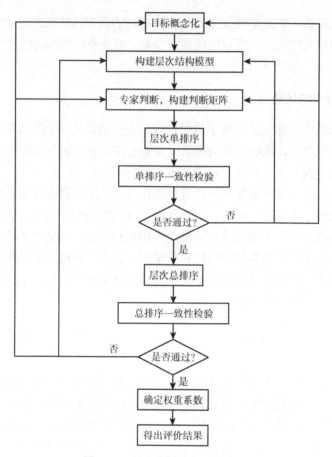

图 10-3　层次分析法的主要步骤

这些层次可以分为三类。

（1）最高层：这一层次中只有一个元素，一般它是问题的预定目标或理想结果，因此也称为目标层。

（2）中间层：这一层次中包含了为实现目标所涉及的中间环节，它可以由若干个层次组成，包括所需考虑的准则、子准则，因此也称为准则层。

（3）最底层：这一层次包括为实现目标可供选择的各种措施、决策方案等，因此也称为措施层或方案层。

递阶层次结构中的层次数一般与问题的复杂程度及分析的详尽程度有关，通常情况下，层次数不受限制。每一层次中各元素所支配的元素一般不要超过九个。这是因为所支配的元素过多会给两两比较的判断带来困难。

3）专家判断，构建判断矩阵

层次结构反映了因素之间的关系，但准则层中的各准则在目标衡量中所占的比重并不一定相同，在决策者的心目中，它们各占有一定的比例。在层次分析法中，为了使判断定量化，关键在于设法使任意两个方案对于某一准则的相对优越程度得到定量描述。

一般对单一准则来说，两个方案进行比较总能判断出优劣，层次分析法采用 1~9 标度方法，对不同情况的评比给出数量标度，构造判断矩阵。

设 $u=\{\mu_1,\mu_2,\cdots,\mu_m\}$ 为评价因素集，A 表示目标。本次评价因素有 m 个，即 $\mu_1,\mu_2,\cdots,\mu_m$，$v=\{v_1,v_2,\cdots,v_m\}$ 为评价因素等级集合。

根据专家判断法得到判断矩阵 A：

$$\begin{pmatrix} \mu_{11} & \mu_{12} & \cdots & \mu_{1j} \\ \vdots & \vdots & & \vdots \\ \mu_{i1} & \mu_{i2} & \cdots & \mu_{ij} \end{pmatrix}$$

矩阵中 μ_{ij} 表示 μ_i 对 μ_j 的相对重要性数值。判断矩阵标度及标度值含义如下。

1 表示因素 μ_i 和 μ_j 比较，二者具有同等的重要性。

3 表示因素 μ_i 和 μ_j 比较，μ_i 比 μ_j 稍微重要。

5 表示因素 μ_i 和 μ_j 比较，μ_i 比 μ_j 明显重要。

7 表示因素 μ_i 和 μ_j 比较，μ_i 比 μ_j 强烈重要。

9 表示因素 μ_i 和 μ_j 比较，μ_i 比 μ_j 极端重要。

2、4、6、8 分别表示上述相邻判断的中间值。

4）层次单排序和一致性检验

判断矩阵 A 对应于最大特征值 $\lambda_{\max}$ 的特征向量 W，经归一化后即为同一层次相应因素对于上一层次某因素相对重要性的排序权值，这一过程称为层次单排序。计算判断矩阵最大特征根及其对应的特征向量的方法有很多，但最常用的近似算法是和积法和方根法。

和积法的具体步骤如下。

（1）将判断矩阵的每一列元素作归一化处理。

（2）每一列经过归一化后的判断矩阵按行相加。

（3）对上一步得到的向量进行归一化处理，所得到的向量就是所求的特征向量。

方根法的具体步骤如下。

（1）计算判断矩阵每一行元素的乘积 M_i。

（2）计算 M_i 的 n 次方根 $\overline{W_i}$。

（3）对向量 $\overline{W_i}$ 进行归一化处理。

和积法和方根法所得到的向量即为所求的特征向量。

在计算出层次单排序结果之后，对于计算所依据的判断矩阵还要进行一致性检验。按照各因素重要程度、优先次序对比的内在规律，判断矩阵应该满足以下三个条件（完全一致性条件）。

（1）对角线元素为 1，$b_{ij}=1$，$i=j=1,2,\cdots,n$。

（2）右上三角和左下三角对应元素互为倒数，$b_{ij}=\dfrac{1}{b_{ji}}$，$i,j=1,2,\cdots,n$，$i\neq j$。

（3）因素优先次序的传递关系，$b_{ij} = \dfrac{b_{kj}}{b_{jk}}$，$i, j, k = 1, 2, \cdots, n$，$i \neq j$。

有必要对判断矩阵作一次一致性检验，以决定是否能接受它。

对判断矩阵的一致性检验的步骤如下。

（1）计算一致性指标 CI。

$$CI = \frac{\lambda_{\max} - n}{n - 1}$$

（2）查找相应的平均随机一致性指标 RI。对于 n=1, 2, 3, $\cdots$, 9，RI 值如表 10-4 所示。

表 10-4　RI 值

n	1	2	3	4	5	6	7	8	9
RI	0	0	0.58	0.90	1.12	1.24	1.32	1.41	1.45

RI 是这样计算的：用随机方法构造 500 个样本矩阵，随机地从 1~9 及其倒数中抽取数字构造正互反矩阵，求得最大特征根的平均值 $\lambda'_{\max}$，并定义：

$$RI = \frac{\lambda'_{\max} - n}{n - 1}$$

（3）计算一致性比例 CR。

$$CR = \frac{CI}{RI}$$

当 CR＜0.10 时，认为判断矩阵的一致性是可以接受的，否则应对判断矩阵做适当修正。

5）层次总排序和一致性检验

计算同一层次上不同因素对总目标的优先次序称为层次总排序。这一过程是由最高层次到最低层次逐层进行的。若上层次 A 包括 m 个因素（$A_1, A_2, \cdots, A_m$），其层次总排序权值分别为（$a_1, a_2, \cdots, a_m$）；下一层次 B 包含 n 个因素（$B_1, B_2, \cdots, B_n$），它们对于因素 A_i 的层次单排序权值分别为 $b_{1j}, b_{2j}, \cdots, b_{nj}$，（当 B_j 与 A_j 无关时，则记 $b_{ij} = 0$）。则此时下层元素 B_j 关于最上层排序值（层次总排序权值）为 $z_j = \sum\limits_{j=1}^{m} b_{ij} a_j$，$i = 1, 2, \cdots, n$。对层次总排序也需做一致性检验，检验仍像层次总排序那样由高层到低层逐层进行。这是因为虽然各层次均已经过层次单排序的一致性检验，各个成对比较判断矩阵都已具有较为满意的一致性。然而当综合考察时，各层次的非一致性仍有可能积累起来，从而导致最终分析结果的较严重的不一致性。

设 B 层中与 A_j 相关的因素的成对比较判断矩阵在单排序中经一致性检验，求得单排序一致性指标为 $CI(j)$，$(j = 1, 2, \cdots, m)$，相应的平均随机一致性指标为 $RI(j)$、$CI(j)$ 等已在层次单排序时求得，则 B 层总排序随机一致性比例为

$$CR = \frac{\sum\limits_{j=1}^{m} CI(j)a_j}{\sum\limits_{j=1}^{m} RI(j)a_j}$$

当 CR＜0.10 时，认为层次总排序结果具有较满意的一致性并接受该分析结果。

2. 层次分析法的优缺点

层次分析法自问世以来，以其定性与定量相结合地处理各种决策因素的特点，迅速地在社会经济各个领域，如能源系统分析、城市规划、经济管理、科研评价等方面得到了广泛的重视和应用。层次分析法虽然提出了一套系统分析问题的方法，但也具有一定的局限性。局限性主要表现在：第一，它在很大程度上依赖人们的经验，它至多只能排除思维过程中的严重非一致性，却无法排除决策者个人可能存在的严重片面性，主观因素的影响很大；第二，比较、判断过程较为粗糙，不能用于精度要求较高的决策问题；第三，层次分析法可以得到绩效评估的排序，但是得不到具体分类。

10.4.5　模糊综合评判法[15]

模糊综合评判法是运用模糊统计的方法，考虑所需评价事物的各个评价指标因素，对该事物的优劣进行科学的评价。本质上是应用模糊关系合成的原理，从多个因素对评价对象隶属等级状况进行综合评价的一种方法。模糊综合评判方法主要包括单因素集评判法和多因素集评判法。该数学模型简单，容易掌握，适合多因素、多层次复杂问题的评判。模糊综合评判一般包括如下步骤。

（1）根据评价目的确定评价因素集合。

（2）给出评价等级集合。

（3）确定各评价因素的权重。

（4）运用模糊矩阵的复合运算进行评判。

（5）结论分析。

1. 单因素集评判法

设因素集 $U = \{U_1, U_2, \cdots, U_n\}$，评判集 $V = \{v_1, v_2, \cdots, v_n\}$，权重 $A = \{a_1, a_2, \cdots, a_n\}$。单因素评判 $U_i| \to f(U_i) = (r_{i1}, r_{i2}, \cdots, r_{im})$，$i = 1, 2, \cdots, n$。则单因素集评判矩阵为

$$R = \begin{pmatrix} r_{11} & r_{12} & \cdots & r_{1m} \\ r_{21} & r_{22} & \cdots & r_{2m} \\ \vdots & \vdots & & \vdots \\ r_{n1} & r_{n2} & \cdots & r_{nm} \end{pmatrix}$$

取 max-min 合成运算，可得到单个因素评判

$$B = A \times R = (b_1, b_2, \cdots, b_m) \tag{10-13}$$

其中，$b_j = \vee_{i=1}^{n} (a_i \wedge r_{ij})$，$j = 1, 2, \cdots, m$。

将式（10-13）中 B 归一化，若评判集用数量化表示，即 $V=(k_1,k_2,\cdots,k_m)^{\mathrm{T}}$，则单个因素的评判总评分为 $(b_1,b_2,\cdots,b_m)(k_1,k_2,\cdots,k_m)^{\mathrm{T}}$。

2. 多因素集评判法

先将因素集 $U=\{U_1,U_2,\cdots,U_n\}$ 分成各层次因素集，再从最高层次因素集起，利用单因素集评判法进行逐层评判，最终通过对第一层因素集的评判得到综合评判 B。将 B 归一化，若评判集用数量化表示，则可得出多层因素集的综合评判总评分。

3. 模糊综合评判法的优缺点

在供应链绩效评价的权重配置和要素评价中引入模糊集合理论，可解决现实中的不确定性与模糊性数据问题，把普通集合的绝对隶属关系中非此即彼的特性推广到单位区间(0,1)中的任意一个数值，进而实现定量刻画不确定性问题的模糊性质，同时又不失去传统明确值的优点。模糊化的结果使评估简单、明了，易于进行优先排序及其基准化，避免了数据的烦琐。但是，模糊评估过程不能解决评估指标间相关性造成的评估信息重复问题。供应链绩效评价需要考虑许多要素，因此如何综合考虑所有定量与定性要素，从而全面评估供应链绩效是一个多标准的决策问题，这对于模糊综合评判是很难做到的。而且在模糊综合评判中，部分指标权重是人为制定的，所包含的主观随意性较大。能否充分反映客观实际，需要很好地把握。

10.4.6　其他评价方法[16]

除上述方法外，供应链系统评价方法还有很多，下面针对其他代表性评价方法进行简单介绍，读者可参阅运筹学、系统工程类等书籍资料详细了解。

1. 数据包络分析法

数据包络分析（data envelopment analysis，DEA）是著名运筹学家 Charnes（查恩斯）和 Cooper（库伯）等学者以"相对效率"概念为基础，根据多指标投入和多指标产出对相同类型的单位进行相对有效性或效益评价的一种新的系统分析方法。它是处理多目标决策问题的好方法。

1）使用 DEA 方法进行效率评估的基本步骤

第一步，确定输入和输出指标。选择与决策单元活动相关的输入指标（如成本、资源等）和输出指标（如产量、质量等）。

第二步，构建 DEA 模型。选择一种 DEA 模型，如 CCR（Charnes-Cooper-Rhodes）模型或 BCC（Banker-Charnes-Cooper）模型，根据输入和输出指标构建 DEA 模型。

第三步，求解 DEA 模型。使用线性规划求解 DEA 模型，得到每个决策单元的效率评分。

第四步，分析结果。根据每个决策单元的效率评分，比较其相对效率。可以对各个决策单元（decision making unit，DMU）进行排序，或者计算平均效率来整体评估各个决策单元的表现。

第五步，敏感性分析。如果 DEA 模型的结果存在一定的变动，可以进行敏感性分析，以评估输入或输出指标对结果的影响。

需要注意的是，DEA 方法是一种相对效率评估方法，其结果受到输入和输出指标的选择和权重的影响。因此，在使用 DEA 方法时，需要确保输入和输出指标的选择合理，并采用适当的权重来确定每个指标的重要性。

2）DEA 适用于多输入的复杂系统的原因

DEA 特别适用于具有多输入多输出的复杂系统，这主要体现在以下几点。

（1）DEA 以决策单元各输入、输出的权重为变量，从最有利于决策单元的角度进行评价，从而避免了确定各指标在优先意义下的权重。

（2）假定每个输入都关联到一个或者多个输出，而且输出、输入之间确实存在某种关系，使用 DEA 方法则不必确定这种关系的显式表达式。

（3）DEA 最突出的优点是无须任何权重假设，每一输入、输出的权重不是根据评价者的主观认定，而是由决策单元的实际数据求得的最优权重。因此，DEA 方法排除了很多主观因素，具有很强的客观性。

2. 计算机仿真法

计算机仿真法是伴随着计算机技术的发展而逐步形成的一种方法。仿真（simulation）就是通过建立实际系统模型并利用所建模型对实际系统进行实验研究的过程。供应链系统受到多方面复杂因素的影响，最终的结果难以简单、直观地看出。而仿真可以在动态和随机环境中，考虑各参数的相互作用，给出清晰而明确的结果，且能利用计算机显示技术甚至虚拟现实技术在实时情况下进行观察和研究，便于管理层和顾客进行判断。计算机仿真法主要的缺点是开发某些比较复杂的模型时，需要花费较多的时间和成本。

3. 神经网络算法

思维学界普遍认为，人类大脑的思维分为抽象（逻辑）思维、形象（直观）思维和灵感（顿悟）思维三种基本方式。人工神经网络就是模拟人的思维的第二种方式。这是一个非线性动力学系统，其特色在于信息的分布式存储和并行协同处理。虽然单个神经元的结构极其简单，功能有限，但大量神经元构成的网络系统所能实现的行为却是极其丰富多彩的。

神经网络算法是一种由多个神经元组成的算法网络，主要用于拟合一个分布到另一个分布的复杂映射关系。它属于非线性动力学系统，能对信息进行分布式存储及协同处理。此外，基于神经网络算法发展起来的人工神经网络系统，已广泛应用于多个领域。

本　章　小　结

供应链系统需求预测与评价是整个供应链系统中的重要一环，需求是决策制定的基础,而评价能够科学地反映供应链系统的运营状况。本章从实际出发,在阐述了需求预测及系统评价的相关概念后,对供应链中的多种需求预测方法及系统评价方法的设计、特点和应用进行逐一介绍,以实现在不同环境中合理选择不同方法应用的效果,为供应链决策提供一定的理论指导。

复习与思考题 »»

1. 供应链需求预测都需要考虑哪些因素?
2. 定性需求预测方法包括哪些?
3. 德尔菲法的步骤和特点有哪些?
4. 移动平均法如何实现?
5. 供应链系统评价应遵循的原则有哪些?
6. 供应链绩效评价体系的特点有哪些?
7. 平衡计分卡法的主要维度有哪些?

参 考 文 献

[1] 陈明蔚. 供应链管理[M]. 2 版. 北京:北京理工大学出版社,2018.

[2] 王鹏. 供应链管理[M]. 北京:北京理工大学出版社,2016.

[3] 张志清,西宝,杨中华,等. 基于信息融合的供应链协同需求预测分析[J]. 科技进步与对策,2008,25(12):174-177.

[4] 乔骏,张晓红. 浅析连锁零售企业供应链需求预测的方法[J]. 物流工程与管理,2012,34(10):66-67.

[5] 何春明,徐斌华,刘辉. 供应链管理实务[M]. 西安:西安交通大学出版社,2014.

[6] 赵智锋,叶祥丽,施华. 供应链运作与管理[M]. 修订版. 重庆:重庆大学出版社,2016.

[7] 田军,张朋柱,王刊良,等. 基于德尔菲法的专家意见集成模型研究[J]. 系统工程理论与实践,2004,24(1):57-62,69.

[8] 乐菲菲,马力. 基于层次分析法的主观概率设定法[J]. 统计与决策,2006,(22):37-38.

[9] 乔普拉 S,迈因德尔 P. 供应链管理[M]. 5 版. 陈荣秋,等译. 北京:中国人民大学出版社,2013.

[10] 杨国荣. 供应链管理[M]. 4 版. 北京:北京理工大学出版社,2019.

[11] 冯华,何佳莉,刘洋. 供应链物流能力绩效评价体系的调研分析[J]. 中南财经政法大学学报,2014,(1):113-118.

[12] 梁月忠. 基于 SCOR 的供应链绩效评价法[J]. 集团经济研究,2006,(3):184-185.

[13] 孟子敏,韩煦. 烟草企业供应链绩效评价研究:基于 SCOR 模型和 AHP-模糊综合评价法[J]. 经济视角,2016,(6):23-30.

[14] 林建邦. 市场调研与预测[M]. 广州:中山大学出版社,2018.

[15] 王靖迪. 基于 AHP 和模糊综合评判法的旅游供应链绩效评价研究[J]. 价值工程,2021,40(22):69-71.

[16] 汪应洛. 系统工程[M]. 5 版. 北京:机械工业出版社,2016.

第11章 供应链系统仿真

引导案例

山西某矿采选充一体化的仿真与优化

山西作为煤炭资源开采的重要基地，近年来在煤炭绿色开采方面取得了显著进展。其中，采选充一体化技术更是引领了行业的绿色发展潮流。该技术不仅实现了煤炭资源的高效利用，更在环境保护方面发挥了重要作用。

采选充一体化技术的核心在于通过井下煤炭分选系统，实现煤炭和矸石的分离，并将矸石直接回填至采空区，既减少了矸石的地面排放，又充分利用了井下空间。然而，由于井下环境的复杂性和生产物流的特殊性，如何实现生产物流的高效协同运作成了该技术推广应用的关键。

为此，山西某矿借助 Anylogic 仿真软件，对采选充一体化生产物流系统进行了深入研究。通过模拟运输、分选、充填和仓储等关键环节，系统揭示了各设备间的协同运作机制。仿真结果显示，智能分选系统和提升设备是制约系统性能的主要瓶颈。针对这些问题，山西某矿提出了一系列优化措施。通过调整智能分选设备的工作速率和分选巷道的速度，成功降低了分选系统的繁忙率，提升了整体运行效率。同时，通过优化提升设备的速率，井底煤仓和提升设备的资源利用率也显著提高。

经过多次仿真与优化，山西某矿的生产物流系统性能得到大幅提升。各运输设备资源利用率均超过84%，矸石转运巷道和提升设备的利用率分别提升了25%和23%。这些改进不仅提升了生产效率，也显著改善了分选充填设备的运行状况，提高了仓储设备的性能。

山西某矿的成功实践表明，系统仿真技术为煤炭生产物流系统的优化提供了有力支持。通过精准定位生产瓶颈，提出切实可行的优化方案，该技术为煤炭行业的绿色发展注入了新的活力。展望未来，随着技术的不断进步和应用范围的扩大，系统仿真将在煤炭开采领域发挥更加重要的作用。

资料来源：王向前，郭璞昊，孟祥瑞. 采选充一体化煤炭生产物流系统仿真及优化[J]. 系统仿真学报，2023，35（5）：907-919.（有删改）

11.1　供应链系统仿真概述

11.1.1　系统仿真概述

1. 系统、模型与仿真

系统是指为了达成某一目标而将多个要素相结合的有机集合，这些要素因某些规则的存在而彼此联系、互相依存[1]。比如，供应链系统，其中就包含许多重要节点和业务关系。而供应链系统内部各要素的关系将对实现供应链整体价值最大化具有不同程度的影响，因此，为了探究不同环境、不同供应链策略下受各要素影响的动态演变过程，需要对系统展开研究。为了便于研究系统的内部特征和外部行为，就需要模型的实现。

模型是对现实世界的一种抽象化处理。而系统模型是对现实系统的一种抽象，借助系统模型反映系统内部要素的关系、系统的特征以及内部要素与外界因素的关系。模型按照属性、特征等可分为数学模型和物理模型，实体模型和半实体模型等。构建系统模型，能够以较低的成本实现对系统的研究目的，由于系统模型的可视化的特性，研究者更容易观察系统的行为。但模型只是对客体的抽象，它还需要结合现实进行检验。

系统仿真技术可以通过对系统模型进行模拟，利用人为控制的环境条件和对某些特定参数的改变，以研究真实系统的现象或过程[2]。仿真是借助计算机技术将系统模型转化为可在计算机上运行的仿真模型，模拟系统的运行状态和随时间变化的过程，通过对仿真运行过程的观察和统计，获得研究对象的仿真输出参数和基本特性，以此估计和推断实际系统的真实参数与真实性能[3]。在少数情况下，可以使用数学方法表示简单的模型并进行求解运算。但随着社会和技术的发展，在管理领域所接触到的系统表现出复杂性和不确定性的特点，传统的数学方法已无法满足建模和求解需求，而系统仿真技术能够考虑各类随机因素的影响，在系统模型的基础上构建仿真模型，通过计算机技术模拟系统的运行情况。

可见，系统、模型和仿真三者之间存在密切关系。系统是研究的对象，模型是对系统的特征描述，仿真是对建立的模型进行试验以达到研究系统目的的手段。显然，这三者的有机结合还需要借助计算机仿真技术来实现。计算机仿真包括三个要素，即系统、模型和计算机。将这三个要素联系在一起的基本活动是系统建模、仿真建模和仿真试验，图 11-1 为计算机仿真要素及其联系。

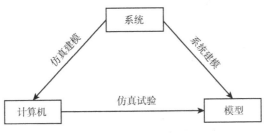

图 11-1　计算机仿真要素及其联系

计算机仿真是将系统抽象化为系统模型，将系统模型转化为计算机仿真模型从而进行仿真模拟试验的过程。计算机仿真能够分析和评估现有系统的运行状况，优化未来系统性能，在工程设计、航空航天、交通运输、经济管理、生态环境、通信网络和计算机集成等领域中计算机仿真得到广泛应用[4]。

2. 系统仿真的定义

结合国内学者的定义[1]，系统仿真是针对现实系统建立仿真模型，利用模型对现实系统进行简化并展开模拟试验，以研究系统性能和功能。系统仿真以系统理论、控制理论、相似理论、数理统计、信息技术和计算机技术等理论为基础，以系统分析的目的为导向，根据系统各要素性质和相互关系，建立能够描述系统结构或行为过程、具有一定逻辑关系或数学方程的仿真模型，以便进行模拟实验或量化分析，最终获得正确决策所需的各种信息。

3. 系统仿真的特点

系统仿真具有以下特点。

（1）考虑动态的、瞬时的影响。不局限于静态系统的研究，动态系统行为也是目前研究的重点。相较于传统解析方法，系统仿真能够更有效、更可靠地处理系统中的动态变化情况。

（2）考虑随机因素，实现随机活动的交互作用。现实中大多数系统都是复杂系统，涉及各种随机因素，难以用数学模型准确描述和分析。系统仿真有较强的建模能力，可以使随机扰动项在系统中发生的变化通过仿真模型充分表示出来，而解析方法一般采用确定性模型从而忽略随机项的影响，这会导致分析结果存在较大的误差，在对不确定因素的处理能力上解析方法是无法比拟的。同时，由于系统的关联性和整体性，系统中某一实体的变化将会引发其他实体的连锁反应，系统仿真可以对这些复杂的情况做出反应并反馈给研究者进行更深入的分析，解析法一般用确定性模型从而忽略随机因素的影响，这将会使分析结果存在较大的误差。

（3）仿真模型的结构比较直观，能够清晰反映研究对象的系统结构。多数仿真模型采用可视化语言，使得内部和外部模块的交互更加便捷。因为仿真基本方法更容易理解，模拟结果更加直观，所以仿真方法也可用于检验理论分析结果的正确性和有效性。

（4）利用仿真可以节省成本。现实中对某些系统进行实验需要花费更长的时间，同时也会产生较多的资源损失和人力成本，如社会经济系统、具有污染和危害的系统。从可持续发展的角度考虑，这些系统都不宜采用实验法和解析方法，但可以通过系统仿真进行研究。在这种情况下，系统仿真体现出经济性、安全、广泛性的特点。

（5）系统仿真是一门通用的支撑性技术。当决策者在决策时面临一些复杂性问题，系统仿真可以提供关键观点和建设性思路。该技术与各个专业技术领域的发展互为促进，协同发展，具有综合性强、应用领域宽、可重复、安全、经济、可控以及稳定等优势。

4. 系统仿真的分类

系统仿真按照不同的性质和分类特性，有多种分类方法。

根据模型的类型，分为物理仿真、数学仿真和半实物仿真。物理仿真也称为实物仿真，是指通过构建实际系统的物理模型，并在该模型上进行试验研究来模拟实际系统。早期仿真以物理仿真为主，其特点是直观形象，仿真结果更符合实际情况，然而物理仿真需要大量的投资、较长的试验周期且灵活性较差，难以修改系统结构和参数；数学仿真把研究对象的结构特征或输入/输出关系抽象为一种数学描述进行研究，具有经济性、灵活性、通用性、精确性等特点，运行速度快，能在短时间内完成在实际系统中耗时较长的动态演变过程。对于一些复杂系统，常常选择半实物仿真来提高仿真的可信度，或者用于研究那些难以建模的实体系统[5]，如射频制导导弹半实物仿真、飞机半实物仿真等，许多模拟器也属于半实物仿真。

根据被研究系统的时间状态特征，分为连续系统仿真和离散系统仿真。连续系统仿真是指对连续时间和状态的系统进行仿真，其中系统变量的值可以在任意时间点上连续变化，常见的连续仿真方法包括微分方程仿真和系统动力学仿真。而离散系统仿真是指对离散事件和状态的系统进行仿真，其中系统变量的值只在特定的时刻发生变化。

根据仿真系统与实际系统的时间尺度关系，分为实时仿真、超实时仿真和亚实时仿真。实时仿真是指仿真时钟与系统实际时钟完全一致，用于需要按照真实时间变化和运动的仿真系统。超实时仿真的仿真时钟比实际时钟快，适用于实际系统周期较长的情况。亚实时仿真的仿真时钟比实际时钟慢，适用于实际系统周期较短的情况。如果仿真系统内包含实物，就需要采用实时仿真，因为实物和人都是按真实时间变化与运动的[6]。

根据研究目的和系统特性，分为终止型仿真和非终止型仿真。终止型仿真由一个固定事件来确定仿真运行时间长短，需要定义结束事件或结束时刻。而非终止型仿真没有可以确定仿真运行时间长短的固定事件，适用于研究连续运行的系统或长期运行的系统。该类仿真又可分为两类：稳态仿真是指系统状态趋于存在稳态分布的仿真，稳态周期仿真是指系统状态出现某种周期性变动的仿真。

5. 系统仿真的基本步骤

系统仿真在实施过程中应遵循一定的设计步骤，以保证仿真过程的科学性并获得合

理的仿真数据和输出结果。该过程包括依据现实背景
对系统进行模型构建，然后进行检验、修正和分析，
最后将模型应用于现实问题，具体流程见图 11-2。

1）问题描述及系统定义

系统仿真是面向问题而不是面向整个实际系统
的。进行系统仿真，需要明确系统所处的背景以及解
决的问题和仿真目标。例如，对库存系统进行建模，
目的是确保生产的连续性，且保证库存成本最少。每
项研究的开展都应先对问题进行说明。问题一般是由
熟悉问题的分析者或决策者提供。一般仿真者通过调
研的方式对研究的系统进行全面了解，再将问题进行
抽象和分离。

系统定义包括明确仿真研究的对象、目的、系统
边界以及相关约束。若系统为大规模复杂系统，则需
要明确系统内部、子系统和主系统之间以及不同子系
统之间的层级关系。

2）建立系统模型

建立系统模型是指对仿真对象（即现实或假想的
系统）进行准确的认识与描述的过程。要求模型的性
质和真实系统尽可能接近，可以清晰描述系统的运行

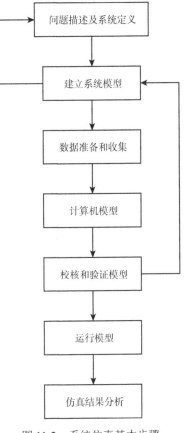

图 11-2　系统仿真基本步骤

过程和关系，这是建立可行且准确的仿真模型的重要基础[7]。在现实系统中，系统内部
要素和外部环境总是不断变化的，因此需要设定若干符合实际的假设，以隐去系统的次
要方面，凸显出问题的主要特征。构造模型时，要将真实系统进行缩小化、抽象化和规
范化处理，确定模型的要素、变量和参数以及它们之间的关系。

系统模型的构建和问题的提出与描述是一个反复修正的过程，问题的提出与描述是
构建系统模型的基础，而系统模型的构建过程中将会补充问题的提出与描述。反复多次，
可以使问题的描述更加全面准确、模型的结构更加稳固合理。

3）数据准备和收集

根据仿真目标选择、收集、汇总和整理系统所需的数据。通过实际调查和研究，获
取系统的全面信息，并对数据进行分类和整理。同时，需要确定模型所需的输入数据类
型和各类参数，进行数据的完备性和有效性检查。数据收集完成后，研究者可以按照收
集所得的数据来确定模型中随机变量的概率分布或概率密度函数以及各项参数。

4）计算机模型

将系统模型转化为计算机模型，实现对系统的建模和仿真。可以使用计算机高级语

言或商用仿真语言来操作和运行模型。

5）校核和验证模型

模型校核和验证往往是许多仿真建模案例中常常忽略的一步。模型校验的目的在于判断目前所得的计算机模型是否能正确运行，如低速运行下是否正常运作、输入多组仿真数据后运行过程和结果是否符合实际等。模型并非一次建模就能成功，有些模型往往需要多次校核和修改才能趋于完善。

模型验证是指验证模型是否在要求的精度范围内正确代表系统。如果模型不能准确反映原系统的问题，就需要找出原因并根据原因对模型的结构进行调整，使模型进一步符合实际。

模型的校验和验证是系统建模的关键一环，它从根本上保证仿真结果对系统分析的有效性。校核和验证模型的过程中将对原系统模型提出持续的改善，而修正后的系统模型也需要不断核验和验证，以检验模型的实际性和可行性。

6）运行模型

模型运行是一个动态过程，需要进行反复的试验和参数调整，以获得所需的实验数据和信息。通过运行模型，可以观察系统状态变化，并预测模型的行为。

7）仿真结果分析

通过对仿真结果的分析，确定仿真实验中获得的信息是否充分，对于可靠的系统仿真模型，还将对仿真数据进行精简、归纳并提供给管理部门以辅助决策。此外，仿真结果通常用于评估仿真系统设计的性能测度或比较不同系统设计的性能，根据分析结果确定最终的系统方案。

11.1.2　供应链系统仿真

1. 供应链系统仿真的目的与作用

供应链由直接或间接满足顾客需求的各方组成，包括制造商、供应商、运输商、仓储商、零售商，甚至顾客本身。它是一个动态系统，涉及不同环节之间持续的信息流、产品流、资金流[8]。供应链的各个环节通过物流、信息流和资金流相互连接。供应链的目标是实现供应链整体价值最大化。基于供应链的特点，可以从系统的定义出发理解供应链系统，即供应链系统是将供应链各组成部分和流程环节通过各类联系有机地整合在一起，形成具备特定功能的整体，其中包括多种业务活动，以及信息、资金、物料的流动。供应链系统以其动态特性不断变化和适应现代市场需求的演变。

1）供应链系统仿真的目的

供应链系统仿真通过仿真语言或软件，建立供应链系统的仿真模型并进行试验和分析。由于供应链结构的复杂性和流程的动态性，传统的数学方法在解决供应链管理问题时存在求解困难甚至不可解的情况。因此，以数学模型为基础、以求数值解或特解为特征的仿真建模方法具有解决供应链管理问题的技术优势，表 11-1 介绍了供应链管理中常用的三种方法，分别是仿真建模与分析、网络模型和规划方法。通过比较，仿真建模与分析方法更能全面地反映实际系统的特征，对不确定性和随机性进行量化，以获得正确决策所需的各类信息[9]。

表 11-1　供应链管理中常用方法比较

因素	仿真建模与分析	网络模型	规划方法
建模方法	面向对象、时间或事件仿真	图论，可转为线性规划模型/整数规划模型	数学模型
求解技术	统计比较方法	优化算法	分支定界、启发算法、矩阵算法
解析模式	静态、动态	静态	静态
特点	建模易实现，可视化程度高，系统性	易求解，近似模拟，非随机问题	求解效率高,非线性问题居多难以定量化

供应链系统仿真作为一种重要的研究方法和决策支持工具，旨在通过建立仿真模型和进行试验分析，深入理解和评估供应链系统的运行情况、优化方案以及决策对系统的影响。同时，通过供应链系统仿真，可以为管理者提供决策支持，进而制订出科学合理的决策方案，提高决策效率，最终实现供应链系统的高效运营和持续改进。

2）供应链系统仿真的作用

系统仿真方法通过建立仿真模型来模拟供应链系统的运行状态，预测不同参数下供应链系统的行为效果，从而提供决策支持。因此，供应链系统仿真方法被认为是解决供应链管理问题的有效途径。

通过供应链系统仿真，可以帮助管理者了解随机性因素对供应链系统的影响。动态化的供应链系统模型考虑到供应链的复杂性和动态特性,所得结果可以有效反映这些特性的影响程度，因而管理者可以更全面地获悉供应链的动态行为并进行有效的控制和管理。

通过供应链系统仿真，可以帮助决策者识别影响供应链运作效率的瓶颈问题。模型运行后输出的结果可以帮助管理者分析供应链中的瓶颈问题，如位置分布不合理、生产计划不平衡、人员配置存在浪费、运输不合理等。通过不断调试和修正，得出优化效果以指导实际管理并做出较优决策。

通过供应链系统仿真，可以解决复杂供应链系统的问题并实现系统优化。在系统设计与控制过程中存在许多优化问题，系统仿真提供了解决复杂系统的问题的有效手段，它不仅提供定量信息用于决策，还可以提高决策者对各种系统工作原理的理解水平。仿真技术为复杂供应链系统设计提供了技术性和经济性的最佳结合点，也提供了直观有效的分析方法[9]。

另外，供应链系统设计中常常会涉及采用新部件、新的设备等问题，利用系统仿真技术可以帮助设计人员完成设备和运行参数的选择。在系统建成后，利用仿真技术可以分析系统工作的状况，寻求系统改进的途径以及找出最佳的运行参数。

2. 供应链系统仿真解决的问题

供应链系统作为一个复杂系统，是由参与顾客价值创造和需求满足的供应商、制造商、分销商、零售商和消费者所组成的网络系统。系统上不同节点上的企业拥有独立的资源和组织方式，而各个节点相互影响、相互作用。因此，其中往往涉及多类管理问题。供应链系统涉及的一系列管理问题如下。

（1）供应链系统各环节计划的制订和资源配置，如库存、生产、采购、配送等供应链活动的管理与规划。

（2）供应链系统中供应链结构设计和整合，如采取哪一种供应链网络设计、组织架构、人员配置，如何在不同结构和整合方案中选择供应链绩效及效率较高的方案等。

（3）供应链运营策略的选择，如面对需求变化时，怎样选择合适的运营策略。

（4）供应链的协调，如供应商和制造商之间的协调、制造商和销售商之间的协调以及多环节的活动之间的协调，如制造企业中生产与库存的协调。

（5）库存管理、生产计划与控制，如如何确定合理的原材料采购量、产量及运输安排以降低库存成本，以及如何选择生产技术、生产方式等使生产效率得到提高。

与物流系统相比，供应链系统不仅增加了更多的实体和复杂关系，还引入了不确定性因素。这些实体包括设备、工厂和人员，而复杂的关系则涉及时间窗口、信任维系、信息共享、知识共享、协作规划等。不确定性因素包括动态生产需求、供应商可靠性、运输渠道可靠性、市场价格不确定性、随机顾客服务水平等。因此，通过供应链系统仿真，可以对供应链系统进行模拟，以解决现实各类管理问题。表 11-2 总结了系统仿真技术应用于不同供应链领域的案例，为供应链系统仿真的应用与学习提供案例支撑。

表 11-2　供应链系统仿真的应用案例

研究对象	存在问题	研究方法	结论
服务供应链[10]	物流服务供应链的牛鞭效应	基于 Anylogic 构建三阶段的物流服务供应链模型，通过运行该仿真模型来验证并测度物流服务供应链的牛鞭效应	通过仿真模型对牛鞭效应和服务水平进行测度，修改参数和重新设计行为逻辑，实现模型的优化
生产库存系统[11]	供应中断风险下库存水平还需优化	基于系统动力学模型，对系统的运营进行仿真分析，找到系统的最优应急策略	厂商的长期利润损失可通过调整应急库存水平和缩短应急决策信息延迟等来减少
生鲜配送系统[12]	如何有效地对生鲜配送过程中的风险评估	基于模糊集和贝叶斯网络，建立生鲜物流的风险评估模型，定量计算各个风险因素对供应链失效的影响值	发现设备设施问题是影响该供应链失效的主要因素
供应链库存策略选择[13]	不确定需求下的供应链库存策略选择问题	建立供应链库存系统动态模型，利用控制理论验证仿真模型的正确性，得到不同情况下最优库存策略	不同需求模型对应不同最优库存策略
电煤供应链[14]	结合碳交易政策考虑问题	针对二级电煤供应链，分析生产、运输和消费三个主要碳排放环节，构建碳交易政策下电煤供应链全过程碳排放的系统动力学仿真模型	不同碳交易政策对该供应链利润与碳排放量的影响

3. 计算机仿真在供应链管理的发展趋势

新技术将大大提高计算机仿真的功能与性能,解决在实际供应链系统仿真中的瓶颈问题。一是计算机仿真技术的发展。新技术的深入研究、开发与利用将显著提高仿真软件的功能和性能,将从根本上解决目前部分仿真软件生产率不高的问题。随着计算机科学技术的不断进步,如计算机网络技术、虚拟现实技术、面向对象技术、并行处理技术以及分布式处理与群集式处理技术等,这些技术将被有机集成与综合运用,增强供应链系统仿真建模的能力。二是系统建模方法的发展。将仿真和其他建模方法相结合,实现更有效的建模与仿真一体化技术,是供应链系统仿真的研究热点之一。仿真与其他建模方法的结合,体现创新思维,可为供应链系统的研究提供有效工具,为供应链系统的分析与优化提供更多空间,将多种有效的建模方法结合,可实现更强大的建模描述能力。例如,在供应链库存系统中,基于 Petri 网和扩展 Petri 网的建模方法是目前研究中一种成功应用且具有前景的建模实现方式。

计算机仿真支持复杂供应链系统的建模和研究。随着人类社会的不断发展,复杂系统已成为热点研究领域。由于供应链系统的特殊性质,其具有相当程度的复杂性和交互性。供应链复杂系统建模与仿真的方法除了连续系统建模与仿真、离散系统建模与仿真和系统动力学建模与仿真,还有基于灰色系统理论、人工神经网络、Agent 复杂系统建模、马尔可夫链建模等方法。当前,集中式仿真方法在复杂系统研究领域应用较为广泛,但随着计算机仿真技术的发展,需要借鉴其他技术的优势来克服自身的不足,以适应网络化时代对复杂系统仿真的要求。而基于多代理的分布式仿真方法和 HLA(high level architecture,高层体系结构)仿真方法在解决供应链协调问题方面仍具有广阔的发展空间和应用潜力。它们可以与各种仿真建模方法相结合,如基于 HLA 的多代理仿真方法,该方法在解决供应链协调问题上具有良好的研究前景。

综上所述,在全球经济飞速变化的背景下,计算机仿真在供应链管理领域将不断发展,并通过新技术、系统仿真技术的改进以及在复杂系统研究中的应用来满足不断变化的供应链系统研究需求。

11.2　供应链系统仿真模型

11.2.1　供应链系统建模原则

供应链系统的复杂性和动态性使得建模工作变得具有挑战性,因此,在进行供应链系统建模时,需要遵循以下原则以确保建模结果的准确性和有效性。

1. 自顶向下和自底向上相结合的设计原则

供应链系统既包含了整体层面的战略规划,也涉及各个节点的执行细节。自顶向下的设计方法从整体到局部,能够捕捉到整体结构和关键决策因素;自底向上的设计方法从局部到整体，可以考虑各个节点的特定需求和约束。二者的有机结合，能够更全面地对供应链系统进行建模，保证模型的可靠性和适应性。

2. 简洁性原则

稳定的供应链结构能快速响应市场，具备一定的柔性，因而要求保持供应链系统节点的简洁和灵敏性，实现业务流程的快速组合。

3. 动态性原则

供应链系统面临来自外部环境和内部变化的各种不确定性与挑战，因而在建模时需要预见各种不确定因素对供应链系统的影响并用合适的方法来处理动态性，减少信息的不对称性，提高决策的正确性和准确性。

4. 互补性原则

供应链的各个节点的企业具有不同的核心竞争力和资源，在建模过程中，应考虑各个参与方的互补性，促进协同合作和信息共享，合理安排各个节点的角色和责任，构建一个高效的供应链网络，实现整体优化。

5. 战略性原则

供应链系统的成功与企业的战略规划和发展密不可分，在建模中应考虑企业的长期目标和战略定位，并将其纳入模型框架中。

6. 创新性原则

创新性思维可以为实践开创新的方式和方法。在技术和企业发展迅速的时代，面对充满不确定性的市场，需要用创新指导理论和实践，不断探索新的建模方法和技术，以提高供应链系统的灵活性和竞争力。

11.2.2　供应链系统仿真建模方法

1. 基于蒙特卡罗方法的建模

蒙特卡罗方法（Monte Carlo method，MCM）又称统计模拟方法，是一种以概率统计为基础的计算方法，起源于 1777 年法国科学家布丰（Buffon）提出的用投针试验模拟计算圆周率 π 的值。直到电子计算机发明后，蒙特卡罗方法才逐渐被广泛应用于实际问题。20 世纪 40 年代，美国在研制原子弹的"曼哈顿计划"中成功应用此法，而其中的两位数学家首先提出用摩纳哥赌城——蒙特卡罗来命名该方法。

从指定的概率分布生成一些时间的过程称为概率分布的抽样过程，又称为蒙特卡罗模拟。仿真的基本原理是蒙特卡罗模拟方法，本部分将介绍该方法的基本思想、步骤和实例应用。

1）基本思想

蒙特卡罗方法的基本思想是通过生成随机数和随机变量来模拟可能出现的随机现象，并利用反复取样的方式来近似求解原始问题。该方法的核心在于利用大量随机数样本进行统计分析从而获得问题的近似解。因此，随机数的质量将影响结果的科学性。

蒙特卡罗方法和计算机模拟方法都是通过在计算机上建立数学模型，进行模拟实验，并用实验结果作为原始问题的近似解的方法。计算机模拟方法通过模拟系统在实践过程中的动态运行来实现模拟试验，而蒙特卡罗方法在建立概率模型后，利用统计抽样得出的统计估值作为原始问题的近似解，在模拟试验中时间不起作用，而且它的抽样通常是独立的[15]。因此可认为，计算机模拟主要用于动态模型的计算，而蒙特卡罗方法则主要用于静态模型的计算。

2）基本步骤

蒙特卡罗的实施步骤可归为三个主要步骤：构造或描述概率过程、随机抽样试验、建立各种估计量[16, 17]。

首先，构造或描述概率过程，即根据问题的特点构造与之相关联的概率模型，使所得解能够与该模型的参数或相关特征量对应；其次，通过随机抽样试验，利用概率模型生成大量随机数，并进行随机性抽样；最后，建立各种估计量。对随机数样本进行统计分析，得到问题解的估计值。

3）应用

蒙特卡罗方法主要有两类应用。一是利用计算机的运算能力，模拟具有内在随机性的问题。例如，在核物理研究中，分析中子在反应堆中的传输过程。二是将待求解的问题转化为某种随机分布的特征数，如随机事件出现的概率或者随机变量的期望值。通过随机抽样的方法，可以基于抽样结果来估计概率或数字特征，并将其作为问题的解。本部分将以第二种应用类型，以计算圆周率为示例介绍该方法的应用。

例：有一个随机试验，在边长为 1 的正方形中随机投点，有一定的概率落在半径为 1 的 1/4 圆内，求该点落在圆内的概率。图 11-3 给出了正方形及其内切 1/4 圆的图例。

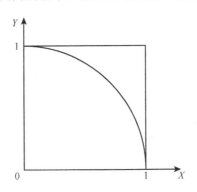

图 11-3　正方形及其内切 1/4 圆

Python 代码如下：

```python
import random as rd
pot = [100, 500, 1000, 5000, 10000, 100000]    #随机点数
for t in pot:
    count = 0
    for i in range（t）:
        x = rd.random（）
        y = rd.random（）
        S = （x**2 + y**2）**0.5
        if S<=1:
            count += 1
    print（t，'PI='，4*count/t）
```

2. 基于离散事件动态系统的建模

离散事件动态系统（discrete event dynamic system，DEDS）是一种以事件为引起状态变化的原因的系统。在这类系统中，状态变化与事件的发生一一对应。事件的发生是离散的，可理解为事件是在某个时间点上瞬间完成，事件发生的时间也是离散的。单机器加工系统是典型的离散事件系统，在该系统中，系统的状态变量仅当工件到达或工件离开时才改变，而工件到达和工件离开的时间都是随机的[7]。

为了让读者更好地理解离散事件动态系统仿真的建模过程和策略选择，本部分将介绍离散事件动态系统五个基本要素及时间钟，为对离散事件动态系统进行仿真建模奠定基础。

1）基本概念

（1）离散事件动态系统的基本要素。一个完整的离散事件动态系统包括五个基本要素：实体、属性、事件、活动和进程。

实体。在离散事件动态系统中，实体可分为临时实体和永久实体。只存在一段时间的实体称为临时实体，这类实体一般按一定规律从系统外部到达系统，引起永久实体状态的变化，在永久实体作用下离开系统，如生产线上的工件、进入商店的顾客。永久实体在系统中一直存在，是系统产生功能的必要条件。系统要对临时实体产生作用，保证系统动态过程的持续进行，就必须有永久性实体的活动。

属性。实体所具有的特性称为实体的属性。需要强调的是，并非所有特征都可以被认为是仿真系统的实体属性。只有那些与系统仿真相关的特征，才被称为属性[18]。

事件。描述离散事件动态系统的一个重要概念。事件是引起系统状态发生变化的行为。离散事件动态系统可以看作由事件驱动的系统。在一个系统中，往往存在许多类事件，事件的发生可能会引发其他事件，或者成为另一类事件发生的条件等，事件的发生通常与某一类实体相关联。在仿真模型中，可以建立事件表记录每一个已经发生或将要发生的事件类型、发生时间以及与该事件相关的实体属性等，以实现对系统中事件的精细化管理。

活动。离散事件动态系统中的活动通常用于指实体在两个事件之间保持某一状态的持续过程，它标志着系统状态的转移。

进程。若干个有序事件及有序活动构成的时序关系。

活动的开始与结束都是由事件引起的，一个进程描述了它所包括的事件及活动间的相互逻辑关系和时序关系。图 11-4 给出了事件、活动、进程之间的关系。可以认为，事件是发生在某一时刻的行为，活动和进程则是发生在某个时间段的过程[19]。

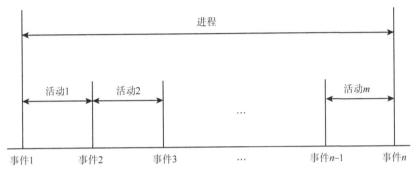

图 11-4　事件、活动、进程的关系

（2）仿真钟。仿真钟是用于表示离散事件动态系统仿真过程中系统运行时间变化的时序控制。离散事件动态系统的状态是在离散时间点上发生变化的，由于导致状态变化的事件发生时间具有随机性，所以仿真钟的推进步长也是随机的。如果两个相邻发生的事件之间系统状态不发生任何变化，仿真钟可以从一个事件发生的时刻推进到下一个事件发生的时刻，呈现跳跃性的特点，推进速度也具有随机性。仿真钟的推进有两种经典方法：固定步长推进法和变步长推进法。

2）基本原理

离散事件动态系统是指状态变量随事件呈离散状态变化的系统。其数学模型可表达为

$$M = (T, U, X, Y, \Omega, \lambda)$$

其中，T 为时间基；U 为输入变量；X 为状态变量；Y 为输出变量；Ω 为状态转移函数；λ 为状态空间。

离散事件动态系统仿真与连续系统仿真的区别主要体现在输入输出变量的随机性和状态变化的不确定性上。离散事件动态系统仿真通过建立系统模型、描述事件、调度事件、处理事件和输出分析等环节，模拟离散事件的发生和处理过程。离散事件动态系统仿真就是基于离散事件系统特征和原理，通过对系统中各种事件、活动和实体进行建模与时序控制，模拟和分析供应链系统的运行情况。

3）离散事件动态系统仿真策略

仿真策略是确定仿真钟推进策略的控制方法，它们在建立实体之间的逻辑关系和模拟系统行为方面发挥了重要作用。常用的离散事件动态系统仿真策略有以下三种：事件调度法、活动扫描法、进程交互法。

（1）事件调度法。最早出现在 1963 年兰德公司的 Markowitz（马科维茨）等推出的 SIMSCRIPT 语言的早期版本中。事件调度法以事件作为基本单位分析真实系统。它基于事件驱动的思想，通过维护一个事件列表或事件队列来控制仿真过程。每次仿真将从事件列表中选择最近发生的事件，并执行相应的动作。仿真的过程如下：先从事件表中选择发生时间最早的事件，仿真钟推进到最早发生的时刻，然后处理该事件发生时的系统状态的变化。模型中设有一个时间控制程序，调用该事件的子模块可以修改系统状态和策划新的事件并返回时间控制程序[20]。这样，仿真钟不断从一个事件发生时间推进到下一个最早发生的事件，直到满足仿真结束的条件。这种策略常用于具有多个事件和相互依赖关系的系统。

（2）活动扫描法。最早出现于 1962 年 Buxton 巴克斯顿和 Laski（拉斯基）发布的 CSL 语言中。事件的发生与时间和其他条件有关，即只有满足某些条件时间才会发生。由于这类系统的活动持续时间的不确定性，无法判定活动的开始与结束时间，仿真建模一般采用活动扫描法。活动扫描法将仿真过程分解为若干个时间段（活动），并按照一定的顺序扫描这些活动，查找并执行可以发生的活动。每次仿真步骤，扫描所有可能发生的活动并执行，直到没有可执行的活动为止。也就是用各个实体的最小时间单位推进仿真钟，按优先顺序执行可激活实体的活动处理，使测试通过的事件得以发生并改变系统的状态和安排相关确定事件的发生时间[21]。该策略适用于处理系统中的不确定性和变化，并模拟系统的演化过程。

（3）进程交互法。进程交互法以进程为基本单位，是针对某类实体（通常为临时实体）的生命周期而建立的，因此一个进程中需要处理实体流动过程中发生的所有事件，包括确定事件和条件事件。进程交互法的基本思想是进程交互法将仿真模型分解为若干个相互交互的进程，每个进程负责处理一部分事件和动作。这些进程可以并发地执行，并通过消息传递或共享变量进行通信和协调。也就是说，一个实体一旦进入进程，它将完成该进程的全部活动。该策略适用于复杂系统，特别是具有并行处理需求的系统。

选择何种方法取决于具体系统的特点和仿真需求。表 11-3 给出了三种仿真策略的比较[21]。对于简单、离散且独立的事件序列，事件调度法是一个简单有效的选择；对于复杂且存在并发活动的系统，活动扫描法能够更好地考虑活动的优先级和依赖关系；而对于需要模拟多个相互交互的组件或子系统的系统，进程交互法可以提供更好的模拟效果。在复杂系统仿真中，按进程来组织事件可以使模型更加清晰有条理，因而成为最通用的方法[19]。但在实际建模过程中，根据需要可采用单一的仿真策略方法，也可以同时采用多种仿真策略方法。

表 11-3　三种仿真策略的比较

特征	事件调度法	活动扫描法	进程交互法
基本单位	事件处理	活动处理	进程
系统描述	主动成分可施加作用	主动成分、被动成分均可施加作用	主动成分、被动成分均可施加作用
建模要点	面向事件，事件子程序	面向活动，条件子程序	面向进程，条件测试与执行活动

续表

特征	事件调度法	活动扫描法	进程交互法
仿真钟推进	系统仿真钟	系统/成分仿真钟	依据当前事件表,最早发生的事件时间执行活动
建模描述	记录事件发生的过程,处理每个事件发生时系统状态变化的结果	记录每个活动开始与终止的时间,记录实体状态变化的过程	记录每个进程推进的过程

4）离散事件动态系统仿真基本步骤

离散事件动态系统仿真建模应根据系统中随机发生的离散事件、主要对象的实体流以及仿真时间的推进机制,考虑合适的计算方法和精度要求,按照系统的运行进程来实现。

离散事件动态系统仿真基本步骤如下:系统调研、建立系统模型、确定仿真算法、建立仿真模型、模型验证与模型确认、运行仿真模型、仿真结果分析、仿真结果输出,其中,若模型验证不通过或无法确认模型,需要返回到建立系统模型这一步重新对模型展开分析和修正以获得更贴近现实系统的模型。具体流程如图 11-5 所示。

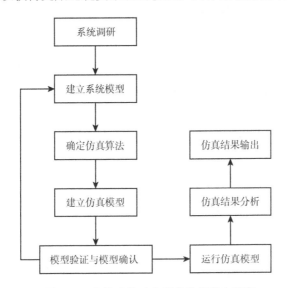

图 11-5　离散事件动态系统仿真基本步骤

3. 基于系统动力学的建模

1）系统动力学的由来和发展

系统动力学是研究信息反馈系统动态行为的计算机仿真方法,它有效地将信息反馈的控制原理与因果关系的逻辑分析结合起来,面对复杂的实际问题,从研究系统的内部结构入手,建立系统的仿真模型,并对模型实施各种不同的政策方案,通过计算机仿真展示系统的宏观行为,寻求解决问题的正确途径[22]。

系统动力学起源于 20 世纪 50 年代中期,由美国麻省理工学院的福雷斯特（Forrester）

首次提出，最初应用于工业管理领域。系统动力学的发展过程可分为三个阶段：20 世纪 50~60 年代，系统动力学主要研究工业系统，因此也被称为工业动力学。福雷斯特教授在这一时期发表了《工业动力学》，引入了系统动力学的基本概念，并提出了城市模型等重要研究成果；20 世纪 70~80 年代，系统动力学逐渐成熟并取得了重要的研究成果。其中最具代表性的是系统动力学世界模型，该模型基于罗马俱乐部的研究报告《增长的极限》，对全球可持续发展问题进行了深入研究。这一阶段也见证了系统动力学在社会经济、环境、军事国防和工程领域等的广泛应用；20 世纪 90 年代至今，系统动力学得到广泛运用与传播。随着理论、方法和工具的不断完善，系统动力学在解决一系列社会复杂问题中发挥着越来越重要的作用，也被广泛应用在政府决策、企业管理、政策制定、可持续发展等领域。

2）系统动力学研究对象及基本原理

系统动力学的研究对象主要是社会经济系统。该类系统具有非线性、互动、时滞等特点[23]，其行为受到多个因素的影响，并出现长期积累和延迟效应。因此，系统动力学试图通过建立数学模型来描述和解释这些系统的行为规律，并提供政策和决策的指导。

系统动力学原理。系统动力学认为系统的行为模式是由系统内部的信息反馈机制所决定的。通过对实际系统进行观察，收集与对象系统状态相关的信息，基于这些信息进行决策行为。决策的结果是采取行动，而行动会影响实际系统的状态变化，这种变化又会产生新的信息供决策者判断和分析，以此循环，构成系统中的反馈回路。系统动力学的原理可用库存和流程图（stock and flow diagram）进行解释，如图 11-6 所示。

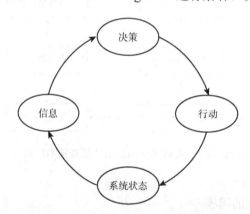

图 11-6　系统动力学工作原理图

系统动力学适用于处理数据不足的问题。系统动力学模型结构中的多重反馈环会使系统的行为模式对大多数参数不敏感。即使个别数据缺乏，系统行为在误差范围内仍可显示相同的模式[21]。系统动力学本质上主要是分析系统行为的变化趋势，而非输出准确的数据。

3）因果关系图

因果关系是系统动力学模型的基础，是社会系统内部关系的真实描述。在建立系统动力学模型的过程中,因果关系分析是建立正确模型的必要条件,而描述和分析系统内部的因果关系的工具就是因果关系图(causal loop diagram)。因果关系图可以帮助我们理清系统的结构,识别关键因素,并预测系统对不同决策的响应。它由因果箭、因果链和因果反馈回路构成。

(1)因果箭。因果箭是表示变量之间因果关系的有向线段,箭尾始于原因变量,箭头终于结果变量。箭头上的正负号表示极性,极性可理解为当原因变量发生变化时,结果变量的变化方向。正号表示增强,负号表示减弱,如图 11-7 所示。

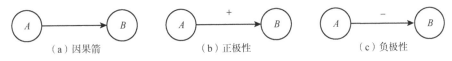

图 11-7　因果箭及其极性

(2)因果链。因果关系是一种具有递推性质的关系,若变量 A 是变量 B 的原因,变量 B 是变量 C 的原因,则变量 A 也成为变量 C 的原因,因而因果链是一条具有递推性的因果关系链,因果链的表示方法如图 11-8 所示。每条因果链都具有极性,其极性的判断主要根据因果箭的极性和因果关系的递推性。若组成因果链的因果箭均呈正极性,则因果链为正极性;若因果链中含有偶数个负因果箭,则因果链为正极性;反之,含有奇数个负因果箭,则因果链为负极性。在因果链中,重要回路可以使用回路标识符来标记,以表示这些回路是正反馈(增强型)还是负反馈(平衡性),需要确保回路标识符的设定与所标识的回路方向一致。

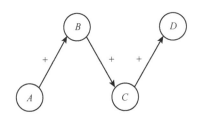

图 11-8　因果链

(3)因果反馈回路。反馈回路是由一系列变量组成的闭合路径。两个变量存在因果关系时,其中一个变量作为原因,另一个变量作为结果。当存在多个因果关系时,结果又会成为新的原因,通过反馈回路影响其他变量或原因本身,产生新的结果[24]。系统就是通过反馈回路来描述复杂系统的结构,它能定性表达系统变化的原因,因此把一阶反馈回路作为系统的基本结构或基本单元。

同样,由因果箭连接而成的反馈回路也具有极性。正反馈回路具有自我强化(或弱化)的特性,促使系统朝着原来的方向持续增强,推动系统发展或衰退;负反馈回路具有调节功能,可以控制系统的发展速度,使系统具有自我调节能力。这里分别给出正反馈回路和负反馈回路的示例,见图 11-9。图 11-9(a)是在运输系统中较常见的正反馈回路,在运输系统中,当货运供给量增加时,每辆货车所承载的货运运量增加,从而提高运输收入，进而导致货运供给量的增加；图 11-9（b）是在库存管理系统中常见的负反馈回路，在库存系统中，当订货速度加快时，将增加现有库存量以满足供货需求，从而降低了库存差额，也就是期望库存量提高，这将减缓订货速度从而造成库存量的减少，体现负反馈回路的自我平衡的能力。

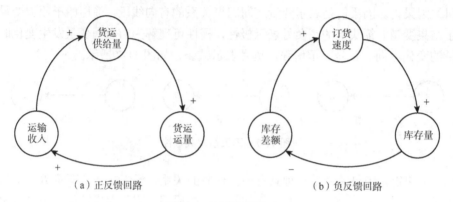

(a) 正反馈回路　　　　　　　　　　　　(b) 负反馈回路

图 11-9　因果反馈回路

多重因果反馈回路是指在复杂社会系统中存在两个或两个以上的反馈回路。这些回路相互交叉、相互作用，形成系统的整体功能和行为，并对环境的变化进行反应，展现出系统的动态特性[25]。图 11-10 为人口总数的动态变化的二重因果反馈回路示例。人口总数与年出生人数存在正反馈回路，与年死亡人数存在负反馈回路。由于人口总数同时受到年出生人数和年死亡人数的影响，而其间又受到许多因素的干扰，因此深入研究后会发现更多的反馈回路。

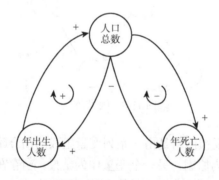

图 11-10　二重因果反馈回路示例

4）流程图

流程图是系统动力学结构模型的基本形式，是将因果关系图以更贴近系统动力学仿真模型的形式建立的图形表达，系统流图可以清楚地表示系统中的反馈关系和运行机制。因此绘制流程图是系统动力学建模的核心内容。表 11-4 给出了流程图构成要素及符号表示。

表 11-4 流程图构成要素及符号表示

流程图要素	解释说明	符号
流	系统中的活动或行为	实体流 → 信息流 - - - - →
水准	系统中子系统或要素状态	→ [L] →
速率	描述系统随时间变化的活动状态	
参数（量）	各类常量	（参数）　（初始值）
辅助变量	用于 DYNAMO 方程的简化	（A）
源与汇	源为供应点 汇为消费点	（源）　（汇）
信息的取出	从某一状态取出信息并不改变状态值	→ [L] →

系统流程图绘制完成后，就可以展开仿真计算。一般地，系统动力学采用连续系统计算机仿真语言 DYNAMO 进行仿真与分析。

5）系统动力学建模步骤

系统动力学解决问题的步骤大致可分为五步。第一步，利用系统动力学的思想、原理和方法对研究系统进行系统分析，包括任务调研、问题定义和明确系统边界，明确系统边界是指确定对象系统的范围；第二步，对系统的结构进行分析，包括划分系统的层次与子块，阐明形成系统结构的反馈回路，明确系统内部活动的因果关系链；第三步，建立数学的规范模型和系统动力学结构模型，需要在上一步确定反馈回路中的水准变量和速率变量，进而阐明速率变量的子结构或者完善、形成各个决策函数；第四步，以系统动力学理论为指导借助模型进行模拟与政策分析，同时进一步分析系统内部得到更多的信息，发现新问题以再次修改模型；第五步，对模型进行检验和评估。若模型因系统分析不全面或结构存在不合理的地方，需要对模型进行调整和修正，返回到第一步或第二步，对修正后的模型继续进行以上建模步骤[5]。

4. 基于 Agent 的建模

基于 Agent 的建模方法是一种将系统划分为多个自主决策智能实体的方法，每个代理具有自己的特征、状态和行为规则，并能够与其他代理进行交互。该方法通过对代理进行建模来描述整个系统的行为。Agent 具有巨大的研究优势和应用前景，Agent 已成为计算机领域和人工智能研究的重点前沿，许多领域都在借鉴或采用该概念进行本领域的研究工作。

1）基本概念

（1）Agent 的定义。对于 Agent 的研究早期是由人工智能领域兴起的。在各种应用 Agent 系统中，其定义均有所不同。Agent 的标准化组织 FIPA（Foundation for Intelligent Physical Agents，智能物理代理基础）给出了如下定义：Agent 在某一领域内具有完成一项或多项任务的能力，它可以与外部软件实体或通信设施进行交互，并为实现其目标而表现出一致的、完整的行为[26]。可见，Agent 一般是指在系统中具有自主决策能力和行为能力的实体。这些实体一般可分为物理实体、虚拟实体或抽象概念。在供应链系统中，实体可以是企业、供应商、运输公司、顾客等。

（2）Agent 的基本属性。Agent 是一个运行于各类动态环境的智能实体，不断从外部环境中"学习"知识，具备将推理和知识相结合的能力。因此，Agent 一般具有以下基本属性。

自治性：Agent 具有自主的决策能力，可以根据内外部规则或外部刺激进行相应的行为选择，实现既定的目标。

适应性：Agent 根据环境变化和其他 Agent 的行为调整自身的策略与行动。

移动性：Agent 作为一个软件实体，可以在空间中移动和改变位置，可以跨平台收集信息，可在分布式环境中执行任务。

智能性：Agent 根据知识库中的知识和规则进行智能推理，在复杂环境中根据变化的环境表现出智能的特征。

2）Agent 的结构

Agent 可以通过感知外部环境获取信息，具备对信息的处理能力，根据处理结果对环境做出不同的反应。一般通过感知器感知外界环境，通过效应器作用于环境。Agent 的结构通常包括以下主要组成部分。

感知器（perception）：用于接收来自环境的信息，通过感知器，Agent 能够获取关于外部世界的数据和信息，以便进行相应的决策。

决策器（decision-making）：在收集的信息的基础上，Agent 需要具备决策能力，能够根据预先设定的规则或者学习得到的经验进行相应的行为选择。

执行器（action）：当决策器确定了行为选择后，执行器负责将这些选择转化为实际的动作或者影响系统状态的改变。

交互能力（interaction）：Agent 通常需要具备与其他 Agent 或者环境进行交互的能力，这涉及信息交换、协作、竞争等行为。

学习能力（learning）：一些 Agent 可能具备学习的能力，能够根据经验不断改进自身的决策规则和行为策略。

实际上，不同研究领域、不同需求对 Agent 的模型有不同的要求。但普遍而言，Agent 的内部功能模块一般包含感知模块、通信模块、推理模块、执行模块、内部状态库以及知识库等，其作用结构如图 11-11 所示[21]。

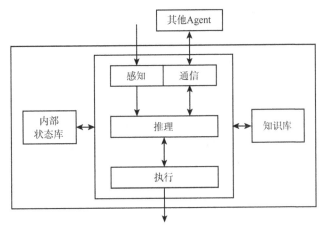

图 11-11　Agent 结构示意图

Agent 的结构可以是简单的，如在一些模拟中，Agent 的"感知—决策—执行"的过程可能非常基础；也可以是复杂的。例如，使用神经网络来实现 Agent 的决策能力，从而使其能够学习并适应更复杂的环境。Agent 所具备的特性使其能够在不同领域和场景中得到广泛应用。

3）建模步骤

基于 Agent 的建模可分为以下步骤。第一步，定义问题域和目标。明确需要建模的供应链系统的问题域和所需达成的目标。第二步，确定 Agent。识别供应链系统中涉及的各个实体，并将它们抽象为 Agent。第三步，定义 Agent 的属性和状态。确定每个 Agent 的特征、属性和状态，包括其资源、能力、位置等。第四步，设计 Agent 的行为规则。定义 Agent 的决策规则和行动方式，如采购、生产、运输策略等。第五步，建立 Agent 之间的交互模型。确定 Agent 之间的通信方式和协作方式，包括消息传递、资源共享、合作协议等。第六步，确定环境因素。考虑供应链系统所处的环境因素，如市场需求、物流情况等，并将其纳入建模中。第七步，验证和优化。通过仿真实验，验证建立的基于 Agent 的模型是否能够达到预期目标，并根据结果进行优化和改进。

11.2.3　供应链系统仿真工具

仿真工具是评估系统性能、进行系统分析和结果分析的实践手段。目前在供应链仿真中主要有三类仿真建模工具，即电子表格模拟、仿真软件包和通用编程语言。

1. 电子表格模拟

电子表格模拟是最基础的供应链系统仿真工具，主要利用电子表格来模拟仿真模型和执行仿真实验。电子表格模拟主要用于一些简单的供应链系统问题的仿真实验，但对于复杂流程的循环、延迟或动态特性，其分析和数据处理能力是相当有限的。此外，电子表格模拟也对数据的完备性有较高的要求。常见的电子表格模拟软件有 Quattro Pro、Microsoft Excel。由于其简易性和可操作性，它被广泛地使用于企业之中，一般用于财务、账目、簿记等，以及简单的蒙特卡罗模拟课程实验。

2. 仿真软件包

仿真软件包具备便捷的建模能力、强大的可视化能力、丰富的模块功能以及多种实验类型的支持等特点，能够提供性能优异且几乎接近实际情况的模拟手段，为开发人员在系统测试、开发和创新方面提供帮助。目前市面上常见的仿真软件包可分为离散事件和连续模拟两大类。这些软件包的设计目的是帮助用户快速进行建模，因此具备极强的交互性和视觉逼真性。

在供应链系统仿真中，常用的仿真软件主要有面向对象的 FlexSim、面向过程的 Witness、三维离散事件系统仿真软件 AutoMod 和 Quest、建立动态系统模型的 Vensim 和 Anylogic 等。不同软件拥有其自身的技术优势和应用场景，需要结合实际系统的仿真需求和考虑多方面的因素进行仿真软件的选取。

3. 通用编程语言

编程语言的使用可以使开发人员对任意系统进行建模，但这对开发人员的编程能力有较高的要求，编程结构的复杂性也会降低编程语言作为模拟工具的使用频率。随着技术的发展，许多软件包已经能够实现和运行仿真，无须具备专业的编程技能。虽然使用通用编程语言进行建模可能需要更多的编程知识和技能，但它也提供了更大的灵活性和自定义性。通过编程语言，开发人员可以根据具体需求自由地定制模型，并添加复杂的逻辑和算法，特别是当模型需要集成其他系统、进行复杂的数据处理或与其他模块进行交互时，编程语言可以体现重要价值。

因此，对于一些简单的仿真需求或非专业开发人员来说，使用预定义的仿真软件包可能更为便捷和高效。而对于复杂的系统建模和个性化需求，使用通用编程语言则能提供更大的灵活性和定制能力。

11.3　供应链系统仿真优化

11.3.1　仿真优化概述

1. 仿真与优化

仿真优化可以理解为仿真和优化相结合的技术与方法。仿真能够有效处理现实系统的随机性，而优化可以获取系统的最优解或较优解。受限于复杂事物和复杂系统的复杂性、随机性及其结构信息的缺失，人们构建数学模型并进行求解的能力是有限的，这时可以利用仿真对该系统进行研究和模型构建。但仿真模型仅是对系统行为的直观描述，只能提供特定输入条件下的可行方案，而无法直接提供关于系统决策问题的最优解。系统仿真的最终目标之一是找到一组系统参数，获得系统的最优运行状态。而优化的作用是改善系统，并在考虑范围内寻找最佳结果。因此，将优化和仿真结合起来，可以在仿真环境中不断优化仿真输入，改进仿真输出的响应，实现系统性能的优化。

随着对仿真优化研究的深入，它在复杂工程系统的设计优化、供应链和物流系统、制造系统以及社会经济系统等领域得到了广泛应用。仿真优化是仿真方法和优化方法有机结合的一种优化手段，通过仿真手段实现系统的优化目标。二者是互相融合、互相体现的，优化是最终的目标，仿真是实现这一目标的手段。

2. 仿真优化应用场景

仿真优化技术可用于决策支持、系统性能改善、参数优化及策略验证等方面。

（1）决策支持。通过建立仿真模型，可以模拟不同的决策方案，并评估其对供应链绩效的影响。优化算法和方法可以应用于仿真模型，以找到最佳的决策变量组合，从而指导实际决策的制定。

（2）系统性能改善。仿真优化技术能够帮助识别和改进供应链系统的瓶颈与问题，从而提高系统的整体性能。通过调整系统参数、优化资源分配和调度策略，仿真优化技术可以找到使系统达到最佳性能的配置和操作方式。

（3）参数优化。供应链系统通常涉及大量的参数和变量，如库存水平、运输时间、订单量等。仿真优化技术可以通过优化算法和搜索方法，自动寻找最优的参数组合，以达到最佳的供应链表现。这有助于实现成本最小化、服务水平的提高和资源的有效利用。

（4）策略验证。供应链策略的制定和调整常常需要进行验证与评估。通过仿真优化技术，可以构建供应链模型，并在不同的策略条件下进行仿真实验。通过对比结果，可以评估不同策略对供应链绩效的影响，从而帮助决策者制定合理有效的策略。

11.3.2　仿真优化方法

在很多情况下，系统的输入与输出变量的关系很难用显性数学函数式来描述。仿真优化能够实现对所有的输入变量的取值进行优化组合，使得输出响应达到最优。本部分将介绍一些应用广泛且在实践中取得一定效果的仿真优化方法。

仿真优化算法可归纳为基于梯度的方法、随机优化方法、响应曲面法、启发式方法和统计方法等以及这些方法的混合，其种类和相应的算法如图 11-12 所示。本部分将介绍这几类算法的特点和应用场景[27-32]。

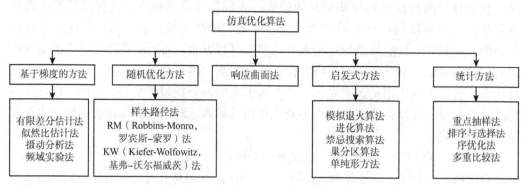

图 11-12　仿真优化算法种类

1. 基于梯度的方法

该类方法通过计算目标函数关于变量的梯度来寻找最优解，梯度代表了函数在某一点上的变化率和方向，可以指导优化过程中的搜索方向。常见方法有限差分估计法、似然比估计法、摄动分析法和频域实验法，这些方法的应用依赖梯度估计的可靠性和高效性。

有限差分估计法是最原始的梯度估计法。但需要进行多次重复仿真以实现对梯度的估计，这导致运行成本较高。似然比估计法通过测度变换得到似然比，并构造性能测度的估计量。它只需要进行一次仿真即可获得梯度估计，适合于瞬态和再生仿真优化问题。摄动分析法只需一次运行估计就可以得到所有目标函数的偏梯度，有较高的计算效率，但得到的估计通常存在偏差。频域实验法是在单次长仿真运行过程中，在不同频率上对选定的输入参数进行正弦振荡，对输出变量值进行谱分析，从而找到对性能影响最大的输入参数并确定梯度的最大方向，但该方法必须事先确定振荡指数、频率和幅度。

基于梯度的方法可以在生产计划问题中，用于优化生产批次大小和生产时间以最大化利润与降低生产成本；在库存管理问题中，用于优化订货周期和订货量，以最小化库存持有成本和缺货风险。

2. 随机优化方法

该类方法的主要思想是利用随机性进行搜索和优化。较为经典的方法主要有样本路径法、RM 法和 KW 法。

样本路径法通过生成随机样本路径来模拟供应链系统的行为，利用优化算法寻求最优解，它适用于处理不确定性和复杂性较高的问题；RM 法是一种逐步逼近的随机优化方法，适用于解决非线性约束和不可导函数的优化；KW 法是一种经典的序列估计算法，用于处理动态环境下的优化问题。

3. 响应曲面法

该类方法用于建立输入变量与输出响应之间的关系模型。它基于统计学和数学建模的原理，通过对实验数据进行回归分析，拟合出一个数学模型来描述输入变量对输出响应的影响，这个数学模型被称为响应曲面。得到响应曲面模型后，可以利用该模型进行优化。通过对响应曲面进行分析和求解，可以找到最优的输入变量组合，以达到满足特定目标的最佳性能。相对一般的梯度估计方法而言，该方法所需的仿真次数较少，适用于连续变量的优化问题。

4. 启发式方法

启发式方法一般指对解空间不断进行探索和改进的直接搜索方法。与传统的精确算法相比，启发式方法以其普适性占优，而且更加灵活和高效，适用于处理大规模和复杂的供应链问题。常见的启发式方法有模拟退火算法、进化算法、禁忌搜索算法、巢分区算法和单纯形方法。

模拟退火算法是一种受物理冷却过程启发的搜索算法。它通过接受较差解决方案的概率来跳出局部最优，并逐渐收敛到全局最优解。它在解空间中进行随机扰动和接受或拒绝策略，以此不断搜索更优解。其主要参数有初始温度、马尔可夫链长、降温速率及接受准则。模拟退火算法具有全局搜索能力和对噪声、不确定性的鲁棒性。它可以适应多样的问题类型，且易于实现和调整参数。

进化算法是一种受生物进化理论启发的优化算法，以遗传算法为例，该算法通过模拟进化过程中的交叉、变异和选择操作，在解空间中搜索适应度更高的解，并逐代改进搜索结果。进化算法的搜索过程从问题解的一个集合开始而非单一个体，大大减小了陷入局部极小的可能，同时该算法具有自适应性、全局搜索能力和并行计算能力，适用于复杂问题和多模态优化，可以处理多目标优化问题。

禁忌搜索算法是一种迭代的局部搜索方法。通过避免重复访问已经搜索过的解，并引入禁忌表来记录搜索历史，同时，通过克服邻域解之间的禁忌条件来实现解的跳跃和探索，以防止陷入局部最优解。该算法具有局部搜索和全局搜索的平衡能力，能够有效地探索解空间，可以用于处理约束条件和多目标优化问题。

巢分区算法是一种基于鸟类巢穴选择行为的启发式算法。它通过在解空间中创建不同的巢穴区域，并根据适应度评估选择最优的巢穴进行进一步搜索。这种方法可以同时进行全局和局部搜索，以找到更好的解决方案。巢分区算法具有多样性和自适应性的特点，通过动态调整巢穴数量和位置，可以平衡全局和局部搜索，并提高搜索效率。该方法容易实施，在理论上具有全局收敛特性和自然的并行性，因此被认为是一种有潜力的新方法。

单纯形方法是一种基于几何形状的优化算法。首先在 n 维欧氏空间 E_n 中构造一个包括 $n+1$ 个顶点的凸多面体，通过求得各顶点的函数值来确定其中的最值和次大值；然后通过反射、扩张、内缩、缩边等策略得到一个较好解来取代最差的点，从而构成新的多面体。多次迭代后将逼近一个性能较好的极小点。单纯形方法具有快速收敛和较小的计算开销的特点。它在高维问题和大规模问题上表现良好，并且对初始解的依赖性较小，常用于线性和非线性优化问题。

5. 统计方法

用于供应链系统仿真优化的统计方法主要以重点抽样法、排序与选择法、多重比较法和序优化法为主。

重点抽样法通过有针对性地抽取重要的模拟路径来加速输出结果的估计。它可以调整随机变量的分布，使得关注的区域更有可能被访问到，从而提高估计的效率和精度。该方法在有稀少事件的仿真中可以得到显著的效果。排序与选择法是一类用于选择最佳方案的优化方法。它通过将候选方案按照某个指标进行排名，并根据排名结果进行选择。多重比较法是一种用于比较多个处理组之间差异的统计方法。它通过对多个处理组进行两两比较，确定是否存在显著差异。多重比较法在有限个系统方案择优的情况下可以代替排序和选择法。序优化法是一种用于连续决策问题的优化算法。它通过在每一步选择当前最优解，并根据先前的决策结果调整下一步的搜索空间，逐步逼近全局最优解。对于大量缺少结构信息而搜索空间巨大的不确定性优化问题，序优化在保证一定质量的基础上加速了优化过程并减少了计算量。

11.3.3　仿真软件的优化工具

在供应链系统仿真的优化过程中，有一些工具可以帮助进行模型构建、实验设计和结果分析等方面的优化。这些工具提供了不同的特性和功能，使用者可以根据具体需求选择适合的工具进行供应链仿真优化。同时，还可以结合多类工具进行综合应用，以获得更全面和准确的结果。这些工具有助于使用者不必过多了解深奥的算法理论，可直接实现工程应用。

在 11.3.2 节介绍的算法中，启发式算法因其对可行域结构几乎无任何要求，兼容复杂约束的特点，且当问题无随机性时，算法具有全局收敛性，因此，在大部分商业软件的优化模块中被使用。目前，许多企业已经基于软计算方法开发了各类仿真优化软件或模块，如表 11-5 所示，总结了常用的优化软件包、相关信息和功能作用[21,27]。

表 11-5　优化软件包

软件包	支持的仿真平台	优化算法	功能
AutoState	AutoMod AutoSched	进化策略	包括排序和选择方法，可从有限数量的方案中找出包括最佳方案的子集
Extend Optimizer	Extend	进化策略	系统优化模块
OptQuest	Arena、FlexSim、Quest	散点搜索 禁忌搜索 神经网络	将仿真、基于禁忌搜索算法、混合整数规划和神经网络的训练功能模块相集成，将搜索过程图形化表示
SimRunner2	ProModel MedModel ServiceModel	进化策略 遗传算法	分析和优化功能，包括因素设计和多变量优化

续表

软件包	支持的仿真平台	优化算法	功能
Witness Optimizer	Witness	模拟退火 禁忌搜索	系统优化模块
Vensim Professional	Vensim	—	包括模型校准和策略优化的功能
Optimizer	FlexSim	—	优化器按照设置进行优化，支持多种优化 结果输出方式

本 章 小 结

本章主要对供应链系统仿真的相关概念、建模方法、优化方法进行介绍。重点介绍了四种供应链系统仿真建模方法，即基于蒙特卡罗方法、基于离散事件系统、基于系统动力学和基于 Agent 的建模方法，阐述其基本原理和步骤。对供应链系统仿真优化的优化方法进行描述，总结了供应链系统仿真常用的工具和优化工具。

复习与思考题 »»»

1. 如何理解系统、模型与仿真的关系？

2. 请结合现实企业或行业案例，谈谈供应链系统仿真在实际系统中的应用。

3. 请谈谈遵循供应链系统建模原则的重要性，并结合供应链系统的特点，思考除了本章所提及的原则外，在建模时还需要考虑哪些因素。

4. 如何理解事件、活动、进程三者之间的关系和区别？

5. 结合所学专业知识，尝试构建一个简单的反馈回路，并解释该反馈回路的运作方式。

6. 在进行供应链系统仿真时，如何选择合适的仿真工具？

参 考 文 献

[1] 汪应洛. 系统工程[M]. 5 版. 北京：机械工业出版社，2016.

[2] 马向国，余佳敏，任宇佳. Flexsim 物流系统建模与仿真案例实训[M]. 北京：化学工业出版社，2018.

[3] 李永先，胡祥培，熊英. 物流系统仿真研究综述[J]. 系统仿真学报，2007，（7）：1411-1416.

[4] 胡峰，孙国基，卫军胡. 动态系统计算机仿真技术综述（Ⅰ）：仿真模型[J]. 计算机仿真，2000，17（1）：1-7，11.

[5] 白世贞，张鹤冰. 供应链复杂系统建模与仿真[M]. 北京：科学出版社，2014.

[6] 朱占峰. 物流工程导论[M]. 北京：人民邮电出版社，2016.

[7] 谢勇，王红卫，王小平，等. 物流系统仿真[M]. 2 版. 北京：清华大学出版社，2020.

[8] 乔普拉 S. 供应链管理[M]. 7 版. 杨依依，译. 北京：中国人民大学出版社，2021.

[9] 朱英菊，刘红丽. 物流系统仿真应用研究综述[J]. 商场现代化，2008，（28）：67-68.

[10] 桂寿平，丁郭音，张智勇，等. 基于 Anylogic 的物流服务供应链牛鞭效应仿真分析[J]. 计算机应用研究，2010，27（1）：138-140，144.

[11] 张以彬，龙静，陈瑜. 市场需求可变的供应链中断应急策略与运作仿真[J]. 系统管理学报，2019，28（6）：1202-1210.

[12] 赵闯，郎坤. 基于贝叶斯网络的生鲜物流风险评估[J]. 系统科学与数学，2020，40（11）：2108-2124.

[13] 李卓群，梁美婷. 不确定需求影响下动态供应链库存策略选择[J]. 工业工程与管理，2018，23（4）：23-29.

[14] 廖诺，赵亚莉，贺勇，等. 碳交易政策对电煤供应链利润及碳排放量影响的仿真分析[J]. 中国管理科学，2018，26（8）：154-163.

[15] 方再根. 计算机模拟和蒙特卡洛方法[M]. 北京：北京工业学院出版社，1988.

[16] 吴小珍，张绪美. 物流系统工程[M]. 北京：人民交通出版社股份有限公司，2021.

[17] 鲁晓春，黄帝. 物流系统建模与仿真[M]. 北京：机械工业出版社，2018.

[18] 张晓萍，石伟，刘玉坤. 物流系统仿真[M]. 北京：清华大学出版社，2008.

[19] 刘勇，王德才，冯正超. 离散事件系统仿真建模与仿真策略[J]. 西南师范大学学报（自然科学版），2005，30（6）：1019-1025.

[20] 邱小平. 物流系统仿真[M]. 北京：中国物资出版社，2012.

[21] 李文锋，张煜. 物流系统建模与仿真[M]. 2版. 北京：科学出版社，2017.

[22] 王其藩. 系统动力学[M]. 修订版. 上海：上海财经大学出版社，2009.

[23] 施应玲. 系统工程原理与应用[M]. 北京：中国电力出版社，2022.

[24] 李振福. 物流系统工程[M]. 大连：大连海事大学出版社，2016.

[25] 王其藩. 系统动力学理论与方法的新进展[J]. 系统工程理论方法应用，1995，（2）：6-12.

[26] 资武成. 基于 Multi-Agent 的供应链协商模型研究[M]. 北京：北京理工大学出版社，2011.

[27] 黄颖. 物流系统仿真与应用（微课版）[M]. 北京：清华大学出版社，2021.

[28] 金淳，刘昕露. 供应链协调的仿真建模方法研究综述[J]. 计算机应用研究，2006，23（4）：1-3，8.

[29] 李东，汪定伟. 基于仿真的优化方法综述[J]. 控制工程，2008，15（6）：672-677，702.

[30] 杨湘龙，王飞，冯允成. 仿真优化理论与方法综述[J]. 计算机仿真，2000，17（5）：1-5.

[31] 石全，王立欣，史宪铭，等. 系统决策与建模[M]. 北京：国防工业出版社，2016.

[32] 黄炎焱. 系统建模仿真技术与应用[M]. 北京：国防工业出版社，2016.

第12章 供应链协同关系设计

学习目标

1. 掌握牛鞭效应的含义、产生的原因以及应对方法，了解曲棍球棒效应和双重边际效应。

2. 掌握合作关系与合作伙伴关系分类，理解合作伙伴关系的形成、设计以及管理过程。

3. 掌握各供应合同的特点与适用情形，了解供应合同的作用。

4. 掌握协同计划、预测与补货的概念和特点，理解协同计划、预测与补货的运作模式，了解协同计划、预测与补货的实施过程。

引导案例

美的公司的供应链管理

在激烈的价格竞争、库存积压、产能过剩以及利润下滑等多重压力下，除了产品和市场的创新，成本管控成了空调行业众多厂商维持生存的关键。美的空调，尽管在行业中长期保持领先地位，也面临着这样的挑战。

近年来，美的在成本控制上采取了多项措施，包括降低市场费用、优化人员结构以及降低采购价格等，始终将成本和效率作为核心关注点。特别是在供应链这一关键环节，美的更是进行了大量的优化工作。

行业数据显示，空调市场的库存压力巨大，美的也面临着类似的挑战。虽然其业绩一直表现不错，但零部件和成品库存的积压仍然是一个不容忽视的问题。

面对市场上众多优秀企业的竞争，美的意识到自身在供应链管理上的不足。以戴尔为例，其零库存和订单式生产的供应链管理模式让美的深受启发。戴尔在厦门的工厂没有设立零部件和成品仓库，而是通过与供应商的紧密合作，实现了高效的库存管理和物流配送。

受此启发，美的从2002年开始导入VMI模式。由于美的拥有稳定的供应商资源和较为集中的供应链布局，实施VMI的难度并不大。对于远程供应商，美的在总部建立了多个仓库，并允许供应商在仓库中租赁片区，实现零配件的储备和调配。

此外，美的还通过ERP系统与供应商建立了直接的信息交流平台，简化了采购流程，提高了采购效率。供应商可以实时查看美的的订单信息，并进行在线确认，大大减少了传统采购中的烦琐手续。

实施VMI后，美的的零部件库存周转率得到了显著提升，库存成本也大幅下降。这一变革不仅提高了资金利用率，降低了资金风险，还为美的带来了更大的竞争优势。

综上所述，美的在面临行业压力和挑战时，通过引入先进的供应链管理模式和技术手段，成功实现了成本的有效管控和业绩的稳步提升。

资料来源：上海朗域供应链管理研究中心，供应链管理学科系列丛书编写委员会. 21世纪供应链管理实务[M]. 北京：中国海关出版社，2004.

现实中，供应链多是由若干个利益相对独立的企业通过合作关系组成的分散式供应链。处于自发运行的供应链往往会出于多方面原因而处于失调状态。首先，成员之间的目标不一致会造成供应链失调；其次，由于供应链与外部环境之间、供应链内部成员之间的信息往往是不对称的，它会因为缺乏系统外部信息或系统内部信息而产生外生风险，同时也会因为成员隐藏行动或隐藏信息而产生内生风险；最后，供应链上的各成员都是独立的经济实体，都想利用自己掌握的资源和信息来最大化自己的利润。这样，企业个体为了实现自身利润最大化而采取的策略，可能会与实现供应链整体利润最大化的目标相冲突，即存在个体利益与整体利益之间的矛盾，当供应链上的各成员都试图最大化自己的利润时，供应链整体的利润将不可避免地受到损害。这种种原因都会使供应链的运行不能同步进行，由此产生了供应链上的各种不协调现象。

12.1　供应链协调

供应链协调是指供应链中各节点企业实现协同运作的活动，即供应链上各成员企业以共赢意识为前提，以信息共享为基础，以合作协议为约束，通过协同目标、协同决策和协同作业，使产品价值链从原材料采购到产品生产再到将产品交付给最终顾客的整个过程实现无缝衔接。供应链协调可以有效地消除产品价值链上重叠的功能、重复的作业和不确定性，实现各环节的有机衔接、资源的合理配置，从而降低成本，提高企业的反应能力，创造整体竞争优势。

在供应链实际运作中经常会出现各种供应链失调的现象，本节将介绍以牛鞭效应为代表的几种常见的与供应链协调相关的效应。

12.1.1　牛鞭效应

1. 牛鞭效应的概念

在供应链环境下，各企业传统的库存订货方式是：零售商根据自己对顾客需求的预测向批发商订货，由于存在订货提前期，零售商在考虑顾客平均需求的基础上，增加了安全库存，这样零售商订单的变动性比顾客需求的变动性要大；批发商接受零售商订单再向分销商订货时，如果批发商不能获知顾客需求的实际数据，就只能利用零售商已发出的订单进行预测，这样批发商在零售商平均订货量的基础上，又增加了一个安全库存，并且因为零售商订货量的变动性明显大于顾客需求的变动性，为了达到与零售商同样的服务水平，批发商持有比零售商更多的安全库存，其订单的变动性进一步增大；以此类推，分销商和制造商的订单波动幅度会越来越大[1]。此时就产生了牛鞭效应，如图 12-1所示。

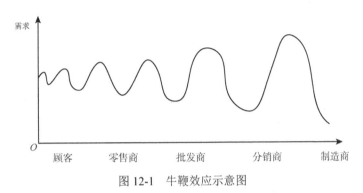

图 12-1　牛鞭效应示意图

牛鞭效应是指供应链上各成员企业在按照各自目标采取相关行为时，各成员企业之间的信息不能有效传递，致使各成员企业只能独立进行需求预测而导致需求信息从顾客开始，沿着供应链向零售商、批发商、分销商、制造商直至供应商的传递过程中出现逐级波动放大的现象。

2. 牛鞭效应产生的原因

1）基于订单的预测

当供应链中不同环节之间的基本沟通方式是订单时，每个环节都认为自己的主要任务是完成下游企业的订单。每个环节都把接收的订单作为自己的需求，并据此信息进行预测。当顾客需求以订单的形式向供应链上游传递时，它的任何细微波动都会被放大。因此，当供应链上的成员直接采用其下游的订货数据作为市场需求信息时，就产生了牛鞭效应。

2）批量订货

批量订货策略在企业中是普遍存在的，因为处理单一订单的成本是相当大的，而采用批量订货方式可以获得规模经济效应。另外，当供应商基于批量大小给予数量折扣时，也会导致大批量订货。当企业发出订货的数量比需求的批量大得多时，订单的波动就会沿着供应链向上不断放大。对于为几家批量订货的零售商提供产品的制造商来说，它面对的订单波动比零售商面对的需求波动大得多。如果制造商进一步以批量向供应商发出订单，该影响将进一步放大。因此，订单的变动性在供应链内被放大，使得订单量的变动比需求量的变动更加不稳定。这样供应商看到的是一个扭曲的、高度变动的、不真实的需求量[2]。

3）提前期

订货提前期是指从发出订单到收到货物所需的时间，它的存在进一步强化了牛鞭效应。由于订货提前期的存在，企业要维持安全库存，在此基础上决定订货数量。订货提前期越长，意味着需求的变动对企业库存水平的影响越大，从而订货量的变化也就越大，这当然导致需求变动性的增大。此外，订货提前期还具有变化性，从而使得订货量的变动呈现出一种不平衡性。因此，需求的变动随着提前期的增长而增大，并且提前期越长，需求变动引起的订货量就越大[3]。

4）定价策略

产品的定价策略可以分为两种情况。第一种情况是批量的数量折扣，这极有可能扩大供应链内订单的批量规模，进而引起供应链上各阶段库存尤其是安全库存的增加，加剧了供应链中的牛鞭效应。第二种情况是供应商实施商业促销或其他一些短期折扣等因素引起的价格波动，而这种预先购买行为造成购买模式无法反映实际的需求情况，购买数量的变化大于消费数量的变化，从而加剧了牛鞭效应。

5）短缺博弈

高需求产品在供应链中往往处于短缺供应状态。当产品供不应求时，制造商可能会在各个分销商或零售商之间进行配额的限量供应[4]。通常的做法是，当需求量大于供应量时，制造商按照顾客的订货量比例分配现有的库存供应量。此时，分销商或零售商为了获得更大份额的配给量，可能会故意夸大其订货需求。例如，供应量只有总订货量的50%，那么供应商只能给每个客户提供50%的供应量。此时，客户为了获得更大份额的供应量，就会扩大其订货量。但当短缺期一过，客户又恢复到原来的正常订单。这种短缺博弈导致的需求信息的扭曲和变动也会加剧牛鞭效应。

6）缺乏信息共享

供应链各环节之间缺乏信息共享会加大信息扭曲。由于缺少信息交流和共享，企业无法掌握下游的真正需求和上游的供货能力，只好自行多储货物。同时，供应链上无法实现存货互通有无和转运调拨，只能各自持有高额库存，从而导致牛鞭效应。例如，零售商会因为一次促销计划增加某次订单的批量。如果制造商不知道该次促销计划，它可能认为该次批量增加是需求的增长，从而向供应商发出更大的订货量。当零售商完成促销活动后，制造商和供应商将持有大量库存。由于持有过量库存，当零售商后来的订货回到正常时，制造商的订货量就会比以前小。零售商与制造商之间缺乏信息共享，导致制造商订货量产生巨大波动[5]。

7）供应链的层次结构

当消费者的需求沿着供应链一层一层向上传递时，消费者需求信息被层层加工，导致上游供应商的需求信息远远偏离了消费者的真实需求。因此，供应链的结构越长，意味着传递需求信息时经历的中间环节越多，那么信息失真现象越严重，牛鞭效应越明显。

3. 牛鞭效应的影响[6]

如果不能很好地缓解牛鞭效应,将会对供应链中的企业产生生产成本增加、库存成本增加、运输成本增加以及服务水平降低和损害供应链中的各种关系等影响。具体表现如下。

1) 牛鞭效应的直接后果是库存积压

虽然最终产品的顾客需求比较稳定,但是,为了维持一个给定的服务水平,供应链各节点企业订货量变动性却越来越大,进而增加了自己的安全库存,而且受需求放大效应的影响,上游供应商往往比下游供应商持有更高的库存水平。牛鞭效应引起的过量的库存,一方面导致了过高的库存费用和大量的资金积压,另一方面又可能随着顾客需求的变化而面临着库存陈旧的风险。

2) 牛鞭效应会使企业生产计划变化加剧,导致额外成本支出增加

过度的生产预测大大增加了计划的不确定性,各节点企业不得不频繁地修改生产计划,使得制造商投入的生产能力大于实际的需求。在需求保持不变的情况下,需求的波动程度的大小直接影响着所需的生产能力的大小。牛鞭效应歪曲了需求信息,使需求的波动程度加大,从而使制造商盲目扩大生产能力,结果是生产能力利用率不高。预期之外的短期产品需求导致了额外的成本,如加班费用、加快运输的费用等,进而导致企业成本上升。

3) 牛鞭效应会降低顾客满意度

如今的市场是客户驱动的市场,企业必须最大程度地提高顾客价值和顾客满意度,建立良好的顾客关系,才能在留住老顾客的同时吸引新顾客。然而信息的扭曲失真使各节点企业很难对市场需求做出准确的预测和正确的决策。一些产品的需求被过分放大,而另一些市场真正需要的产品却得不到重视,造成制造商生产能力闲置或过度使用,从而产生过剩与短缺交替,无法充分满足顾客需求。在需求不确定的情况下,各节点企业不得不要求一定的订货提前期,然而对于最终用户来说,总是希望在尽可能短的时间内获得产品和服务,这又在一定程度上削弱了顾客的满意程度[7]。

4) 牛鞭效应会增加企业管理难度

这些难度主要表现为需求扩大而引起的企业有限资源的分配问题,如原材料的采购、产品的生产能力的安排、生产计划的制订和库存的控制等,这些问题直接影响着企业在市场中的生存和发展。不难想象,如果企业拖着沉重的资金成本、人员成本,那必然会影响企业的管理水平,加大企业的经营风险,不利于企业长期战略目标的实现。

5) 牛鞭效应会给供应链上的企业之间的合作关系带来负面影响

通常,供应链上的各个企业会认为自己的计划、决策是正确的,一旦出现订单的波

动、需求的不确定，总是将责任归咎于供应链上的其他企业，这就会损害供应链上各企业间的关系，引起彼此之间的不信任，增加了供应链协调的难度。

牛鞭效应的存在使得企业产品的库存成本增加，服务水平降低，供应链成本增加，这必然降低供应链成员企业的整体竞争力，最终使每一个供应链成员企业蒙受损失。

4. 牛鞭效应的应对方法[8, 9]

由于供应链本身必然存在的层级结构和时间延迟，很难从根本上消除牛鞭效应。但是，在了解牛鞭效应产生的各种原因的基础上，有针对性地采取一些策略能够弱化牛鞭效应的负面影响，进而提高供应链管理效果和获得市场竞争优势。

1）提高预测精度，共享需求信息

企业可以通过提高预测水平来准确把握市场信息，通过降低需求的不确定性来减少供应链中的安全库存，从而缓解牛鞭效应。但是，一方面，预测总是有成本的，为了提高预测的准确性，企业往往要花费大量的时间、精力和财力；另一方面，预测总是有误差的，即使有大量投入也不可能完全准确。因此，最常用于缓解牛鞭效应的方法是在供应链内部共享顾客需求信息。

供应链各节点企业可以通过 EDI、Extranet（外联网）、电子商务等信息技术来实现实时交流和信息共享，这样市场需求、产品生产、配送、销售和库存等信息都可以在供应链各节点企业之间共享。各企业就可以从整体上进行分析和计划工作，平衡企业自身的各种活动，实现信息的集成，从而减少整个供应链的不确定性，提高供应链的一致性和协调性。

2）缩小批量

企业可以通过缩小批量、改进运作来减少信息扭曲。由于波动会在供应链任何两个环节之间放大，缩小批量减少了波动的幅度，从而减少了信息扭曲。

第一，企业要调整库存补充策略，采用实时库存补充策略以实现小批量订货，从而降低安全库存水平，减少库存成本；第二，利用信息技术，实现网上订货，使信息传递的成本降低，降低订单发送成本；第三，企业可以每次订购多种不同的产品，增加每种产品的订购频率，但总体的订货量不变，企业仍可以获得批量运输的规模经济性。

3）缩短提前期，提高企业的快速反应能力

提前期的延长对供应链上各阶段的需求变动产生显著的影响。缩短提前期可以减少提前期内需求的不确定性，从而缓解整个供应链的牛鞭效应。

当然，缩短提前期也对供应链的设计和管理提出了新的要求，要求企业具备较强的对市场波动进行响应的能力，即快速反应能力。提前期通常由两部分组成，即信息提前期（即处理订单的时间）和订货提前期（即生产和运输物品的时间）。信息提前期的缩短要求将需求快速传递给供应商，通常可以通过互联网或 EDI 实现；订货提前期的缩短要求供应链上快速的物流传递，如可以通过直接运输战略或直接转运战略来实现。其中，直接运输战略指产品从供应商直接运送到零售商，而不经过任何中间环节。直接转运战略指产品不断地从供应商经过仓库运送到零售商，但仓库保存产品的时间为 10～15 小时。

4）设计定价策略

管理者可以通过设计鼓励小批量订货和减少提前购买的定价策略来减少信息扭曲。可以考虑将基于批量的数量折扣转变为基于总量的数量折扣；通过稳定价格减小价格波动来减小顾客需求内在的变动性，从而缓解牛鞭效应的影响。

5）基于过去的销售量进行配给

为了减少信息扭曲，可以设计配给方案，以阻止零售商在供给短缺的时候人为扩大订单的行为。一种方法是根据零售商过去的销售量而不是零售商的目前订单来分配供给。将配给与过去的销售量联系起来后，就在一定程度上减小了零售商扩大订单的动机。实际上，这种方法可以促使零售商在低需求时尽可能销售出更多产品，从而能在供给短缺时获得更多产品的配给。还可以通过努力实现供应链内信息共享以避免短缺情况发生。

6）构建战略伙伴关系

构建战略伙伴关系可以在一定程度上消除牛鞭效应。供应链上的战略伙伴关系改变了信息共享和库存管理的方式，供需双方在战略伙伴关系中相互信任，共享数据信息，相互了解对方的供需情况和能力，避免短缺情况下出现博弈行为，减少产生牛鞭效应的机会。

7）消除博弈行为

当产品供应不足时，供应商一方面可以适当增加生产能力尽可能地满足客户需求，另一方面当产品确实无法满足客户需求时，可以根据下游客户以往的销售量占总销售量的比例以及以往的退货量占订货量的比例进行限额供应。另外，由于供应商给下游客户的退货政策在一定程度上鼓励了博弈行为，所以为了防止下游客户恶意退货，可以对退货行为采取一定的惩罚措施。

12.1.2　与供应链协调相关的其他效应

1. 曲棍球棒效应

曲棍球棒效应是指在某个固定的周期内，前期销售量很低，到期末销售量会有一个突破性的增长，而且在连续的周期中，该现象会周而复始，因此被称为曲棍球棒效应。

造成该现象的原因主要有销售人员的考核以及财务的关账。为了消除曲棍球棒效应，企业可以采用总量折扣和定期对部分产品降价相结合的方式，此外，也可以对不同的经销商采用不同的统计和考核周期，从而让经销商的这种进货行为产生对冲。除此以外，企业也可以通过经销商共享需求信息和改进预测方法，更准确地了解经销商的外部实际需求，从而在设计折扣方案时，尽可能让折扣点与经销商的外部需求一致或略高。

2. 双重边际效应

双重边际效应体现在供应链上下游企业的协同中。上下游企业为实现各自利益的最大化而使整个产业链经历两次边际化的过程，最终导致商品价格高于使制造商和分销商总利润水平最大化的水平。如果下游企业的定价过高，必然会导致市场需求的萎缩，导致供应链总体收益下降。企业个体利益最大化的目标与整体利益最大化的目标不一致，是造成双重边际效应的根本原因。为了减弱这种效应，就要努力提高供应链的协调性，尽可能消除不协调因素的影响。

12.2 合作伙伴关系设计与管理[10, 11]

12.2.1 供应链合作伙伴关系概述

1. 合作伙伴关系分类

企业之间恰当的合作伙伴关系是供应链协同运作的保障。企业之间良好合作伙伴关系的建立可以通过建立相互信任和规范行为来促进供应链上各成员企业采取有利于提高供应链整体利益的管理行为和制度安排。企业在生产经营活动中必然要同它的供应商、分销商、竞争对手以及相关企业之间产生关系，这些关系主要包括竞争关系、交易关系、合作关系、联盟关系、合资关系和控制关系，这些关系的内涵和特点见表 12-1。

表 12-1 企业关系比较

项目	竞争关系	契约式合作			股权式合作	
		交易关系	合作关系	联盟关系	合资关系	控制关系
企业目标	对立	无关	部分相容	完全相容	部分一致	完全一致
信息共享	无	极少	较多	非常多	相关部分	全部
关系性质	市场竞争	商品交易	业务外包	资源整合	共同投资	控股

由表 12-1 可知，企业之间的交易关系、合作关系和联盟关系属于契约式合作，合资关系和控制关系属于股权式合作。

2. 合作伙伴关系分类

根据合作伙伴在供应链中的增值作用及其竞争实力,可以将合作伙伴关系分成不同类别,如图 12-2 所示。

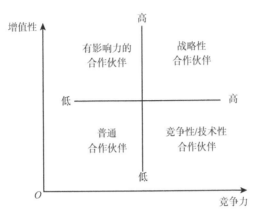

图 12-2　供应链合作伙伴关系矩阵

在图 12-2 中,纵轴代表合作伙伴在供应链中增值的作用。对于一个合作伙伴来说,如果不能对增值做出贡献,它对供应链的其他企业就没有吸引力。横轴代表某个合作伙伴与其他合作伙伴之间竞争力的区别,主要是设计能力、特殊工艺能力、柔性、项目管理能力等方面竞争力的区别。

1)战略性合作伙伴

对于本企业而言,若与一个企业合作的增值性大且该企业的合作伙伴的市场竞争力强,那么该企业就是最理想的合作伙伴。与该类企业合作时,需要考虑合作的持久性,建立战略性合作伙伴关系,实现"强-强"联合。

2)有影响力的合作伙伴

对于本企业而言,若与一个企业合作的增值性大但该企业的合作伙伴的市场竞争力不强,那么该企业属于理想的合作伙伴。这类合作属于"强-弱"联合,称为有影响力的合作伙伴关系。

3)竞争性/技术性合作伙伴

这类合作伙伴自身的市场竞争力较强,但合作的增值性并不大,因此,该类企业可能成为本企业理想的合作伙伴,也有可能成为竞争对手。如果合作伙伴没有纵向一体化扩张的野心,由于它们的管理和技术都很好,在合作过程中,可以在该类企业身上学到很多有益的技术和经验,获得技术支持服务,属于理想的合作伙伴,称为技术性合作伙伴;但如果合作伙伴倾向纵向一体化扩张,则更多体现为竞争性关系,合作伙伴关系的紧密程度大大降低,称为竞争性合作伙伴关系。对于这类合作伙伴,在合作过程中要尤其注重合作风险。

4）普通合作伙伴

对于本企业而言，还有一部分合作伙伴，合作的增值性小且自身的竞争力不强，称为普通合作伙伴。对于普通合作伙伴，企业只需与它们保持供货交易关系，基于物流作业层面进行低层次往来，不必列为企业发展的合作伙伴，并希望有更多的该类伙伴参与投标，从而选择价位上最有利的一家企业以保持交易关系。

12.2.2 合作伙伴关系形成过程

通常，可将企业间的合作伙伴关系和联盟关系统称为合作伙伴关系。合作伙伴关系是指基于相互信任、共担风险、共享收益的由高层管理者承诺和所有相关部门参与的特定企业之间的关系，这种关系将使双方合作比不合作获得更高的企业绩效。合作伙伴关系的形成离不开驱动因素、促进因素和组成因素。

驱动因素是推动形成合作伙伴关系的原因，主要包括：①企业通过与其他企业合作可获得比自己独立生产更大的效益；②通过与其他企业合作可以进入合作伙伴的生产领域和产品市场，利用彼此的技术和市场优势快速响应市场需求；③当企业缺少某种关键技术时，通过与其他企业合作可实现技术共享；④通过与其他企业合作可消除区域市场的政策壁垒，企业产品能迅速进入期望的区域市场；⑤通过与其他企业合作可降低产品研究开发的重复性，推进产品标准化，提高产品生产的规模经济性。

促进因素是支持合作的必要条件，主要包括：①兼容的企业发展战略，否则双方就不能因相互吸引而产生合作意愿；②兼容的企业文化，否则双方就会因文化差异而产生冲突；③可比较的经济效益增长，否则企业合作就失去了动力；④兼容的企业技术体系，否则就不能实现优势互补和快速响应市场需求；⑤信息技术的支持，否则就不能实现信息共享。

组成因素是用于建立和维系合作伙伴关系的联合活动与过程，主要包括沟通渠道、联合计划、明确责任、投资、共担风险和共享收益等。

驱动因素为合作伙伴关系形成提供合作动机，促进因素为合作伙伴关系形成提供合作条件，组成因素为合作伙伴关系形成提供合作方法与途径，具体见图 12-3。

如图 12-3 所示，①合作发起者应根据企业的发展战略和发展机遇界定合作范围；②企业应根据其合作动机识别潜在的合作伙伴；③企业应根据促进合作的支持性条件从潜在合作伙伴中选择合适的潜在合作伙伴；④企业应根据驱动因素与促进因素所决定的合作价值决定是否建立或调整合作伙伴关系；⑤若双方决定建立合作伙伴关系，就需要通过实施联合活动以建立与维持合作伙伴关系；⑥在合作伙伴关系建立后，需要通过评价合作绩效满足期望结果的程度来调整驱动因素、促进因素和组成因素以及有关过程。

合作双方可根据驱动因素与促进因素的强弱来选择合作伙伴关系的类型，具体见图 12-4。

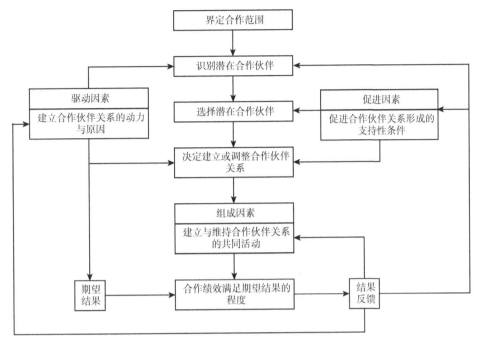

图 12-3　合作伙伴关系形成过程

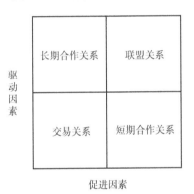

图 12-4　驱动因素与促进因素对合作伙伴关系类型选择的影响

12.2.3　合作伙伴关系设计过程

良好的合作伙伴关系是维持企业之间长期合作的基础，合作伙伴关系设计过程主要包括评估合作伙伴关系的价值、确认合作双方责任、设计有效合同和设计冲突解决机制等过程。

1. 评估合作伙伴关系的价值

首先，应确认双方建立合作伙伴关系能够给双方带来的利益，而且合作所带来的利益必须是可以比较的和多元化的；其次，应依据公平、公正原则，确认双方在合作过程中各自的贡献和双方依据贡献应获得的利益，并且，应该允许双方依据各自的发展情况调整各自的贡献和利益。

2. 确认合作双方责任

首先，应根据合作中每个企业的核心能力与合作目的来确认其在合作中所从事的某个专门领域；其次，应根据其贡献和承担的风险来确定其在合作过程中的决策权力，拥有相对最大权力的一方在合作过程中起着主导和协同的作用；最后，为保证将产品从一个环节顺利转移到另一个环节，还应该定义双方必须完成的任务。

3. 设计有效合同

合同详细制定了双方之间合作伙伴关系的参数，明晰了双方在合作中的责任、义务和权利。有效合同的设计应能促进双方努力获得期望的结果，并减少损害绩效的行为。有效合同的设计应允许双方通过协商调整各自的贡献和利益，如在合同中规定供应商应允许购买者在了解了需求之后改变订货量，这有利于建立相互间的信任，提高合作绩效。有效合同设计应建立双方定期与不定期的信息沟通机制，这将有利于避免信息不对称导致双方产生冲突。

4. 设计冲突解决机制

合作中某一方处于角色冲突时，就会在合作中与对方产生冲突，而且，在任何合作伙伴关系中都有可能出现冲突。有效的解决方案是双方在合作中设计冲突解决机制时，应允许通过协商调整某些合同参数，如供货价格、订购数量、付款方式等来化解角色冲突，同时，应鼓励双方通过沟通和协商来处理突发事件。

12.2.4　合作伙伴关系管理过程

合作伙伴关系的建立与维持主要涉及合作中各方对合作价值的期望、对合作绩效的贡献、与贡献相匹配的利益以及三者之间的相互关系，见图12-5。

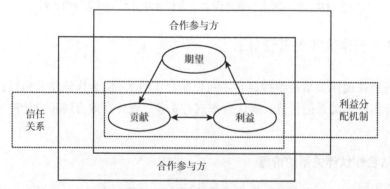

图 12-5　合作的关键要素及其相互关系

如图 12-5 所示，合作中各方对合作价值的期望越高，它们就越愿意为共同目标而努力贡献，这样，与之贡献相匹配的利益也就越多；如果合作各方所获得的利益与期望相符，它们就会对合作前景充满期待；如果合作各方所获得的利益与其贡献相符，它们就会对合作持积极态度。因此，公平合理的利益分配机制是企业之间保持长期合作伙伴关系的动力。

合作伙伴关系管理的关键是建立起公平合理的利益分配机制。这样的机制应使合作各方能够充分发挥各自核心能力的优势，并获得与之贡献相匹配的利益。而且，公平合理的利益分配机制不仅表现在利润等直接经济利益和知识产权等无形资产的合理分配上，还表现在合作中若某一方受到利益损失，应该通过其他途径获得相应的合理利益补偿。

信任是合作伙伴关系的基础，对合作伙伴关系进行管理的核心是在合作各方之间建立起信任。通过评价合作中某一方的实际贡献和所获得的利益，可以衡量其履行承诺的情况和它是否重视其他各方的利益，从而评判其是否值得信任。只有当合作者认为每个成员都能公平且平等地对待其他成员时，才能建立起信任。在双方合作中，一方能够获得另一方信任的关键在于要用实际行为和运作绩效来履行其承诺，要重视各方的利益，要强调共享所有能够使合作伙伴关系得到有效发挥的所需信息。有时，一方可能迫于竞争压力采取被另一方认为具有威胁性的行为，这时可通过详细解释做出这种决策的根本原因和企业所面临的压力来维持信任。

可见，对合作伙伴关系进行管理就需要围绕着利益合理分配机制和良好信任关系的建立与维持开展相关工作。为此，第一，设计阶段，需要在评估关系价值，说明任务和角色、期望绩效等之后，设计冲突解决机制以及关系管理机制；第二，了解合作环境，需要合作各方了解各自在合作中的任务和过程、需要和拥有的技能、各方的文化理念以及各方的目标；第三，评估合作绩效，需要合作各方评估各自的贡献和所获得的利益以及贡献与利益之间是否匹配（合作中的公平性），同时，还要评价其他各方的贡献和所获得的利益以及它们之间是否匹配来判断合作伙伴关系是否需要巩固或调整；第四，修改合作条件，根据合作各方的实际贡献与承诺、实际贡献与利益的匹配情况修改正式合同中对合作各方的任务规定、合作各方的交流方式、合作各方的共同期望，合作伙伴关系的管理过程如图 12-6 所示。

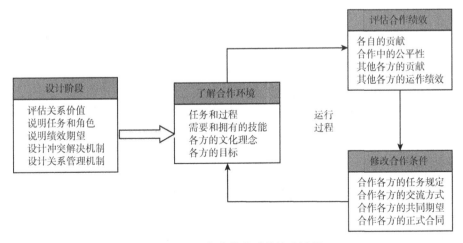

图 12-6　合作伙伴关系的管理过程

12.3 供应合同[12]

12.3.1 供应合同概述

1. 供应合同概念与作用

供应合同又称供应契约（合约），是指一个由交易各方达成的具有法律效力的文件，通常是供应商和采购商约定在一定的条件下（如数量、质量、价格、送达时间、采购时间、信用条件和付款条件等），由供应商向采购商提供商品或服务，而采购商根据合同的规定（包括合同的激励和惩罚因素）向供应商支付一定数量的款项。供应链中的上游企业和下游企业之间可以看成一个供给与需求的交易关系，通过合同来控制和协调供需双方之间的物流、信息流、资金流，可以解决供应链上个体利益与整体利益之间的矛盾。

供应合同有两个主要作用。一是可降低供应链的总成本、降低库存水平、提升信息共享水平，改善节点企业相互之间的沟通交流、产生更大竞争优势，实现供应链绩效最优。二是可实现风险共担。供应链中的不确定性包括市场需求、提前期、销售价格、质量、核心零部件的生产能力及研发投入等。供应合同是双方共担由各种不确定性所带来风险的重要手段。

2. 供应合同的参数

在供应过程中，采购商需要与供应商建立合作关系，这种合作关系可以采用正式或非正式的多种形式，但是，为了确保充足的供应和及时交货，采购商和供应商通常会签订供应合同。它通过合适的信息和激励措施，保证供应链上游企业和下游企业之间协调运作。一般而言，供应合同的参数有以下几种。

1）决策权

在传统合作模式下，决策权的确定并不是一个非常重要的因素，几乎每个企业都有自己的一套合同模式，并且按照该模式进行日常的交易活动。但是，在供应链管理环境下，供应合同决策权的确定却发挥着非常重要的作用，因为在供应链合同模式下，合作双方要进行风险共担及利润共享。

2）价格

合理的价格使双方都能获利。卖方在不同时期、不同阶段会有不同的价目表，价格会随着订货量的增大和合作时间的延长而降低，以激励买方重复订货。

3）订货承诺

买方一般根据卖方的生产能力和自身的需求量提出订货承诺。订货承诺一般有两种方式：一种是最小数量承诺，另一种是分期承诺。对于单个产品，最小数量承诺意味着买方承诺其累计购买量必须超过某特定数量，即最低购买数量；对于多品种产品，最小数量承诺则要求购买金额超过某最低值，即最低购买价值承诺。使用分期承诺时，买方会在每一个周期开始之前提出该期的需求量。

订货承诺的两种方式有着明显的区别。从一定意义上说，前者给出总需求量，有利于卖方做好整个合同周期内的生产计划，然而一旦市场发生变化，绝大部分市场风险便转移到卖方身上。后者则要求买方在各个期初给出当期的预计订货量承诺，进行风险共担，使得卖方的风险有所降低，同时也迫使买方加强市场决策的有效性。

4）订货柔性

任何时候买方提出订货承诺，卖方一般都会提供一些柔性空间，以调整供应数量。合同会细化调整幅度和频率。这种柔性包括价格、数量及期权等量化指标。当市场变动影响其销售时，买方可以使用柔性机制来避免更大的损失。同时，柔性也提供了强有力的约束，使合作双方在合同执行过程中，更多地考虑到自身利益，改善经营，从而使双方获得长远利益。

5）利润分配原则

企业最根本的目的是实现自身利润的最大化，因此，在设定合同参数的时候，利润分配原则通常是企业协商的重点。供应链利润的分配问题就是在合作双方之间划分供应链的整体利润。在高度合作的情况下，如何既能够维护合作双方自身的经济利益不受侵害，又可以尽可能努力扩大供应链利润，就成为利润分配所要考虑的问题。供应合同包括按什么原则进行利润分配，分配的形式是怎样的，以及如何设计利润分配的模型等。供应链的利润分配主要体现为利益共享和风险共担原则。在实际的利润分配过程中，供应链的核心企业起着决定性的作用，它在供应链成本、交易方式、利润激励等方面都有着举足轻重的作用。

6）退货方式

从传统意义上讲，退货似乎对卖方很不利，因为它要承担滞销产品带来的风险和成本。但事实上、实施退货政策能有效激励买方增加订货，从而扩大销售额，增加双方收入。从某种意义上讲，如果提高产品销售量带来的收入远大于滞销产品所带来的固定成本，或者买方有意扩大市场占有率，退货政策给卖方带来的好处就会远远大于其将要承担的风险。

7）提前期

在质量、价格可比的情况下，提前期是买方关注的重要因素之一。同时，提前期导致需求信息放大产生牛鞭效应，这对卖方而言也很不利。因此，有效地缩短提前期，不仅可以降低安全库存水平，节约库存投资，提高顾客服务水平，很好地满足供应链时间竞争的要求，还可以减少牛鞭效应的影响。

8）质量控制

在基于供应链的采购管理中，质量控制主要是由供应商进行的，企业只在必要时对质量进行抽查。因此，关于质量控制的条款应明确质量职责，还应激励供应商提高其质量控制水平。对供应商实行免检，是对供应商质量控制水平的最高评价。合同中应指出实行免检的标准和对免检供应商的额外奖励，以激励供应商提高其质量控制水平。

质量问题是买卖双方谈判的矛盾所在。对卖方而言，提高原材料或零部件的质量，意味着成本的增加；对买方而言，只有在价格不变的前提下，保障原材料或零部件的质量，才能提高成品的合格率和增加收益。为此，买方需要在合同的设计中，针对质量条款采取某些激励措施，如进行质量方面的奖励或惩罚等，以达到双赢的目的。

9）激励方式

对供应链成员企业的激励是使企业参与供应链的一个重要条件。为成员企业提供只有参与该供应链才能得到的利益是激励条款所必须体现的。此外，激励条款应包含激励成员企业提高质量控制水平、提高供货准时水平和降低供货成本水平等内容，因为成员企业业务水平的提高意味着业务过程更加稳定可靠，同时费用也会随之降低。激励的方式有很多，如价格激励、订单激励、商誉激励等。

10）信息共享机制

供应链成员企业之间任何有意隐瞒信息的行为都是有害的，充分的信息交流是基于供应链的采购管理能够良好运作的保证。因此，合同应对信息交流提出保障措施，如规定双方定期举行信息交流会议等，防止信息交流出现问题。

11）合作行为的规范

企业与供应商在战略上是相互合作关系，任何有损合作的行为都是有害的，不管该行为是供应商引起的还是企业自己引起的。因此，要确定损害双方合作行为的判定标准，以及这种行为要受到的惩罚。

供应合同需要考虑的因素非常多。通过设置不同的参数，可以构建出多种不同的供应合同模型。例如，在供应合同中规定供应链利润的分配方式，即收入共享合同；在供应合同中规定超储库存的退货方式，就形成了回购合同。另外，供应链合同参数的具体设定也会影响供应合同的作用，如收入共享合同中利润分享的比例参数、数量折扣合同中折扣百分比的设计等，都会影响供应合同的效果。在供应链合作中，制定供应合同的目的是优化供应链绩效，提高供应链竞争力，并确保供应链双方共同获利。为了实现上述目标，必须在供应链合作双方的谈判过程中设计合理的供应合同参数，这些参数的设定必须对供应链成员企业起到激励和约束作用，以影响成员企业的行为，促进成员企业之间建立更紧密的合作，使成员企业通过致力于增加整个供应链的利润来增加自身的收益。

合同应是合作双方共同制定的，双方在制定合同时处于相互平等的地位。合同在实行一段时间后应考虑进行修改，因为实际环境会不断变化，合同在制定初期也会有不合适的地方，所以适当地修改和增减是必要的。

3. 供应合同的作用

1）降低牛鞭效应的影响

供应链的信息失真导致了牛鞭效应，这种放大的效应对于供应链成员企业具有非常大的危害。供应合同可以很好地降低牛鞭效应的影响，主要表现为供应合同的签订降低了供应链中的库存。由于供应合同同时具有柔性和相对稳定的优点，在供应链中，每个企业不必像以前那样维持较高的安全库存。

通常情况下，企业致力于如何实现自身利益的最大化，因此，当需求信息在供应链中逐级放大时，便导致了牛鞭效应。供应链成员企业之间的合作将原来的局部优化行为转为整体利益最大化，而供应合同的特性可以使这种合作具体化，防止这种合作行为成为空谈。

供应链成员企业之间在确定合作关系之后签订契约，使各成员企业明确各自的职责。以前供应链的上游总是将下游的需求信息作为自己需求预测的依据，当下游企业订购时，上游企业的经理就会把这条信息作为将来产品需求的信号来处理。基于这个信号，上游企业调整需求预测，向其供应商增加或减少订购，使其供应商也进行相应的调整，这是导致牛鞭效应的主要原因。企业之间签订了供应合同后，一方面，下游企业对上游企业的需求数量趋向固定，即使有变动也在供应合同的柔性范围内，对供应和需求的影响不大。这样上游企业不必对下游企业的需求进行预测，从而避免信息在整条供应链上产生滞后，防止牛鞭效应的产生。另一方面，供应合同可以使供应链上的信息共享程度得到提高，供应链上的每个成员企业基本上都可以共享所有的信息，这就避免一些不必要的预测，避免牛鞭效应的产生。

2）克服双重边际效应

供应链的双重边际效应是指当供应链各成员企业都试图最优化自己的利润时，不可避免地损害了供应链的整体利润。供应合同就是为了尽量减少这种损害而提出的一种解决办法。

供应合同通过调整供应链成员企业的关系来协调供应链，使分散决策下供应链的整体利润与集中系统下的利润尽可能相等。即使无法实现最好的协调（与集中系统下的利润完全相等），也可能存在帕累托改进，使得每一方的利润至少不低于原来的利润。因此，供应链各成员企业可以通过签订不同类型的供应合同以克服双重边际效应导致的供应链低效率及渠道利润的减少，使供应链达到最佳协调。

3）增强供应链成员企业之间的合作

供应链是由多个企业组成的联合体，彼此之间没有任何产权上的联系，可能导致供应链不同环节的目标产生冲突，进而产生导致供应链整体利益受损的不合作行为。供应合同以书面形式规定合作企业的权利和义务，使这种权利和义务具有法律效力。这样可以实现供应链成员企业的紧密合作，加强信息共享，相互进行技术交流和提供技术支持。

供应链合作关系产生了新的利润，新增利润如何在供应链成员企业中进行分配，是决定供应链能否继续保持合作关系的一个重要因素。供应合同模型研究了利润的分配模式，通过企业之间的协商，将利润在供应链各个成员企业中进行分配。合同的特性就是要体现利益共享和风险共担原则，从而使供应链成员企业达到帕累托最优。

随着合同参数的改变，供应链承担的风险在供应链的不同阶段之间发生转移，从而影响分销商和供应商的决策，稳固其长期合作伙伴关系，同时提高供应链的总体收益。此外，还可以通过修改供应合同的激励模式，为合作企业创造更好的优惠条件，减少彼此之间的不信任感，实现双赢，促进并增强供应链成员企业的合作关系。

12.3.2　供应合同的类型

供应合同有批发价合同、回购合同、收入共享合同、数量柔性合同、数量折扣合同、最小购买数量合同、有期权的数量柔性合同、削价合同、备货合同等多种类型。根据买卖双方是否共享同一需求预测数据，可以分为信息对称下的供应合同和信息不对称下的供应合同。

1. 信息对称下的供应合同

当买卖双方共享同一需求预测数据时，可以根据采购元件是否为企业战略性元件进行具体分类。

1）战略性元件的供应合同

对于关系到企业核心利益的战略性元件，可以采用下列供应合同。

（1）收入共享合同。在这种合同中，供应商以一个较低的批发价把产品卖给分销商，但是要按一定的比例分享分销商所获得的销售收入。收入共享合同是供应链成员企业对商品销售收入进行合理分配，共担市场风险，改进供应链运作绩效的一种协调方式。

（2）回购合同。在这种合同中，供应商将以协议价回购分销商未卖出的全部商品。需要注意的是，协议价往往低于成本价，但会高于其残值。

（3）数量柔性合同。与回购合同相比，在这种合同中，供应商将返还部分未售出商品的全部售价。

（4）销售回扣合同。为了提高分销商的销售积极性，在这种合同中，在达到销售目标后，分销商每多销售一个元件，供应商将支付给分销商一个回扣作为激励。

上述四种合同，即收入共享合同、回购合同、数量柔性合同和销售回扣合同，统称为面向订单的供应合同，这种合同旨在将分销商的部分风险转移给供应商。

（5）补偿合同。在这种合同中，分销商将以协议价支付给供应商，用以补偿分销商未售出的由供应商生产出的产品。

（6）成本共担合同。在这种合同中，分销商将承担供应商的部分生产成本，相应地，供应商也将以低于正常价格的协议价把产品卖给分销商。

上述两种合同，即补偿合同、成本共担合同，统称为面向库存的供应合同，这种合同旨在将供应商的部分风险转移给分销商。

2）非战略性元件的供应合同

对于并非关系到企业核心利益的非战略性元件，可以采用下列供应合同。

（1）有期权的数量柔性合同。在这种合同中，分销商承诺在未来各期购买一定数量的产品，同时还向供应商购买了一个期权。这种期权允许分销商可以在未来以规定的价格购买一定数量的产品，从而获得调整未来订单数量的权利。

（2）柔性合同。在这种合同中，分销商在销售季前首先给供应商一个订购量，供应商根据给定的订购量组织生产，当分销商充分了解市场的实际需求之后，可根据市场实际需求量对订购量进行调整。

2. 信息不对称下的供应合同

当买卖双方享有的需求预测数据不一致时，主要采用下列供应合同。

（1）能力预订合同。在这种合同中，分销商通常预支付一定的费用用来预定供应商在某一水平下的产能。

（2）预购合同。在这种合同中，分销商在供应商进行产能规划前以预购价向制造商下达订单，而之后所产生的额外的订单将会收取不同的价格。

通过上述两种合同，供应商可以间接获取分销商的信息，并以此对自己的生产计划进行调整。

3. 其他供应合同

除了上述几种常见的供应合同，在供应链中还有下列几种供应合同。

1）数量折扣合同

数量折扣合同是供应商对大量购买产品的顾客给予的一种减价优惠。供应商根据分销商订购量大小给予不同的价格折扣，一般购买数量越多，折扣也越大，以鼓励分销商增加购买量。

2）最小购买数量合同

在最小购买数量合同下，分销商在初期承诺，将在一段时期内至少向供应商购买一定数量的产品。通常，供应商根据这个数量给予一定的价格折扣，购买产品的单位价格将随着数量的增加而降低。最小购买数量合同与数量折扣合同有些类似，不同的是，前者需要做出购买数量承诺，这种承诺并非一次性的，可以是一段时期或者一个年度内的购买数量总和。

12.4　协同计划、预测与补货

12.4.1　协同计划、预测与补货的概念和特点

协同计划、预测与补货（collaborative planning, forecasting & replenishment，CPFR），

是一种新型的供应链合作伙伴战略与管理模式。它利用零售企业和制造企业进行共同预测与补充货物行为，并且每个企业的内部计划工作（如生产计划、库存计划、分销计划、销售计划等）是由供应链中的所有企业共同参与，以提高分销商和供应商的预测精度，改进计划和补货的流程与质量，最终达到提高供应链效率、减少库存和提高消费者满意度的目的，实现分销商与供应商功能协同的一套覆盖业务规划、销售预测、产品补货和运输的业务流程。该模式最大的优势在于能够准确预测各种促销措施或异常变化引起的销售高峰和波动，使分销商和制造商做好充分准备，赢得市场主动权[13]。

CPFR 通过共享促销信息、销售预测信息、产品数据和订单信息来提高预测的准确性，通过共同计划与协同合作确定需求及实现需求所进行的活动，将正确的商品在正确时间运送到正确的地点，从而提高顾客服务水平，实现供应链整体优化。该模式具体有以下两个优势：①CPFR 通过共享信息和共同管理业务过程，来协同计划、预测、补货和运输，并改善供应链上各成员企业之间的合作关系；②CPFR 能及时准确地预测由各项促销措施或异常变化所带来的销售高峰和波动，从而使分销商与供应商都能做好充分准备，赢得主动地位。

CPFR 模型主要适用于分销商与供应商之间的以下四种情形。

（1）分售活动协作。要求双方确认合作中的品牌和产品的最小库存单位，双方还必须共享详细的活动信息。当情况发生变化时，分销商必须更新信息，然后针对活动进行相应的预测并共享此信息。这些预测将转变成订单需求计划和交货安排。当活动开始时，双方监控销售量以确认任何变化或例外情况，这些变化和例外情况由双方多次协商解决。

（2）配送中心补货协作。双方协作预测配送中心的出货情况或配送中心对供应商的期望需求。预测结果被转化为配送中心向供应商下达的订单，这些订单将在一定时间期限内得到承诺，并被供应商纳入其生产计划中，然后，供应商根据实际需求完成相应的订单。配送中心补货协作相对较容易实施，因为它需要的是综合预测协作，而不需要共享详细的 POS 数据。

（3）零售店补货协作。双方在零售店层面的 POS 数据预测基础上进行协作。POS 数据被转化为一系列零售店层面的订单，这些订单在一定期限内得到承诺。当商店较小时，这种形式的协作比配送中心补货协作更难实施，但对于较大型的商店来说则较容易实施。

（4）协作分类计划。这种情形适合于应对季节性产品的需求。季节性产品的协同计划只有一个季节的计划期，并在季节交替时进行。由于需求的季节性，预测对历史数据的依赖性较低，而更依赖于对行业趋势、宏观因素和顾客品位的协作分析。在这种协作形式中，双方共同开发分类计划，并输出如样式、颜色、尺寸等分类计划的采购订单，采购订单有助于供应商采购那些提前期较长的原材料并安排产能。

12.4.2   CPFR 的运作模式[14]

为提高供应链整体绩效，在 CPFR 运作过程中分销商与供应商应围绕战略规划、供需管理、业务执行、异常分析等活动持续开展合作。

1. 战略规划阶段

首先，供应商根据财务规划，分销商依据供应商管理情况签署合作协议；然后，供应商根据市场发展规划，分销商依据产品类别管理共同制订联合商业计划，从而确定双方合作范围，分配角色和责任，明确检查点和影响需求与供给的重大事件。

2. 供需管理阶段

供应商根据其市场数据分析，分销商依据其销售点预测数据共同进行销售预测，供应商根据其需求计划，分销商依据其补货计划共同制订订单需求计划。

3. 业务执行阶段

双方依据订单需求计划共同生成订单，供应商依据所生成的订单制订产品生产计划，并履行订单配送产品，而分销商则依据订单购买产品，并将产品配送到顾客手中。

4. 异常分析阶段

双方首先根据共同确定的影响需求和供给的重大事件确认执行活动中的例外情况（如预测差异），或某些处于可接受范围之外的绩效指标值（如低于目标的产品供给）并制订调整计划；再依据相互绩效评价的结果对实施 CPFR 的结果进行评估。

可见，CPFR 运作过程的核心就是合作双方在共享 POS 数据、促销活动等信息的基础上通过联合计划来管理每天的制造、交付和销售等活动。

12.4.3 CPFR 的应用场景

通用产品商业标准定义了零售商和供应商之间 CPFR 的四种最常见的应用场景。下面将分别讨论每种情况。

1. 零售活动协作

在许多零售环境中，如超市促销和其他零售活动都会对需求产生重大影响。这些活动中的缺货、库存过剩和意外的物流成本会影响分销商和供应商的财务业绩。在这种情况下，分销商和供应商之间的 CPFR 将非常有效。

分销活动中的合作需要双方确定合作品牌和产品的最小库存单位。双方还必须共享详细的活动信息，如活动开始时间、活动持续时间、价格点、广告和展示策略。当情况发生变化时，分销商必须更新信息，然后对事件做出预测并共享这些信息，以便供应商调整计划订单和交货安排。

目前，广州宝洁有限公司和沃尔玛百货有限公司等许多其他合作伙伴已经在零售活动中完成了这种形式的合作。

2. 配送中心补货协作

配送中心补货协作可能是实践中最常见、最容易实现的协作形式。在这种情况下，交易双方合作预测配送中心的发货量或配送中心对供应商的预期需求量。这些预测被转换成配送中心给供应商的订单，这些订单在一定时间内被承诺或锁定。此信息允许供应商将这些订单纳入未来的生产计划，并根据实际需要生成相应的订单。因此，供应商的生产成本降低了，分销商的库存和缺货量也减少了。

配送中心补货协作相对容易实现，因为它需要的是一个全面的预测协作，而不需要共享详细的 POS 数据，所以这通常是合作的开始。随着时间的推移，这种合作形式可以扩展到供应链的所有存储点，包括分销商货架到原材料仓库。

3. 商店补货协作

在商店补货协作方面，贸易伙伴根据门店级 POS 数据预测进行协作。然后，这些预测将转化为一系列商店级订单，这些订单将在一定时间内得到承诺。这种协作的好处包括供应商有更详细的销售数据，提高了补货准确性，提高了产品可用性，并减少了库存。但是商店补货协作比配送中心的补货协作更难实现，尤其是相比于较大的门店，在店面较小的情况下，更难以实施商店补货协作。

4. 协作分类计划

时装等季节性产品的需求符合季节性规律，因此此类产品的协作计划只有一个季度的计划周期，在季节交替时进行。由于需求的季节性，对产品的预测较少依赖历史数据，而更多地依赖行业趋势、宏观因素和客户偏好的协作计划。在这种合作形式下，贸易伙伴共同制订一个分类计划，其输出样式是颜色、大小分类计划的采购订单。在时装秀上，双方都会欣赏样品并做出最终的购买决定。这个计划中的订单在时装秀前通过电子方式共享，共享订单帮助供应商购买提前期较长的原材料，并安排生产能力。当生产能力相当灵活，可以生产多种产品，并且原材料对于不同的最终产品有一些共同点时，这种合作是最有效的。

12.4.4　CPFR 的实施过程[15]

CPFR 的顺利实施需要在一对多或多对多的合作伙伴关系中建立完全公开的、卖方中立的产品预测或促销等信息的沟通机制。因此，合作意识的形成与计划是推动 CPFR 实施的基础。同时，CPFR 的成功运作还取决于以顾客为中心的企业之间的全面合作流程的构建，以及从多个企业中发现可比较的数据，进而对这些数据进行整合、组织，并以此确立企业间的商业规则。因此，CPFR 实施过程需要经历识别可比较的机遇、数据资源整合、组织结构评判以及商业规则界定共四个步骤。

1. 识别可比较的机遇

由于分销商通常更关注预测消费者对促销、竞争者和产品类别变化的反应，而供应商通常对分销系统的库存水平较为关心，以及分销商的目标是保持商品可获性，而供应商的目标是建立更有效的生产和补货流程，因此，识别可比较的机遇应关注订单预测整合所需数据资源的比较。为此，对于分销商，CPFR 要求进行整合比较的资源主要有可产生促销、销售预测的商品销售规划，可产生订单预测、货物追踪以及配送中心的时点状态等信息的分销系统和用于报告店铺销售、店铺订单以及时点信息的运作系统；对于供应商，CPFR 要求进行整合比较的资源主要有帮助制订促销和销售预测计划的客户关系管理、建立最优补货计划的先进计划与排程以及 ERP。同时，还要将企业之间对产品品类的界定、季节段的界定、促销计划的界定等进行比较。

2. 数据资源整合

这项工作主要包括：不同层面的预测比较要求协同团队找到不同层面的预测所需的信息，并确定可比较的层次；商品展示与促销包装的计划要求按照 CPFR 销售报告所包含的展示信息形式，使预测和订单包含不同产品种类、颜色及形状等特定展示信息，进而使数据之间的比较不再是预测与实际绩效的比较，而是基于单一品种的商品展示信息的比较；时间段的规定要求合作参与者就管理时间段，如预测周期、计划起始时间、补货周期等规定进行协商统一。

3. 组织结构评判

一个企业有多种组织框架，它可以按照配送中心确立分销体系，也可以按照销售区域确立分销体系，因此，要成功实施 CPFR 必须建立一个企业特定的组织框架体系以反映产品和地点层次、分销地区以及其他品类计划的特征。这就要求供应商对大顾客建立包括销售、需求计划和物流人员在内的跨职能部门的团队，而对于小顾客，可按照地理位置或销售渠道建立这样的团队。分销商也应该围绕供应商制订商品计划、组建购买和补货团队。若供应商较多，可按照产品种类组建团队；若有多级库存，可以合并这两级库存的补货团队。企业清楚界定其组织管理框架后，CPFR 就能支持多体系的并存，并体现出不同框架的映射关系。

4. 商业规则界定

所有的业务规范和支持资源的整合及组织框架确立后，在实施 CPFR 的过程中需要确定的是合作参与方的商业行为规则，这种规则主要是对例外情况的界定和判断。通常来说，在 CPFR 实施过程中触发例外事件的情况主要有订单延迟或提前、物料短缺或过剩、绩效测度值不在预定的范围内等。

本 章 小 结

供应链协调的过程中会出现多种影响协调性的效应，为了更加科学地管理供应链，尽可能消除牛鞭效应产生的不良影响，应当建立企业之间良好的合作伙伴关系。本章就牛鞭效应、合作伙伴关系的设计与管理、企业合作的保障手段——供应合同进行系统的介绍，同时详细阐述了 CPFR 的相关内容，了解其概念及特点、运作模式、应用场景和实施过程有助于我们尽可能准确地预测各种波动，在协调过程中掌握主动。

复习与思考题 »

1. 请简述牛鞭效应的应对方法。
2. 请简述供应链合作伙伴关系及特点。
3. 简要介绍供应合同各参数。
4. 简述 CPFR 的实施过程。

参 考 文 献

[1] 姚冠新. 物流系统规划与设计[M]. 镇江：江苏大学出版社，2016.

[2] 克拉耶夫斯基 L J，里茨曼 L P，马尔霍特拉 M K. 运营管理：流程与供应链[M]. 刘晋，向佐春，肖健华，译. 下册. 10 版. 北京：人民邮电出版社，2021.

[3] 乔普拉 S，迈因德尔 P. 供应链管理[M]. 6 版. 陈荣秋，等译. 北京：中国人民大学出版社，2017.

[4] 乔普拉 S. 供应链管理[M]. 7 版. 杨依依，译. 北京：中国人民大学出版社，2021.

[5] 冯耕中，刘伟华. 物流与供应链管理[M]. 2 版. 北京：中国人民大学出版社，2014.

[6] 王刚. 供应链管理中的牛鞭效应研究[D]. 武汉：武汉理工大学，2007.

[7] 蔡临宁. 物流系统规划：建模及实例分析[M]. 北京：机械工业出版社，2003.

[8] 朱静. 牛鞭效应的成因与对策分析[J]. 现代营销（经营版），2020，（6）：80-81.

[9] 刘伯莹，徐瑾. 牛鞭效应的危害及其对策[J]. 物流技术，2003，（1）：40-41.

[10] 张相斌，林萍，张冲. 供应链管理：设计、运作与改进[M]. 微课版，2 版. 北京：人民邮电出版社，2021.

[11] 张相斌，林萍，张冲. 供应链管理：设计、运作与改进[M]. 北京：人民邮电出版社，2015.

[12] 刘建香. 供应链规划与设计[M]. 北京：科学出版社，2022.

[13] 徐冠杰. 供应链合作新概念：协同运输管理（CTM）[J]. 物流技术，2006，（2）：73-76.

[14] 郑称德. 供应链物流管理[M]. 南京：南京大学出版社，2014.

[15] 李健，侯书生. 协同与共赢：企业的供应链管理[M]. 成都：四川大学出版社，2016.

附　　录

附表　标准正态分布 z 值表

z	0	0.01	0.02	0.03	0.04	0.05	0.06	0.07	0.08	0.09
0	0.500 00	0.496 00	0.492 00	0.488 00	0.484 00	0.480 00	0.476 00	0.472 00	0.468 00	0.464 00
0.1	0.460 00	0.456 00	0.452 00	0.448 00	0.444 00	0.440 00	0.436 00	0.433 00	0.426 00	0.425 00
0.2	0.421 00	0.417 00	0.413 00	0.409 00	0.405 00	0.401 00	0.397 00	0.394 00	0.390 00	0.386 00
0.3	0.382 00	0.378 00	0.375 00	0.371 00	0.367 00	0.363 00	0.359 00	0.356 00	0.352 00	0.348 00
0.4	0.345 00	0.341 00	0.337 00	0.334 00	0.330 00	0.326 00	0.323 00	0.319 00	0.316 00	0.312 00
0.5	0.309 00	0.305 00	0.302 00	0.298 00	0.295 00	0.291 00	0.288 00	0.284 00	0.281 00	0.278 00
0.6	0.274 00	0.271 00	0.268 00	0.264 00	0.261 00	0.258 00	0.255 00	0.251 00	0.248 00	0.245 00
0.7	0.242 00	0.239 00	0.236 00	0.233 00	0.230 00	0.227 00	0.224 00	0.221 00	0.218 00	0.215 00
0.8	0.212 00	0.209 00	0.206 00	0.203 00	0.201 00	0.198 00	0.195 00	0.192 00	0.189 00	0.187 00
0.9	0.184 00	0.181 00	0.179 00	0.176 00	0.174 00	0.171 00	0.169 00	0.166 00	0.164 00	0.161 00
1.0	0.159 00	0.156 00	0.154 00	0.152 00	0.148 00	0.147 00	0.145 00	0.142 00	0.140 00	0.138 00
1.1	0.136 00	0.134 00	0.131 00	0.129 00	0.127 00	0.125 00	0.123 00	0.121 00	0.119 00	0.117 00
1.2	0.115 00	0.113 00	0.111 00	0.109 00	0.108 00	0.106 00	0.104 00	0.102 00	0.100 00	0.098 50
1.3	0.096 80	0.091 50	0.093 40	0.091 80	0.901 00	0.088 50	0.086 90	0.085 30	0.083 80	0.082 30
1.4	0.080 80	0.079 20	0.077 80	0.076 40	0.074 90	0.073 50	0.072 10	0.070 80	0.069 40	0.068 10
1.5	0.066 80	0.065 50	0.064 30	0.063 00	0.061 80	0.060 60	0.059 40	0.058 20	0.057 10	0.055 90
1.6	0.054 80	0.053 70	0.052 60	0.051 60	0.050 50	0.049 50	0.048 50	0.047 50	0.046 50	0.045 50
1.7	0.044 60	0.043 60	0.042 70	0.041 80	0.040 90	0.040 10	0.039 20	0.038 40	0.037 50	0.036 70
1.8	0.035 90	0.035 20	0.034 40	0.033 60	0.032 90	0.032 20	0.031 40	0.030 70	0.030 10	0.029 40
1.9	0.028 70	0.028 10	0.027 40	0.026 80	0.026 20	0.026 50	0.025 00	0.024 40	0.023 90	0.023 30
2.0	0.022 80	0.022 20	0.021 70	0.021 20	0.020 70	0.020 20	0.019 70	0.019 20	0.018 80	0.018 30
2.1	0.017 90	0.017 40	0.017 00	0.016 60	0.016 20	0.015 80	0.015 40	0.015 00	0.014 60	0.014 30
2.2	0.013 90	0.013 60	0.013 20	0.012 90	0.012 60	0.012 20	0.011 90	0.011 60	0.011 30	0.011 00
2.3	0.010 70	0.010 40	0.010 20	0.009 90	0.009 64	0.009 39	0.009 14	0.008 89	0.008 66	0.008 42
2.4	0.008 20	0.007 98	0.007 76	0.007 55	0.007 34	0.007 14	0.006 95	0.006 76	0.006 57	0.006 39
2.5	0.006 21	0.006 04	0.005 87	0.005 70	0.005 54	0.005 39	0.005 23	0.005 09	0.004 94	0.004 80
2.6	0.004 66	0.004 53	0.004 40	0.004 27	0.004 15	0.004 02	0.003 91	0.003 79	0.003 68	0.003 57
2.7	0.003 47	0.003 36	0.003 26	0.003 17	0.003 07	0.002 98	0.002 89	0.002 80	0.002 72	0.002 64
2.8	0.002 56	0.002 48	0.002 40	0.002 32	0.002 26	0.002 19	0.002 12	0.002 05	0.001 99	0.001 93
2.9	0.001 87	0.001 81	0.001 75	0.001 70	0.001 64	0.001 59	0.001 54	0.001 49	0.001 44	0.001 40
3.0	0.001 35	0.001 31	0.001 26	0.001 22	0.001 18	0.001 14	0.001 11	0.001 07	0.001 04	0.001 00